로마의 선택과 결정

⑥ 제국의 몰락

로마의 선택과 결정

⑥ 제국의 몰락

초판 1쇄 인쇄일 2021년 3월 25일
초판 1쇄 발행일 2021년 4월 1일

편저자 윤홍렬
펴낸이 양옥매
디자인 표지혜 송다희

펴낸곳 도서출판 책과나무
출판등록 제2012-000376
주소 서울특별시 마포구 방울내로 79 이노빌딩 302호
대표전화 02.372.1537 **팩스** 02.372.1538
이메일 booknamu2007@naver.com
홈페이지 www.booknamu.com
ISBN 979-11-5776-492-1 (04920)
ISBN 979-11-5776-576-8 (04920) 〈세트〉

이 도서의 국립중앙도서관 출판시도서목록(CIP)은 서지정보유통지원 시스템
홈페이지(http://seoji.nl.go.kr)와 국가자료공동목록시스템
(http://www.nl.go.kr/kolisnet)에서 이용하실 수 있습니다.

로마의
선택과 결정

6

제국의 몰락

윤홍렬
편저

책과나무

신神의 검지를 위해 여백을 남긴다

Ad indicem Dei marginem relinquo

1. 이해를 돕기 위해 시대별로 통사를 앞에 두었고, 개별 서사는 뒤따르면서 요약 또는 설명을 먼저 서술하고 그다음에 내용을 붙였다.

2. 지명은 당시의 지명에 따랐으며, 필요시 현재 지명을 부기해 두었다. 다만 오히려 혼란스러울 경우에는 현재 지명으로 표기했다.

3. 기원전은 'BC', 기원후는 'AD'로 표기했으나 아무런 표기가 없는 경우 기원후다.

4. 도량형은 가능한 현대식으로 표기했고, 화폐 단위와 토지 면적 등은 단수형으로 표기했으며, 인명은 프라이노멘 · 노멘 · 코그노멘을 모두 명기한 경우에도 셋 중 일반적으로 통용되는 1개만 주로 적었다.

5. 나이는 한국식으로 적었으며, 필요시에는 만 나이를 부기해 두었다.

6. 지도의 지명이 여러 곳일 경우는 좌에서 우로, 상에서 하로 붙였다.

7. "마음에 새기는 말"은 참고한 문헌에서 말한 자의 이름을 언급한 경우에는 명시했으며, 저자의 말을 인용했을 경우에는 별도로 이름을 명시하지 않았다.

8. 용어 정리는 종교, 군사, 정치 · 행정, 사회, 시설 · 기타 등의 순서로 했다.

○ 황제의 목숨이 병사들의 불충과 변덕에 쉽게 희생되자, 디오클레티아누스는 왕관을 쓰고 동방왕 행세를 하며 황제와 시민들 간에 휘장을 드리우고 자신을 신비감 속에 놓아두었다. 그 결과 로마의 국체는 전제 군주국으로 변질되었다.

○ 제국의 변방에서 야만족의 침탈이 끊이지 않자 디오클레티아누스 황제는 영토를 4등분하고 각각의 황제에게 맡겼다. 그는 4명의 황제가 순차적으로 지위를 옮겨 가며 로마의 영토를 수호하길 바랐지만, 황제들의 야심은 이를 용납하지 않고 최후의 1인이 남을 때까지 서로에게 창검을 휘둘렀다. 그리고 최후의 1인은 핍박받던 자들의 충성을 기반으로 삼아 경쟁자들을 제거하고 제국의 권력을 손안에 넣은 다음 그들의 설움을 풀어 주었다.

○ 한번 꺾인 국가의 힘은 갈수록 나약함을 넘어 부패로 치달았고 가난과 폭정에 시달리던 시민들은 국가의 영속을 위한 열망마저 사라져 마침내 야만족의 기세가 로마 세계 전역에 미쳤다. 지도층의 오만과

나태 속에서는 국가가 유지될 수 없는 법이다. 로마인들은 조국의 멸망을 깨닫지도 못한 채 어느새 패배자가 되어 깊은 나락으로 떨어졌고, 그들이 세웠던 제국은 갈가리 찢겨져 야만족들의 먹잇감이 되었다. 그리고 제국은 암울한 중세의 종소리를 울리며 음습한 곳으로 나아갔다.

○ 제국의 영토는 두 조각으로 나뉘어 로마인의 영혼이 담긴 이탈리아 반도는 야만족의 말발굽에 짓밟혔고, 제국의 사생아 동로마가 과거에 찬란했던 로마 제국의 허울을 쓰고 명맥을 유지했다. 하지만 로마의 기름진 문명을 거름 삼아 새로운 씨앗이 뿌려지고 세상은 또 다른 가치와 문명을 꽃피울 수 있었다. 쇠락을 반복하던 로마는 마침내 아무도 모르는 사이에 조용히 눈을 감았고 자신의 무덤은 뒤따르는 신선한 기운의 토대로 남겨졌다.

○ 이 글을 아들과 딸 그리고 그들의 아들과 딸에게 남긴다.

－2021년 3월

윤홍렬

수도 이전에 따른 로마 원로원의 무력화(無力化) **56** / 성 바울의 '권세에 대한 복종' **58** / 디오클레티아누스(Diocletianus)의 4두 정치(293년) **62** / 디오클레티아누스의 그리스도교 '대탄압'(303년) **66** / 주교와 종교 권력의 탄생 **74** / 의심받은 그리스도교 예배 **76** / 그리스도교의 박해 원인 **79** / 전제 군주정의 태동 **84** / 변경 주둔군(limitanei)과 기동 야전군(comitatenses) **87** / 디오클레티아누스의 퇴위(305년) **90** / 로마 시민의 분노와 막센티우스(Maxentius)의 등장(306년) **93** / 토벌에 실패한 세베루스(Severus)(307년) **98** / 갈레리우스(Galerius)의 실패(307년) **99** / 막센티우스의 아프리카 반란 진압과 악행(308년) **102** / 막센티우스에 대해 부당한 그리스도교 **103** / 밀비우스(Milvius) 다리 전투(312년) **107** / 로마를 정복한 콘스탄티누스(312년) **112** / 콘스탄티누스(Constantinus)와 그리스도교 **114** / 그리스도교인들의 순교 **117** / 그리스도교의 파문 **119** / 디오클레티아누스의 몰락(313년) **121** / 리키니우스(Licinius) 황제의 부황제 임명과 몰락(324년) **126** / 콘스탄티노폴리스(Constantinopolis)로의 수도 이전 결정(324년) **133** / 화폐 가치의 하락과 관료들의 축재 **138** / 소작인들의 노예화 **139** / 가혹한 결정과 인간적인 감정 **144** / 가문 집착의 헛된 욕망 **147** / 병역 기피 **148** / 밀정들의 횡포와 시민들의 속박 **150** / 크리스푸스(Crispus)의 비극(326년) **152** / 콘스탄티누스 황제에 대한 그리스도교의 특혜 **160** / 망자가 된 콘스탄티누스에 대한 아첨(337년) **162** / 에우누쿠스(eunuchus)의 등장 **163** / 근친을 살해한 콘스탄티우스 2세(337년) **166** / 콘스탄티누스 2세(340년)와 콘스탄스(350년)의 몰락 **169** / 무르사 전투(351년) **171** / 갈루스(Gallus) 부황제의 파멸(354년) **174** / 기병대장 실바누스(Silvanus)의 죽음(355년) **180** / 율리아누스(Julianus)의 등장과 에우세비아(Eusebia) 황후의 애정(355년) **185** / 율리아누스의 갈리아 통치 **189** / 선동자들에

제정 시대

3-1-2. 테트라르키아 시대(AD 284년~AD 324년)

o 디오클레티아누스는 누메리아누스 황제의 장인이자 근위대장인 아페르를 처형하고 병사들의 환호 속에 옹립되었다. 황제가 다스리는 제국이라도 이제까지는 원수정이었다. 그들은 원로원에서는 제일인자(프린켑스priceps)였으며, 전쟁터에서는 총사령관(임페라토르 imperator)이었다. 그러나 디오클레티아누스 이후의 황제들은 황제의 자리를 동양의 군주와 같은 지고한 자리로 높였고, 전쟁터에는 부하 장군을 보냈으며, 승전의 영광도 누가 싸워 이겼든 간에 황제의 영광으로 돌렸다. 하드리아누스와 세베루스가 이룩해 놓은 방어적 국방 정책은 3세기 후반에 와서 실패가 명백해 보였다. 왜냐하면 적들의 침공 빈도와 강도가 국경선의 방어만으로 지켜질 수 없을 만큼 강대해졌기 때문이다. 그런데다 그 지역에서 결혼하여 생활을 꾸려 가고 있던 군단병들은 타 지역으로 파견 나가 싸우려는 마음이 약해져 있었다.

o 디오클레티아누스는 제국을 혼자서 통치하기에는 너무 광대하다는 판단에 영토를 동방과 서방으로 나누고 이를 다시 이등분하여 4명이 각각의 지역을 다스리는 4두 정치(테트라르키아tetrarchia)를 시행했다. 이 체제에서 디오클레티아누스는 동방의 황제로 막시미아누스는 서방의 황제로 등극하고, 갈레리우스가 동방의 부황제가 되고 콘

스탄티우스 클로루스가 서방의 부황제가 되어 각각의 영토를 다스렸다.(註. 황제를 '아우구스투스'라고 호칭했고, 부황제를 '카이사르'라고 호칭했다.) 디오클레티아누스는 4두 정치 체제를 견고히 하기 위해 콘스탄티우스 클로루스를 아내와 이혼하게 한 후 막시미아누스의 의붓딸 테오도라와 결혼시켰고, 갈레리우스는 자신의 딸 발레리아와 결혼시켰다. 이렇게 하여 부황제들이 모두 황제의 사위이자 상속자가 되어 4두 체제가 완성되었다.

○ 이것은 어디까지나 로마 제국 전체가 디오클레티아누스의 손안에 있다는 전제하에서 편의상 만든 형식이었다. 따라서 완전한 분리와 독립은 인정되지 않았다. 4두 정치는 많아진 황제로 인해 시민들이 과중한 세금에 시달리고 삶은 더욱 곤궁해지는 불합리한 점이 생겨났다.(註. 램지 멕멀렌에 의하면 디오클레티아누스가 군단의 수를 늘리긴 했어도 1개 군단의 규모를 줄였으므로 제국 전체의 병사들이 늘지 않았다고 한다. 하지만 병사들이 아니더라도 조직의 분산에 따른 제국 운영의 전체 비용이 막대하게 늘어났으리란 것을 쉽게 추측할 수 있다.) 제국의 쇠락으로 원로원 의원들과 기사 계급들은 특권과 유력한 직위를 하사받아 황제의 충직한 협조자가 된 반면에, 평민들은 법적으로도 열등함을 면치 못했다. 국방의 부담과 과도한 세금으로 평민들은 갈수록 혹독한 시련을 겪었고 더 나아가 국가라는 이름 아래 더욱 큰 압제와 수탈에 놓였기 때문이다. 이제까지 이탈리아에 거주하는 로마 시민권자들은 간접세는 납부했을지언정 상속세와 노예 해방세를 제외한 직접세는 면세받았다. 하지만 290년경 디오클레티아누스가 이탈리아를 속주로 편성하고 각 속주마다 총독을 임명한 결과, 이탈리아는 면세의 특권을 잃고 영광스러웠던 과거의 우월적 지위를 완전

히 상실했다.(註. 다만 로마시는 계속 면세 특권을 유지했지만, 306년 마침내 갈레리우스 황제가 로마시마저도 면세 특권을 박탈했다.)

○ 디오클레티아누스는 자신의 주변을 신성으로 감싸 황제를 살해하려는 자가 신성 모독의 감정을 느끼게 했다. 황궁은 화려하고 정교하게 꾸몄고 복장은 금으로 장식하여 전제 군주의 복장을 갖추었다. 황제는 좀처럼 시민들 앞에 드러내지 않아 신비로움과 경외감을 더하게 했으며, 간혹 시민들에게 보일 때는 왕관을 쓰고 홀을 손에 쥐었다. 관리들이 황제에게 아뢸 때에는 존경의 표시로 무릎을 꿇고 황포에 입을 맞추어야 했다.

○ 병사들을 징집하기가 점점 더 어려워지자 디오클레티아누스는 게르만족 정착민의 아들, 퇴역병의 아들, 현역 군인의 아들들을 징집했고, 지주에게는 소작인 중에서 일정한 인원을 입대시킬 것을 의무로 부과했다. 물론 지주들은 용병을 고용하는 데 드는 비용을 납부함으로써 의무를 대신할 수 있었다. 그러나 군인이 되기 위해 자원하여 입대하는 경우도 없지 않았다. 그들은 자신들이 처해진 상황이 군 생활을 하는 것보다 더 어려움에 처해졌거나, 부역이나 세금 또는 국가로부터 과다한 의무를 면제받기 위해 군대를 택한 경우였다. 디오클레티아누스는 속주를 약 100개로 늘렸고, 군사적 기능을 완전히 박탈하여 오직 행정 업무만 담당하게 했다. 앞서 서술한 대로 이탈리아를 8개 속주로 나누어 이탈리아의 특권을 폐지하고 이탈리아 주민들에게도 다른 속주와 마찬가지로 동일한 세금을 부과했다. 이렇게 하여 그는 죽어 가던 제국의 목숨을 연장시켰다.

○ 305년 디오클레티아누스는 그토록 싫다는 막시미아누스를 설득하여 니코메디아(註. 현재 터키의 '이즈미트')와 메디올라눔(註. 현재 지명

'밀라노')에서 동시에 각각 퇴임식을 거행했다. 이어서 각각의 부황제가 황제로 등극했다. 즉 갈레리우스는 동방 황제가 되어 발칸 반도와 소아시아 대부분 지역을 통치하게 했고, 콘스탄티우스 클로루스(콘스탄티우스 1세)는 서방 황제가 되어 갈리아·브리타니아·히스파니아를 다스리게 했다. 또한 막시미누스 다이아(註. 갈레리우스의 조카였으며, 갈레리우스의 양자로 입적했다.)를 동방 부황제로 임명하여 시리아·이집트·소아시아 일부를 통치하게 했고, 세베루스를 서방 부황제로 임명하여 이탈리아·아프리카·판노니아를 다스리게 했다. 황제들과 부황제들은 이런 식으로 서로 간에 경쟁하면서 세력을 키워 나갔다.

○ 그러다 보니 막시미아누스의 아들 막센티우스가 제위 경쟁에서 밀려나 있었다. 상심한 그는 이탈리아와 아프리카를 자신의 통치 지역으로 삼아 스스로 황제 등극을 선포했다. 그러자 퇴위 후 스팔라툼(註. 현재 크로아티아의 '스플리트') 해변에 건립한 은거지에서 조용히 살았던 디오클레티아누스와는 달리, 막시미아누스는 권력의 단맛을 잊지 못하고 은신처에서 뛰쳐나와 아들과 함께 다시금 통치자가 되어 누비고 다녔다. 그때 통치 지역을 강탈당한 세베루스는 막센티우스를 찬탈자로 규정하고 분노에 휩싸여 공격했지만 냉혹한 운명은 그를 패배와 죽음으로 내몰았다. 뒤이은 갈레리우스의 토벌도 막센티우스의 기세를 꺾지 못하고 실패했다.

○ 콘스탄티우스 클로루스가 디오클레티아누스의 의도에 순종하여 아내와 이혼하고 막시미아누스의 의붓딸 테오도라와 재혼하자, 전처에게서 태어난 콘스탄티누스는 갈레리우스에게 맡겨졌다. 명목상으로는 갈레리우스가 후견인이 되어 보살피는 것이나, 실제로는 볼모와

다름없었다. 콘스탄티우스 클로루스는 전처의 아들 콘스탄티누스를 갈레리우스의 감시에서 빼내 오기로 마음먹었다. 그는 픽트족이 브리타니아를 침공했을 때 아들의 도움을 받아야 한다며 갈레리우스에게 콘스탄티누스를 보내 달라고 요청했다. 갈레리우스는 콘스탄티누스를 자신의 황궁에 보호하고 있는 것이 유리하다는 것을 알았지만 더 이상 명분이 없었다. 305년 마침내 콘스탄티누스는 갈리레우스의 보호와 감시를 벗어나 아버지의 품으로 갈 수 있었다. 그는 갈레리우스가 변덕을 부릴지 모른다고 생각하고서, 어느 날 밤 도망치듯 갈리레우스가 거처하는 황궁을 빠져나와 혹시 있을지도 모를 추격에 대비하여 들르는 곳곳의 모든 파발마들을 죽이거나 발목을 부러뜨리며 아버지에게로 달려갔다. 그 이후 아버지를 도와 싸우다가 306년 아버지가 에보라쿰(註. 현재 영국의 '요크')에서 죽자, 갈레리우스에게 편지를 보내 뒤를 이어 자신을 아우구스투스로 인정해 달라고 청했다. 갈레리우스는 부황제란 의미를 지닌 카이사르로 인정하겠다며 타협안을 제시했다. 갈레리우스와 콘스탄티누스는 서로 간에 내전의 모험을 걸고 싶지 않았으므로 타협안은 조용하게 성립되었다.

○ 막센티우스가 이탈리아에서 발호하고 세베루스가 막센티우스를 제거하는 데 실패하고 죽자, 4두 체제는 붕괴 위기를 맞았다. 308년 갈레리우스는 퇴임한 디오클레티아누스와 막시미아누스를 카르눈툼(註. 현재 오스트리아의 '페트로넬')으로 초대하여 회담을 가졌다. 회담 결과 리키니우스가 세베루스 대신에 아우구스투스가 되었고, 막센티우스는 공공의 적으로 선포되었다. 거창했던 회담은 무명인 리키니우스가 부황제도 거치지 않은 채 서방 황제로 고속 승진하는 통에 콘스탄티누스와 막시미누스 다이아에게 분노만 쌓이게 했고, 이탈리

아와 아프리카에서 실권을 쥐고 있는 막센티우스를 인정하지 않음으로써 4두 체제의 조속한 종말을 가져오게 했을 뿐이다. 그만큼 회담 참석자들의 미숙한 판단은 힘겹게 완성한 4두 정치 체제를 와해시켰고, 둔한 현실 감각은 앞을 내다볼 줄 몰랐다.

○ 은신처에서 뛰쳐나온 막시미아누스는 아들의 편에 서서 도움을 주기도 했으나, 카르눈툼 회담 이후 아들과 심하게 다투고 관계가 틀어졌다. 그도 그럴 것이 막센티우스로서는 아버지가 카르눈툼 회담에 참석하고서도 친아들이 공공의 적으로 선포되도록 그냥 내버려 두었기 때문이다. 아들과의 관계를 회복할 방법이 없게 되자 막시미아누스는 콘스탄티우스 클로루스의 뒤를 이어 통치자가 된 콘스탄티누스에게 달려가 그곳의 트레베로룸(註. 현재 독일의 '트리어') 황궁에서 기거했다. 그렇게 할 수 있었던 것은 307년 딸 파우스타를 콘스탄티누스에게 아내로 주었으므로 그곳이 사위의 황궁이었던 까닭이다. 그러나 막시미아누스의 욕심은 그것으로 끝나지 않았다. 황궁 손님으로서의 편안한 삶에 싫증이 났는지 그는 콘스탄티누스가 다스리던 갈리아의 황제 자리를 넘보다가 살해되고 말았던 것이다.(註. 일설에 의하면 막시미아누스가 콘스탄티누스에 포위되자 절망하여 자살했다고도 한다.) 막센티우스는 막시미아누스가 죽은 후 화해했다. 왜냐하면 아버지가 죽자 원로원에 아버지를 신격화하도록 요청했기 때문이다.

○ 311년 갈레리우스가 병으로 사망한 다음 마지막으로 남은 자는 리키니우스, 콘스탄티누스, 막센티우스, 막시미누스 다이아 등 4명이었다. 그들은 서로를 견제하며, 리키니우스는 콘스탄티누스와 동맹을 맺었고 막시미누스 다이아는 막센티우스와 손을 잡았다. 이들 4명 중 제국이 언제까지나 4등분되어 있을 것이라고 믿는 자는 아무도 없

었다. 먼저 콘스탄티누스와 막센티우스가 서로 간에 자웅을 겨루었다. 이는 찬탈자로 규정된 막센티우스를 제거한다는 명분하에 콘스탄티누스가 먼저 공격했기 때문이다. 삭사 루브라에서 시작된 전투는 막센티우스가 콘스탄티누스에게 계속 밀리다가 밀비우스 다리에서 완패했다. 승리자 콘스탄티누스는 리키니우스와 동맹을 맺으면서 약속했던 자신의 여동생 콘스탄티아(註. 콘스탄티아는 테오도라의 소생이므로 콘스탄티누스의 이복 여동생이었다.)와 리키니우스 간의 결혼을 313년 메디올라눔 회담 시에 성사시켰다.

○ 동방에서는 리키니우스와 막시미누스 다이아가 대결 국면으로 치달았다. 마침내 메디올라눔 회담이 있던 그해, 리키니우스는 콘스탄티아와의 결혼식을 올리자마자 막시미누스 다이아의 도전장을 받아 결전에 나섰다. 하지만 도전장을 날린 막시미누스 다이아는 패배하여 소아시아로 퇴각했고 얼마 후 병으로 죽음을 맞았다. 이제 남은 황제는 콘스탄티누스와 리키니우스였지만 막센티우스에게 승리한 콘스탄티누스의 세력은 리키니우스를 압도했다. 격랑에 흔들리는 정치 형세로 이들의 관계도 언젠가는 자웅을 겨루어야 할 판이었다.

○ 콘스탄티누스와 리키니우스의 경쟁은 콘스탄티누스의 매부가 낀 통치권 문제가 발화되어 하드리아노폴리스 근처에서 창검을 겨룬 끝에 판가름 났다. 전처가 낳은 장남 크리스푸스의 눈부신 활약으로 리키니우스의 무릎을 꿇린 콘스탄티누스가 제국의 유일한 최고 권력자로 올라섰다.

○ 로마 원로원은 더 이상 황제 선출을 재가하는 권한을 갖지 않았고 기껏해야 로마 시의회라고 할 수 있는 권한만 남았다. 자문 기능조차도 황실의 신성 자문 회의로 넘어갔고, 황제는 자신의 결정 사항을 로마

원로원에 통보하는 정도였다. 그 정도만 해 주어도 로마 원로원은 황제가 정중한 예절을 갖추었다며 아첨에 가까운 칭송을 보냈다.

○ 지방의회(속주 시의회) 의원들은 주로 상인들과 사업가들 아니면 중간 규모의 지주들로 구성되었다. 그들은 군부대에 식량과 숙소 그리고 말을 제공했으며, 기금을 이용하여 각종 공공사업을 시행하기도 했다. 그러나 4세기에 이르러서 이들은 국가와 자신의 도시를 위해서 일하기는커녕 스스로 생존할 힘조차 잃어버릴 정도로 몰락해 있었다. 디오클레티아누스는 지방의회 의원들에게 세금 징수 업무를 맡기고 만약 목표치보다 미달될 경우 자신들의 호주머니에서 부족분을 메우도록 강요했다. 세도가 막강한 원로원 의원들의 토지에 세금을 부과할 힘이 없었던 그들은 자신들에게 돌아갈 부담액을 가난하고 힘없는 계층에게 떠넘겼고, 그러다 보니 시민들에게는 압제자요 폭군이었다. 그렇게 되자 지방의회 의원들은 비난을 면하고 힘겨운 의무도 피하고자 군인이 되거나 사제가 되려고 했다. 하지만 국가에서는 그들의 직업을 바꾸지 못하도록 묶어 두었을 뿐 아니라 자식들에도 아버지의 직업을 따르도록 강제했다. 그리하여 푸주한의 아들은 푸주한이 되었고 제화공의 아들은 제화공이 되었으며 농부의 아들은 농부가 되었다. 사실 신분 세습이란 전제주의 국가에서 흔히 볼 수 있는 억압의 도구였다. 이는 지도층에 속한 자들이 자신의 아들들도 자신과 같은 사회적 지위를 누리도록 원했기 때문이다. 결국 스러져 가는 제국에서 부유한 자들은 광대한 토지를 상속받은 자들과 군대와 관료 사회에서 높은 자리에 올라 권력을 행사해 치부한 자들뿐이었다.

○ 이 시대의 야만족들은 빈번하고도 대규모로 제국의 영토를 침범해 왔

고, 전란의 위험을 피해 부유한 자들은 요새와 같은 저택으로 피신했으며, 가난한 시민들은 농노로 전락했고, 무거운 의무에 짓눌린 지방의회 의원들은 파산될 지경에 내몰렸다. 현실의 암울함과 절망을 반영하듯 종교와 철학은 현세보다도 내세의 구원에 관심을 두었고, 미신과 마술이 도처에 퍼졌다. 혼돈스럽고 냉혹해져 가는 현실의 고통 속에 절망한 시민들은 미신과 비교(秘敎)에서 위안을 찾으려 했고, 자신이 초능력을 가졌다고 떠벌리는 사람들에게 마음을 맡겼다.

○ 디오클레티아누스와 콘스탄티누스는 쇠락해 가는 제국의 재원을 모두 동원하여 멸망의 늪에서 빠져나오기 위해 혼신의 힘을 기울였다. 그 결과 제국의 수명은 연장되고, 동쪽의 비잔티움에서 새로운 싹이 돋아났다. 이런 정신을 반영하듯 콘스탄티누스는 시민들의 청원이 황제에게 모두 전달되어야 한다며 강경한 어조로 말했다. "어떤 지위·계급·위엄에 관계없이 누구라도 나에게 접근하도록 하라. 친히 듣고 조사하리다!" 그럼에도 수많은 청원들이 황제 앞에 놓이지 못하고 위협과 검열로 중간 관리들에 의해 낙서장으로 사용되는 비운을 겪었다. 그런데다 속주의 총독과 관리들은 청원자에게 불법과 폭력을 행사하여 속주민의 청원이 황제의 심판을 받지 못하게 방해했다.

3-2-2. 그리스도교 황제 시대(AD 324년~AD 455년)

○ 내리막길로 내달리는 제국의 기세를 멈추게 하기 위해 콘스탄티누스는 천도를 계획했다. 기성세력의 영향에서 벗어나고 제국 전체를 놓고 보았을 때 지리적 효율성을 감안해 수도를 로마에서 비잔티움으로 옮기기로 결정한 것이다. 그는 그곳을 로마와 닮은 도시로 신속하게 만들었으며 자신의 이름을 따 도시명을 콘스탄티노폴리스(註. 현

재 터키의 '이스탄불')라고 붙였다. 그리스도교에 호의적이었던 그는 각 파로 분열되어 있던 그리스도교의 통합을 위해 325년 니케아(註. Nicaea는 현재 터키의 '이즈니크'. 고대 라틴어로는 '니카이아'로 발음되나 이중모음이 단모음화한 중세 라틴어 '니케아'로 많이 알려졌다. 즉 중세 라틴어에서는 '오이oe'와 '아이ae'가 '에e'로 단모음화했다.)에서 종교 회의를 개최하고, 삼위일체설을 주장하는 아타나시우스 파를 정통 교리로 인정하면서 아리우스 파를 배척했다. 아리우스 파를 배척했지만 그는 평생 그리스도교의 세례를 받지 않다가 죽기 직전 아리우스 파인 니코메디아의 주교 에우세비우스에게 세례를 받았다. 그는 유언으로 제국을 세 아들과 두 명의 조카에게 나누어 맡겼다. 3명의 아들은 모두 막시미아누스의 딸 파우스타에게서 태어난 자식들이었다. 하지만 5명의 후계 지명자들은 평화롭게 제국을 분할 통치하지 못했다. 계승의 권리는 친자에게만 있다는 것이 이유였으리라. 콘스탄티누스의 둘째 아들 콘스탄티우스 2세는 장례식에 참석한 사촌과 삼촌들을 무자비하게 살육하고 제국을 친형제들과 3등분했다.

○ 3형제가 제국을 나눌 때 판노니아 속주에서 회합을 가진 후 큰아들 콘스탄티누스 2세가 브리타니아와 갈리아 지역을, 둘째 아들 콘스탄티우스 2세가 트라키아와 소아시아 그리고 동방을, 막내인 콘스탄스가 이탈리아와 아프리카 그리고 발칸 반도를 각각 나누어 통치하기로 결정했다. 그러나 회담이 끝난 후 콘스탄티누스 2세가 자신만이 죽은 사촌들의 지분을 나누어 갖지 못한 것을 깨닫게 되자, 형제들 간에 관할 지역 분쟁이 발생했다. 그는 사촌들을 제거하는 데 큰 역할을 했던 콘스탄티우스 2세보다는 사촌들의 죽음으로 불로소득을 얻었을 뿐 아니라 자신의 통치 지역과 거리상으로도 가까운 막내 콘

스탄스에게 아프리카를 양보하라고 요구했다. 그 요구가 받아들여지지 않자 콘스탄스와 몇 번의 편지를 주고받던 콘스탄티누스 2세는 참지 못하고 콘스탄스 영역을 공격했다. 하지만 제대로 전투다운 전투조차 치르지도 못하고 콘스탄스의 부하 장군에게 패배하여 허무하게 죽음을 맞았다. 그로부터 10년 후에는 콘스탄스가 마그넨티우스의 반란으로 암살되었다. 동생의 죽음을 알게 된 콘스탄티우스 2세는 마그넨티우스를 추격하여 무르사 평원에서 피비린내 나는 전투를 치른 끝에 힘겹게 승리하여 반란자를 죽음으로 몰아넣을 수 있었다.

○ 콘스탄티우스 2세는 제국의 넓은 영토를 혼자서 다스린다는 것은 무리임을 깨달았다. 5현제 시대처럼 국경이 정비되고 건전한 정신을 가진 병사들이 충성을 다하는 시대는 이미 지나갔다. 허약해질 대로 허약해진 국경 수비대는 시민들의 안전과 평화를 지켜 주지 못했고 게르마니아 야만족들은 더욱더 거칠고 영악해졌으며, 더구나 로마군으로부터 습득한 전술과 무기로 무장되어 있었다. 콘스탄티우스는 친척들을 지난번 숙청 때 모두 다 죽여 버렸으니, 남은 자라곤 나이가 어리다고 살려 둔 갈루스와 그의 이복동생 율리아누스밖에 없었다. 마그넨티우스와 겨루기 전 그는 어쩔 수 없이 갈루스를 불러 부황제에 앉혔으나, 갈루스가 자신이 파견한 관리들을 처형하는 등 갈등을 빚자 폴라 감옥에서 처형함으로써 또다시 친족의 피를 뿌렸다.

○ 이제 드넓은 제국에서 부황제로 임명할 자가 율리아누스밖에 남지 않았다. 율리아누스는 졸지에 사촌 형에게 황궁으로 불려 와서 피 마르는 견제와 위험을 겪고 난 후 겨우 부황제에 임명되었다. 당시 갈리아는 로마 제국에서 거의 방치되다시피 했다. 그곳 주민들의 삶은 야만족의 약탈로 도탄에 빠져 희망을 잃어버린 지 오래였다. 율리아

누스는 일개 서생에 지나지 않았으나 영리했고 용기와 자제력이 지휘관으로서 부족하지 않았다. 그는 게르만족과의 전투에서 그들을 라인강 동쪽으로 몰아내고 갈리아에 평화를 되찾았다. 또한 주민들의 세금을 줄여 주었고 복지와 공정함을 잃지 않았다. 그의 선정으로 공포와 절망이 드리워진 갈리아 들녘에 평온과 희망이 찾아오자 당시 갈리아의 출산율까지 높아졌다.

○ 차츰 갈리아의 안정을 찾아가던 중 율리아누스는 정예군을 보내라는 콘스탄티우스의 명령을 받았다. 콘스탄티우스는 당시 페르시아와 전쟁을 벌이고 있어 병력 보강이 필요하다고 갈리아에 있던 율리아누스 진영에 전했던 것이다. 갈리아 병사들은 콘스탄티우스 명령에 즉각 반발하고 나섰다. 그들은 황제의 명령이니 따를 수밖에 없다는 율리아누스의 호소에도 복종하기를 거부했다. 율리아누스의 병사들 중 많은 자들이 게르만족이었고 그곳에 근거를 두고 살고 있었다. 그들은 로마와 계약을 맺을 때 다른 곳으로 파견하지 않는다는 조건이었다며 명령 거부의 근거로 삼았다.

○ 율리아누스의 호소와 병사들의 거부가 반복되다가 급기야 게르만 병사들은 자신들의 사령관 율리아누스를 황제로 옹립하자는 함성으로 답했다. 사태가 걷잡을 수 없이 돌아가자 율리아누스는 콘스탄티우스에게 전령을 보내 자신은 황제에 오르기를 원하지 않으며 병사들의 강권에 떠밀려 어쩔 수 없었던 것뿐이라며 용서를 구했다. 그러나 콘스탄티우스는 냉담했고, 병사들의 외침은 더욱 커졌다. 결국 율리아누스는 자신의 운명을 시험해 보기로 하고 사촌 형의 통치권에 도전장을 날렸다. 서로 간에 병력을 이끌고 다가설 무렵 콘스탄티우스는 갑자기 병이 들었고 그 증세가 점차 악화되어 양군이 서로 맞붙기

도 전에 죽음을 맞았다. 그는 죽으면서 제국의 통치를 율리아누스에게 맡겼다. 죽음에 임박하자 콘스탄티우스가 그나마 믿을 수 있는 자는 자신에게 반란의 깃발을 내걸었지만 피붙이밖에 없다고 생각한 것인지, 아니면 어차피 이미 제국의 반을 율리아누스가 지배하고 있으니 안전과 평화를 위해서 그 방법밖에 없다고 생각한 것인지 알 수 없다. 그는 25년간이나 제국을 통치했건만 역사적으로 큰 치적을 남기지 못했다. 하지만 제국의 안전을 지키기 위해서 치세의 대부분을 전쟁터에서 보내며 그가 가진 작은 역량을 모두 다했던 것만은 틀림없다.

○ 율리아누스는 콘스탄티우스의 주검 앞에서 눈물이 흘러내렸다. 그것은 콘스탄티우스의 죽음을 비통해하는 눈물이 아니었다. 율리아누스에게 콘스탄티우스는 자신을 고아로 만든 자였으며, 유년 시절 적막한 성에 감금시켜 어린아이로서는 견디기 힘든 외로움을 겪게 만든 자였으며, 이복형 갈루스를 죽이고서 여차하면 자신도 죽이려고 했던 무시무시한 공포를 맛보게 한 자였으며, 야만족에게 정복된 위험한 땅 갈리아에 변변한 병력도 없이 허울뿐인 부황제의 직함을 주고서 내던져 버린 자였으며, 죽기 직전까지 자신에게 검을 겨누었던 자였으며, 자신의 잘못을 뉘우치기보다는 율리아누스에게 은혜를 모르는 자라고 욕한 자였으며, 인생의 종지부를 찍는 순간에 제위를 넘긴 자였다.

○ 콘스탄티우스 2세는 황제가 된 것을 후회한 적이 있었다고 한다. 사실 그는 저녁 식사를 하며 어릿광대와 장난치기를 좋아하는 사람이었다. 그러나 그가 배운 황가의 교육에서 황제란 명령을 내리면서도 시민의 기대에 부응해야 하는 존재였다. 그가 357년 로마에서 개선

식을 치를 때 굳은 석고상처럼 근엄한 표정을 지었던 것도 그의 성격이 아니라, 이러한 당시 교육의 영향 때문이었다.(註. 이에 반해 공화정 때 카이사르는 시끌벅적하게 장난과 농담을 섞어 가며 카피톨리움으로 병사들과 함께 개선 행진을 했다. 전통적인 로마의 개선식은 항상 그런 식이었다.) 황제란 언제나 권위에 찬 모습을 보여야 했고, 위용에 걸맞는 허장성세를 보여야 했기에 콘스탄티우스는 황제라는 이유로 행동의 자유를 누리지 못하고, 좋아하는 오락도 억제해야 했다. 따라서 콘스탄티우스가 황제로서의 품위를 지키기 위해 자신의 기질과 딴판인 가식적인 태도를 보여야 하는 것에 싫증이 났으리라.

○ 제국의 유일한 최고 권력자가 된 율리아누스는 로마의 전통 신앙을 장려했으며, 362년 가르치는 자가 가르치는 내용을 경멸하는 것을 용서할 수 없다며 그리스도교인이면서도 학교에서 고전을 가르치던 교사들을 추방했다. 왜냐하면 그리스와 로마의 고전은 전통신에 관한 내용이 많았고 그리스도교에서는 전통 신앙을 배척했기 때문이다.(註. 마찬가지 논리로 6세기 말 교황 그레고리우스는 "한 입으로 유피테르를 칭찬하고 같은 입으로 주 예수를 찬양해서는 안 된다."며 라틴어 문법을 가르치는 비엔나 주교를 신랄히 비난했다.) 또한 그는 검소했고 먹는 음식도 빈약했으나, 쉴 새 없이 일을 했다.

○ 362년 페르시아가 로마의 국경을 넘자 율리아누스는 전쟁을 선포하고 공격하기로 결정했다. 그가 페르시아를 침공한 것은 알렉산드로스를 영웅시했기 때문이기도 했다. 하지만 사막의 열악한 조건을 극복하지 못하고 고전을 면치 못하다가 후퇴하고 말았다. 페르시아는 로마 황제들에게 죽음의 땅이었다. 수많은 로마 황제들의 죽음이 파르티아 또는 페르시아와의 전쟁에서 비롯되었다. 율리아누스는 후퇴

중에 공격해 오는 적과 싸우다가 창에 찔려 숨을 거두었다. 율리아누스를 숨지게 한 창은 적의 것이 아니라 그리스도를 믿는 로마 병사가 던진 것이라고 알려졌다. 황제는 후계자를 지명하지 않고 눈을 감았다. 후계자는 제국을 이끌어 갈 살아남은 사람의 몫이라고 생각했던 것이다. 그가 후계자 지명을 거부한 것은 자신이 영웅시했던 알렉산드로스의 방식을 따랐던 것이기도 했다.(註. 다만 스토아 철학자였던 율리아누스가 철인 황제로서 모범을 삼은 황제는 마르쿠스 아우렐리우스였다. 다 같은 스토아 철학자지만 밉살스런 조롱과 쓴소리를 아끼지 않았던 세네카는 율리아누스와는 달리 알렉산드로스를 증오했다. 그는 알렉산드로스가 헤라클레스를 추앙하며 본받으려 했지만, 헤라클레스는 악인의 적이었고 선인의 수호자였으며 땅과 바다에 평화를 가져온 반면, 알렉산드로스는 미치광이요 깡패이며 사람의 마음에 공포를 심어 준 악의에 찬 세계적 약탈자라고 비난을 퍼부었다.)

○ 율리아누스가 죽고 난 후 여러 논의와 회의와 경쟁을 거쳐 살루스티우스를 황제로 천거했으나 극구 사양하는 통에 생각지도 못한 호위대장 요비아누스가 제위를 승계받았다. 그는 그리스도교인이었다. 그때까지 율리아누스를 죽인 자가 적이 아닌 로마 군인이었으며 그중에서도 그리스도교인이었다는 소문이 들불처럼 번졌으나, 그리스도교인이던 요비아누스가 황제가 되자 소문은 물을 끼얹은 듯 사그라졌다. 요비아누스는 페르시아에서 요구하는 대로 굴욕적인 강화 조약을 맺은 다음 자신의 지위를 다지기 위해 서둘러 로마로 철군했다. 하지만 그는 철군 도중에 저녁 식사를 너무 많이 먹은 것이 문제였는지 과식한 다음 날 죽은 채 발견되었다. 8개월간의 치세 동안 그리스도교를 다시 부활시킨 것이 그가 한 치적이었다.

○ 제국의 고급 관리들과 장군들은 회의를 거듭한 끝에 다음 황제로 살루스티우스를 또다시 천거했으나 그는 지난번 율리아누스가 죽은 후 천거되었을 때와 마찬가지로 제위에 오르기를 거부했다. 그러다가 발렌티니아누스가 황제로 추대되었고 살루스티우스도 적극 찬성했다. 발렌티니아누스는 동생 발렌스를 공동 황제로 삼아 자신은 제국의 서부를 통치하고, 동생은 제국의 동부를 통치하게 했다.

○ 새 황제는 게르만족의 피를 이어받은 것으로 알려졌다. 그는 수많은 전투에서 승리를 쟁취했는데, 이는 그의 휘하에 있던 테오도시우스 장군(註. 황제 테오도시우스 1세의 부친)의 무공 때문이었다. 테오도시우스 장군은 갈리아·브리타니아·아프리카 등지에서 무공을 세웠고, 아프리카에서 터진 피르무스 반란을 진압한 후 반란의 원인이 되었던 관리들의 비리를 들추어내기도 했다. 불행한 것은 그가 관리들의 비리를 들추자 황궁에 있던 비리 연루자들의 모함으로 발렌티니아누스의 뒤를 이은 그라티아누스 황제에 의해 오히려 사형에 처해지고 말았다는 것이다. 이렇듯 간악한 자들은 황제를 속이고 정의와 진실을 짓밟은 다음 민중의 고통 위에서 찬란한 세도를 누렸다.

○ 발렌티니아누스 황제는 콰디족과의 면담 중에 그들의 파렴치한 언행에 격노하다가 뇌출혈을 일으켜 죽음을 맞았다. 그리고 황제의 지위는 그의 아들 그라티아누스가 계승했으나, 이복동생 발렌티니아누스 2세가 군대에 의해 옹립되자 그라티아누스는 내전을 피하고 자신의 통치 지역 중 이탈리아·아프리카·일리리쿰을 양보했다.

○ 로마 제국이 과거보다 야만족의 침입이 더 거세진 것은 동쪽의 훈족 때문이었다. 훈족 왕 아틸라는 부족을 통합하여 서쪽으로 그리고 남쪽으로 몰아쳐 내려왔다. 그 여파로 게르만족들은 로마 제국의 국경

을 물밀듯이 넘어왔다. 훈족은 게르마니아의 야만족들에게도 야만족이라 불릴 만큼 전율스런 공포 그 자체였다. 훈족에 의해 도망치듯 내려오던 서고트족은 발렌스 황제로부터 도나우강을 도하하여 제국의 영토로 들어와도 좋다는 허락을 받아 냈다. 그러나 수십만 명의 부족민이 이동하는 데는 소요와 혼란이 발생하기 마련이다. 월경을 할 때 무기를 소지할 수 없다는 규정을 그들이 어겼지만 로마 관리들은 뇌물을 받고 눈감아 주었으며, 그것도 모자라 그들에게 수탈과 폭력을 자행했다. 아무리 살던 땅을 버리고 난민의 처지가 된 야만족이지만 이러한 치욕과 분노를 참지 못했다. 그들은 부족장 프리티게른을 중심으로 거센 항거의 불꽃을 피워 올렸다. 반란을 진압하기 위해 군대를 이끌고 나선 발렌스는 378년 하드리아노폴리스 전투에서 경솔하게도 조카의 지원군을 기다리지 않고 무공과 명성을 독차지하려는 욕심에서 홀로 고트족과 싸우다가 전사하고 말았다. 하드리아노폴리스 전투에서 로마군을 섬멸하고 발렌스 황제까지 살해한 서고트족은 의기양양해져 제국의 영토에 버티면서 승자의 권리를 주장하기에 이르렀다.

○ 그라티아누스가 지원군을 이끌고 전쟁터에 왔을 때는 이미 삼촌 발렌스 황제가 죽은 후였다. 그는 낙심했지만 그렇다고 드넓은 제국을 혼자서 감당할 수 없었다. 그때 반란 혐의를 받고 사형당한 테오도시우스 장군에게 아들이 있다는 사실을 떠올렸다. 테오도시우스 장군의 아들은 아버지와 같은 이름인 테오도시우스라고 불렸다. 그는 그라티아누스의 부름을 받자 아버지의 죽음으로도 모자라 자신까지 불러 죄를 추궁하려는 것이 아닌가 하고 무서움에 떨었다. 그러나 테오도시우스를 만난 그라티아누스는 그의 아버지를 처형한 것은 제위에

오른 지 얼마 되지 않아 간악한 자들에게 속아서 저지른 실수였다며 장군의 명예를 회복시켜 주었을 뿐 아니라, 발렌스의 후임으로 제국의 동부를 맡아 달라고 그에게 부탁했다.

○ 이처럼 제국의 안전이 위급한 상황에서 그라티아누스 황제는 테오도시우스에게 발렌스의 뒤를 이어 동부 지역을 맡겼다. 제국의 동부 지역을 맡게 된 테오도시우스는 강력한 서고트족을 굴복시키려고 감히 처음부터 정면으로 검을 겨눈다는 것은 무리임을 알았다. 게다가 그는 조직과 체계를 정비하고 다듬는 데는 탁월한 능력을 보였지만 아버지로부터 군인의 자질을 물려받지는 못했다. 그 결과 군대를 보강하고 때를 기다린 후 힘겹게 야만족들의 무릎을 꿇리기는 했지만 그들이 제국의 국경 내에 거주할 수 있도록 허락할 수밖에 없었다.

○ 테오도시우스에게는 군사력을 확보하고 유지하기 위한 비용을 마련하는 일이 무엇보다 시급했다. 그가 부과한 막대한 비용을 감당하느라 제국의 시민들은 도탄에 빠지고 인구조차도 감소할 지경이었다. 그런데다 황궁을 화려하게 꾸미고 콘스탄티노폴리스의 장중함을 더하기 위해 토목 공사를 감행했다. 그럼에도 후세 사람들이 그에게 '대제'라는 웅장한 칭호를 붙인 것은 종교적 활동 때문이다. 그는 니케아 공의회의 결정 사항을 지켰고, 칙령을 통해서 로마의 전통신 등 이교의 제사를 금했으며 그리스도교를 국교로 삼았다. 다만 유대인들에게 종교의 자유를 허용한 로마의 오랜 정책은 그대로 따랐다.

○ 그즈음 브리타니아 총독 막시무스는 테오도시우스의 출세에 시기심을 느껴 야심에 불타올랐는지, 반란을 일으켜 갈리아를 통치하던 그라티아누스를 살해했다. 당시 이탈리아는 발렌티니아누스 2세가 통치하고 있었는데, 앞서 서술한 대로 이는 이복형인 그라티아누스의

양보가 있었기 때문이다. 발렌티니아누스 2세는 형의 시신관이라도 찾고자 애원했으나 반란자들은 동생의 그런 소박한 탄원조차 묵살했다. 막시무스는 테오도시우스에게 사절을 보내 자신은 뜻하지 않게 옹립되었으며 그라티아누스를 살해한 것도 몇몇의 병사들이 저지른 실수였다고 변명했다. 그러면서 지금으로서는 평화와 동맹을 원할 뿐이라고 제의했다. 테오도시우스는 이 사태를 어떻게 해야 할지 망설였다. 왜냐하면 고트족과의 전쟁으로 국력이 탈진된 상태였고, 또다시 내전으로 힘을 소모시킨다면 제국이 야만족의 먹잇감이 될 것이 분명했기 때문이다. 테오도시우스는 수많은 고민 끝에 하는 수 없이 막시무스의 친선 제의를 수락했다.

○ 그러나 막시무스가 이탈리아를 침공하여 발렌티니아누스 2세와 모후 유스티나를 망명길로 몰아냈을 때 그의 분노는 드디어 폭발하여 이를 응징하고자 검을 뽑아 들었다. 한편으로 홀아비로 있던 테오도시우스가 유스티나의 딸 갈라(Flavia Galla)에게 반했기 때문인지도 모른다. 훗날 그는 갈라와 결혼하여 갈라 플라키디아를 얻었다. 발렌티니아누스 2세 모자는 막시무스를 물리치고 돌아온 테오도시우스를 두려운 마음으로 바라보며 처분만을 기다렸다. 만약 테오도시우스가 제국 전체를 자신의 지배하에 두겠다고 한들 발렌티니아누스 2세의 모자가 감히 반발하고 항거할 힘이 없었기 때문이다. 그가 자비를 베풀고자 하는 마음보다 광대한 제국을 통치하려는 야망이 앞섰더라면, 아주 손쉽게 불쌍한 모자의 모든 것을 빼앗고 심지어 목숨까지 거둘 수 있었다. 하지만 그는 그렇게 하지 않았다. 아버지와 같은 따뜻한 마음으로 발렌티니아누스 2세를 돌보았고, 각별히 친절한 호의를 베풀며 위로해 주었고, 발렌티니아누스 2세와 모후 유스티나를

원래의 지위로 되돌려주었다.

○ 테오도시우스는 갈리아를 모두 평정한 후 부하인 아르보가스테스에게 발렌티니아누스 2세를 보필하도록 명령했다. 그러나 발렌티니아누스 2세의 황궁에서는 신하의 권위가 제왕의 권위를 넘어서고 있었다. 분노한 발렌티니아누스 2세는 아르보가스테스에게 해임을 선고했지만, 힘도 없는 자가 황제의 허울만 가지고서 감히 도전하다가 살해당하고 말았다. 아르보가스테스는 게르만족이었기에 스스로 황제에 나서지 못하고 에우게니우스를 황제로 앞세웠다. 테오도시우스는 아르보가스테스와 에우게니우스의 찬탈 행위를 그냥 보고 있지 않았다. 격분한 그는 병사들을 이끌고 이탈리아에 와서 찬탈자들을 모두 무찔렀다. 아르보가스테스와 에우게니우스를 토벌한 지 얼마 안 있어 테오도시우스는 거친 세파에 시달리느라 고되었는지 병이 들어 죽음을 맞았다.

○ 395년 테오도시우스는 숨을 거두면서 큰아들 아르카디우스에게는 제국의 동방을, 작은아들 호노리우스에게는 제국의 서방을 맡겼다. 그리고 스틸리코에게 자신의 어린 두 아들을 보필해 달라고 부탁했다.(註. 전해 오는 다른 기록에 따르면 테오도시우스가 아르카디우스에게는 루피누스를, 호노리우스에게는 스틸리코를 후견인으로 지명했다고 전한다.) 이렇듯 처음에는 단지 광활한 제국을 나누어서 통치한다는 의미였던 동서분할 통치가 점차 서로 간에 반목과 질시로 고착화되면서 훗날 제국은 동로마와 서로마로 갈렸다.

○ 테오도시우스 황제가 죽자 서고트족은 농사나 지으며 조용히 살겠다던 로마와의 조약을 깨뜨리고 알라리크의 깃발 아래 다시 뭉친 다음 무기를 들고 마케도니아와 트라키아를 유린하고 있었다. 그들은 아

르보가스테스와 에우게니우스 반란 때 테오도시우스 황제를 도우러 나섰다가 엄청난 피해를 입고서도 변변한 대우를 받지 못하고 있던 것을, 이참에 만회하기 위해 보조금을 증대시켜 주지 않는다는 구실을 붙여 봉기를 일으켰던 것이다. 진압에 나선 스틸리코는 서고트 족장 알라리크를 신속히 공격하여 거의 승리를 눈앞에 두었다. 그때 루피누스가 아르카디우스 황제를 꼬드겨 아르보가스테스와 에우게니우스를 토벌하기 위해 빌려 갔던 병사들을 동로마로 돌려 달라는 명령을 내리게 했다.

○ 루피누스가 제국의 이익에 역행하는 행위를 한 것은 만약 자신과 반목하고 있던 후견인 스틸리코가 서고트족에게 승리하면 일리리쿰 지역이 서로마의 통치 지역으로 넘어갈 것이 분명했기 때문이다. 그는 제국이 야만족의 말발굽에 짓밟히고 시민들이 도탄에 빠져도 정치적 승리를 위해 이를 기꺼이 희생시킬 준비가 되어 있던 자였다. 적의 섬멸을 눈앞에 두고 있던 스틸리코의 병사들은 분노와 울분을 참지 못했지만 동로마 황제의 명령을 따랐다. 가이나스는 스틸리코의 명령에 따라 동로마로 되돌아가는 병사들을 지휘했다. 스틸리코와 가이나스 간에 서로 마음이 통했는지 아니면 은밀한 지시를 가이나스가 받았는지 알 수 없다. 루피누스는 가이나스의 병사들을 사열하는 아르카디우스와 함께 있다가 분노한 병사들의 칼에 찔려 황제의 발밑에서 피를 쏟아 내며 숨을 거두었다. 루피누스의 시신은 머리와 몸통이 잘린 채 조롱거리가 되었고, 그의 오른손은 살아 있을 때의 탐욕을 상징하듯 선물을 요구하는 자세로 군중 앞에 전시되었다. 루피누스가 죽고 난 후 그 뒤를 이은 세도가는 거세된 환관 에우트로피우스였다.

○ 섬멸 위기를 벗어난 서고트족의 알라리크는 396년 그리스를 침공하여 쑥대밭을 만들다가 또다시 스틸리코에게 쫓기는 처지가 되었다. 그때 동로마의 아르카디우스 황제는 제국의 동쪽 이익과 서쪽 이익이 별개라는 생각을 가졌는지 397년 칙령을 내려 알라리크를 일리리쿰 총사령관으로 임명했다. 아르보가스테스 반란 때까지만 해도 로마 동맹군이었던 서고트족은 동맹의 깃발을 찢어 버리고 제국의 주민들을 약탈의 대상으로 삼고 있었다. 이를 견디다 못한 동로마 황제 아르카디우스가 회유책과 기만책을 써 그들의 지도자 알라리크에게 그럴듯한 제국의 관리직을 부여한 것이다. 이 같은 결정은 아르카디우스가 서로마의 민중은 죽더라도 동로마와 자신의 안전은 보호될 수 있다는 희망을 가졌기 때문이기도 했다.

○ 알라리크는 제국의 일리리쿰 총사령관이란 막강한 지위가 주어지자 그 권한으로 병기고와 무기 제조창에 명령을 내려 엄청난 양의 무기를 공급받았다. 주민들은 자신을 파멸시킬 적에게 무기를 내어 줄 수밖에 없었다. 로마의 병기고에서 꺼낸 무기로 무장한 알라리크 휘하의 서고트족은 창과 검을 무기의 주인인 서로마에게 겨누었다. 전쟁의 음산한 기운이 이탈리아 전역에 퍼졌고, 서로마 황제 호노리우스는 공포에 떨었다. 알라리크의 공격을 받은 호노리우스는 황궁이 있던 메디올라눔에서 포위되어 항복 외에는 다른 방도가 거의 없을 때, 갈리아에서 원정군을 이끌고 온 스틸리코에게 극적으로 구조되었다.

○ 404년 스틸리코는 메디올라눔이 적의 공격에 취약하다는 것을 절감하고 황궁을 아드리아해 연안의 라벤나로 옮겼다. 스틸리코는 패배에도 굴하지 않는 알라리크에게 차라리 보조금을 주고 갈리아로 보내 그곳의 안전을 맡기자고 원로원에 건의했다. 그러자 원로원 의원

들은 스스로 위험을 지킬 힘도 없는 자들임을 망각하고 "야만족 왕을 돈으로 매수하여 굴욕적인 평화 협상을 맺고서 제국의 일부를 맡길 수 없다."고 성토했다. 그럼에도 스틸리코는 자신의 권위를 등에 업고 원로원의 승인을 힘겹게 받아 냈다. 하지만 이 일로 시민들과 원로원의 감정은 이미 스틸리코에게 등을 돌리고 있었다.

○ 이즈음 동로마에서 아르카디우스가 죽고 나이 어린 테오도시우스 2세가 등극하자, 호노리우스는 어린 조카의 후견인이 되어 주겠다며 동로마로 떠나려 했다. 스틸리코는 제국이 위험에 빠지고 혼란할 때 황궁을 비워 둘 수 없다며 극구 말렸다. 스틸리코의 뜻에 따라 황제는 동로마로 가는 것을 포기했지만 둘 사이에서 감정의 골은 깊어졌다. 게다가 스틸리코를 시기하며 황제에게 아첨하는 신하 올림피우스는 스틸리코가 자신의 아들 에우케리우스를 동로마 황제로 옹립할 야심에서 그런다고 속닥거렸다. 그 말을 들은 호노리우스는 소스라치게 놀라며, 아마 그때 스틸리코에 대한 모종의 굳은 마음을 결심했다고 여겨진다.

○ 그 이후 군단병들을 이끌고 브리타니아에서 갈리아로 건너와 반란 세력을 키우고 있던 콘스탄티누스 3세를 진압하기 위해 서로마는 티키눔(註. 현재 지명 '파비아')에서 파병 준비를 하고 있었다. 그때 올림피우스는 정변을 일으켜 티키눔에 있던 스틸리코의 측근들을 모두 학살하고 군대를 빼앗았다. 이 소식은 보노니아(註. 현재 지명 '볼로냐')에서 고트족 동맹군과 같이 있던 스틸리코의 귀에도 들어갔다. 고트족 병사들은 당장 살해범들을 처단하자고 외쳤다. 스틸리코는 주요 지휘관이 정변으로 모두 살해된 티키눔의 군대와 정적들을 무력으로 제압하기란 쉬울 수도 있었지만, 그렇게 하면 결국 반란을 일

으키게 되는 것이므로 망설였다. 그러다가 황제의 신의를 다시 한 번 믿어 보겠다며 비무장으로 위험스런 적들이 진을 치고 있는 라벤나 황궁을 찾았다. 하지만 정변을 일으킨 자들은 검을 놓친 자에게 다시 줍게 하여 겨룰 자들이 아니었다. 그들은 궁지에 몰린 자를 제거하는 것은 절호의 기회를 적절하게 이용하는 것이라고 생각하는 자들이었다. 그런데다 스틸리코에 대한 섭섭한 감정의 응어리가 아직도 황제에게 그대로 남아 있었다. 이런 상황 속에 스틸리코는 올림피우스의 계략에 말려들어 처형되었다.

○ 408년 제국의 충신이 죽자 알라리크는 드디어 로마 침공을 시도했다. 스틸리코가 죽고 난 후 학대받던 야만족 출신의 로마 동맹군까지도 알라리크의 품 안으로 뛰어들자 병력이 모두 3만 명에 달했다. 막 강해진 서고트족은 제국의 황제를 위협하고 로마시로 들어가는 모든 식량 보급로를 차단했다. 결국 로마는 막대한 배상금을 주고서야 서고트의 포위를 풀 수 있었다. 그때 알라리크는 라벤나 황궁의 호노리우스와도 인질 교환과 군사 동맹을 요구하여 승낙을 얻었지만, 호노리우스는 약속을 차일피일 미루며 지키지 않았다.

○ 409년 알라리크는 또다시 군대를 일으켜 호노리우스에게 자신을 제국의 고급 관리로 임명하고 일정량의 연공과 부족의 정착지 4곳을 달라고 요구했다. 하지만 점차 요구 사항을 낮추어 노리쿰 어느 곳에 서고트족의 정착지를 마련해 주고 연공도 금을 제외하고 곡물로만 받되 그것조차도 호노리우스 황제가 정하는 만큼만 받겠다고 물러섰다. 로마의 관리들은 알라리크의 겸허함에 놀라워했지만, 어리석음에 더하여 현실에 무지한 호노리우스는 알라리크의 제안을 거부했다. 로마를 휩쓸 만한 군사력을 갖추고 있던 알라리크는 분노하여

다시금 로마시를 포위 공격하고 허수아비 아탈루스를 서로마 황제에 임명하는 일까지 서슴없이 저질렀다. 이처럼 허약해진 제국의 상황은 야만족 왕의 의지로 황제를 임명할 정도에까지 다다랐다.(註. 학자들은 아탈루스를 서로마 황제의 계보에 포함시키지 않는다. 아마 그것은 호노리우스가 있기 때문일 것이다.) 알라리크는 이탈리아 북부의 도시들을 유린하고 라벤나를 공격했다. 이러한 혼란 속에 아탈루스와 알라리크의 관계는 오래가지 못했다. 아탈루스가 알라리크의 요구에 못 이겨 북아프리카를 공략하기 위해 병사들을 보냈으나 실패하자, 알라리크는 서고트군과 함께 출정하라는 자신의 충고를 아탈루스가 무시한 결과라고 생각했기 때문이다. 알라리크는 아탈루스에게 자신의 손으로 입혀 준 자의를 벗기고 제위에서 쫓아냈다.

○ 410년 알라리크와 호노리우스 황제 사이에 평화 협상이 다시 시도되었다. 알라리크는 호노리우스를 만나기 위해 라벤나 근처까지 갔다가 한 무리의 로마 동맹군에게 공격을 받았다. 더욱이 알라리크는 시제리크(註. 혹은 '세르게리크'라고도 한다.)의 형제 사루스와 부족의 통치권을 놓고 다툰 적이 있었는데, 공격한 로마 동맹군 지휘관이 바로 사루스인 것을 알고 격노했다. 그는 병사들의 창끝을 즉시 로마시로 되돌려 포위 공격했다. 그가 로마에 도착했을 때 서고트족 병사들은 이미 로마 성안에 있던 서고트족 편의 사람들과 내통하고 있었다. 마침내 로마시 북쪽의 살라리아 문이 열렸다.

○ 로마는 BC 390년 갈리아족에게 약탈당한 지 800년 만에 외적의 침입을 받았다. 이 사건은 서로마에서 로마군의 힘이 완전히 소실되었다는 것을 세상에 알리는 꼴이었다. 다신교 지식인들은 로마의 몰락을 제국의 새로운 종교 탓으로 돌렸다. 그들은 쫓겨난 수호신들이 도

시를 지켜 주지 않아 로마가 야만족들에게 짓밟혔다고 탄식했다. 그리스도교 사제 히에로니무스조차 머나먼 성지 베들레헴에서 로마에 닥친 재앙을 알고 탄식해 마지않았다. 그는 반달족의 약탈을 피해 피난 온 사람들을 베들레헴 수도원에 맞아들이면서 통탄했다. "전 세계에서 거둔 승리로 채워진 로마가 이제는 시민들의 어머니에서 무덤으로 바뀌고 시민들이 노예로 전락하는 것을 보게 될 줄 누가 알았겠는가? 한때는 재물에 둘러싸였던 고귀한 신분의 사람들이 거지가 되어 날마다 맞아들일 줄 누가 짐작이나 했겠는가!"

○ 다만 히포 레기우스의 주교 아우구스티누스만이 로마의 약탈 원인을 그리스도교로 보는 주장에 반발하며, 이교도들이야말로 소란스럽기만 할 뿐 역사도 모른다며, 로마 제국은 그리스도가 세상에 모습을 드러내기 전부터 많은 재앙을 당했고 이번의 재앙도 그중 하나일 뿐이라고 주장했다. 로마는 지배욕과 욕망 위에 건설된 제국이요, 모든 인류에게 원한과 피폐함을 안겨 주었고 그러한 범죄를 어리석은 대중이 찬양하며 경망스럽게도 영광의 이름을 부여한 것이라고 외치면서 그는 맞섰다. 그러나 로마가 약탈의 수치를 당한 것이 제국의 종말을 의미하는지에 대해서는 그도 굳게 입을 다물었다. 그것은 하고 싶은 그 말까지 한다면 그리스도교 황제들에 대한 반역이 될 것이라는 생각에 두려웠기 때문이다. 알라리크의 로마 약탈 때 테오도시우스 1세의 딸 갈라 플라키디아는 포로의 몸이 되어 야만족에게 끌려갔다. 훗날 그녀는 알라리크가 죽고 난 후 서고트족의 부족장이 된 알라리크의 처남 아타울프의 아내가 되었다. 그 결혼은 포로의 몸이 되어 강요에 의해 어쩔 수 없이 이루어진 것이 아니었다. 갈라 플라키디아는 아타울프의 구애를 받아들였고, 그를 진정 사랑했다.

○ 불안한 정세를 보이던 브리타니아에서 406년 반란이 터졌다.(註. 로마 제국이 콘스탄티누스 3세의 반란, 알라리크의 발호, 게르만족의 침공으로 신음하고 있을 때, 410년 호노리우스는 "브리타니아는 자력으로 꾸려 가라."는 칙령을 보냈다. 이로써 클라우디우스 황제에 의해 브리타니아가 로마 문명 안으로 들어온 이후 로마사에서 더 이상 기억되지 않고 다시 사라졌다.) 몇 번을 엎치락뒤치락하면서 찬탈자가 죽고 바뀌기를 반복하다가 콘스탄티누스 3세라고 칭하는 자가 군대의 힘을 얻어 황제로 선언하면서 반란군을 지휘했다. 407년 그는 자신을 따르는 병사들을 브리타니아에서 야만족의 침탈로 몸살을 앓고 있던 갈리아로 끌고 와서 진을 쳤다. 그러고 나서 알레만니족, 프랑크족, 부르군트족과 동맹을 맺은 후, 갈리아를 황폐하게 만들고 다니던 반달족·알라니족·수에비족의 무리들과 격전을 치렀다. 그 결과 제대로 된 방어군이 없었던 갈리아를 쑥대밭으로 만들며 휘젓고 돌아다니던 게르만 야만족들은 로마 정규군의 공격에 된서리를 만난 듯 기세가 꺾여 피레네 산맥을 넘어 히스파니아로 도망쳤다.

○ 호노리우스 황제의 자리까지 넘보는 콘스탄티누스 3세가 이탈리아로 쳐들어올 기세일 때, 서로마에서는 스틸리코의 지지자였던 콘스탄티우스 3세가 힘을 얻고 있었다. 콘스탄티우스 3세는 스틸리코 사후에 올림피우스 등 정적들을 타도하고 군사령관직을 차지했다. 그는 먼저 갈리아를 휘젓고 다니는 콘스탄티누스 3세를 진압하고자 창검을 겨누었다. 마침 콘스탄티누스 3세 휘하의 장군 게른티우스가 콘스탄티누스 3세와 사이가 벌어져 따로 황제를 추대하자, 서로마군 사령관 콘스탄티우스 3세는 먼저 게른티우스를 토벌하기로 결정했다. 게른티우스는 콘스탄티누스 3세와 겨루었지만 패배하고 휘하의 병사들

까지 자신에게 등을 돌리자 스스로 목숨을 끊었다. 그다음 콘스탄티우스 3세는 콘스탄티누스 3세 휘하의 또 다른 부대를 진압하고 나서 콘스탄티누스 3세에게 목숨만은 살려 줄 터이니 항복하라고 설득했다. 콘스탄티누스 3세는 적장의 약속을 믿고 설득에 응했으나, 살아서 라벤나에 입성하지 못했다. 411년 그는 압송되어 가는 도중에 살해되어 머리가 잘린 후 창끝에 꽂혀 라벤나 황궁으로 들어가게 되었기 때문이다. 이처럼 목표가 허약하고 정당성이 결여된 반란군 지휘관의 목숨은 허무했다. 호노리우스 황제의 가슴을 그렇게도 졸였던 반란자 콘스탄티누스 3세는 그런 식으로 삶에 마침표를 찍었다. 콘스탄티우스 3세는 그 외의 황제 참칭자들까지 모조리 진압하고 서로마의 군대를 통일시켰으며,(註. 황제 참칭자들은 콘스탄티누스 3세 외에 막시무스 그리고 요비누스였다.) 병사들에게 급료의 인상을 약속하며 충성을 끌어냈다. 이제 콘스탄티우스 3세의 창끝은 야만족들을 겨누었다.

○ 알라리크의 뒤를 이어 서고트족을 지휘한 아타울프는 부족의 말머리를 남부 갈리아로 돌렸다. 그는 갈라 플라키디아와 결혼하여 테오도시우스라는 아들을 얻었다. 따라서 아타울프의 아들은 당시 동로마의 테오도시우스 2세(註. 테오도시우스 1세의 손자)가 외사촌이었고 서로마의 호노리우스에게는 생질이었다. 아타울프는 서로마 황제 호노리우스에게 뒤를 이을 아들이 없었기에 자신의 아들이 호노리우스의 후계자가 되기를 내심 바랐으나 현실은 호락호락하지 않았다. 서로마와 협상할 때 서로마 황궁에서는 호노리우스의 누이 갈라 플라키디아만 다시 돌려주기를 원했으며 야만족의 아들은 받아들이지 않았기 때문이다. 그런데다 그 아들은 태어난 지 얼마 안 있어 죽고 말

았다. 갈리아로 이동한 서고트족은 그곳에서 서로마의 장군 콘스탄티우스 3세를 만나 히스파니아로 쫓겨났다. 그렇게 되자 부족에 내분이 일어나 아타울프가 마구간에서 말을 살피던 중 시제리크에게 살해당했고, 시제리크 또한 발리아에게 제거되었다.

○ 아타울프는 숨을 거두면서 갈라 플라키디아를 서로마로 돌려보내고 서로마와 동맹을 맺어 부족의 안전을 도모하라는 유언을 남겼다. 때마침 콘스탄티우스 3세는 콘스탄티누스 3세의 반란과 야만족들을 토벌한 후 서고트 족장 발리아에게 갈라 플라키디아를 돌려 달라고 요구했다. 서고트의 권력을 손에 넣은 발리아는 갈라 플라키디아를 포로처럼 취급하며 모욕을 가하기도 했지만, 로마의 압력에 굴복하여 과부에다 자식도 없는 그녀를 돌려주기로 결정했고 그 대가로 식량과 맞바꾸었다. 갈라 플라키디아는 콘스탄티우스 장군의 진영으로 보내어져 라벤나 황궁으로 돌아갔다. 그리고 서로마는 서고트족과 동맹을 맺었는데, 이는 환난의 시대를 맞아 제국의 방위와 안녕을 야만족에게 의지할 수밖에 없었기 때문이다.

○ 콘스탄티우스 3세가 마음속으로 바랐던 것은 황제의 누이 갈라 플라키디아와의 결혼이었다. 황실과 맺어진 결혼이야말로 정적으로부터 자신을 보호할 수 있는 최선의 방법이기도 했다. 그의 수차례에 걸친 구애에도 플라키디아는 요지부동이었다. 콘스탄티우스 3세가 자꾸만 퇴짜를 맞자, 보다 못한 호노리우스 황제가 집정관 취임일에 반항하는 누이의 손목을 억지로 끌고 와서 콘스탄티우스 3세의 손에 넘겨주었다. 이로써 라벤나 황궁에서는 성대한 결혼식이 열리게 되었다.

○ 호노리우스는 콘스탄티우스 3세를 공동 황제로 지명했고, 콘스탄티우스 3세와 갈라 플라키디아 사이에서 발렌티니아누스 3세와 호노리

아가 태어났다. 421년 콘스탄티우스 3세가 죽자 갈라 플라키디아는 아들의 후계를 위해서도 호노리우스에게 호의를 보이도록 애를 썼다. 그것이 빌미가 되어 정적들이 파렴치한 소문을 퍼뜨렸고 결국에 오빠 호노리우스의 분노까지 샀다. 서로마 생활에 진저리가 난 갈라 플라키디아는 콘스탄티노폴리스로 망명을 떠났다. 그녀는 얼마 뒤인 423년 그곳에서 호노리우스가 죽었다는 소식을 들었다. 호노리우스의 죽음으로 서로마 황제 자리가 비게 되자, 동로마의 테오도시우스 2세는 고종사촌 동생 발렌티니아누스 3세를 서로마 황제로 승인하여 갈라 플라키디아와 함께 서로마에 보냈다.

○ 당시 서로마는 호노리우스가 죽은 다음 제위 쟁탈전에서 승리한 요한네스가 황제 자리에 앉아 통치하고 있었다. 동로마는 요한네스를 황제로 인정하지 않고 찬탈자로 규정했다. 테오도시우스 가문이 아니었던 요한네스를 서로마 황제로 받아들일 수 없었기 때문이다. 동로마군의 도움으로 찬탈자 요한네스를 제거하고 권력을 차지한 갈라 플라키디아는 겨우 7살짜리 발렌티니아누스 3세를 제위에 올려놓고 섭정을 시작했다. 서로마 운명이 여인의 치마폭에 싸이자, 군사적 역량에서 호각을 이루는 두 명의 장군이 경쟁했다. 한 명은 도나우강 유역에서 세력을 누리고 있던 아이티우스였고, 다른 한 명은 아프리카에 터를 잡고 있던 보니파키우스였다. 그 둘이 서로 합심하여 황제를 보필하고 제국을 이끌어 나갔다면 제국의 멸망은 좀 더 멀어졌을 터였다. 하지만 그들은 서로 경쟁하며 시기했다.

○ 6세기 역사가 프로코피우스는 그들이 반목한 결과 보니파키우스가 반달족을 아프리카로 불러들여 아프리카가 제국의 통치 지역에서 떨어져 나가고 마는 일까지 벌어졌다고 통탄했다. 보니파키우스는 군

사력 보강을 위해 반달족을 불러들였지만 그들의 무자비한 난폭성을 보자 곧 후회하고 그들과 싸웠으나 패배했다. 패장이 되어 라벤나 황궁을 찾아간 그는 섭정하고 있던 갈라 플라키디아의 용서를 받고 아이티우스와 맞섰다. 두 장군의 불화는 결국 창검의 대결로 치달아 승부를 가름했다. 전투의 승리는 보니파키우스가 차지했으나, 그는 아이티우스와 겨룬 일대일 결투에서 큰 부상을 입고 전사했다.

○ 헤라클레스 두 기둥을 건너 로마 방어군이 허약한 아프리카의 팅기스(註. 현재 모로코의 '탕헤르')로 상륙한 반달족은 자신들을 초청한 보니파키우스를 몰아내고, 제국의 사령관들이 분열되어 다투는 동안에 누미디아, 마우레타니아 등 비옥한 곡창 지대인 북아프리카를 점령하고서 그대로 눌러앉았다.(註. 헤라클레스 두 기둥은 오늘날 '지브롤터 해협'이다. 이곳은 대서양과 지중해가 만나는 양 대륙 끝으로 곧 이베리아 반도의 남단과 모로코 북단이 마주하는 곳이다. 여기에 있던 두 기둥에는 이렇게 씌어 있었다고 한다. "더 이상 넘지 말 것Ne plus ultra.") 게다가 서로마가 서고트족과 벌인 전쟁으로 방어력이 약화된 기회를 놓치지 않고 435년 체결한 로마와의 강화 조약으로 멈칫했던 북아프리카 공략을 재개한 결과, 439년 북아프리카의 고도 카르타고까지 손에 넣었다.

○ 서로마 제국으로서는 곡창 지대를 야만족의 손아귀에 그대로 둘 수 없는 노릇이었다. 당시 서로마는 보니파키우스에게 패한 후 초야에 묻혀 살던 아이티우스가 훈족의 도움으로 재기하여 실권을 장악하고 있었다. 서로마 제국의 재상 아이티우스는 동·서로마가 연합하여 북아프리카를 탈환하자고 동로마를 설득하여 동의를 얻어 냈다. 441년 동·서로마 연합군이 시킬리아에 집결했다. 북아프리카를 강점하

고 있던 반달족을 공격하려는 찰나, 훈족 병사들이 콘스탄티노폴리스로 침략했다는 소식이 날아들었다. 동로마군은 북아프리카 공격을 그만두고 급히 콘스탄티노폴리스로 귀국할 수밖에 없었다. 결국 아이티우스가 계획한 북아프리카 수복은 수포로 돌아갔다.

o 동쪽의 아시아계 유목 민족인 훈족은 중국 세력에 밀려 서천하면서 게르만족의 영역을 침범했다. 4세기 후반 게르만족은 훈족의 기세에 밀려 로마 제국의 경계를 넘었고, 남쪽과 서쪽으로 세력을 뻗치던 훈족 왕 아틸라는 페르시아와 전쟁을 벌이면서, 동로마를 쑥대밭으로 만들었다. 서진을 계속하던 훈족은 마침내 헝가리 대평원에 자리를 잡자, 그 세력이 도나우강을 넘어 로마 제국과 직접 맞닿았다. (註. 훈족뿐만 아니라 9세기 후반 마자르족도 헝가리 대평원에 정착하고 세력을 넓혔다. 두 부족은 모두 아시아의 유목 기마 민족이었고 헝가리 대평원에 터를 마련한 것은 그곳이 말에게 먹일 초지가 풍부했기 때문이다. 이들은 놀라운 기동력과 광포함으로 유럽인들에게 공포를 심어 주었고, 훗날 몽골족의 침공 때 유럽인들은 또다시 유목 기마 민족의 공포를 겪어야 했다.) 훈족 왕 아틸라는 동로마의 테오도시우스 2세에게 막대한 보조금을 청구하면서 동시에 동로마로 도망한 훈족 귀족들을 넘겨 달라고 요구했다. 이러한 아틸라의 요구를 묵살하던 테오도시우스 2세는 훈족의 무지막지한 공격으로 발칸 반도 곳곳이 막대한 피해를 입고서야 무력함을 깨닫고 굴욕적인 강화 조약을 맺었다.

o 황가의 정절을 더럽혔다는 이유로 콘스탄티노폴리스로 추방되어 금욕 생활을 하던 발렌티니아누스 3세의 누이 호노리아가 450년 아틸라에게 구애하며 반지를 보내는 사건이 터졌다. 호노리아에게 청혼을 받은 아틸라는 호노리아에게 줄 지참금으로 갈리아를 내놓으라고

서로마 황제에게 으름장을 놓았다. 왜냐하면 그녀가 아틸라에게 구애하면서 자신과 결혼하면 지참금으로 서로마 제국의 반을 주겠다고 화끈하게 약속했기 때문이다. 아틸라의 요구를 서로마에서 수락할 리 없었다. 이에 아틸라는 훈족 병사들을 이끌고 451년 갈리아를 침공했으나 카탈라우눔(註. 현재 프랑스 상파뉴의 샬롱 부근) 전투에서 아이티우스에게 패하고 말았다. 격분한 그는 차라리 죽어 버리겠다고 외치며 자신을 화형시키라고 명령했다. 치욕스런 패배로 어쩔 줄 모르는 아틸라에게 훈족 장군들은 병사들이 후퇴한 것은 어디까지나 작전이었다고 달래어 겨우 그의 분노를 가라앉힐 수 있었다. 아틸라는 갈리아 공격에 이어 452년에는 북이탈리아를 침공했다. 453년에도 그는 또 다른 원정을 계획했으나 신혼 초야에 죽음을 맞아 정복자의 인생에 종지부를 찍었다.

○ 아틸라가 죽은 후 그의 아들들이 후계자 자리를 놓고 분쟁을 일삼자 훈족은 사분오열되었다. 그러자 아틸라의 권위에 어쩔 수 없이 굴복하여 동맹을 맺고 있던 야만족들이 하나둘씩 훈족의 영향권에서 떨어져 나가더니 어느 순간 아틸라가 세운 훈족 제국은 흔적도 없이 역사에서 사라졌다. 게르만족들을 붙잡아 동맹군으로 이용했던 훈족 제국이 안개처럼 사라지자, 게르만족들은 로마 제국으로 물밀듯이 쳐들어왔다. 한때 훈족에게 쫓기어 제국으로 침입했던 게르만족들은 막강한 훈족에게 붙잡혀 있다가, 이제는 오히려 훈족이 사라지자 거칠 것 없이 제국의 영토를 침범했다. 게르만족들에 의해 제국의 영토가 여기저기 뜯겨져 나가고, 453년 아틸라가 죽은 후 서로마 영역은 이탈리아, 갈리아 일부 그리고 히스파니아뿐이었다.

○ 제국은 몰락해 가면서도 그리고 적에게 연이어 패배하고 양보하면서

도 언제나 승리했다고 선언했다. 신의 명령을 받은 황제가 통치하는 제국이 어찌 패배를 인정할 수 있겠는가? 반달족에게 로마시가 약탈당하고 훈족과 야만족들에게 제국의 영토가 짓밟히고 유린되어도, 아니 야만족의 칼부림에 시민들의 시체가 제국 내에 쌓여 나뒹굴고 있어도 세계의 지배자란 권위와 모습을 훼손시켜서는 안 되었다.

o 발렌티니아누스 3세 치세 때 서로마의 위기를 겨우 추스르며 제국을 이끌어 가던 자는 아이티우스였다. 그는 아들과 황제의 작은딸 小 플라키디아와의 결혼 문제로 감정이 쌓인 데다, 테오도시우스 2세가 죽자 동로마의 통치권까지 아우르겠다는 발렌티니아누스 3세와 갈등을 빚었다. 반겨 줄 사람도 연결 고리도 닿지 않는 동로마 황궁에 가서는 안 된다는 것이 아이티우스의 주장이었다. 그런데다 환관 헤라클리우스는 황제에게 아이티우스가 무례하게 군다며 분노를 부추기고 있었다. 황제를 알현하는 자리에서 아이티우스는 항상 비무장 상태였고, 건방진 태도로 발렌티니아누스 3세를 알현하곤 했다. 자신의 권세를 믿고 아무렇게나 처신한 서로마의 권신 아이티우스는 결국 격노한 발렌티니아누스 3세의 칼에 맞아 숨지고 말았다.

3-2-3. 최후의 황제들(AD 455년~AD 476년)

o 아이티우스가 죽고 난 후, 발렌티니아누스 3세의 행동에 반감을 품고 있던 페트로니우스 막시무스는 아이티우스 충복을 사주해 그를 살해했다. 왜냐하면 아내가 발렌티니아누스에게 능욕을 당했다고 분노해 있었기 때문이다. 그리고서는 스스로 서로마 제위에 올랐다.

o 살펴보면 테오도시우스의 황가는 모두 어린 나이에 제위에 올랐다. 아르카디우스가 19세, 호노리우스가 12세, 테오도시우스 2세가 8세,

발렌티니아누스 3세가 7세에 즉위했다. 이러한 경향은 제국의 통치를 섭정에 기대게 했고, 황제가 다 자란 후에도 섭정의 영향을 벗어나지 못해 국가의 안정을 위태롭게 했으며 제국을 멸망의 길로 재촉한 결과를 낳았다.

○ 페트로니우스 막시무스는 자의를 입은 지 얼마 되지 않아 아프리카에서 진을 치고 있던 반달족 왕 겐세리크의 침입을 받았다. 겐세리크의 큰아들 훈네리크와 발렌티니아누스의 큰딸 小 에우도키아는 약혼한 상태였었다. 그런데도 페트로니우스 막시무스가 小 에우도키아를 자신의 아들 팔라디우스와 결혼시켰다는 소식이 들리자, 겐세리크가 크게 분노했기 때문이다. 페트로니우스 막시무스는 겐세리크가 쳐들어온다는 소식에 아비투스를 서고트족에게 보내 도움을 요청했다. 그런 후 로마시를 방어하는 것이 황제가 해야 할 당연한 일이거늘, 그는 로마의 방어를 내팽개치고 피난길에 오르려다 분노한 시민들이 던진 돌에 맞아 죽음을 맞았다. 로마를 함락한 반달족은 교황 레오 1세의 중재하에 14일 동안이나 합법적으로 로마를 약탈했다. 그들은 유피테르 신전의 금색 지붕까지 뜯어 갔으며, 황후 에우독시아와 두 딸을 포로로 잡아갔다.

○ 페트로니우스 막시무스가 분노한 시민들에게 몰매를 맞아 죽자, 아비투스가 서고트족의 옹립으로 서로마 황제에 봉해졌다. 동로마의 마르키아누스 황제는 아비투스를 서로마 황제로 승인하지 않았지만 서고트족의 무력이 두려워 아비투스의 등극을 묵인하지 않을 수 없었다. 하지만 마르키아누스를 뒤이은 동로마 황제 레오 1세는 협상을 거쳐 아비투스를 서로마 황제로 승인했다. 이렇게 하여 로마 세계에는 야만족에 의해 제국의 황제가 결정되는 새로운 질서가 부여되었다.

○ 아비투스는 서고트족의 후원을 받아 서로마 황제에 즉위했지만 군부를 장악하고 있던 부르군트족 출신의 리키메르에 의해 얼마 후 폐위되었다. 그런 후 마요리아누스가 원로원의 추천을 받아 리키메르가 동의하는 형태로 서로마 황제에 즉위했다. 그는 북아프리카의 반달족을 섬멸할 야심찬 계획을 세우고 히스파니아의 카르타고 노바에서 군함을 건조했다. 그러나 겐세리크의 계략에 빠져 건조 중이던 군함은 모두 불타 버렸고, 마요리아누스도 폐위되어 얼마 후 타계했다. 그러자 리키메르는 리비우스 세베루스를 제위에 올려놓았으나 그도 황제가 된 지 4년 만에 숨을 거두었다.

○ 동로마에서는 테오도시우스 2세의 누이 풀케리아와 결혼한 후 등극한 마르키아누스가 자신의 딸을 안테미우스와 결혼시키고 그를 후계자로 염두에 두고 있었다. 그러나 마르키아누스 황제가 죽은 후 동로마의 군부 세력가 아스파르는 자신의 부하 레오 1세를 황제의 자리에 앉혔다. 그래서인지 레오 1세는 안테미우스를 어렵게 여기고 그에게 한자리를 주기 위해 많은 노력을 기울였다. 마침내 서로마의 군부 세력가 리키메르와 협상한 끝에 그는 안테미우스를 서로마 황제에 즉위시킬 수 있었다. 일리리쿰 사령관 마르켈리누스는 리비우스 세베루스가 서로마 황제에 즉위했을 때는 거칠게 항의하며 반란 세력이 되었으나, 안테미우스에게는 자신의 군대로 이탈리아까지 호위하는 등 충성을 보였다. 그도 그럴 것이 마르켈리누스는 리비우스 세베루스에게 항거하면서 자신의 직책에 대한 보장을 동로마 레오 1세에게 요구한 적이 있었는데, 안테미우스는 레오 1세가 추천한 인물이었기 때문이다. 그뿐만 아니라 리키메르의 완전한 협조를 끌어내기 위해 레오 1세는 자신의 딸 알리피아를 리키메르와 정략결혼시켰다. 이렇

게 하여 리비우스 세베루스 이후에 18개월간이나 공석으로 있던 서
로마 황제 자리를 안테미우스로 메울 수 있었다.

○ 안테미우스 황제는 서로마의 재정 건전성을 다시 회복하려면 아프리
카 반달족을 섬멸해야 한다는 것을 깨달았다. 468년 그는 동로마의
협조를 받아 동·서로마가 연합된 대군을 이끌고 카르타고에 도착했
다. 그러나 해전이 벌어지는 바다의 상황은 로마군이 바람을 안고 싸
우게 되어 불리할 수밖에 없었다. 반달족은 등 쪽에서 불어오는 바
람을 적극 이용했다. 결국 로마군은 적의 화공에 휘말려 함대 전체가
불타 완패하고 말았다.

○ 반달족은 다 같은 게르만 야만족이라도 로마로부터 다른 대우를 받
았다. 로마는 서고트족, 부르군트족과는 동맹을 맺어 훈족과 싸울
때 군사 지원까지 받았다. 그러나 반달족에게는 손을 내밀지 않았
다. 겐세리크는 자신의 큰아들 훈네리크를 발렌티니아누스 3세의 큰
딸 小 에우도키아와 정략결혼을 시키면서까지 로마의 우정과 그늘을
그리워했으나 늘 소외되었다. 반달족이 불운했던 것은 그들이 차지
하고 있던 카르타고를 중심으로 한 북아프리카가 너무 좋은 땅이라
는 것이다. 그곳은 제국의 중요한 식량 보급지였기 때문에 로마 황제
들의 끊임없는 공격 목표가 되었다. 결국 6세기 때 그들의 왕국은 동
로마 유스티니아누스 황제의 명령을 받은 벨리사리우스 장군에 의해
섬멸당했다.

○ 468년 동·서로마 제국이 연합하여 야심차게 일으킨 북아프리카 공
략이 허망하게도 실패로 돌아가자, 안테미우스와 리키메르의 사이가
벌어졌다. 리키메르로서는 안테미우스의 가치가 그만큼 떨어졌기 때
문이다. 그들은 내전이 터질 듯 일촉즉발까지 갔다가 겨우 화해하면

서 분노는 수면 아래에 가라앉았다. 그러나 안테미우스의 아들 안테미올루스가 아버지가 준 병사들로 갈리아에서 서고트족 왕 에우리크와 싸우다 패전하여 전사하는 일이 발생했다. 이 일로 안테미우스는 자신의 군사적 보루를 모두 잃었다. 리키메르는 안테미우스의 약점이 드러나자 마침내 검을 들이대었다. 472년 몇 달간의 전투 끝에 로마가 함락되면서 패배한 안테미우스는 리키메르의 생질 군도바트에게 붙잡혀 살해당했다.

○ 리키메르와 안테미우스의 내전으로 안테미우스가 살해되자, 그 두 사람의 화해를 위해 동로마 레오 1세가 파견한 올리브리우스가 엉뚱하게도 리키메르에게 옹립되어 서로마 황제에 즉위했다. 올리브리우스는 발렌티니아누스 3세의 둘째 딸인 小 플라키디아의 남편이므로 반달족 왕 겐세리크의 아들 훈네리크와 동서지간이었다. 이는 리키메르가 반달족에게 손을 내밀고 그러면서도 동로마의 눈에 벗어나지 않도록 정략적으로 선택한 결과였다. 여타의 게르만족들과는 달리 항상 소외되었던 반달족 왕 겐세리크는 어떻게든 로마 황실과 인연을 맺고 싶어 했다. 따라서 반달족 왕 겐세리크는 10년 전부터 올리브리우스를 서로마 황제로 만들기 위해 많은 노력을 기울였다. 왜냐하면 올리브리우스가 서로마 황제가 되면 자신의 큰아들 훈네리크의 아내 小 에우도키아와 올리브리우스의 아내 小 플라키디아가 자매이므로 자신은 서로마 황제와 결혼동맹이 형성될 수 있었기 때문이다.

○ 그러나 황제 추천자였던 리키메르가 그 직후 곧 죽었으며 올리브리우스도 얼마 안 가서 병사하고 말았다.(註. 리키메르는 안테미우스 황제가 죽은 지 약 한 달 후에 숨을 거두었다.) 리키메르의 권력을 이어받은 생질 군도바트는 라벤나에서 글리케리우스를 서로마 황제로 옹립

했다. 하지만 군도바트는 쇠망해 가는 제국의 뒤치다꺼리로는 미래가 없다는 것을 깨달았다. 그는 부르군트족 왕인 아버지 군디오크가 숨을 거두자 형제들과 함께 부르군트 왕국을 통치하기 위해 이탈리아를 떠났다. 군도바트가 이탈리아를 떠나자 또다시 권력 공백이 생겼으며, 멸망하는 제국의 황제 자리는 계속하여 사람들을 유혹했다. 동로마 황후 베리나의 추천을 받은 율리우스 네포스가 외삼촌으로부터 물려받은 일리리쿰 병사들을 이끌고 이탈리아에 와서는 자신이 서로마 제국의 황제임을 선언했다. 그러자 글리케리우스는 항거하지 않고 스스로 자의를 벗은 후 살로나 주교로 변신했다.

○ 서로마 황제에 오른 율리우스 네포스도 그 자리에 오래 앉지 못했다. 그에게서 가장 신뢰받던 오레스테스가 주군을 배반하고 반란을 일으켜 권력을 잡았기 때문이다. 네포스는 달마티아로 피신했으나 훗날 그곳에서 부하들에게 암살당했다. 오레스테스는 한때 훈족 왕 아틸라의 사절 노릇을 하던 자였으나, 훈족이 멸망하자 이탈리아로 넘어와 군 경력을 쌓은 자였다. 네포스를 제거하고 권력을 잡은 오레스테스는 자신의 아들 로물루스 아우구스투스를 제위에 앉혔다. 그는 소년 황제였기에 '어린 아우구스투스'라는 의미로 아우구스툴루스(Augustulus)라고도 불렸다. 하지만 게르만의 스키리족 용병 대장 오도아케르가 추종 세력을 모아 오레스테스를 물리치고 아우구스툴루스를 폐위시켰다.(註. 오도아케르는 스키리 족장 에데콘의 아들이다. 에데콘은 오레스테스와 함께 훈족 왕 아틸라의 사절로 동로마를 방문했었다.) 그는 자비를 베풀어 아우구스툴루스에게 연금을 주고 네아폴리스(註. 현재 지명 '나폴리')만의 별장에서 살게 했다. 또한 자신을 '이탈리아 왕'으로 칭했고, 더 이상 서로마 황제를 옹립하지 않았다.

○ 후세 역사가들은 아우구스툴루스가 폐위되고 더 이상 황제가 즉위하지 않은 476년을 서로마 제국이 멸망한 해로 보았지만, 당시 로마인들은 제국의 멸망이 그때였음을 알지 못했다. 그것은 조용히 다가온 몰락이었다. 심지어 중세의 많은 사람들조차도 여전히 자신들이 로마 제국에 살고 있는 것으로 생각했다. 로물루스와 레무스의 전설에서 두 형제가 건국의 장소를 두고 내기를 할 때 팔라티누스 언덕으로 12마리의 독수리가 날아들었다. 세간에 전해지는 말에 따르면 독수리 12마리는 로물루스가 세운 국가가 1200년간 존속할 것이라는 신의 계시였다고 한다. 실로 로마는 로물루스가 건국한 지 1229년 만에 사라진 제국이었다. (註. 비잔틴 제국으로도 불리는 동로마 제국은 명칭만 '로마'였지, 사실은 라틴어를 버리고 공용어로 그리스어를 사용했으며 그리스계 주민이 주류를 이루고 그리스인이 지배했던 국가였다. 게다가 당시 사람들은 로마 제국이 두 개로 분열되었다고 생각한 것이 아니라 하나의 제국에 두 명의 황제가 있다고 생각했다.)

※ 수도 이전에 따른 로마 원로원의 무력화(無力化)

≪3세기 때 원로원은 갈리에누스 황제에 의해 군대와 분리되어, 원로원 의원이 로마군 장교가 되는 것이 배제되었다. 이로써 로마 원로원은 권력의 기반이라 할 수 있는 군사력을 잃은 데다 황제가 거주하는 수도까지 옮겨져 마지막 남은 허영심과 허울마저 벗겨졌다. 그렇게 되자 로마 제국의 근본은 본격적으로 변질되기 시작했다.≫

○ 로마는 로마 제국의 수도로서 예로부터 내려오는 정치 체제와 관습의 영향 때문에 제국 내의 도시로서는 최대의 위엄을 유지할 수 있었다. 황제가 비록 아프리카나 일리리쿰 출신이라고 하더라도 로마를 자기 권력의 본거지이자 제국의 중심지로서 존중했으며, 비상사태 시에는 전선으로 출정했지만 평화시에는 로마에 거주하는 것이 원칙이었다.

○ 그러한 원칙은 디오클레티아누스에 의해서 깨졌다. 아페르를 처형한 후 카리누스에게도 승리하여 제국의 권력을 손안에 틀어쥔 디오클레티아누스는 전쟁 중이 아닌 평화시에도 속주에 상주한 최초의 로마 황제였다. 디오클레티아누스뿐 아니라 서부 황제였던 막시미아누스도 마찬가지였는데, 디오클레티아누스는 니코메디아에 막시미아누스는 메디올라눔에 황궁을 두었다. 이들 황제들은 야만족의 침입에 대비하기 위해 황제가 거주할 곳을 정한 것이겠지만, 이는 또 다른 결과를 낳았다. 권력의 중심이 움직이면 부와 인재가 모이게 된다는 원리가 이곳에서도 예외가 아니었기 때문이다. 두 도시는 얼마 안 가서 황제의 도시로서 위엄을 갖추었으며, 수많은 공공 시설물이 들어

_____ 로마의 선택과 결정 ⑥ 제국의 몰락

서 로마와 비교해도 손색없게 되었다.

○ 권력자가 거처하는 곳의 이동에 따라 권력 기관의 이동도 같이 나타났다. 제국의 오랜 권력의 원천이자 상징이었던 로마 원로원은 간신히 체면만 유지되었다. 황제들이 로마에 거주하던 과거에는 원로원이 설사 탄압을 받았는지 몰라도 무시되는 일은 없었다. 그러한 까닭으로 황제들은 어떤 법률이든지 마음대로 제정할 수 있는 권한을 행사했지만, 이러한 경우에도 빠뜨리지 않고 원로원의 승인을 받았다. 이제 로마 원로원을 예우하던 관례와 전통은 서서히 사라졌다.

○ 로마 원로원이라는 이름은 원수정 말기에도 명예로운 이름이었고, 원로원 의원은 그 신분만으로도 제국의 최고위 계급이었으며 허영심을 채워 줄 온갖 영예가 주어졌다. 그러나 로마에서 황제의 모습이 더 이상 보이지 않게 되자, 로마 원로원은 황실 및 당시 정치 체제와의 모든 연결 고리가 끊긴 채 고색창연하기만 할 뿐 쓸모없는 기념비로 남았다. 그리고 황제는 로마를 떠나 원로원이 보이지 않게 되자, 자신들이 지닌 합법적 권력의 기원과 본질을 망각했다. 로마 제국의 황제 권력이란 세습되는 것도 아니며 그러한 권력이 따로 있는 것도 아니었다. 그것은 다만 집정관·감찰관·호민관·총사령관 등의 주요 관직이 한 사람에게 주어지고 원로원의 승인과 시민들의 동의가 만들어 낸 권력이었다. 하지만 이제는 로마 황제들이 서서히 동양 군주의 모습과 닮아 가고 있었다.

> **⎮ 알아두기 ⎮**
>
> • "디오클레티아누스"의 유래
> 디오클레티아누스의 아버지는 로마 원로원 의원인 아눌리누스의

집에서 노예로 일했다. 어머니는 달마티아 속주의 작은 지역 이름인 도클레아(Doclea)로 불렸으며(註. 어머니는 도클레아 출신의 여자이었을 것이다. 천안에서 온 여자를 '천안댁' 청주에서 온 여자를 '청주댁'이라고 부르는 것과 같다.), 그의 아들은 도클레스(Docles)로 불렸으리라 추측된다.

도클레스는 그리스식 운율에 맞춰 디오클레스(Diocles)로 불렸다가, 최종적으로 로마식 위엄을 갖춘 디오클레티아누스(Diocletianus)로 칭하게 되었다.

성 바울의 '권세에 대한 복종'

《그리스도교인들은 전통 종교를 무시하여 종교 행사에 참여하기를 거부했고, 황제의 신격화도 거부하는 등 종교적 신념 때문에 로마 관리들에게 탄압을 받았다. 그럼에도 그들은 현세의 모든 권위와 권세에 대한 복종의 의무를 순순히 따랐으므로 콘스탄티누스를 비롯한 황제들은 이것에 주목했다. 다만 이 같은 교리 때문에 새로운 종교가 천상의 온화함과 자비 그리고 이타주의로 무장하여 혼탁한 세상에 강림했지만, 속박된 자들에 대한 사회적 불평등은 천상의 의지

로 간주되어 전혀 개선되지 않았다.≫

○ 성 바울은 신약 성서에 이렇게 기록했다. "각 사람은 위에 있는 권세
에 굴복하라. 권세는 하나님께로 나지 않음이 없나니 모든 권세는 다
하나님의 정하신 바라."(註. 로마서 13장 1절) 즉 그는 사람은 모두 윗
사람에게 복종하지 않으면 안 되며, 천상의 가르침에 대해서는 신 이
외에는 어떤 권위도 인정하지 않지만, 그렇기 때문에 현실 세계에 존
재하는 모든 권위와 권세는 신의 지시에 따른 것임을 알렸다. 그런
권세에 복종하는 것은 결국 현세의 모든 권위와 권세 위에 군림하는
신에게 복종하는 것임을 천명한 것이다.

○ 그리스도교의 교리가 권위, 심지어 억압에 대해서까지 수동적이고
무저항적으로 복종하라는 원칙은 절대 군주의 눈에는 분명히 아주
훌륭하고 유용한 논리였다. 콘스탄티누스의 눈에는 제국을 다스리는
데 있어 그리스도교의 교리가 특히 구원의 손길이었다. 그리스도 교
리에 따르면 황제의 권위와 지위는 시민들의 동의가 아니라 하늘에
의해 구성되었다고 보았으며, 설령 황제가 배신이나 살인으로 그 지
위에까지 올랐더라도, 곧 신의 대리인이라는 성격을 부여받은 것으
로 믿었다. 게다가 시민들은 황제에게 충성을 맹세했으므로 아무리
자연과 사회의 모든 법을 위반한 악덕한 황제라고 해도 절대적으로
복종해야 하는 것이 초기 그리스도교의 교리였다.

○ 그리스도교의 이러한 교리는 노예 주인과 노예와의 관계를 사랑과
형제애로 변화시켜 평등적 온정으로 탈바꿈한 것이 아니라 오히려
비인간적인 신분 관계를 고착화시켰다. "무릇 멍에 아래에 있는 종
들은 자기 상전들을 범사에 마땅히 공경할 자로 알찌니 이는 하나님

의 이름과 교훈으로 훼방을 받지 않게 하려 함이라."(註. 디모데전서 6장 1절) 이 같은 교리에 근거하여 초기 그리스도 교부들은 잘못을 저지른 노예에게 가하는 가혹한 매질을 아주 적절한 것이라고 생각했으며, 노예의 건방진 행동을 결코 용납해서는 안 되는 것이라고 주장했다.

○ 4세기 메디올라눔 주교 암브로시우스는 노예제가 주인으로부터 교훈적인 감화를 받을 수 있어 노예 자신에게도 은혜로운 제도라고 규정했으며, 아우구스티누스는 아담과 이브의 원죄를 거론하면서 노예제란 원죄의 대가로 내려진 형벌이라며 정당화시켰다. 종교회의에서도 누구든지 노예에 대한 동정을 구실로 주인에게 모욕을 가하거나 도망하게 하거나 태업할 것을 선동한 자는 파문할 것을 결의했다. 그러면서 도망간 노예를 발견하면 주인에게 되돌아가도록 권하는 것이 그리스도교 신자들의 의무임을 잊어서는 안 된다고 강조했다. 물론 "노예들에게 세례를 통해 자유를 주도록 하라. 그리하여 노예와 자유민 모두가 평등하게 주(主)를 섬기도록 하라."고 주장한 교부들도 있으나 이는 극히 소수의 목소리였다.

○ 이렇듯 그리스도교가 노예의 삶을 인간답게 개선한 것이 아니라 오히려 종래의 속박을 더욱 옭아매었다. 그리스도의 품 안에 안주한 경건한 노예들은 자유를 위해 선동하거나 물질적 개선을 추구하거나 예속에 저항할 가능성이 완전히 봉쇄되었으며 현실의 비참한 상황을 개선하겠다는 의지가 포기된 채 사후에 구원으로 가는 길이 열려 있다는 데 위안을 삼을 뿐이었다.

• 유가의 승리

성 바울의 현세 권위에 대한 복종과 견주어 동양 사상을 살펴본다면, 춘추전국 시대에 풍미했던 사상 중 공자의 유가와 묵자에 의해 시작되고 노자와 장자가 발전시킨 도가를 나란히 놓고 비교할 수 있다. 두 사상은 진나라를 거쳐 한나라가 성립되었을 때까지만 해도 도가 사상이 지배적이었으나, 나라가 안정되자 유가를 중심으로 사상이 통일되었다. 두 사상의 승패를 갈라놓은 것은 진리의 문제가 아니라 통치와 정책에서 어느 것이 더 보탬이 되는가로 판가름 났다.

이러한 결과는 그 사상의 차이에서 비롯되었다고 볼 수 있는 바, 도가 사상가인 장자는 초나라 왕이 사신을 보내 자신에게 재상을 맡기려 했을 때 "제사 때 제물로 바치는 소를 보지 못했는가? 수놓은 좋은 옷을 입히고 기름진 음식을 먹여 살찌운 다음, 나라의 큰 제사에 끌려가 제물이 되니 그때 다시 보잘것없는 보통 소가 되려고 해도 어쩔 수 없다. 재상을 하는 것도 이와 같을 뿐이다." 하고 거절했다. 도가의 사상은 항상 그런 식이었다.

하지만 유가는 군신유의·군사부일체와 같이 임금과 신하의 덕목 및 임금의 섬김을 말하는 등 국가 체제 내에서 받아들이기 쉬운 논리였다. 이러한 생각의 차이가 국가 시책을 시행할 때 도가를 억제하고 유가를 성하게 하는 이유였고, 마침내 유가가 도가를 누르고 세력을 떨치게 되었다.

이와 유사한 경우를 비교한다면 에피쿠로스주의와 스토아주의에서 볼 수 있다. 에피쿠로스주의가 은둔 생활을 주장하고 도덕적으로 비교훈적인 데다 공직에 대한 부정적인 생각을 갖기 쉬운 반면에, 스토아주의는 유익하고 선하며 존경받을 만한 데다 엄격한 의무 이행, 공적인 질서와 군주정을 지지했다. 따라서 훗날 로마 제국에서 에피쿠로스주의보다 스토아주의가 명성을 더욱 떨치게 된 것은 당연했다.

✳ 디오클레티아누스(Diocletianus)의 4두 정치(293년)

≪로마 제국의 군사력이 야만족의 군사력을 방어하기에 힘겨워지자, 디오클레티아누스는 제국을 4등분하여 방어하기로 결정했다. 그러나 권력의 속성상 권좌에 앉은 자들은 서로 간에 경쟁하기 마련이다. 디오클레티아누스 황제는 제국이 4두 체제로 계속 순환되기를 바랐겠지만, 힘의 논리는 가장 강한 자가 전부를 가지고 나머지는 모두 잃는 것을 강요했다. 이들 4두는 각각 거느린 군사와 행정 조직을 유지하기 위해 더욱 많은 세금을 거둘 필요가 있었고, 이로 인해 주민들의 삶은 더욱 팍팍해졌다. 이는 국가가 쇠망하는 여러 형태 중 하나를 보여 주었다.≫

▌4두의 동상

○ 친구인 막시미아누스에게 권력을 나누어 제국의 서방을 맡긴 디오클레티아누스 황제는 각각 1명의 부황제를 지명하여 4두 정치(테트라르키아tetrarchia)를 시행했다. 동방 세니오르 아우구스투스는 디오클레티아누스(49세)였고 수도를 니코메디아(註. 현재 터키의 '이즈미트')로 정했으며, 동방 카이사르는 갈레리우스(34세)였고 수도를 시르미움(註. 현재 세르비아의 '스렘스카 미트로비차')으로 정했다. 또한 서방 유니오르 아우구스투스는 막시미아누스(44세)였고 수도는 메디올라눔(註. 현재 지명 '밀라노')이었으며, 서방 카이사르는 콘스탄티우스 클로루스(44세)였고 수도는 트레베로룸(註. 현재 독일의 '트리어')이었다.(註. 아우구스투스는 황제를 의미하며 카이사르는 부황제를 의미했다. 또한 디오클레티아누스는 자신을 유피테르의 별칭인 '요비우스'로, 막시미아누스는 헤르쿨레스를 뜻하는 '헤르쿨리우스'라고 호칭했다. 헤르쿨레스는 그리스의 헤라클레스와 같으며, 그는 신의 아들로 태어나 고통과

▎트레베로룸, 메디올라눔, 시르미움, 니코메디아 ___ 출처 : 텍사스 대학 도서관. 이하 같다.

공로로 인하여 사후에 신이 되었다. 이로 인해 신의 아들로 태어나 십자가의 고통을 짊어지고 천상에 갔다고 믿어지던 예수와 경쟁자가 될 수밖에 없었다. 그리하여 헤르쿨레스는 당시의 많은 그리스도교인들에게 분노의 대상이었다. 로마 황제 중 칼리굴라, 네로, 콤모두스가 자신을 헤르쿨레스의 분신으로 생각하며 모방한 것을 보면 로마인들의 헤르쿨레스를 향한 열망은 대단했다고 볼 수 있다.)

○ 군사적 재능이 없음을 스스로 인정한 디오클레티아누스는 로마 제국을 4등분하여 그중 가장 젊은 갈레리우스에게 국가 방위선이 가장 길뿐만 아니라, 질적으로도 가장 위험한 야만족이 침범하는 도나우 방위선을 맡기는 등 제국의 안전 보장에 최선을 다했다. 이러한 분할 통치는 어디까지나 디오클레티아누스의 승인 아래 각각의 황제와 부황제가 맡은 지역을 통치하는 것이지 제국 자체를 분할한 것은 아니었다.

○ 293년 제국을 4등분한 후 굳센 기상과 정신을 가진 부황제들이 임명되자, 막시미아누스가 진압에 실패한 카라우시우스 토벌에서 바로 효과가 나타났다. 8년 전 막시미아누스는 자신이 제국의 서쪽을 다스리기로 결정되자마자 갈리아의 소농들로 이루어진 바가우다이 반란을 신속히 진압했던 적이 있었다. 그런 후 색슨족이 발호하던 브리타니아에 카라우시우스를 보내어 토벌하도록 명령했지만, 카라우시우스는 해협(註. 현재 영국 해협)에 면한 브리타니아 남부와 갈리아 서부에 터를 잡고 도리어 스스로 황제에 오르는 반역을 저질렀다. 하지만 막시미아누스는 카라우시우스를 진압하기는커녕 도리어 289년 카라우시우스에게 패배를 당한 채로 4두 체제가 편성되어 진압의 의무를 콘스탄티우스 클로루스에게 넘겼던 것이다. 콘스탄티우스 클로루스는 몸

을 사리지 않고 진군하여 카시우시우스 세력을 오랜 공격 끝에 완전히 섬멸했다. 그때 카라우시우스는 부하인 알렉투스의 모반으로 살해되고 없었지만, 콘스탄티우스 클로루스에 의해 패망하기까지 그 세력이 거의 10년간 제국의 서부에서 위세를 떨쳤다. 이렇듯 4명의 황제가 굳건히 버티자 수시로 황제의 목숨을 앗아 갔던 반란도 철저히 차단될 수 있었지만 4두들이 서로 간에 경쟁하는 것까지는 막을 수 없었다.

| 마음에 새기는 말 |

자신의 능력이 모자람을 알고 있다고 할지라도 그 보완책을 실행에 옮기려면 대단한 용기와 결단력이 필요하다.

– 디오클레티아누스 황제가 자신의 군사적 능력의 한계를 알고 친구인 막시미아누스에게 "카이사르" 칭호와 함께 미련 없이 권력을 나눠 준 것에 대하여.

| 알아두기 |

• 디오클레티아누스의 최고 가격령(301년)

디오클레티아누스 황제가 안티오키아에 있을 때 상인들의 투기 및 매점매석으로 물가가 폭등하자 시민들이 황제에게 최고 가격을 정해 달라고 요청했다. 상인들이 자발적으로 문제를 해결해 주기를 원했던 디오클레티아누스는 문제가 해결되지 않고 도리어 더욱 확대되자, 마침내 물가 상승을 잡기 위해 1,387개의 시장 물품에 대해 최고 가격을 정해 황제의 칙령으로 선포했다. 이는 고정 가격이 아니라 상한 가격을 정한 것이다. 디오클레티아누스는 이 명령의 서문에서 말했다. "탐욕에 가득 찬 자들이 합리적인 방식으로는 도저히 설명할 수 없는 높은 가격을 산정하여 부당한 이익을 취함으로써 군대의 파견이 요구되는 모든 곳에서 병사들은 자신의 급료를 거의 강탈당하는 실정이다. 이를 누가 모르겠는가?" 황제는 투기와 매점매석을 일삼는 상인들을 '대담한 음모자'라고 세차게 비난하면서 칙령을 어길 시에는 사형에 처하겠다고 엄히 규정했다. 이는 생산자의 생계를 유지시키는 선에서 상품의 가격이 결정되어야지 과도한 이윤을 추구해서는 안 된다는 것이었다.

그러나 은화와 동화의 가치를 안정시키지 못하고 화폐의 가치가 계속 떨어지자 이 정책은 실패했다. 왜냐하면 화폐 가치가 하락하면 더 비싸게 팔아야겠지만 최고 가격령을 위반할 수 없었기에, 사람들은 차라리 물건을 만들지 않거나 만들더라도 암시장에서 높은 가격으로 거래했기 때문이다. 게다가 307년 금과 은의 가격이 상승하고 화폐 체계가 붕괴되자 최고 가격령은 사실상 무너지고 말았다. 결국 칙령의 엄격함은 완화되었고, 훗날 콘스탄티누스는 아예 최고 가격령을 폐지할 수밖에 없었다.(註. 제정 초기에 티베리우스 황제가 곡물가의 안정을 위해 최고 가격령을 선포한 것은 디오클레티아누스의 조치와는 의미가 구분된다. 티베리우스의 조치는 기아 위기를 해소하기 위한 임시방편이었고 시세와의 격차를 줄이기 위해 1모디우스당 2세스테르티우스를 보전해 주었기 때문이다. 그렇다 해도 곡물상들의 수입은 시세보다 훨씬 적었다. 네로 황제도 64년 로마 대화재 이후 곡물가가 요동치자 최고 가격령을 선포하기도 했다.)

✷ 디오클레티아누스의 그리스도교 '대탄압'(303년)

≪종교에 대해서 다신교도답게 관대하고 온화했던 디오클레티아누

스는 그리스도교인들의 무례함에 마침내 격분했다. 그리스도교에 대한 엄격하고 냉혹한 처분은 폭풍으로 몰아쳐 커다란 탄압이 가해졌다. 이는 그리스도교인들이 그들의 세력이 미약할 때도 철벽같은 믿음으로 과감했고, 목숨을 위험 앞에 노출시키는 데 주저하지 않았던 결과였다.≫

○ 디오클레티아누스는 20년의 통치 기간 중 18년가량을 그의 기질에 따라 종교 정책에 대해서 온화하고 관대한 신앙의 자유를 허용했다. 다신교인들이 대부분 그렇듯이 그의 포용적인 종교 정책은 황궁이 있던 니코메디아의 수사학 교수로 그리스도교 역사가인 락탄티우스를 임명한 것으로도 알 수 있다. 아내 프리스카와 딸 발레리아(註. 동부 부황제 갈레리우스와 결혼했다.)는 그리스도교 교리를 관심 있게 들었으며, 디오클레티아누스 시대부터 늘어나기 시작한 궁중의 환관들도 자신들의 신앙으로서 그리스도교를 믿는 자가 많았다. 이들 환관들은 황궁 내에서 막강한 힘을 행사했고, 이들의 영향을 받아 많은 관리들이 그리스도교로 개종하기도 했다.

○ 페르시아 전쟁을 승리로 이끈 갈레리우스와 디오클레티아누스는 그해 겨울을 니코메디아 궁전에서 함께 보내면서 그리스도교인들의 문제를 논의했다. 디오클레티아누스 황제는 광신

▌ 디오클레티아누스

도들의 피를 흘리게 하는 것은 잔인할뿐더러 위험하다는 이유로 강력히 반대했지만, 갈레리우스는 어머니가 몇몇 그리스도교인 시종들에게 무시를 당했다는 사적인 감정이 섞여 이대로는 제국의 번영과 안전을 달성할 수 없다고 생각했다. 왜냐하면 갈레리우스의 어머니는 전통신을 믿으며 거의 매일 제사를 지내고 제사 음식으로 연회를 베풀었으나, 그녀의 친척과 시종들은 그리스도교인인 까닭에 연회에 참석하지 않았고 그녀의 호의를 멸시했기 때문이다. 갈레리우스는 로마의 신들을 부정하는 그리스도교가 별개의 공화국을 형성하여 자체의 법률과 관리들에 의해 통치되고 그들만의 공공 재산을 확보하고 있다고 단정 지었다. 또한 주교들이 빈번한 회합을 통해 긴밀하게 연결되어 있고, 주교의 명령에 의해 수많은 신자들이 맹목적으로 복종하고 있다고 주장했다.

○ 그러다가 언젠가 로마 전통신에게 황제가 직접 주관하는 제사 의식에서 황궁 관리 몇몇이 성호를 그은 사건이 발생했다. 로마의 전통신들에게 존중을 다하고 제례에 소홀함이 없었던 디오클레티아누스 황제는 격분했지만 그의 분노가 당장 그리스도교인들의 머리 위로 떨어지지 않고 그냥 그것으로 끝났다. 전통적 로마 신들에게 바치는 제의가 진행되는 중에 성호를 긋는 것은 자기가 믿지 않는 종교 의식에 참여하여 생긴 부정함을 씻는 행위였으며, 이는 다신교를 믿는 로마인으로서는 반사회적 행위였고 예의에 어긋난 행동이었다. 디오클레티아누스는 이것을 잊지 않았고 외부의 적보다는 비무장한 내부의 적을 상대로 투쟁해야 함을 깨달았다.

○ 그 이후 종교에 대해 온화했던 디오클레티아누스의 마음에 분노가 일게 하고, 공포심과 증오심을 심어 놓는 일이 또다시 발생했다. 국

가에서 주관하는 제의 때 제사장 주변에 적대적 감정을 가지고 있는 자들 때문에 제대로 제사를 드릴 수 없다고 복점관들이 디오클레티아누스 황제에게 보고했던 것이다. 그 내용을 알아본 황제는 분노하며 그리스도교인인 자신의 아내를 포함한 황궁 안의 모든 사람들에게 로마의 전통신에게 제사를 드릴 것과, 거부하는 자들은 잡아다가 태형에 처할 것을 명했다. 그런 다음 제사를 거부하는 모든 관리들과 군인들을 파직시켜야 한다는 갈레리우스의 제안을 받아들였다.

○ 또 다른 사건은 니코메디아 궁정과 황제의 침실이 두 번이나 불길에 휩싸였던 화재였다. 두 번의 연이은 화재는 우연이나 부주의가 아니었다는 결정적인 증거가 나왔다. 방화 혐의는 자연스럽게 그리스도교인들에게 돌려졌다. 이들이 절망적인 현재의 고통에 분노한 나머지 궁정에 환관들과 모의하여 두 황제의 목숨을 노렸다는 소문이 나돌았던 것이다. 그 결과 무수히 많은 그리스도교인들이 투옥되어 고문 끝에 죽었다.(註. 훗날 율리아누스 황제 때도 그리스도교인들은 황제의 종교 정책에 반발하여 방화를 저질렀다. 362년 로마의 전통 신앙을 회복하려고 노력한 율리아누스 황제가 아폴로에게 바쳐진 안티오키아 근처의 다프네 신전을 복원하려고 할 때였다. 그곳에는 원래 아름답고 맑은 물이 넘쳐나며 시민들의 경배를 받아 온 다프네 신전이 있었는데, 콘스탄티우스 2세의 그리스도교 국교화 정책에 따라 신전을 파괴한 후, 바빌라스 주교의 유해를 옮겨와 묻고, 그 위에 그리스도 성당이 건립되었다.

율리아누스는 이러한 실정을 개탄하고 명령을 내려 예전대로 원상 복구하게 했다. 그러면서 그리스도교인들이 저지른 전통 신전의 파괴 행위에 대하여 전혀 문제 삼지 않았을 뿐 아니라, 바빌라스 주교의 무덤과 유해를 안티오키아 성벽 안에 온전히 이장토록 허용했다. 그럼에도 그리스도교인들은 불만을 품고서 완공된 다프네 신전과 아폴로 상에 달려들어 불태웠다. 이 방화 사건은 황제의 권위를 무시하고 저지른 범죄로 규정되었으며, 관리들과 군인들이 방화와 관련된 성직자들을 색출하여 고문했고, 그중 테오도레투스가 처형되었다. 율리아누스 황제는 이러한 고문과 처형이 자신의 명령에 의한 것이 아니라 관리들이 무분별하게 행한 것이었다고 탄식했다.) 광신도들은 그들의 신앙을 위해서는 비열하고 위험하며 악랄한 어떤 행동도 서슴지 않았고, 황제와 제국의 권위도 그들의 눈에는 하찮은 것이었으며, 자신의 목숨조차도 언제든지 버릴 준비가 되어 있었다. 이러한 사건들은 정치와 행정에 균형 감각을 잃지 않았던 디오클레티아누스 황제의 마음을 얼어붙게 만들었다.

○ 303년 디오클레티아누스는 19년간의 치세에서 외적을 물리치고 국경선을 지킨 공적에 대해 동료 황제 막시미아누스와 함께 로마에서 화려한 개선식을 거행했다. 그 이후 바로 303년 2월 24일부터 그리스도교에서 '대탄압'으로 칭하는 칙령이 연거푸 공포되기 시작했다.

○ 제1차 칙령은 다음과 같았다. 그리스도교 교회는 모두 토대부터 파괴한다. 어떤 이유로도 신도들의 모임은 엄금된다. 성서나 그와 비슷한 서적, 미사 도구, 십자가, 그리스도 상 등을 모두 몰수하여 소각한다. 사회 상층부에 속하는 그리스도교인은 고문을 면죄받는 것을 포함한 모든 특전을 박탈한다. 그리스도교인으로 인정된 자는 변호 권리를 포함한 로마법의 보호를 받을 권리를 잃는다. 교회 재산은 몰수하여 경매에 부치고, 판매 대금은 교회 재산이 있었던 지방자치단체나 그리스도교와는 무관한 직능 조합에 분배한다. 그리스도교인으로 인정된 자는 모든 공직에서 추방한다는 것 등이었다.

○ 하지만 디오클레티아누스 황제의 분노한 칙령으로도 그리스도교인

들의 행동에 지침을 주지 못했다. 칙령이 나붙자마자 학식과 신분이 높았던 한 그리스도교인이 신랄한 독설을 퍼붓고는 손으로 찢어 버렸기 때문이다. 범죄를 저지른 그리스도교인은 체포되어 화형을 당했다. 이렇게 되자 곧이어 제2차 칙령이 선포되었고, 그 칙령은 프로빈키아(註. provincia는 '속주'라고 해석되며, 제국의 영토는 모두 100여 개의 속주로 나뉘었다.)의 수장들은 주교·사제·부사제라는 성직자 계급을 체포하여 투옥하라는 것이었다.

○ 연이은 제3차 칙령으로는 로마의 전통신들에게 제물을 바치는 의식을 감옥에 갇혀 있는 그리스도교 성직자들에게 강요하고, 이를 받아들이는 자는 석방하되 거부하는 자는 즉각 사형에 처하라고 공포했다.(註. 이 칙령으로 사형당한 그리스도교 성직자는 4명뿐이었고, 나머지 성직자들은 전통신에게 의식을 바치고는 모두 석방되었다. 그러나 석방된 성직자들은 마지못해 행한 의식이었고, 이들은 훗날 천상의 교리를 저버린 것에 대해 깊이 회개하고 다시 돌아왔다. 강경한 자들은 공포스런 위협과 혹독한 고문 때문에 배교한 자들을 그리스도 품 안에서 축출해야 한다고 주장했지만, 이러한 자들은 베드로의 선례를 망각하고 그리스도의 가르침을 따르지 않는 자들이다. 왜냐하면 베드로가 세 번이나 그리스도를 알지 못한다고 했으나 스스로 죄를 회개하자 다시 그리스도의 품 안으로 돌아올 수 있었기 때문이다.)

○ 그리고 디오클레티아누스가 중병에 걸린 틈을 타 갈레리우스가 제4차 칙령을 선포했다. 제4차 칙령은 고발이 없어도 누가 그리스도교인 같다는 소문이 있으면 그 사람을 찾아내 고문하여 사실을 밝혀낸다는 것이었다. 이 정책으로 정식 고발이 아니거나 고발한 쪽이 무기명일 경우에는 처음부터 고발을 받아 주지 않기로 결정한 트라야누

스 황제의 그리스도교 대책은 완전히 폐기되고 말았다. 이는 303년 말에 공포되었으며, 그리스도교 "대탄압"과 관련한 마지막 칙령이며 다신교를 믿는 로마로서는 가장 비로마적이고 가혹한 칙령이었다. 이 칙령에 의하면 그리스도교인으로 밝혀진 자들은 성직자뿐만 아니라 남녀노소를 불문하고 로마의 신들에게 제물을 바치는 의식을 강요당하고, 이를 거부하는 자는 사형이나 강제 노역에 처한다는 것이었다.

○ 그리스도교인들에 대한 박해는 제국의 전역에 동일한 강도로 적용되지는 않았다. 갈리아와 브리타니아를 통치했던 콘스탄티우스 클로루스는 몇몇 그리스도 예배당 건축물을 철거한 것으로 그쳤고, 막시미아누스와 갈레리우스는 자신들의 통치 지역에서 훨씬 더 탄압에 열정을 보였다.

○ 그러나 갈레리우스는 311년 생을 마감하면서 그리스도교인들을 아무리 탄압해도 소용없다는 것을 깨우쳤다. 인간은 고통을 통하여 깨달음을 얻는다는 말이 있듯이 그는 심각한 화농증으로 온몸이 썩어 들어가는 와중에 4두의 최고 황제 자격으로 제국 내의 모든 그리스도교인들에게 황제와 국가를 위해 기도하고 공공질서에 아무런 해악도 끼치지 않는다는 것을 조건으로 신앙의 자유와 예배의 권리를 다시금 부여했다. 그가 선포한 칙령은 이러했다. "그리스도교인들에게 자신들의 조상이 정해 놓은 전통 규범에 따르도록 강요했지만 그들은 두려움으로 복종하기도 했고 복종을 거부하고 죽음을 택하기도 했다. 결국 그들은 신들에 대한 존경심과 경외심을 갖지도 않았고, 그들의 하나님에게도 예배하지 않는 것을 보았으므로, 이제 예로부터 전해져 내려오는 지극히 온화한 자비심의 관행에 따라 그리스도

교인들에게 관용을 베풀고자 하노라." 그러면서 아무런 종교를 갖지 않는 것보다는 어떤 종교든 종교 생활을 하는 것이 국가를 위해 더 유익하다는 말로 해명했다. 갈레리우스는 이와 같은 칙령을 선포해 놓고 5일 뒤에 숨을 거두었다.

○ 그러나 동방 부황제 막시미누스 다이아는 갈레리우스의 결정을 뒤엎고 탄압을 재개했다. 그러자 탄압에 대해 부당함을 주장하는 청원서가 올라왔다. 그때 그는 "전쟁, 역병, 지진과 같은 재해가 모두 그리스도교인들이 로마의 전통신을 저버린 결과이기 때문에 갈레리우스의 결정을 번복한 것이다."라고 답했다. 전통신을 모독하고 저버림으로써 제국에 불행이 닥쳤다는 논거는 훗날 히포 레기우스의 주교 아우구스티누스가 자신의 저서에서 통렬히 반박했다. 이러했던 막시미누스 다이아가 313년 리키니우스에게 패하고 죽음에 임박하자 그리스도교에 대한 관용령을 내리면서 이제까지의 탄압은 관리들이 자신의 칙령을 오해한 데서 비롯되었다고 발뺌했다. 이렇듯 죽음의 문턱이 그의 심성을 나약하게 만들었는지 죽기 며칠 전 자신의 죄과를 뉘우치고 용서를 빌었던 것이다.

| 마음에 새기는 말 |

인간의 품성은 일시적인 열정으로 제아무리 의기가 충천해지든 소침해지든 간에 결국은 본래 타고난 수준으로 되돌아가 현재의 상황에 가장 적합해 보이는 감정을 되찾게 된다.

– 초기 그리스도교인들이 행정과 국방 등 세속적인 권력에 참여하기를 거부했지만, 결국 교회 내부의 직무에 있어서는 세속적인 업무에서도 열렬한 충성심을 보인 것에 대하여.

✳ 주교와 종교 권력의 탄생

≪주교는 신도들 가운데 선출한 당회장 자격으로 교회 내의 평범한 책임에서 시작했다. 그러나 얼마 안 있어 주교라는 직책으로 불리면서 막강한 세속 권력을 누렸고, 그중 가장 세력 있는 로마 주교는 교황이라는 엄청난 칭호를 부여받아 지상에서 천상의 힘을 떨쳤다. 이처럼 권력이란 지극히 사소한 것에서 시작되더라도 부여된 권한을 확고히 하는 데서 강화되기 마련이다.≫

○ 1세기의 그리스도교인들은 그들 생전에 예수가 환생하여 최후의 심판을 내려 주기를 기대했지만 이런 희망은 이루어지지 않았다. 게다가 그리스도교인들은 질서와 단합을 이루기가 매우 어려웠다. 그들은 끊임없이 서로 다른 주장을 펼쳤고 자신들의 교리를 위해 맹렬히 싸웠다. 그러자 이 신흥 종교는 오랫동안 살아남아 번성할 수 있으려면 신도들 사이에 유대감을 형성하고 때때로 분열을 보이는 신도 집단 간에 질서와 단합을 도모하는 등 다양한 교리를 절충시킬 지도자와 조직이 필요하다는 것을 깨달았다.

○ 교인들의 모임에는 이러한 필요성에 의해 최소한 교인들의 의견을 수집하고, 그 결의를 집행할 권한을 갖는 당회장이란 직책이 도입되었다. 당시 당회장은 그리스도교 공동체의 우두머리가 아니라 예배 의식의 안내자 정도였으며, 매년 수시로 실시되는 선거로 인해서 야기되는 혼란을 피하기 위해 초기 그리스도 교회는 장로 중에서 가장 현명하고 존경받는 사람을 명예직 종신 사제로 뽑아 평생 동안 성당을 관리하도록 했다. 당회장은 그리스도교 공동체가 불행한 일이 생

겼을 경우 회당 유지를 위해서 공동체 기금을 자신의 기부금으로 충당할 수 있을 만큼 상당한 재력을 갖춘 자라야 했다. 이렇게 하여 당회장이라는 칭호로 불리는 자가 장로라는 명칭으로 불리는 자보다 우월한 권한을 차지했다. 즉 장로라는 명칭은 그리스도교 원로원 회의 구성원이라는 본래의 의미에 머무른 반면, 당회장은 주교라는 새로운 칭호로 바꾸어 부르게 되었던 것이다. 1세기 말 이전에 도입된 이 제도는 그리스도교의 발전을 위해서 많은 장점이 있어 곧 로마 제국 내 모든 교회로 전파되었다.

○ 그리스도 교회의 주교라는 직책은 최초에는 현재의 로마 교황이나 대주교와 같은 권력과 위용을 지닐 수 없었으며, 설령 이런 것들이 주어지더라도 거부했으리라는 점은 말할 필요도 없다.(註. 로마의 주교를 다른 모든 곳의 주교 위에 둔 것은 그리스도교로서는 행운이었다. 만약 콘스탄티노폴리스나 안티오키아 또는 알렉산드리아의 주교를 최고의 주교로 하여 교황으로 정했다면 지금과 같이 번창한 그리스도교는 없었을지도 모를 일이었다.) 주교의 권한은 주로 영적인 것에 한정되어 교회 성직자의 임명권, 교단 기금의 관리 감독권, 이교도 재판에서 드러내기 싫은 분쟁의 재판권 등이었다. 이 권한조차도 사제단의 조언과 신도 모임의 동의와 승인을 얻어 집행되었다.

○ 초기 주교, 즉 당회장은 단지 신도들 가운데서 수석 신도 정도였으며 교구민들의 명예로운 종복으로만 간주되었고, 주교가 사망하면 전체 신도가 투표를 실시하여 새로 주교를 선출했다. 이때 모든 구성원들은 자신도 주교가 될 자격이 있다고 생각했다.

○ 그리스도교는 신도 수가 점차 증가함에 따라 서로의 이해관계를 한층 긴밀하게 결합하는 편이 유리하다는 것을 깨달았다. 2세기 말경

에는 지역별로 교단 회의라는 제도를 도입했는데, 이 제도는 개인적인 야심과 공공의 이익에 모두 잘 들어맞았기에 불과 몇 년 사이에 로마 제국 전체의 그리스도교 교단에서 수용되었다. 결국 그리스도교는 거대한 연방 공화국의 형태를 띠었으며, 나아가 그에 걸맞는 세력까지 획득하기에 이르렀다.

○ 서서히 교단 회의가 개별 교단들의 입법 권한을 대체했으며, 주교들은 동맹 관계를 통해 더욱더 광범위한 세속적·종교적 행정권과 재량권을 얻었다. 주교들이 공통된 이해관계로 결속하게 되자, 그들의 단결된 힘은 성직자와 신도들이 본래 갖고 있던 각종 권리를 침해할 수 있었다. 이렇듯 여리고 미미한 시작이더라도 지속되다 보면 어느덧 비대해질 수 있는 법이다. 3세기에 이르러서는 어느새 주교들의 어조는 권고 조에서 명령조로 바뀌었는데, 이는 이후 중세 시대에 발생할 온갖 권리 침해의 전조였다.

※ 의심받은 그리스도교 예배

≪로마의 전통 종교를 신뢰하는 자들은 그리스도교인들 간에 비밀스럽게 행해지는 종교 의식이 당시의 법률을 깨고 관습을 넘어서며 도덕성을 무시하는 타락한 행위가 이루어지고 있음에 틀림없다고 믿었다. 이는 그리스도교가 아직 태동 단계여서 사회적으로 인정받고 존경받을 만한 위치에 없었기 때문이기도 했다. 이처럼 잘 알려지지 않은 종교 단체의 비밀 의식은 위험하고 불행한 오해를 낳기 마련이

다. 오해를 풀기 위해서는 충분한 설명이 필요했지만, 오히려 이단 논쟁으로 비화되어 그리스도교인들 간의 전투로 변했다. 왜냐하면 이교도보다는 이단자에 대한 원망과 분노가 더 큰 법이기 때문이다.≫

○ 그리스도교인들은 자신들의 예배 과정을 신비롭게 하기 위해서 엘레우시스 밀교의 비밀 의식을 모방했다. 그들은 예배가 이교도들에게 좀 더 훌륭한 의식으로 보이기를 바랐지만 이 의식은 오히려 기대를 저버리는 방향으로 나아갔다. 제국의 이교도들에게 공개하기 부끄러운 무엇이 있기 때문에 감추고 있다는 식으로 추측된 것이다. 이교도들은 성찬식이 식인종의 관습이며 서로 간에 형제자매라고 말하면서도 입맞춤을 하는 것은 근친상간이 아니냐고 비난했다.(註. 성찬식은 빵과 포도주를 나누어 먹음으로써 예수의 십자가 희생을 기렸다. 이 의식에서 빵은 예수의 살을, 포도주는 예수의 피를 상징한다.) 그뿐만 아니라 그리스도교에 악의를 품고 있던 자들이 끔찍한 이야기를 지어냈고, 의심 많은 자들이 이를 믿어 버릴 기회를 주었다.

○ 이 끔찍한 이야기에서 그리스도교인들은 혐오스런 행동을 비밀스럽게 행하고 도덕적으로 타락한 행위를 하는 사악한 인간으로 묘사되었다. 심지어 갓 태어난 아기를 밀가루로 뒤덮어 개종자 앞에 놓고 아무것도 모르는 개종자가 밀가루로 덮인 아기를 칼로 찌르고 난 후, 그곳에 모인 사람들 모두가 아기의 팔다리를 찢어 그 살과 피를 먹고 마시며, 이후에 육욕을 불러일으키는 자극적인 술잔치와 정욕을 충족시키는 행위를 하고 있다고 주장되었다. 이는 아마도 성찬식이 과장되어 거친 입소문을 타고 세간을 떠돌게 되었거나 훨씬 더 비밀스런 다른 숭배 의식을 그리스도교에 전가시킨 것이리라.

○ 이렇듯 불명예스런 소문이 번지자, 그리스도교인들은 이 소문의 진위를 가려 달라고 로마 관리들에게 강력히 요청했다. 그들은 만약 이러한 비방의 사소한 증거라도 나온다면 아무리 가혹한 처벌이라도 달게 받겠다고 했다. 처벌을 유발시켜 증거에 도전한 것이다. 비방임을 증명할 수 있는 명확한 진의 파악 요구는 우습게도 같은 그리스도교인들의 분별없는 행동에 의해서 악화되었다. 교회 내부의 적에게 증오를 드러내면서 서로에게 이단의 그물을 씌우는 데 급급한 나머지 정통파 신자(註. '아타나시우스 파' 즉 '가톨릭catholic 파'를 말한다. 가톨릭은 '보편적인'이라는 의미를 가진 라틴어 '카톨리쿠스catholicus'에서 유래했다.)들은 자신들에게 전가된 피의 희생 의식과 불결한 연회가 마르키온 파, 카르포크라테스 파, 그노시스 파의 여러 종파들의 짓이라고 암시하거나 공공연히 주장하기까지 했던 것이다. 공격당한 종파들은 공격한 종파의 교인들이 극악한 중상모략을 퍼뜨린다고 주장하면서 서로를 물어뜯었다.

○ 그리스도교인들이 생각하는 이교도는 아직 그리스도의 가르침에 눈을 뜨지 않은 사람이고, 따라서 눈을 뜨게 할 수 있는 가능성을 가진 사람이지만, 이단자는 그리스도의 가르침에 눈을 떴는데도 그것을 그릇되게 해석하고 있는 사람이었다. 그런데다 그것이 그릇된 해석임을 인정하지 않고 잘못된 교리를 믿어 의심치 않기 때문에 이단자는 그리스도의 참된 가르침에 눈을 뜰 가능성이 거의 없다는 것이다. 그러므로 이교도보다 이단자를 더 증오하는 것은 흔히 볼 수 있는 현상이었다.

○ 이렇게 되자 정통 신앙과 이단종파를 식별할 능력이 없었던 제국의 관리들은 상호 적대심으로 각자의 죄를 쉽게 폭로할 수 있다고 생각

했다. 로마의 관리들은 서로 다른 종파의 사람들을 불러다 놓고 공정하게 심문했다. 그 결과 그리스도교인들이 전통 국교에 대한 예배를 저버린 것은 사실이지만 소문과는 달리 진실한 마음으로 신앙을 고백하고 태도에서도 흠잡을 데 없는 선량한 사람들이라는 결론이 내려졌다.

| 마음에 새기는 말 |

이교의 배척보다 이단의 배척이 더 음습하고 더 잔인한 것은 중세에 휘몰아친 이단 재판의 광풍을 상기할 필요도 없는 역사적 사실이다.

※ 그리스도교의 박해 원인

≪모든 신에게 개방되었던 로마 제국은 그리스도교의 신에게도 반대할 이유가 전혀 없었다. 그러나 그리스도교인들은 조상 대대로 믿어 온 전통신들에게 저지른 자신들의 불경한 행위가 로마의 정신세계를 전복시키려는 행위로 간주되어 용서받지 못했고, 황제의 신격화를 반대함으로써 반란을 도모하는 자로 지목되었다.≫

○ 로마 제국은 종교의 자유를 제국의 안정을 위한 주요 전략으로 택했기에 종교에 대해서 근본적으로 개방적인 입장이었다. 더군다나 그리스도교를 믿지 않더라도 그리스도를 성현으로 우러러보는 자들이 많았다. 알렉산데르 황제의 모후 마마이아는 그리스도의 가르침을

얻겠다며 알렉산드리아의 그리스도교 교부 오리게네스를 안티오키아에 초빙했고, 알렉산데르는 황궁에 로마의 전통신과 함께 그리스도의 상을 세워 놓고 기도를 올리기도 했다. 이렇듯 로마 제국은 위험한 반란과 긴장을 피할 수 있다는 생각에서 종교를 자유롭게 믿도록 내버려 두었다. 다만 황제에게 충성을 다한다는 전제 조건이 깔려 있었다. 따라서 모든 사람들이 황제의 권력을 인정하며 신격화된 황제를 기념하는 의식을 규칙적으로 올려야 했다.

○ 그러나 그리스도교인들은 신은 오직 하나라는 유일신의 교리에 따라 황제의 신격화를 거부했고, 제국의 종교 행사에 참여하기를 꺼렸다. 그들은 기존 관습과 교육을 단절시키고, 국가 종교로서 선조들이 진리로 믿고 신성한 것으로 숭배해 온 유피테르 신을 비롯한 로마의 신들을 멸시했다. 이러한 배교 행위가 단순히 부분적이거나 지엽적인 것도 아니었으며, 가정과 도시와 지역의 신들을 모두 경멸하고 거부했다. 그리스도교인 전체가 뭉쳐서 로마 제국의 신들, 인류의 신들과의 그 어떤 친교도 거부한 것이다. 하지만 관습이란 인간사에서 지극히 중요한 요소가 아닐 수 없다.

○ 관습의 중요성에 대한 오래된 이야기를 전하자면, BC 6~5세기에 다레이오스가 페르시아 왕이었을 때였다. 그는 자신의 궁전을 방문한 그리스인 사절단을 불러 놓고 그들의 아버지가 죽은 후 돈을 얼마나 주면 아버지의 시신을 먹겠느냐고 물었다. 그때 그리스인들은 놀랍다는 표정으로 "아무리 많은 돈을 준다고 해도 어떻게 친아버지의 시신을 먹을 수 있겠습니까? 절대 먹지 않겠습니다."라고 답했다. 다레이오스는 그리스인들을 그 자리에 앉혀 두고 이번에는 부모의 시신을 먹는 관습을 가진 인도의 칼라티아이족을 불렀다. 물론 다레

이오스 왕과 칼라티아이족의 대화 내용을 알 수 있도록 통역관을 옆에 두었다. 그러고서 돈을 얼마나 주면 부모의 시신을 화장하도록 허락하겠냐고 그들에게 물었다. 그러자 칼라티아이족은 비명을 지르고 손을 내저으며 간청했다. "대왕이시여, 제발 그런 불경한 말씀을 삼가 주십시오!" 역사가 헤로도토스는 전해 내려오는 이 이야기를 인용하면서 관습이란 이와 같으니, 관습은 만사의 왕이라는 경구가 틀리지 않았다고 서술했다. 그렇다면 결국 인간은 관습의 노예이기도 하다. 투키디데스는 헤로도토스가 역사서에 우화 같은 내용까지 적어놓았다고 비난했다지만 자신의 저서를 '조사한 것을 보고하는 것(히스토리에스 아포데익시스ιστοριης αποδειξις)'이라고 했으니 꾸며 낸 말은 아니리라.(註. 그리스어 '탐구 또는 조사'를 의미하는 '히스토리아ιστορια'에서 라틴어 '히스토리아historia'가 유래되었고, 그 이후 영어에서 '히스토리history'로 차용했으니, 역사란 '합리적이고 실용적인 탐구와 조사를 거쳐 알아낸 것'을 일컫는 것이지, '그의 이야기his story'를 말한다는 속설은 잘못 알려진 것이다. 좀 더 살펴본다면 히스토리아는 재판관을 뜻하는 히스토르ιστωρ에서 파생되어 '히스토르의 의무나 역할'을 의미했으며, 다시 말해 이는 진실을 '탐구 또는 조사'하는 일이었다.)

○ 로마 소설 「사티리콘」에서 시인 에우몰푸스가 "친지들이 망자의 시신을 먹는 풍습을 몇몇 부족들은 여전히 지키고 있다."고 주장하는 것을 보면 이런 해괴한 풍습은 당시 널리 알려진 것임에 틀림없다. 심지어 카스피해 지역에 살던 페르시아의 히르카니아 귀족들은 훌륭한 장례를 치르기 위해 자신의 시신을 뜯어 먹게 하는 장례용 개를 비싼 가격에 구매하여 사육했다고도 한다. 관습이란 그 속성이 이렇듯 질긴 생명력을 지닌 것이니, 그리스도교인들이 오래된 로마의 전통과

관습을 멸시하고 비웃자 로마인들의 마음에 깊은 상처를 남겼던 것이다.

○ 다신교도들은 세상이 만들어진 초기에 예술과 법을 만들어 낸 군주들과 괴물들을 물리쳐 준 고대 영웅들의 신전을 그리스도교인들이 내팽개친 것에 경악했다. 그리스도교인들의 입장에 동정의 여지가 있다고 하더라도, 이교 세계의 사상가나 신도들의 이해를 얻지 못했다. 박해받은 신자들이 양심과 판단의 권리를 주장해도 소용없었다. 다신교도들의 판단으로는 기존의 예배 방식을 따르지 않고 배척하는 것은 그 나라의 풍속, 복장, 언어에 대해 혐오감을 나타내는 것과 같은 것이었다.

○ 그리스도교인들의 행동과 생각에 대한 다신교도들의 놀라움은 곧 분노로 바뀌었다. 그리스도교인들이 제국의 종교를 대담하게 공격했기에 국가의 안전을 해치는 위협 세력이라는 비난과 함께 로마 제국 관리들로부터 가혹한 처분을 받아 왔지만, 이제는 불경하고 사악하다는 적의와 편견까지 더해져 아예 무신론자 취급을 받았다. 그리스도교인에 대한 로마 제국의 가혹한 결정에 대해 교부 테르툴리아누스는 격분하며 외쳤다. "티베리스강이 넘치거나, 지진이 나거나, 기근이 들거나, 역병이 창궐하면 잔혹하게도 사람들은 즉각 외쳤다. 그리스도교인들을 사자 밥으로!"

○ 다신교도들은 예수가 잔혹한 수난 중에서도 온화함을 유지하고 인류에게 관용을 베풀었으며 행동과 성품이 고귀하고 성실하다는 사실에도 의혹을 해소하지 못했으며, 예수가 암흑과 어둠을 물리치고 승리한 것을 인정하지 않았고, 그리스도교 창시자의 애매한 출생과 유랑 생활, 수치스런 죽음을 조롱했다. 다 같은 일신교라도 유대교는 포

교에 관심조차 없었지만 그리스도교는 그렇지 않았다. 그들은 제국의 모든 시민들에게 전통신을 부정하고 기존의 규범과 가치를 무시하도록 부추겨 새로운 신앙으로 무장시키려 했다. 그런 이유로 로마 황제들은 옛날부터 전해 오는 종교적 관습을 지키려는 유대인들을 보호한 것과는 달리 그리스도교인들을 핍박했다. 에드워드 기번의 말마따나 유대인들은 아버지의 종교를 따르고자 한 자들이고 그리스도교인들은 이를 배척한 자들이었기 때문이다.

○ 그리스도교인 중 일부 극렬한 신도는 황제의 권위를 떨어뜨리고 속주 총독의 통치에 해악을 초래하는 행동을 서슴지 않았다. 그들의 행동은 신앙이 정치적으로 변질될 수 있음을 보여 주었고, 이는 곧 제국 존립의 문제와도 직결되었다. 예를 들어 아프리카 청년 막시밀리아누스는 아버지에게 이끌려 신병으로 입대하기 위해 총독 앞에 섰지만, 종교적 양심상 군인이 될 수 없다고 완강하게 거부했다. 총독이 자기 휘하의 병사들 중에는 그리스도교인들이 많이 있다며 설득해도 막무가내였다. 결국 막시밀리아누스는 사형 선고를 받고 처형되어 순교자의 반열에 올려졌다. 또한 국가 경축일에 백인대장 마르켈루스는 혁대와 무기 그리고 백인대장 휘장을 벗어 던지면서 영원한 왕이신 예수 그리스도만을 섬기라고 큰 소리로 외치며, 우상을 숭배하는 황제에게 봉사할 필요가 없다고 외쳤다. 그는 깜짝 놀란 군인들에게 체포되어 유죄 판결을 받고 참수되었다. 세속의 권력에 짓눌리지 않는 그리스도교인들의 영혼은 끔찍한 고통 속에서도 자유로웠고, 이러한 그들의 행동은 황제와 다신교도인 로마 시민들의 분노와 가혹한 처벌을 유도할 뿐이었다.(註. 그리스도교 최초의 교회법인 「사도들의 전통」에 따르면 어떠한 이유와 환경에서도 살인 행위와 군대 서약

을 해서는 안 되었다. 하지만 이러한 율법은 점차로 완화되어 314년 아를 종교회의에서 '무기를 내던지는 자'를 오히려 파문하도록 규정했다.)

○ 일반적으로 선정을 펼친 황제 시대에는 박해가 심했고, 악정을 자행한 황제 시대에는 그리스도교에 대한 박해가 중단되었다. 이것은 그리스도교가 당시 로마 사회에 미친 영향 그리고 그리스도교가 진정으로 원했던, 즉 제국이 파멸하기를 바라는 속마음을 대변한다고 말할 수 있었다.

☀ 전제 군주정의 태동

≪디오클레티아누스는 황제의 지위를 확고히 하고자 총사령관을 의미하는 '임페라토르'보다는 '왕'으로 군림했다. 황제와 병사들 사이에는 하나의 휘장이 설치되었고 의사 전달은 여과를 거쳤다. 그리고 황제들의 행동은 동양 군주들의 결점까지 모두 모방했다.≫

○ 아우구스투스부터 제정 시대가 시작되었으나, 제정은 원수정으로 출발하여 디오클레티아누스 황제에 이르러서 마침내 전제 군주정의 형태를 띠기 시작했다. 이는 지배자와 피지배자 간에 너무 가깝다면 통치에 지장이 있고 황제의 안전에 문제가 있음을 인식하고, 디오클레티아누스 황제가 피지배자와 거리를 두고자 시도한 결과였다. 프로부스 등 선제들처럼 사소한 일로 살해당하는 예가 또다시 발생하여서는 안 된다는 것이 디오클레티아누스의 생각이었다. 이제 로마 제

국의 황제는 시민 중에 뽑힌 제일인자가 아니라 24시간 엄중한 호위를 받으며 감히 함부로 접근할 수 없는 지고하고 신성한 인물로 바뀌었다. 심지어 황제의 수발을 드는 하찮은 하인까지도 일정 기간 노예의 예를 다하면 제국의 웬만한 귀족만큼 지위가 올라 세상을 내려다볼 수 있었다.

○ 그리고 간소함이 특징이었던 로마 예법은 아시아 궁정의 위엄 있는 겉치레로 전락했다. 실질적인 권력에만 관심을 가졌던 로마 남성들의 자부심은 화려한 겉모양의 형식과 의례를 경멸했으나, 동양풍의 군주제 아래서는 의례를 엄숙히 과시했다. 사회적 지위에 따른 엄격한 종속 관계가 도입되었으며, 모든 계층은 빈틈없는 위계질서로 정확히 구분되었고, 관료들의 권위도 다양하게 행사되었다.

○ 언어에 있어서는 오만과 아첨이 난무했으며, 아우구스투스라면 질색했을 수많은 형용사가 채택되어 라틴어의 순수성을 오염시켰다. 황제조차도 '성실하신', '고귀하신', '대단히 뛰어난', '뛰어나고 훌륭한'이란 수식어를 붙여 관리들을 불렀다.

○ 그토록 동양식 왕의 기풍을 경멸했던 로마 시민들이었지만, 황제의 거처가 소아시아 니코메디아였고, 로마 원로원의 눈치나 반발을 걱정할 필요가 없게 되자, 디오클레티아누스는 머리에 화려한 동양식 왕관을 쓰게 되었다. 260년 전 칼리굴라가 왕관을 쓰자 로마 시민들이 드디어 황제가 미쳤다고 놀라워했던 것이 바로 왕관이었다. 의복도 화려하게 비단과 금으로 만들었으며, 신발에도 보석을 박았다. 궁전으로 가는 길에는 호위대의 삼엄한 경비가 있고, 내부의 모든 방에는 환관들이 감시하게 했다. 사내의 기능을 잃어버린 궁내의 환관들은 해가 거듭될수록 증가했고, 그들만의 세계를 구축하며 또 하나

의 강력한 세력을 형성했다.

○ 원수정 시절에 원로원 의원 중 제인인자였던 황제가 이제는 민중 앞에 나설 때 평범한 인간들 위에 올라 신과 같은 태도를 보였으며, 그의 거주지는 신성시되어 성지가 되었고, 황제가 의지만 보이더라도 그것은 곧 법률로 선포되었다. 황제가 내린 칙서는 속주민과 관리들이 모자를 벗고 공손히 일어서서 두 손으로 받잡고 존경과 경외를 보이며 황공히 읽어야 했다. 만약 그에게 복종의 의무를 지닌 민중이 의무 이행에 잠시 머뭇거리기라도 하면 자비와 경건의 화신인 양 낭랑한 설교로 이들을 꾸짖었다. 또한 황제를 알현하면 동양의 풍습대로 황제를 숭배하는 의미에서 바닥에 엎드려 황제의 발치에 입을 맞추어야 했다.(註. 이러한 예법을 프로스키네시스proskynesis라고 하며, BC 4세기 마케도니아 왕 알렉산드로스가 페르시아를 정복하면서 그들에게 배워 그리스인들에게 요구한 적이 있었다. 그리스인들에게 그러한 행위는 신들에게나 할 수 있는 완전한 복종을 의미했으며, 인간에게 이를 행한다는 것은 굴욕과 인격적 모독이었으므로 그리스인들은 알렉산드로스의 요구를 거부했다.) 이러한 굴욕적인 경의의 표시는 디오클레티아누스가 페르시아 궁정 예법에서 따온 것이지만 훗날 없어지기는커녕 아시아, 이집트, 히스파니아, 갈리아, 이탈리아 등 각지에서 더욱 예식을 갖추어 계승되었다. 이렇게 하여 황제는 병사를 지휘하고 시민들의 환호를 받는 대중과 가까운 존재가 아니라, 신과 인간의 중간쯤인 존재로 치솟았다.

○ 앞서 서술한 대로 전제 군주정을 확립한 디오클레티아누스는 막시미아누스와 2명의 부황제에게 로마 제국의 통치를 지역별로 나누어 주었다. 야만족의 침략으로부터 안전하고 부유한 동방과 이탈리아는 황

제인 디오클레티아누스와 막시미아누스가 통치하고, 위험한 전쟁에 항상 노출되어 고되고 힘든 병영 생활을 해야만 했던 라인강과 도나우강 주변 지역은 부황제인 콘스탄티우스 클로루스와 갈레리우스가 맡았다.(註. 황제들이 군사적으로 나약한 이탈리아와 동방을 다스렸다는 것은 훗날 황제가 다스리던 지역을 승계받은 자가 권력 분쟁에서 불리할 수밖에 없었다는 것을 의미했다. 즉 콘스탄티누스와 막센티우스의 전쟁에서 이탈리아를 다스렸던 막센티우스가 패했고, 리키니우스와 막시미누스 다이아의 전쟁에서 동방을 다스렸던 막시미누스 다이아가 패함으로써 그 결과가 나타났다.) 엄밀히 말하면 4명의 황제들은 로마 제국을 이끌어 왔던 원로원의 승인을 받고 군단의 총사령관직을 맡았던 '임페라토르'가 아니었다. 그들은 왕이었다. 그러나 '임페라토르'라는 칭호는 그대로 사용하였는데 그 이유는 어휘의 장중함 때문일 뿐이었다.

❋ 변경 주둔군(limitanei)과 기동 야전군(comitatenses)

≪군사력이 주변보다 우위에 있을 때 성벽이 무너지도록 내버려 두었던 로마인들이 제국의 기세가 내리막길로 내달리자 도시를 성벽으로 두르고 여태껏 고수하던 군사 제도를 바꾸었다. 야만족이 침공하면 즉시 맞서 물리쳤던 굳센 기개는 사라지고 주민들과 병사들은 성안과 요새로 몸을 숨겼다. 그리하여 생활 터전이 야만족에게 마구 짓밟혀도 제국의 주민들은 그들을 물리칠 기동 야전군이 올 때까지 인내하며 기다릴 수밖에 없었다.≫

○ 3세기에 접어들면서 로마 제국의 국경 지대에 대한 야만족의 침략 강도가 거세졌고, 제국은 사회적·정치적 혼란으로 군사력이 약화되었다. 그러자 종전에 고수했던 라인강과 도나우강을 잇는 국가 방위선이 위태로웠다. 야만족들이 제국의 경계선을 깊숙이 침범하여 주민들의 터전을 황폐화시켜도 속수무책이었다.

○ 제국의 위세가 강건했을 때는 도시의 성곽이 필요하지 않았지만, 이제는 야만족의 침탈로부터 도시를 방어하기 위해 성벽으로 둘러야 했다. 만약 적의 침입이 있으면 주민들은 농토야 어찌 되건 간에 적의 창검으로부터 목숨을 지키기 위해 요새와 성내에서 농성하며 적들과 대치했다. 그 결과 제정 후기인 3세기 중후반에 접어들어 제국의 군사 방위 정책은 변화되기 시작했다. 종전에 제국의 방위 전략은 안전한 지역에서 일부의 병력을 전쟁이 터진 곳으로 빼내어 국경선을 방어하는 것이었지만, 이제는 적의 공격이 장소, 강도 그리고 빈도가 증가함에 따라 안전한 지역에서 병력을 빼낼 수 없었기 때문이다. 이에 따라 갈리에누스 황제(註. 재위 기간 253~268년)는 국경선을 지키는 병력의 일부를 차출하여 국경선에서 훨씬 떨어진 제국의 영토 안쪽에 주둔시켜 황제의 지휘하에 두었다가 적이 침공했을 때 그곳으로 전투에 나서는 방식으로 방위 전략을 바꾸었다. 라인강과 도나우강을 잇는 방어선에서 적을 격퇴하는 전략을 포기하고 국경선을 지키는 변경 주둔군(註. '리미타네이limitanei'라고 한다.) 외에 적을 쫓아 타격을 가하는 기동 야전군(註. '코미타텐세스comitatenses'라고 한다.)을 설치했던 것이다. 변경 주둔군은 전투력이 낮은 반면 기동 야전군은 숙련된 정예군으로 구성되었다. 이 제도가 제대로 작동하려면 적이 쳐들어왔을 때 변경 주둔군이 적의 공격을 지연시킬 수 있을

정도는 되어야 했다. 왜냐하면 변경 주둔군이 적과 싸우고 있는 동안 기동 야전군이 신속히 전투 현장으로 이동하여 적들을 격퇴하는 방식이었기 때문이다.

○ 변경 주둔군은 3세기 초부터 쓰이던 용어였지만, 기동 야전군은 3세기 중후반부터 변경 주둔군과 구분되어 운영되던 것을 4세기 초 디오클레티아누스 황제가 정식으로 창설한 것이다. 기동 야전군이 생기게 된 이유는 3세기의 위기가 끊임없이 이어진 데서 비롯되었다. 3세기에 야만족과의 전쟁뿐 아니라 내전까지 계속되자 로마 황제는 제위의 안위를 위해서라도 스스로 군사력을 키우고 전쟁터에 나섰다. 이렇듯 황제가 야전군을 직접 지휘하면서 자신을 지켜 줄 항구적인 부대가 필요하여 모집된 병사들이 훗날 기동 야전군이 되었다.

○ 하나의 기동 야전군은 보병 800명과 기병 400명으로 구성되었으며, 영구 주둔지도 없고 고정된 본부도 없으며 필요할 때마다 신속한 이동이 가능한 핵심 지역에 배치되었다. 이들은 처음에는 갈리아, 일리리쿰, 동방 등 3곳에 있었으나, 나중에는 점점 더 늘어났다. 이에 반해 변경 주둔군은 병력면에서 기동 야전군과 비슷하며 보병과 기병으로 구성된 점에서도 마찬가지였지만 전투력이 낮은 병사들로 구성되었다. 이들은 도로나 주변 지역을 정찰하고 적에 관한 정보를 수집했다. 하지만 이들은 1,000명가량의 적에 대해서는 방어할 수 있었으나, 수천 또는 수만 명 이상의 적들이 침공했을 때는 적은 병력으로 적을 상대할 수 없었기에 방위선을 그냥 통과시킬 수밖에 없어 비난을 받았다. 변경 주둔군은 기동 야전군이 전투를 할 때 힘을 보태기는 했지만, 이미 방위선을 통과하여 제국의 영토에 들이닥친 무자비한 적들은 주민들의 터전을 쑥대밭으로 만들었고 무방비 상태로

놓인 주민들의 고통은 이루 다 말할 수 없었다.

❋ 디오클레티아누스의 퇴위(305년)

≪디오클레티아누스는 제국의 번영과 제위의 안정에 철저한 체제를 마련했다고 자부하고 퇴위했다. 하지만 그가 인간사의 변화무쌍함을 이해했더라면, 4두 체제로 고착화된 통치 체제가 아니라 좀 더 유동적인 체제를 구상해야 했다. 더군다나 디오클레티아누스가 자신의 건강과 정치적 신념에 따라 퇴위를 결정했다면, 자신의 뜻을 잘 따라 주었을 뿐 아니라 통치에 열정적이기까지 했던 막시미아누스에게 억지로 퇴위를 종용할 필요가 있었을까? 막시미아누스만이라도 퇴위하지 않았더라면 막시미아누스뿐만 아니라 디오클레티아누스까지도 말년에 비참한 몰락을 경험하지 않았으리라. 하지만 막시미아누스를 그대로 둔 채 자신만 옥좌에서 내려오기에는 디오클레티아누스가 너무나 완벽주의자였다. 그는 모든 것이 톱니바퀴처럼 돌아가야 했다.≫

○ 디오클레티아누스는 스스로 제국의 무거운 짐을 어깨에서 내려놓았다. 그것은 제위 21년이 되던 해의 일이었다. 이러한 결단이라면 5현제 때나 자연스럽게 기대해 볼 만한 것이었지만, 권력을 획득하는 과정에서나 통치하는 과정에서나 철학적 깊은 사색과는 거리가 멀었던 디오클레티아누스 황제에게 기대하기 힘든 뜻밖의 일이었다. 비텔리

┃ 디오클레티아누스의 스팔라툼 은거지 상상도

우스가 내전에서 패색이 짙어지자 목숨을 부지하기 위해 황제의 자리에서 내려오겠다는 뜻을 내비친 것을 제외하면, 황제가 스스로 퇴위하겠다는 결단은 디오클레티아누스가 최초일 뿐 아니라, 로마 제국에서 어떤 황제도 더 이상 이 선례를 따르지 않았다.

○ 퇴위 문제를 진지하게 생각한 것은 아마도 정치적 문제와 반란자들을 모두 제압하고 계획을 모두 성취한 후라고 보인다. 그때 디오클레티아누스의 나이가 61세였으니, 기력이 쇠하여 퇴위를 결심했다고는 볼 수 없다. 퇴위식은 황궁이 있는 니코메디아에서 5㎞ 정도 떨어진 넓은 평야에서 거행되었으며, 디오클레티아누스는 연단에 올라가 행사에 모여든 제국의 시민들과 병사들에게 위엄을 갖추고 자신의 의도를 알렸다. 퇴위를 선포하는 즉시 연단을 내려와 황제를 상징하는 자주색 의복을 벗고 달마티아 속주의 살로나(註. 살로나의 현재 명칭

▎ 살로나(솔린)의 로마 유적지

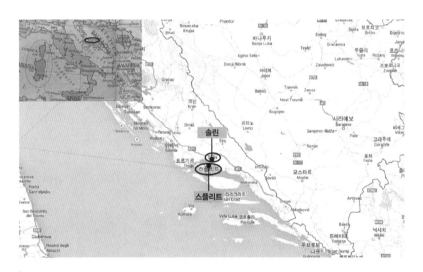

▎ 솔린과 스플리트(스팔라툼)

    은 크로아티아의 '솔린'이며, 당초 살로나에 포함되었던 디오클레티아누스의 은신처가 '스팔라툼'으로 번성했다. 스팔라툼은 현재 크로아티아의

'스플리트')에 건립해 둔 은신처에 들어갔다.

○ 디오클레티아누스는 막시미아누스에게도 미리 설득하여, 자신이 퇴위를 결정할 경우, 황제가 되도록 은혜를 베풀어 준 자신과 함께 퇴위할 것을 약속받았다. 이 약속은 지켜졌다. 막시미아누스의 격렬한 기질을 보면 퇴위가 힘들었겠지만, 동료 황제인 디오클레티아누스의 의견을 항상 존중했던 그는 이번에도 공동 통치자의 현명함을 믿고 퇴위를 결정했던 것이다. 그리하여 막시미아누스도 루카니아 지역에 있던 자신의 별장에 은거했다.

※ 로마 시민의 분노와 막센티우스(Maxentius)의 등장(306년)

≪세계의 수도였던 로마는 멀리 떨어져 명령만 내리는 황제를 거부했다. 로마 시민들은 황제가 로마에 거주하며 정책과 법안에 대해 원로원의 승인을 받고 시민들의 동의를 구해야 로마 황제답다고 생각했다. 로마에 기거하지도 않고, 로마 또는 이탈리아 출신도 아니며, 그렇다고 로마의 권위에 존중과 경의를 표하지도 않는 군주를 로마 시민들은 황제로 여기지 않았다.≫

○ 디오클레티아누스가 4두 정치를 체계화할 때 군사적 결정권만 4두가 각각 지휘하도록 하되, 행정과 같은 민간 부분은 4두의 협조 아래 제국 전체에 다 같이 영향력이 미치도록 했다. 디오클레티아누스와 막시미아누스가 제위에서 물러나자 권력이 흐르는 순서에 따라 갈레리

우스가 4두 중 최고위를 차지했다. 그때 갈레리우스는 탐욕 때문이었는지 아니면 제국의 긴급한 사정이 있었는지 몰라도 토지세와 인두세를 일괄 징수하기 위해 재산에 대한 매우 정밀하고 엄격한 조사를 실시했다. 은닉한 재산이 있을 경우 고문을 자행해서라도 사유 재산을 적나라하게 조사하도록 관리들에게 명령한 것이다.

○ 이에 따라 세무 관리들은 로마에 인구 조사를 착수하여 새로운 세율을 적용하려고 시도하고 있었는데, 로마 시민들은 이것을 재산권 침해라고 생각하고 있었다.(註. 3세기 초만 해도 인구 조사를 통해 로마 시민권자가 몇 명인지, 퇴역병이 몇 명인지, 각각의 속주 인구는 몇 명인지 심지어 로마시에서 법률을 공부하는 외국인이 몇 명인지, 100살이 넘은 사람이 몇 명인지 알 수 있을 만큼 정교했다. 알렉산데르 황제 때 근위대장 울피아누스는 인구 조사에서 각 토지의 명칭이 무엇인지, 가장 가까운 두 이웃은 누구인지, 지난 10년간 파종 면적은 얼마인지, 포도원일 경우 포도나무가 몇 그루인지 등의 농경지에 대한 자세한 내용이 조사 양식에 들어가야 한다고 말했다.) 더군다나 인두세의 경우는 로마인이 마케도니아 정복 이래로 거의 500년간이나 면세되어 온 특권이었다.(註. 여기서 인두세는 카푸트를 단위로 내는 '카피타티오capitatio'가 아닌 '트리부툼tributum'을 의미하는 것으로 보인다. 트리부툼은 마케도니아를 멸망시키고 그곳에서 가져온 전리품이 국고에 넘치자 BC 167년에 중지되었다.) 로마 시민들은 황제가 로마에서 보이지 않게 되자, 일리리쿰의 농부 출신 황제가 멀리 제국의 끝자락에 머물면서 이런 모욕적인 세금까지 세계의 중심인 로마 시민에게 부과한다고 생각했다. 생각은 행동으로 표출되기 시작했으며, 권한과 역할이 줄어들어 해산될 위기에 있었던 로마의 잔류 근위대 병사들이 이 명분을 구실

로 조국을 위해 기꺼이 검을 뽑겠다고 선언하기에 이르렀다.

○ 아부에 익숙한 당시 로마의 지배층은 로마시가 제국의 수도가 아니라 황제가 머무는 곳이 곧 제국의 수도라며 아양을 떨었지만, 로마 시민들은 로마시에 머물면서 제국을 통치하는 로마 황제를 다시 한번 선출하는 것을 진정으로 원했다. 그래서 훗날 시도니우스는 "황제 없는 로마는 과부와 같다."고 비탄에 젖어 말하기도 했다.(註. 로마를 홀아비가 아닌 '과부'로 표현한 것은 라틴어에서 도시는 여성형이기 때문이다. 로마는 여신으로 표현되었는데, 즉 '데아 로마Dea Roma'라고 했다.)

○ 서부 황제 막시미아누스의 아들 막센티우스는 이러한 점에서 시민들의 열광에 매우 부응했다. 30세가 채 되지 않은 그는 자신의 자리를 콘스탄티누스와 세베루스에게 찬탈당했다고 생각하고 있었다. 막센티우스가 이런 불만을 가진 데에는 그만한 이유가 있었다. 디오클레티아누스와 막시미아누스가 권력을 놓자 각각의 부황제였던 갈레리우스와 콘스탄티우스 클로루스가 황제가 되고 막시미누스 다이아와 세베루스가 부황제가 되었다. 그 이후 콘스탄티우스 클로루스가 죽자 그의 아들 콘스탄티누스가 부황제가 되어 제위를 이어받고 서방의 황제 자리는 부황제인 세베루스가 차지하고 말았다. 결국 서방의 선제 막시미아누

▌ 막센티우스

스의 아들인 자신에게는 아무것도 돌아오지 않았기 때문이다. 하지만 막센티우스는 황제가 로마시에서 기거하면서 제국을 통치하기를 바라는 로마 시민들의 마음을 읽어 내고, 자신의 상처가 로마 시민의 상처와 같다고 확신했다.

○ 생각이 일치한 모든 사람들의 행동은 결속하여 전광석화처럼 빠르고 명확했다. 근위병들은 세베루스에게 충성하던 로마 총독과 몇몇 관리들을 학살했고, 막센티우스는 원로원과 시민들의 환호 속에 로마 제국의 진정한 황제로서 자유와 권위의 수호자로 인정받았다. 그럼에도 그는 자신의 지휘 아래 놓인 군단이 없었고 북쪽의 메디올라눔에는 적개심을 품은 세베루스가 있었기에 행동에 신중을 기했다. 막센티우스는 가장 선임 황제인 갈레리우스에게 공식적으로 제위를 인정받고자 노력을 기울였으나, 그의 바람은 받아들여지지 않았다. 이렇게 되자 스스로를 아우구스투스로 선포하며 이탈리아, 시킬리아, 사르디니아, 코르시카 그리고 북아프리카를 자신의 통치하에 두었다. 막센티우스의 아버지 막시미아누스는 로마에서 반란의 기치가 오르자, 디오클레티아누스의 권위에 눌려 어쩔 수 없이 우울하고 고독한 은둔 생활을 참아 내야 했던 은둔처에서 뛰쳐나와 권력을 탐하는 욕망을 부성애로 감춘 채, 아들 막센티우스와 원로원의 요청으로 공동 황제의 자리에 다시 앉았다.

○ 부황제의 자리에 막센티우스가 지명되지 않은 것은 디오클레티아누스의 영향력이 컸다. 그는 제위의 친자 상속에 회의를 품고 있었다. 물론 그는 슬하에 아들이 없고 외동딸 발레리아만 두고 있긴 했다. 셉티미우스 세베루스 황제는 마르쿠스 아우렐리우스가 양자 상속의 전통을 저버리고 콤모두스에게 제위를 넘겨 제국이 쇠락의 길

로 들어서게 했다고 비판했던 적이 있었다. 그러면서도 그 자신 또한 친자 승계의 유혹을 버리지 못하고 두 아들 카라칼라와 게타에게 통치를 맡김으로써 다시 한 번 제국을 쇠퇴의 길에 한 발자국 더 나아가게 했었다. 디오클레티아누스는 이 점을 심중에 깊이 새기고 있었다. 그러했기에 그는 부황제를 친아들이 아닌 자로 지명한 후 사위로 삼았고, 305년 막시미아누스와 함께 황제의 자의를 벗을 때도 황제의 아들이 아닌 세베루스와 막시미누스 다이아를 부황제로 선택하게 했다.

○ 디오클레티아누스가 친아들을 배제시켜 황제의 자질이 있는 자를 제위 계승자로 선택하고, 권력의 불안정과 위험을 고려하여 제위 계승자를 사위로 삼기까지 했으나, 황제라는 지고한 자리를 차지한 그들의 뿌리 깊은 탐욕과 무모함을 어떻게 미리 알고 막을 수 있겠는가? 흩어진 제국의 권력은 머지않아 피비린내 나는 내전을 겪은 뒤 또다시 한 사람의 강력한 깃발 아래 모였다.

| 마음에 새기는 말 |

사소한 권한은 허용하지 않으면서 더 큰 권한을 허용하는 것은 대단히 합리적인 동기를 근거로 한다. 왜냐하면 사소한 권한일수록 남용될 소지가 더 크기 때문이다.

※ 토벌에 실패한 세베루스(Severus)(307년)

≪갈레리우스는 원칙과 분노만 앞세웠고, 세베루스는 욕심만 내세웠다. 그 결과 갈레리우스는 마음의 병으로, 그리고 세베루스는 군사적 패배로 죽음이 드리워졌다. 병사들의 충성심을 얻어 내는 것이야말로 군사적 역량이며 승리의 토대다. 이것이 건전하고 튼튼하지 못한 채 전쟁을 벌이는 것은 병사 각각의 전투 능력이 약한 것보다 더욱 큰 실패를 초래하는 법이다.≫

○ 막센티우스는 동방 황제 갈레리우스의 사위였다. 그렇지만 갈레리우스는 막센티우스가 황제 중 최고위인 자신의 허락 없이 함부로 제위에 올라 발호하는 것을 참을 수 없었다. 그는 막센티우스를 찬탈자로 규정하고 서방 황제 세베루스에게 토벌을 지시했다. 그 당시 갈레리우스는 디오클레티아누스가 퇴위하자 동방 황제로서 4두 모두를 총지휘했던 그의 지위를 누리고 있었기 때문에 그런 지시가 가능했다. 4두 정치를 무너뜨리게 되는 막센티우스의 등극은 곧 내전의 발발을 의미했다. 세베루스가 로마로 달려갔을 때 반란군의 무리들은 막센티우스를 중심으로 사기와 충성심이 가득 차 있었다. 전세의 불리함을 깨달은 세베루스는 라벤나로 후퇴할 수밖에 없었다.

○ 서방 황제 세베루스는 한때 서방 황제 콘스탄티우스 클로루스 휘하의 장수였으며, 자신과 동고동락했던 대부분의 병사들을 콘스탄티우스 클로루스에게 남겨 두고 최소한의 병사들만 이끌고 서방 부황제로 부임했었다. 따라서 막센티우스를 토벌해야 할 자신의 병력은 막시미아누스 휘하에서 싸웠던 군인들이었다. 세베루스는 그 병사들에

게 지휘력을 인정받아 완전한 자신의 병사로 만들 시간이 부족했다. 그뿐만 아니라 막시미아누스가 아들의 요청으로 토벌군에 대항하여 참전함으로써, 세베루스의 병사들은 1년 전까지 자신의 사령관이자 황제였던 막시미아누스의 얼굴을 보게 되자 그만 전의를 상실하고 말았다. 막센티우스는 동료나 휘하 장군 그 누구도 믿을 수 없게 된 세베루스의 불안한 심리를 이용했다. 세베루스에게 군대 내에서 반란의 음모가 진행 중이니 반란의 피해자가 되어 비참한 최후를 맞지 말고 자신을 믿고 항복하라고 설득했던 것이다.

○ 사방이 적들로 둘러싸인 세베루스가 더 이상 견디지 못하고 결국 항복하자, 처음에는 기대했던 만큼 인간적이고 정중한 대우를 받았다. 항복할 때 막시미아누스는 세베루스가 황제의 자리에서 물러난다면 생명을 보장하겠다는 엄숙한 선서를 했다. 하지만 정치 세계에서는 황제의 엄숙한 약속조차 지켜지지 못했다. 세베루스가 허락받은 것은 편안한 죽음과 황제로서의 장례식뿐이었다. 휘하 장병에게 버림을 받고 로마로 압송된 세베루스는 혈관을 절개하는 방식으로 자살을 강요당해 죽음을 맞았다.

⁂ 갈레리우스(Galerius)의 실패(307년)

≪전쟁에서 승리할 수 있는 요소 중에 하나는 민심을 끌어모으고 얼마나 많은 사람들을 협력자로 만들 수 있는가에 달려 있다. 로마는 공화정 때부터 동화와 관용을 국책의 근간으로 삼아 수많은 인재들

과 동맹국들의 충성심을 발현시켜 세계적인 국가가 되었지만 갈레리우스는 이를 무시하고 동포조차 적으로 만들었다. ≫

○ 동방 황제 갈레리우스는 세베루스가 막센티우스와 싸워 무참하게 파멸된 것을 그냥 두고 보지 않았다. 왜냐하면 막센티우스의 행위를 내버려 둔다면 찬탈자를 용서하는 것이며, 이는 자신을 정점으로 하는 4두 체제와 황제들 간의 위계질서가 함께 무너진 것을 인정하는 꼴이 되었기 때문이다. 더군다나 그것이 선례가 되어 불만을 품거나 야심 있는 제국의 장군들이 여기저기에서 들고 일어날 수 있다는 생각에 질서를 해치는 자는 싹부터 잘라 내기로 결심했다. 그는 찬탈자로 낙인찍힌 자신의 사위 막센티우스를 토벌하러 직접 나섰다. 콘스탄티누스에게 맡겨도 되겠지만 그가 토벌에 성공했을 때 세력이 커지

❚ 갈리레우스 궁전터

는 것을 두려워했던 것이다. 그만큼 황제들 간에 위계질서가 디오클레티아누스 치세 때보다 느슨해졌다는 증거이기도 했다.

○ 갈레리우스 휘하의 병사들은 오래전부터 수많은 전투를 그와 함께 겪어 온 병사들이어서 충성도는 확고했다. 하지만 갈레리우스는 막센티우스를 토벌하러 가면서 적지를 정복하는 침략군처럼 행동했다. 그는 북이탈리아로 쳐들어갈 때 세베루스에게 협력하지 않았던 도시들을 모조리 습격하고 약탈하며 파멸시켰다. 민중의 지지를 받아도 공격하는 측은 방어하는 측보다 힘들고 승리의 여신이 조금이라도 눈을 흘긴다면 전쟁의 결과가 불확실하거늘, 황제가 이끄는 로마군이 야만족과 같은 행동을 했으니 모든 이탈리아 반도의 시민들이 갈레리우스에게 등을 돌리는 것은 당연했다. 로마로 가는 길목의 도시들이 협력하지 않는다면 갈레리우스는 병참선을 유지하기 힘들 것이고 따라서 로마 가도까지 건설하며 병참을 강화시킨 로마군의 장점을 살릴 수 없게 된다.

○ 결국 눈에 보이지 않는 벽은 갈레리우스의 병사들을 회군할 수밖에 없도록 몰아갔다. 게다가 갈레리우스의 병사들은 이탈리아의 민심이 등을 돌리자 스스로 지쳐 폭동의 조짐이 있었을 뿐 아니라 탈영병도 속출했다. 이렇게 되자 지난번 세베루스가 실패한 예를 따르게 될 것이 두려웠던 갈레리우스는 병사들의 충성을 더 이상 잃기 전에 서둘러 후퇴하고 말았으며, 312년 콘스탄티누스가 이탈리아를 평정할 때까지 다시는 막센티우스의 발호를 그치게 할 수 없었다. 콘스탄티누스의 승리는 갈레리우스가 병마로 고통스럽게 죽은 다음 해의 일이었다.

✳ 막센티우스의 아프리카 반란 진압과 악행(308년)

≪공공사업에 열의를 보였던 막센티우스는 시민들의 세금과 원로원의 기부금뿐 아니라 아프리카의 반란자들로부터 몰수한 재산에서 건설 자금을 충당했다. 하지만 이것은 무리한 고발로 이어졌고 반역죄를 저지른 자들이 마구 늘어나자, 주민들의 원망 또한 커져 갔다.≫

○ 막센티우스의 통치하에 있던 아프리카에서 308년 루키우스 도미티우스 알렉산데르가 반란을 일으켰다. 규모 면에서 그리 크지 않았다고 여겨지는 이 반란은 막센티우스에 의해 간단히 진압되었다. 반란이 진압되면 승리한 측에 편입하여 전리품을 챙기려는 자들이 있게 마련이다. 아프리카에서 터진 반란이 진압되었다는 소식에 엄청난 수의 아첨꾼과 밀고자가 그곳으로 몰려들었으며, 많은 시민들이 사소한 이유에도 반란 가담자로 낙인찍혀 유죄 판결을 받고, 생명과 재산이 모두 몰수되었다.

○ 시민보다는 군대의 충성심에 더 의지했던 막센티우스는 병사들의 방종을 방관하기도 하고, 총애하는 군인들에게 죄를 지은 원로원 의원에게서 빼앗은 화려한 별장이나 아름다운 아내를 하사하기도 했다. 그렇게 되자 막센티우스를 욕하는 자들은 반란 지역을 처벌하여 거두어들인 재물과 생명을 인심 좋게 베풀어 자신의 욕망을 채웠다며 악의에 가득 찬 비난의 말들을 쏟아 냈다. 그들에 따르면 원로원 의원들의 목숨은 막센티우스의 의심 때문에 항상 위험했으며, 아내와 딸의 정조와 순결은 황제의 정욕 앞에 위태로워졌다고 세차게 비난했다. 또한 로마의 부는 막센티우스의 허세와 불필요한 사업으

로 바닥났고, 원로원 의원들은 자발적 기부금이라는 형태로 가차 없이 재산을 빼앗겼으며, 이런 식의 자발적 기부금은 황제의 승전·결혼·출산·집정관 취임 같은 명목으로 그 액수를 계속 늘려 갔다고 욕했다.

○ 막센티우스가 무리하게 자금을 거둔 것은 사실이다. 이는 자신의 사치를 만족시키기 위해서가 아니라, 그가 공공사업에 특별히 열정을 보였기 때문이다. 이를 두고 후세의 그리스도교 역사가들은 비난을 퍼붓고 공공사업을 불필요한 사업으로 매도했다. 그들의 눈에는 막센티우스가 감히 콘스탄티누스와 겨루었던 불충한 자로 보였기 때문이다.

❋ 막센티우스에 대해 부당한 그리스도교

≪생존 당시의 보편적 세계에 충실했지만 후세의 역사관에 의해 억울한 평가를 받는 경우가 더러 있다. 그것은 역사서를 쓰는 그 시대의 상황이 반영되었기 때문이다. 이러한 역사관의 성향으로 후세에 미친 결과가 치세의 평가 기준이 되어 콘스탄티누스는 대제로 추앙되었고, 막센티우스는 폭군이자 방탕아로 낙인찍혔다.≫

○ 디오클레티아누스와 막시미아누스가 퇴위한 후 두 황제의 그리스도교인들에 대한 탄압은 갈레리우스와 세베루스가 그대로 이어받아 무자비하고 가혹하게 진행되었다. 그러나 막센티우스가 반란에 성공

하자 그의 관할 지역이었던 이탈리아와 아프리카에는 종교의 평화가 깃들었다. 막센티우스는 자신의 공공사업을 위해 시민들에게 과다한 세금을 부과했지만, 종교적으로는 그리스도교인들에게 공정하고 인간적이었으며 어떤 의미에서는 편파적일 만큼 잘 대해 주었다. 일례로서 황제를 비방하는 글을 발표하고 주교 공관으로 피신한 부사제의 신병 양도를 관리들이 요구하자, 카르타고의 주교 멘수리우스는 정치력이 종교의 영역을 침범하여서는 안 된다는 이유로 단호하게 거부 의사를 밝혔다. 당시로서는 그리스도 교회가 면책 특권을 주장할 수 있는 치외법권 구역이 아니었다. 그럼에도 황제의 권위에 도전한 범죄자를 보호하려고 한 오만하고 무례한 멘수리우스는 사형이나 추방형을 면하고, 간단한 심문만 받은 후 돌려보내졌다. 이것은 막센티우스 황제의 배려 없이는 불가능한 일이었다.

○ 막센티우스가 실질적으로 최고 권력자로 있던 북아프리카와 이탈리아는 이처럼 그리스도교인들에 대한 특별한 박해가 없었다. 그가 스스로를 황제로 선언했던 306년에 그리스도교 박해령은 아직 존속해 있었지만, 그리스도교 박해는 303년과 304년 디오클레티아누스 황제 때 집중된 일이었다. 막센티우스는 공공사업에 열의를 보였지만, 디오클레티아누스처럼 그리스도교인들을 강제 노동에 투입하지 않았다. 그리스도교인들을 강제 노동에 투입시켰다면, 오늘날 그리스도교 측에서는 조그마한 것이라도 확대 포장하여 단죄의 재료로 사용했으리라. 막센티우스가 전통적인 로마신들에게 충실하여 신전도 복구하고, 제단에 희생 동물도 많이 바치기는 했으나, 그리스도교인들이 의식에 참여하지 않는다고 박해한 것은 아니었다.

○ 막센티우스가 그리스도교 역사관에서 억울한 것은, 그가 상대했던

자가 그리스도교를 공인했다는 이유로 대제로 추앙받는 콘스탄티누스라는 사실이었다. 상황을 살펴보면 312년 막센티우스와 대결할 당시까지만 해도 콘스탄티누스가 그리스도교에 특별한 호의를 보인 것이 아니었으며, 그리스도교 측에서 주장하듯이 그리스도의 가르침에 눈을 뜬 사람과 아직도 이교의 어둠 속에 있는 사람 사이에 벌어진 대결도 아니었다.(註. 다만 그리스도교의 전설에 따르면 콘스탄티누스가 막센티우스와 밀비우스 다리 전투를 치르기 하루 전날 십자가 문양이 태양 위에 보였고, 그날 밤 꿈에는 라바룸의 문양이 나타나며 "이 표시로 승리하리라In hoc signo vinces."는 목소리가 들렸다고 한다. 잠에서 깨어난 콘스탄티누스는 모든 방패에 그리스도의 그리스 문자 첫 두 글자 키χ와 로ρ를 겹쳐 놓은 라바룸을 새길 것을 명령했고, 마침내 그는 전투에서 승리했다고 전한다. 다만 교부 락탄티우스는 방패에 라바룸을 새겼다고 하며, 교부 에우세비우스는 깃발에 라바룸을 새겼다고 했다. 무릇 신의 계시란 인간의 논리 밖에 존재하는 것이긴 하지만 에우세비우스가 이 놀라운 기적을 자신의 주요 저서인 『교회사Historia Ecclesiastica』에서 한 줄도 서술하지 않고 있다가, 콘스탄티누스가 죽고 난 후『콘스탄티누스 전기Vita Constantini』에서 기록한 까닭에 많은 역사가들로부터 기적이 일어난 것이 아니라 만들어졌다는 의심을 받고 있다. 다만 일부 학자들은 325년 니케아 공의회가 개최되고 있을 때 콘스탄티누스가 에우세비우스에게 이러한 자신의 놀라운 경험을 알려 준 것으로 추정하고 있다. 하기야 미국 대통령 조지 부시도 9.11 테러 직후 "조지, 어서 가서 이라크 독재를

▌ 라바룸labarum

종식시켜라!"는 천상의 음성을 듣고서 이라크에 군대를 보냈다고 하지 않은가? 백악관은 이를 부인했지만 영국 공영 방송 BBC는 부시가 종교적 신념에 따라 전쟁을 결정했음에 틀림없다고 주장했다. '키χ'는 영어의 'ch'이며 '로ρ'는 영어의 'r'에 해당하므로 그리스도Christ의 첫 두 글자에 해당한다.)

○ 막센티우스를 비난하는 자는 그가 병사들로 하여금 시민들을 학살하도록 방치했고, 자신이 탕진할 돈을 마련하기 위해 칙령을 선포해 원로원 의원과 농부들에게 헌납을 강요했다고 비난했다.(註. 막센티우스가 북아프리카 반란 진압에 따른 병사들의 약탈과 공공사업을 위해 세금을 무리하게 거둔 것을 비난했다는 의미다.) 그리스도교 역사가이자 교부인 에우세비우스는 그가 유부녀를 남편에게서 빼앗아 모욕을 가한 후 돌려주는 등 그의 성적인 방탕이 극에 달했다며 악의에 찬 말들을 쏟아 냈다.

○ 훗날 그리스도교에서 자신들을 심하게 박해한 10명을 뽑았을 때 막센티우스의 이름은 빠져 있었다. 그들이 뽑은 10명의 박해자는 네로, 도미티아누스, 트라야누스, 안토니누스 피우스, 셉티미우스 세베루스, 막시미누스, 데키우스, 발레리아누스, 아우렐리아누스, 디오클레티아누스였다. 아마도 콘스탄티누스를 중히 여기는 마음에서 막센티우스를 부당하게 기록하긴 했어도 박해자의 한 명으로 손꼽을 수 없었기 때문이리라. 히포 레기우스의 주교 아우구스티누스는 로마의 황제가 아무리 지독한 박해를 가했더라도 가장 심하게 박해를 가한 통치자를 꼽으라면 헤롯 왕이라고 단언하기도 했다. 게다가 4세기 역사가 에우트로피우스는 막센티우스가 유달리 많은 자비심으로 시민들에게 사랑과 존경을 한 몸에 받았고, 단순히 국고를 늘리기

보다는 속주와 시민들의 부에 관심을 갖고 그들의 궁핍함을 덜어 주려고 했으며, 디오클레티아누스의 신중함을 뛰어넘고 막시미아누스의 무모함을 벗어난 탁월한 통치자였다고 결론지었다.

⁂ 밀비우스(Milvius) 다리 전투(312년)

≪콘스탄티누스는 제국의 방어선을 지키기 위한 최소한의 병력만을 갈리아에 남겨 두고 경쟁자를 제거하기 위해 운명을 걸었다. 그의 도전은 소수의 병력으로 그것도 적진에서 싸워야 하는 불리한 상황이었지만, 콘스탄티누스의 병사들은 갈리아에서 야만족과의 싸움으로 전투력과 충성이 다져졌고, 따라서 적에게는 공포스런 군대였다. 마침내 콘스탄티누스는 적군을 섬멸하고 완벽한 승리를 거두어 자신의 처남 막센티우스를 파멸시켰다. 이 전투에서 승리한 그는 패자의 핏줄에 대한 무자비한 살인을 저지름으로써 카이사르의 관용 정책이 로마 제국에서 흔적도 없이 사라지게 했다.≫

○ 서방 황제 세베루스가 죽자, 308년 리키니우스는 카르눈툼 회담에서 친구인 갈레리우스가 천거하고 디오클레티아누스가 동의하여 부황제도 거치지 않고 바로 서방 황제에 즉위했다. 311년 동방 황제 갈레리우스마저 죽자 제국은 리키니우스, 콘스탄티누스, 막센티우스, 막시미누스 다이아가 분할 통치하게 되었다. 동방 황제 리키니우스와 서방 부황제 콘스탄티누스는 찬탈자로 지목되어 있던 막센티우스

를 콘스탄티누스가 토벌하고 콘스탄티누스의 이복 누이 콘스탄티아를 리키니우스에게 시집보내는 대신, 리키니우스가 콘스탄티누스의 군사 행동을 묵인한다는 밀약을 맺었다.(註. 콘스탄티아는 콘스탄티우스 클로루스와 막시미아누스의 의붓딸 테오도라 사이에 태어났다.) 힘의 균형이 깨졌을 때 초래되는 결과에 무심했는지 리키니우스는 밀약에 쉽게 동의했다. 밀약의 조건을 보면 리키니우스에게 유리한 것이지만, 막센티우스를 토벌하는 데 성공한다면 콘스탄티누스의 세력은 서방 전체에 떨치게 되므로 군사력에 자신만만했던 콘스탄티누스로서도 해 볼 만한 도전이었다.

○ 콘스탄티누스와 막센티우스 간의 결전은 312년 10월 27일 '밀비우스 다리 전투'라는 형태로 역사에 남았다. 콘스탄티누스의 군대를 막기 위해 막센티우스가 동원한 병력은 모두 19만 명이었다고 말하지만 이 전투에 모두가 총동원된 것은 아니었을 것이다. 콘스탄티누스도 이 전투에 4만 명이 조금 넘는 병력을 투입했다.

▌「밀비우스 다리 전투」, 라파엘로 作

○ 로마라는 전략적 요충과 병력 수를 생각할 때, 막센티우스는 로마 가도 곳곳에 매복군과 방어군을 배치하여 장기적으로 전투를 이끌어 나가야 마땅했다. 막센티우스가 그런 전술을 펼친다면 '피로스의 승리'에서도 알 수 있듯이, 콘스탄티누스 군은 전투 중에 조금씩 흘린 출혈이 누적되어 마침내 모든 병사들에게 영향을 미칠 정도로 전투력이 심하게 약화되고 말았으리라. 전쟁이 장기전으로 돌입할 때는 배후가 불안하고 병참에서 문제가 발생하는 등 적진에서 싸우는 군대가 절대적으로 불리하다. 실제로도 막센티우스는 장기적 농성전을 벌이기 위해 밀비우스 다리를 끊고 부교를 놓았다. 이 부교는 적에게 밀려 다시 시내로 후퇴해야 하는 경우가 생긴다면 우군이 강을 건넌 후 적이 부교를 이용하지 못하도록 연결 고리를 빼내어 신속히 절단할 수 있는 쇠사슬로 연결했다.

○ 하지만 계획했던 장기전은 이루어지지 않았다. 이 무렵부터 막센티우스의 지지도는 현격히 떨어지고 있었다. 아마도 세금의 강제 징수와 유부녀를 탐한다는 사실 그리고 북아프리카 반란 진압에 따른 살인 등이 겹쳐졌을 것이다. 그런데다 권력이란 처음에는 기존의 통치자에게 반대한다는 의미로 지지를 보였다가도 시간이 지남에 따라 지지도가 점차 낮아지기 마련이다. 이런 이유에서인지 아니면 군사적 경험이 없었던 터라 전쟁 수행에 필요한 냉철한 전술적 사고가 부족했는지 알 수 없으나 장기전을 요구하는 공성전을 포기하고 한 번의 전투로 운명을 결정짓고자 했다. 이 전투 방식은 병력과 물품이 부족한 측에서 일시에 전황을 역전시킬 때 유리한 방법이지, 당시 막센티우스에게 놓인 상황에 적합한 전술이 아니었다. 밀비우스 다리에서 10㎞쯤 북쪽 삭사 루브라(註. Saxa Rubra는 '붉은 자갈밭'이란 뜻)

라고 불린 평지를 전쟁터로 삼은 막센티우스는 게르마니아 전선에서 단련된 콘스탄티누스의 병사들에게 전쟁의 주도권을 빼앗긴 채 티베리스강의 진흙탕 속에 빠져 가면서 남쪽으로 후퇴했다.

○ 엄청난 수의 막센티우스 병사들이 거대한 파도가 되어 후퇴하자 부교를 맡은 병사들은 겁을 집어 먹고 아군이 모두 건너오기도 전에 연결 고리를 빼냈다. 결국 막센티우스 병사들은 강을 건너지 못하고 겹겹이 포개진 채 티베리스강에 놓인 부교 앞에서 참혹하게 죽어 갔다. 그들은 티베리스강에서 익사하거나, 같은 편의 병사들에게 압사되거나, 아니면 콘스탄티누스 군의 병사들에게 도륙되었다. 막센티우스는 말과 함께 티베리스강의 진흙탕 속에 빠져 익사한 채로 다음 날 발견되었다. 그의 시체는 인양된 후 목이 잘려 머리가 창끝에 꽂힌 채, 로마에 입성하는 콘스탄티누스 군대의 선두에 섰다. 이로써 콘스탄티누스는 아내의 아버지와 오빠를 모두 죽이는 결과를 낳았다.(註. 막시미아누스는 의붓딸 테오도라를 콘스탄티우스 클로루스와 결혼시켰고, 그 이후 친딸 파우스타를 콘스탄티누스에게 시집을 보냈다. 콘스탄티누스의 장인이 된 막시미아누스는 막센티우스와 다투고 갈리아의 콘스탄티누스에게 의탁해 있을 때 콘스탄티누스의 자리를 빼앗으려다 살해당했다. 다른 일설에 따르면 그가 콘스탄티누스에게 포위되자 자살했다고도 한다.) 콘스탄티누스는 막센티우스의 두 아들을 사형에 처하고 나아가 그 일족을 모조리 몰살했다.

○ 부유하고 풍요한 대지에서 자라난 병사들이 거칠고 빈곤한 토지에서 자란 병사들에게 또다시 패했다. 풍요로운 동방의 병사들로 구성된 안토니우스 군이 상대적으로 빈곤한 서방의 병사들로 구성된 옥타비아누스 군에게 패배한 것처럼, 막센티우스 군은 갈리아와 게르마니

아의 황량한 벌판에서 단련된 병사들을 이길 수 없었다. 거친 풍토에서 빈곤하게 자란 자의 강인함은 훗날 추위와 배고픔에 길들여진 게르만족과 훈족이 남쪽의 병사들을 짓밟고 풍요로운 땅을 유린함으로써 다시 한 번 입증되었다.

o 콘스탄티누스와 주도권을 놓고서 같은 로마인끼리 싸웠고, 6년간 황제로서의 책무에 충실했지만 패자가 된 막센티우스에 대한 로마 원로원의 표현은 콘스탄티누스 개선문에 다음과 같이 기록되었다.(註. 콘스탄티누스 개선문은 이곳저곳의 조각상을 떼어다가 붙인 것으로 당대의 예술이 이미 쇠퇴기에 접어들었음을 보여 주는 우울한 증거이기도 했다.) "로마 원로원과 로마 시민은 승리에 대한 축하로 이 문을 임페라토르 카이사르 플라비우스 콘스탄티누스 막시무스 피우스 펠릭스 아우구스투스에게 바친다. 이 황제가 신과 같은 뛰어난 감각과 위대한 의지력을 가지고 이끈 정의로운 전쟁으로 폭군을 멸한 것을 여기에 기록한다." 패배란 어떤 것인가를 생각하게 하는 문장이다. 얼마 전까지만 해도 제국의 건실화에 노력을 아끼지 않았던 '황제'를 단숨에 '폭군'으로 매도했으니.

o 이 전투는 그 후 1천 년 동안이나 계속된 중세로 가는 문을 열었고, 오늘날까지 지속되고 있는 그리스도교 세계를 향해 첫 발자국을 내딛게 했다.(註. 다만 고대와 중세를 가르는 분기점은 여러 논란거리가 있으나 역사학의 관점에서는 대체로 서로마가 멸망한 476년으로 본다.)

※ 로마를 정복한 콘스탄티누스(312년)

≪막센티우스를 제거하고 제국의 최고 권력자가 된 콘스탄티누스는 로마의 기개와 근거를 깡그리 짓뭉개는 작업을 시작했다. 근위대를 역사 속으로 사라지게 했고, 제국의 원로들에게 수치스런 배상금을 세금의 명목으로 부과했으며, 그것도 모자라서 아예 수도를 자신의 이름을 딴 도시로 옮겼다. 로마의 정신과 기개가 무너지자, 이제 새로운 세상이 열렸다. 후세 사람들은 그것을 중세의 시작을 알리는 암울한 종소리라고 일컬었다.≫

○ '밀비우스 다리 전투'의 승리로 로마에 입성한 콘스탄티누스는 40세도 되지 않은 젊은 나이에 로마 서방의 최고 권력자가 되었을 뿐만 아니라, 동방 황제인 리키니우스를 자신이 거주하고 있는 메디올라

▍콘스탄티누스 개선문

눔으로 불러들일 만큼 다른 세력을 압도했다. 콘스탄티누스가 거둔 이 모든 승리는 행운보다는 탁월한 능력에서 비롯되었다고 하는 편이 정당했다.

○ 로마 원로원에서는 항복한 국가의 지배층이 보여 주는 비굴함으로 콘스탄티누스에게 무릎을 꿇었으며, 전쟁의 승리를 축하한다는 의미에서 콜로세움 옆에 개선문을 건립하기로 결의했다. 이 개선문에 기록된 내용은 앞서 서술한 그대로다. 개선문은 로마 제국에 포함되지 않은 타 국가 또는 타민족과의 전투에서 승리한 황제나 장군을 위해 건립해 온 것임에도, 로마 원로원은 자국민끼리의 내전에서 승리한 콘스탄티누스에 대하여, 그것도 사실상 로마가 정복당한 것을 기념하기 위해 개선문을 건립하도록 결정했다.

○ 콘스탄티누스는 막센티우스와 싸워 승리를 굳히자 로마 근위대를 해산시켰다. 아마도 로마에 기거하지도 않는 황제를 위해 로마에 근위대를 주둔시킬 필요가 없었으리라. 콘스탄티누스에게 근위대는 과거의 영광을 잊지 못하고 막센티우스를 도와 자신에게 검을 들이댄 불충한 군대일 뿐이었다. 이로써 황제의 권위를 수호할 뿐 아니라, 이를 넘어 황제의 선출에도 막대한 영향을 미치며 제국의 권력에 깊숙이 관여했던 로마 근위대는 아우구스투스가 창설한 이래 300년의 자취를 뒤로하고 역사 속으로 완전히 사라졌다.(註. 로마 근위대는 사라졌지만 전제 군주정 시대의 황제가 자신의 신변을 지켜 주는 병사들을 두지 않을 리 없다. 해체된 로마 근위대를 대신하여 마기스테르 오피키오룸 magister officiorum이 지휘하는 '스콜라이 팔라티나이scholae palatinae'라고 불리는 부대가 황제를 호위했기 때문이다.)

○ 로마에 입성한 콘스탄티누스는 모든 점에서 자국의 반란을 진압한

황제가 아니라, 외국의 정복자처럼 행동하고 결정했다. 그는 전쟁의 패전국에게 물리는 배상금이라고 볼 수밖에 없는 특별세를 600명의 원로원 의원들에게 재산의 정도에 따라 4등급으로 부과한 것이다. 제1등급에 해당하는 원로원 의원들에게는 매년 금괴 8리브라(2,619.6g, 약 699돈), 제2등급의 의원들에게는 매년 금괴 4리브라, 제3등급의 의원들에게는 매년 금괴 2리브라, 제4등급의 의원들에게는 매년 금화 7닢(註. 당시 1아우레우스가 5.4g이므로 제4등급은 37.8g, 다시 말해 약 10돈에 해당된다. 따라서 제3등급과 17배 이상의 차이가 있어 기록에 오류가 있는 것으로 여겨진다.)을 납부하게 했다.

○ 비문에는 콘스탄티누스를 '도시의 해방자(리베라토르 우르비스liberator urbis)'라고 새겼으며 폭군과 그 도당으로부터 전쟁을 통해 국가를 구했다고 찬양했다. 훗날 마지막으로 리키니우스의 무릎을 꿇리고 유일한 황제가 된 콘스탄티누스는 자신의 거처를 종전에 비잔티움이라고 불린 곳으로 정했으며, 이곳을 콘스탄티노폴리스(註. 영식으로는 '콘스탄티노플')로 개명했다. 수도가 로마에서 콘스탄티노폴리스로 옮겨지고, 그럼으로써 진정한 의미에서 로마의 혼과 자존심은 콘스탄티누스에 의해 멸망했다.

※ 콘스탄티누스(Constantinus)와 그리스도교

≪그리스도교의 제단은 콘스탄티누스에 황제의 자리를 지키기 위한 버림목이었다. 그리스도교인들을 강력한 지원군으로 생각한 콘스

탄티누스의 판단은 적중했다. 그리스도의 양 떼들은 믿음을 위해 모든 것을 희생할 준비와 각오가 되어 있었기 때문이다.≫

○ 콘스탄티누스는 막센티우스가 통치하던 이탈리아를 병합한 후에 리키니우스와 공동으로 종교의 자유를 천명한 칙령(註. 313년에 반포된 '메디올라눔 칙령'을 말한다. 이 칙령은 근대의 도시명을 따라 흔히 '밀라노 칙령'이라고 일컫는다.)을 공포했고, 리키니우스까지 굴복시킨 다음 제국의 유일한 황제가 되자 전체 시민들로 하여금 지체 없이 그리스도교를 받아들이라고 촉구했다. 그리스도교인들은 콘스탄티누스의 승리에는 신의 섭리가 작용하고 있다고 굳게 믿었으며, 콘스탄티누스를 위해서는 어떠한 경우라도 충성을 바치겠다고 결심했다.

○ 그러나 전통 로마신들을 따르는 제국의 대다수 시민들은 콘스탄티누스가 그리스도교와의 암묵적인 동맹 관계로 황제의 야망 성취에 결정적인 도움이 되고 있으며, 따라서 동맹 관계는 실질적인 이해관계에서 비롯되었다고 보았다. 실제로 4세기 초만 하더라도 그리스도교인의 수는 제국 전체 인구에 비해서 보잘것없었으며 대다수는 이교도들이었다.(註. 250년경 로마시의 그리스도교인은 시인구의 3%에도 못 미치는 3만 명 정도로 추정되고 있다.) 이교도들 대다수는 누가 제국의 주인이 되든지 관심을 가지지 않은 비굴한 정신의 소유자였지만, 대부분의 신흥 종교들이 그렇듯이 그리스도교인들은 비록 소수임에도 종교적 결속력과 정신력을 정치적 힘으로 쉽게 연결할 수 있었던 상황이었다.

○ 그리스도교인들은 양심과 재산뿐 아니라 생명까지 걸고 자신들의 지도자를 보필했다. 아버지 콘스탄티우스 클로루스에게 그리스도교의

장점을 존중하고 보상해 주는 법을 배운 콘스탄티누스는 이것을 놓치지 않았다. 콘스탄티누스는 황제로서의 통치에 대단한 지원군이 될 수 있는 그리스도교의 이 점을 적극 활용하기로 마음먹었다. 관직을 배분할 때도 충성심이 절대적으로 보장될 수 있는 그리스도교인들 중에서 관료들과 장군들을 골라 임명함으로써 권력을 안정시켰고, 이들 관리들의 영향으로 황궁과 군대에서는 개종자가 늘어 갔다. 특히 군단에서 사병으로 복무하는 게르만 병사들은 지휘관의 종교를 맹목적으로 따랐기에 콘스탄티누스의 군사적 권력은 더욱 견고해졌다.

○ 콘스탄티누스 황제의 보호 아래 소집된 종료 회의에서는 주교들이 군무에 대한 선서 의무를 승인했을 뿐 아니라, 평화의 기간이라 해도 병역의 의무를 저버리는 병사는 파문에 처하도록 결정했다.(註. 314년 아를 종교회의에서 '무기를 내던지는 자'를 파문하도록 규정했다.) 결국 콘스탄티누스는 자신이 통치하는 영토 내에서 충성스런 지지자가 점점 늘어 가는 한편, 정치적 경쟁자들의 영토 내에서는 그들의 황제를 배반하고 자신의 통치를 열망하는 강력한 지지자들의 지원을 기대할 수 있었다. 이들 배반자들은 정기적인 편지나 종교 행사를 통해서 소망과 계획을 밝혔으며, 자신들을 통치하는 황제의 적인 콘스탄티누스에게 유리한 정보나 헌금을 보내 자신들의 황제가 멸망하기를 재촉했다. 점차로 콘스탄티누스는 공공연하게 자신은 그리스도교를 구원하기 위해 무기를 들었노라고 선언하기에 이르렀으며, 그리스도교인들은 그 선언을 잊지 않았다.

• 메디올라눔 칙령(313년)

312년 밀비우스 다리 전투의 승리로 로마 제국 내에서 실질적인 제일인자가 된 콘스탄티누스가 동방의 황제 리키니우스를 메디올라눔으로 불러들여 정치적 합의를 이끌어 냈다. 이 합의는 로마 제국 내에서 그리스도교가 영구히 종교적 관용을 누릴 수 있도록 보장한 칙령이었다.(註. 학자에 따라서는 메디올라눔 칙령이란 것이 공포된 적이 없으며 리키니우스가 313년 비티니아 총독에게 보낸 칙서일 뿐이라고 주장한다.) 이 칙령에서 모든 사람들은 신앙의 자유를 보장받았고, 특히 그리스도교인에게 법적 권리를 주었으며, 그들의 몰수된 재산을 돌려주게 했다. 사실 메디올라눔 칙령에는 어디에도 그리스도교를 국교로 정한다는 내용은 없다. 그럼에도 이 칙령으로 그리스도교는 명실공히 로마 제국의 공인된 종교로 인정받았고 국교가 되는 초석이 되었다.(註. 392년 테오도시우스 황제가 그리스도교를 국교로 정한 것으로 본다.) 콘스탄티누스는 이교에 대해서 동물 희생 제의를 금하고 국가의 공공 의식에서 이교 방식을 제외하며 국가 보조금을 중단했을 뿐 그 외의 이교 종교 행사에 대하여는 자유를 주었다.(註. 이교에 대한 국가 보조금은 그 이후에 다시 시행되다가 그라티아누스 황제 때 또다시 중단되었다.)

❋ 그리스도교인들의 순교

≪종교 부흥을 위해 순교자의 수와 비참함은 더러 부풀려지고 있다. 그러나 일반적으로 이교도보다는 이단자에 더욱 큰 분노와 증오를

느끼는 법이어서, 그리스도교인끼리 벌어진 후세의 비극은 더욱 참혹
했다.≫

○ 그리스도교인들에게 가한 박해를 기록하는 독점적 특권을 누렸던 궁
정 주교 에우세비우스에 따르면, 팔레스타인 순교자가 92명이었다고
기록되었다. 팔레스타인이 동방 제국의 16분의 1에 해당되었으므로
역산하면, 동방 제국의 전체 순교자는 1,500명 정도이고, 이 비율을
이탈리아·아프리카·히스파니아에 적용하면 그곳에서는 박해 시작
2~3년 후부터는 시행이 유보되거나 폐지되었기에 순교한 그리스도
교인들이 2천 명 정도였다는 것을 추산할 수 있다. 결국 그리스도교
에 대한 박해가 집중적으로 실시되었던 디오클레티아누스 황제에서
부터 갈레리우스 황제까지의 순교자는 크게 잡아도 광대한 제국 전
체에서 통틀어 5천 명이 채 안 되었다는 것을 알 수 있다. 이는 1572
년 성 바르톨로메오 축제일에 프랑스의 가톨릭교도들이 단 하루 만
에 신교도들을 학살한 숫자에도 미치지 못했다.(註. 성 바르톨로메오
축제일의 신교도 학살로 단 하루 만에 5천 명 이상이 살해되고 2개월 동안
모두 7만 명 이상이 목숨을 잃었다. 이 소식을 듣자 로마 교황은 몹시 기
뻐하며 이를 기념하기 위한 감사의 미사를 열었고 기념 메달을 주조하게
했다고 전한다.)

○ 그리스도교인들이 로마 제국에서의 박해와 순교를 잔인하고 가혹하
게 기록하고 있지만 에스파냐의 카를로스 1세이자 신성로마제국 황
제인 카를 5세의 지배하에 있던 네덜란드에서만 신교도 10만 명이 처
형되었다는 것을 보면, 그리스도교 내부의 불화 과정에서 서로에게
가한 고통이 훨씬 컸음을 인정하지 않을 수 없다.(註. 네덜란드에서

태어난 카를 5세는 가톨릭을 위해 신교도와 맞섰다.)

○ 그리스도교인들은 자신들에게 박해를 가한 로마 제국이 멸망하기를 간절히 바랐는지 모르겠지만 그리스도교는 로마라는 거대한 영양 공급원을 통해서 번성할 수 있었다. 만약 제국이 수십 개의 국가로 나누어져 있었다면, 국가 간의 장벽 때문에 그처럼 짧은 기간에 놀라운 전파력으로 광대한 지역을 포교하기란 매우 힘들 것임에 틀림없다.

| 마음에 새기는 말 |

"양치기"에게는 양치기의 책무가 있지만, "양"에게까지 그것을 요구하는 것은 인간성에 어긋난다.

_ 카르타고 주교 키프리아누스

그리스도교의 파문

≪파문은 신의 법칙과 인간의 규칙을 저버린 자에 대한 사회적 징벌이자 따돌림이었다. 이는 권한이 강한 자가 약한 자를 심리적으로 압박함으로써 조직의 결정 사항을 준수하게 하고 자신의 의지와 논리에 복종하게 하는 도구였다.≫

○ 파문은 신도가 세례를 통하여 얻은 그리스도교 공동체의 친교에서 완전한 추방을 의미하는 무거운 형벌이었다. 구성원 전원 동의로 제정된 규정을 거부하거나 위반할 경우, 그 구성원에게 단체 내의 교

류와 혜택에서 배제되는 것은 일반적이다. 그리스도교가 주로 문책한 대상은 살인죄·사기죄·음란죄를 범한 사람과 주교단의 판정으로 이단 선고를 받은 이설(異說) 주창자와 그 추종자 그리고 자발적이든 강제적이든 우상 숭배를 하여 스스로 영혼을 더럽혔다고 낙인찍힌 사람들이었다.

○ 파문당한 그리스도교인은 신도들의 봉헌물에 대한 권리를 모두 박탈당하고, 종교적이거나 그리스도교를 믿는 사람과의 개인적인 친교관계를 모두 단절당했으며, 존경하던 사람이나 자신을 따뜻하게 대해 주던 사람들에게 불경스럽고 혐오스러운 대상이 되었다. 파문당한 사람은 실질적인 피해도 입었지만, 무엇보다도 심리적인 불안감과 피해 의식이 자리 잡게 되어 견디기 어려운 삶을 살아갈 수밖에 없었다.

○ 훗날 중세 때는 더욱 엄격해져 파문 선고를 받은 자는 성사에 참여할수 없는 것은 물론 모든 사법적 권리마저 박탈당해 재판관·원고 또는 증인으로서 법정에 설 수 없었다. 심지어 파문받은 자가 변화하여 올바른 신앙을 회복하지 않는다면 벌금 부과·재산 몰수 등 세속적 형벌을 주어 압박을 가했다. 그렇게 해서라도 파문된 자를 올바른 신앙의 길로 복귀시키려고 했다. 이는 세속 권력이 종교 권력에 협조했기에 가능한 일이었다.

│ 알아두기 │

• 아리우스 파의 그리스도에 대한 비동위설(非同位說)
알렉산드리아의 사제인 아리우스는 신과 예수는 동위가 아니라는설을 주장했다. 아리우스에 따르면 신은 철학에서 말하는 '모나드'

에 해당하고, 실재를 구성하는 궁극적인 심적·물적 요소니까 불가지(不可知)한 존재지만, 그렇지 않은 예수 그리스도는 인간과 동위는 아니지만 신과도 동위가 아니라는 주장을 했다.

이러한 주장은 삼위일체설을 주장하는 종래의 아타나시우스 파(가톨릭 파)에 의해 이단으로 취급받았다. 325년 콘스탄티누스에 의해 니케아에서 공의회가 열렸을 때, 아리우스는 파문되었고 삼위일체설이 정통 교리로 재확인되었다.

※ 디오클레티아누스의 몰락(313년)

≪사람의 마음이란 귀 안에 살아 있어 듣기 좋은 말은 기쁨으로 나쁜 말은 노여움에 부풀거늘, 발레리아의 경솔한 몇 마디가 비극을 잉태했다. 그녀는 슬픔을 이기려면 좀 더 많은 시간이 필요하고, 지금으로서는 새로운 결혼을 결심할 만큼 준비가 되지 않았다고 말해야 마땅했다. 그러나 아내를 버리려는 무정하고 변덕스런 사람의 말을 어떻게 믿을 수 있느냐고 경멸함으로써 막시미누스 다이아의 노력과 애정에 분노의 감정을 주입하고 말았다.

아무리 그러하더라도 막시미누스 다이아와 리키니우스가 자신에게 은혜를 베푼 자의 가족들을 피로 얼룩지게 한 것은 권력의 속성을 깊이 생각하게 하는 일화다. 이 비극은 디오클레티아누스가 제위를 이양할 때, 새로운 황제가 횡포를 부리지 않도록 안전장치를 마련하지 못한 결과였다. 역사란 되돌릴 수 없고 가정할 수도 없다. 하지만 스스로 지고한 자리에서 내려온 그가 비탄과 분노에 찬 말로를 맞이하지 않았다면, 후세에 야심과 탐욕으로 얼룩진 황제들에게 깊은 의미를 전달하며 지침과 모범의 선례를 남겼으리라.

카이사르는 술라가 스스로 독재관에서 내려와 은퇴한 것을 두고 정치를 모르는 무지의 소치라고 갈파한 적이 있었는데 이는 권력이란 한번 잡게 되면 놓고 싶다고 놓을 수 있는 것이 아니라는 의미일 것이다. 그의 이 말은 디오클레티아누스의 비참한 말로를 살펴보면 십중에 와 닿는 말이 아닐 수 없다.≫

○ 동방 부황제 막시미누스 다이아는 서방 황제 콘스탄티누스와 동방 황제 리키니우스가 황녀를 아내로 맞이하자 조급해졌다. 황녀를 아내로 맞이하는 것은 자신의 지위를 정당화하는 중요한 조건이었다. 막시미누스 다이아는 죽은 갈레리우스의 아내이자 디오클레티아누스의 무남독녀 외동딸인 발레리아의 재산과 미모에 빠졌을 뿐 아니라, 자신의 지위를 정당화하기 위해 현재의 아내와 이혼하기로 마음 먹고 그녀에게 청혼을 했다.(註. 막시미누스 다이아는 갈레리우스의 조카이자 양자였다. 따라서 그는 양어머니에게 청혼한 것이다. 배우자 선택의 폭이 좁아서 그러했는지 이처럼 권력의 상층부는 결혼 관계가 난잡했다.) 그러나 발레리아는 막시미누스 다이아가 보낸 사절을 통해 이 말로써 청혼을 거절했다. "저와 같은 처지의 여인에게 폐하께서 청혼을 하시니 기쁘게 재혼을 생각할 수 있겠지만, 정절과 품위를 고려하면 남편이자 은인인 분의 시체가 온기도 채 가시지 않았을뿐더러 제 마음 또한 여전히 슬픔에 잠겨 상복을 입고 있는 지금, 폐하의 청혼에 귀 기울이는 것은 허용될 수 없는 일입니다. 또한 감히 말씀드리거니와 정숙하고 애정이 깊은 아내를 버리려는 무정하고 변덕스러운

분의 고백을 어찌 신뢰할 수 있겠습니까?"

○ 무릇 충고는 귀에 거슬리지 않게, 질책과 거절은 모욕적이지 않게 말해야 하는 법이거늘 발레리아의 답변이 이러하자 막시미누스 다이아의 사랑은 분노로 변했고, 당장 군대를 보내 발레리아뿐 아니라, 마침 딸에게 와 있던 디오클레티아누스의 아내인 어머니 프리스카까지 붙잡아 감옥에 처넣었다. 발레리아의 재산은 몰수되었고, 그녀의 환관과 하인들에게는 비인간적인 고문이 가해졌으며, 친분이 있던 부인 몇 사람마저 간통이라는 죄목을 씌워 처형했다. 이 사실을 알게된 디오클레티아누스는 막시미누스 다이아에게 사자를 보내 자신이 황제의 자리에 오르게 해 준 은인이니 그 보답으로 발레리아를 용서해 달라고 청했다. 313년 막시미누스 다이아는 마지못해 석방하기는했으나, 디오클레티아누스가 기거하는 스팔라툼 성채에는 가지 못하게 머나먼 동방으로 추방해 버림으로써 디오클레티아누스의 권위를 경멸했고 은혜를 저버렸다. 불과 5년 전인 308년 카르눈툼 회담에서 제4차 4두 정치를 구성할 때까지만 해도 영향력을 행사했던 디오클레티아누스는 제국의 미래를 위해 스스로 권력을 놓았지만 이제는여기까지 몰락했다.

○ 그즈음 리키니우스와 막시미누스 다이아 간에 분쟁이 발생하고 전쟁의 기운이 감돌았다. 리키니우스는 황녀인 콘스탄티아와 결혼을 하자마자, 도전장을 던진 막시미누스 다이아와 결전을 벌이기 위해 동방으로 떠났다. 리키니우스에게는 3만의 병력이 있었으며 여기에 맞붙은 막시미누스 다이아에게는 7만의 병력이 있었다. 수적 열세에도불구하고 동방의 병사들로 구성된 막시미누스 다이아는 도나우 전선의 방어로 막강한 전투력을 유지하고 있던 리키니우스 군의 적수가

되지 못했다. 패퇴한 막시미누스 다이아는 소아시아 남동쪽의 타르수스로 도망쳤지만, 병에 걸려 결국에는 죽고 말았다.

○ 막시미누스 다이아가 패배했다는 소식을 들은 발레리아와 그의 어머니는 유랑 생활을 벗어나고 재산을 되찾기 위해 승자인 리키니우스를 찾아갔다. 리키니우스는 죽은 남편인 갈레리우스의 친구이자, 카르눈툼 회담에서 남편이 천거하고 디오클레티아누스가 동의하여 부황제도 거치지 않은 채 바로 서방 황제 자리를 꿰찰 수 있었던 인물이었기에, 모녀는 리키니우스가 자신들에게 호의를 베풀 것이라고 믿었다. 그러나 리키니우스는 막시미누스 다이아에게 승리한 후, 위협적인 존재도 아닌 막시미누스 다이아의 8살 된 어린 아들과 7살인 어린 딸을 무자비하게 죽인 잔인한 사람이었다. 그뿐만 아니라 아이가 없던 발레리아가 양자로 받아들여 생모와 다름없이 애정을 품고 키웠던 갈레리우스의 사생아 칸디디아누스도 처형했다.

○ 이같이 냉혹한 것이 리키니우스의 성품이었다. 그는 찾아온 모녀를 만나려 하지도 않고 쫓아냈을 뿐 아니라, 그녀들이 디오클레티아누스가 있는 곳으로 한 발짝이라도 더 가려고 그리스 테살로니카까지 갔을 때, 모녀에게 사형 집행 영장과 병사들을 보냈다. 20년 가까이 로마 제국의 최고 권력자였고, 자신의 권력을 나누어 주었을 뿐 아니라, 스스로 권력을 내려놓았던 디오클레티아누스의 아내와 외동딸은 테살로니카 중앙 광장에서 처형되었고 주검은 그대로 바다에 내던져졌다. 69세의 과거 권력자는 더 이상 다른 사람에게 영향력을 행사할 수 없었던 것이다.

○ 디오클레티아누스는 316년 생을 마감했다. 그러나 그는 눈을 감기 전에 4두 체제가 와해되고 자신이 박해했던 종교가 제국의 승인을 받

는 것을 지켜보았다. 콘스탄티누스라는 자가 자신의 업적을 누르고 새로 떠오르는 현실을 보면서 그리고 아내와 딸이 리키니우스에게 처형된 것을 알면서, 그는 이루 말할 수 없는 깊은 분노와 회한을 느꼈으리라. 지고한 자리에서 스스로 내려와 후세의 제위 계승자들에게 모범을 보였지만, 오히려 후세의 제위 계승자들은 디오클레티아누스의 몰락을 보면서 권력의 고삐를 놓친다면 비참한 말로밖에 없다는 암시를 받았다.

○ 308년 4두 체계의 붕괴를 막고자 카르눈툼 회담이 열리고 디오클레티아누스가 황제직을 다시 맡아 달라는 제의를 받았을 때 그는 이런 말을 한 적이 있었다. "여러분이 살로나에서 우리 손으로 심은 배추들을 볼 수만 있다면, 제위에 다시 앉으라는 권유가 결코 호의적인 제의가 아니라는 것을 깨달을 것입니다." 그리스도교 역사가 락탄티우스에 의하면 디오클레티아누스는 살로나에 심은 배추가 있는데도 스스로 굶어 죽었다고 빈정거렸다. 그러나 디오클레티아누스는 로마 황제들 가운데 오직 혼자만이 더할 수 없이 높은 자리에서 스스로 내려와 여태껏 인간사에서 어느 누구도 실행하지 못한 경험을 이루었다. 이는 부정과 남용의 유혹을 뿌리치고 막강한 권력의 자리에서 스스로 내려온 킨킨나투스의 덕망에 견주어도 조금도 모자람이 없는 결정이었다. 후세의 역사가들은 그가 일개 시민으로 죽었음에도 신의 명부에 오른 탁월한 사람이었다고 평가했다.

• 주일(主日)의 제정(321년)

콘스탄티누스는 321년 일요일을 주일로 삼으면서 법정 공휴일로 선포했다. 그러면서 일요일에는 법원들과 국영 기업체에서 일하는 모든 사람들에게 업무를 중지하고 주님을 섬기라고 명령했다. 이는 당시 매우 보편화되었던 태양신을 위해 "영예로운 태양의 날"을 성스럽게 기념하도록 한 의도가 포함되어 있었다. 따라서 그리스도교인 병사들에게는 외출을 허락하여 성당에서 예배를 볼 수 있게 했지만, 그리스도교인이 아닌 병사들에게는 태양신에게 기도문을 암송하게 했다.

애초부터 동방에서는 일요일이 행운과 빛의 날로 여겨졌고 일요일에 태어난 아이는 축복받은 아이로 비쳐졌다. 그리스도교에서는 예수를 태양에 비유해서 태양왕으로 보는 견해가 있었는데 이를 반영하듯 성 베드로 성당 지하실에는 예수가 태양 전차를 몰고 하늘을 가로지르는 태양신의 모습으로 그려져 있다. 콘스탄티누스가 일요일을 주일로 정하자 교부 에우세비우스는 '빛 혹은 태양을 따라 이름을 붙인 일요일(註. 즉 일요일이 태양의 날이란 'sun-day'임을 두고 하는 말이다.)이기에 더욱 주를 섬기기 좋은 날'이라며 치켜세웠다.(註. 이에 반해 유대교에서는 금요일 일몰부터 토요일 일몰까지가 안식일이다.)

☀ 리키니우스(Licinius) 황제의 부황제 임명과 몰락(324년)

≪발렌스와 마르티니아누스는 패배한 황제로부터 하사받은 위험하

고도 무가치한 부황제의 지위에 정신을 빼앗겼다. 그들이 부황제라는 거창한 칭호를 사양해야 마땅했던 이유는 부황제라면 콘스탄티누스와 겨룰 만한 탁월한 지휘 능력을 갖추어야 했지만 사실 그렇지 못했기 때문이다. 그 결과 리키니우스는 쓰러져 가는 권력을 부여잡고 그들에게 부황제라는 듣기에도 괜찮은 지위를 하사함으로써 죽음과 맞바꾸는 충성을 얻어 냈다.≫

○ 막센티우스가 제거된 후 제국의 통치는 콘스탄티누스와 리키니우스로 좁혀졌고 이들은 서로 간에 경쟁과 반목을 일삼았다. 콘스탄티누스는 불편한 관계인 리키니우스와의 사이에 이복 누이 아나스타시아의 남편 바시아누스가 통치하는 완충 지역을 세우려고 했다. 더욱이 바시아누스는 리키니우스 황궁의 고관인 세네키오의 형제였기에 콘스탄티누스로서는 아주 적절한 계획이었다.

○ 그리하여 콘스탄티누스는 바시아누스를 부황제로 등용했는데, 바시아누스는 자신에게 주기로 약속되어 있던 이탈리아와 아프리카의 통치권이 너무 오랫동안 지켜지지 않자, 리키니우스와 은밀하고 위험한 서신 왕래를 했던 것이 사건의 발단이었다. 리키니우스가 세네키오를 부추겨 바시아누스가 콘스탄티누스에게 반란을 일으키도록 사주했기 때문이다. 이러한 음모는 리키니우스의 아내이자 콘스탄티누스의 이복 누이인 콘스탄티아에게 정보가 누출되어 콘스탄티누스에게 사전에 발각되었다. 결국 바시아누스는 부황제의 지위를 박탈당하고 콘스탄티누스를 암살하려던 날 처형당했다. 그런 다음 콘스탄티누스는 세네키오를 넘겨 달라고 리키니우스에게 요구했다. 하지만 리키니우스가 그 요구를 거절하자, 일촉즉발이던 콘스탄티누스와 리

■ 리키니우스가 새겨진 금화

키니우스의 긴장된 관계에 불을 댕겼다. 동방의 리키니우스와 서방의 콘스탄티누스는 막시미누스 다이아가 사망한 지 1년도 못 되어 서로에게 무기를 겨누게 된 것이다.(註. 또 다른 말에 의하면 콘스탄티아가 리키니우스의 아들을 낳자 리키니우스는 아들이 당연히 부황제가 되리라고 기대했지만, 콘스탄티누스가 바시아누스에게 이탈리아 통치권을 주자고 했고, 이에 리키니우스가 거부하자 콘스탄티누스가 격분하여 내전이 벌어졌다고 한다.)

○ 판노니아의 키발리스 부근에서 벌어진 두 병력의 접전에서 콘스탄티누스의 병사가 2만 명이었고, 리키니우스의 병사가 3만 5천 명이었다. 병력이 소규모였던 것으로 보아서는 사전에 준비된 전쟁이라기보다는 양측 간에 용서할 수 없는 감정이 폭발하여 맞붙은 전쟁이었다. 수적 열세에도 불구하고 지리적 이점을 최대한 활용한 콘스탄티누스가 자신의 군사적 재능을 유감없이 발휘하여 적에게 2만 명의 손실을 입히고 승리했다. 풍요로운 동방을 다스렸던 리키니우스는 후퇴한 후 남은 병력과 추가 병력을 재결집하여 트라키아에서 콘스탄

티누스에게 다시 맞섰다.

○ 리키니우스는 병력을 재규합하기 위해 도주하는 동안 일리리쿰 변경을 담당하는 발렌스에게 부황제의 칭호를 수여했다. 두 번째 전투는 트라키아의 마르디아 평원에서 벌어졌고, 이번에도 콘스탄티누스의 탁월한 군사적 재능이 서방 군대의 승리를 결정지었다. 격렬했던 리키니우스는 두 번의 패전으로 기세가 꺾이고, 콘스탄티누스에게 강화 조약을 청하기에 이르렀다. 리키니우스가 보낸 사신은 콘스탄티누스를 알현하면서 자비를 베풀어 줄 것과 전쟁의 결과가 아직 확실하지 않으며 운명이란 변화무쌍하니 전투를 계속한다면 서로에게 치명적일 수 있다는 조심스런 암시를 했다. 콘스탄티누스는 무엇보다도 강화를 위한 첫째 조건으로 발렌스의 부황제 퇴위와 죽음을 요구했으며, 그리고 판노니아 · 달마티아 · 마케도니아 · 그리스 등을 양보하라고 요구했다. 리키니우스는 이 조건을 받아들일 수밖에 없었고, 자신이 부황제로 임명했던 발렌스는 불과 며칠 만에 부황제의 지위와 생명을 모두 빼앗겼다. 그리고 평화가 찾아왔지만 이 평화는 전쟁이 잠시 보류된 것일 뿐이라는 걸 누구나 다 알고 있었다.

○ 8년가량의 평화 이후, 323년에 고트족이 제국을 침공하자 그들을 격퇴시키기 위해 전쟁에 나섰던 콘스탄티누스는 리키니우스가 다스리던 트라키아를 침범하지 않을 수 없었다. 이에 리키니우스는 즉각 항의를 했으나 콘스탄티누스가 이를 무시하자, 324년 두 진영 간의 전쟁은 또다시 벌어졌다. 제국을 전체 통치하겠다는 야심에 찬 콘스탄티누스의 선제공격으로 제국은 다시 헬레스폰투스 해협의 양안에서 내전의 시위를 당겼다. 콘스탄티누스의 군대는 보병 15만 명, 기병 1만 5천 명에 3단 갤리선(註. 트리레미스triremis. *5단 갤리선은 퀸퀘레

미스quinqueremis.) 전투함 350척이었으며, 여기에 대응하는 리키니우스의 군대는 보병과 기병을 합해 12만 명, 소형 전투함 200척이었다.

○ 부황제로 임명된 콘스탄티누스의 맏아들 크리스푸스가 이 전투의 해전에서 맹활약하면서 콘스탄티누스는 결정적인 승리의 기회를 잡았다. 비잔티움의 농성전에서도 실패한 리키니우스는 아시아의 칼케돈으로 피신하면서 역경에 처할 때는 언제나 자신과 운명을 같이할 동료를 원했던 기질대로 이번에는 마르티니아누스에게 부황제의 칭호를 부여했다. 리키니우스는 비티니아에서 모은 신병들로 크리스폴리스 고지에서 다시 한 번 콘스탄티누스와 접전했으나, 완전히 참패하고 니코메디아로 도망쳤다. 교부 에우세비우스에 따르면 콘스탄티누스는 전투 개시 전에 한동안 뜸을 들이며 막사에 머물렀다고 한다. 그곳에서 그는 조용하게 기도하면서 신의 계시를 기다리다가 신의 계시를 느끼는 순간 막사 밖으로 뛰쳐나와 병사들을 격려하며 검을 뽑아 들라고 명령했다. 이런 행동은 그가 그리스도교 병사들의 충성과 용기를 일깨우는 데 매우 효과적이었다.

○ 리키니우스의 아내이자 콘스탄티누스의 누이인 콘스탄티아의 중재로 두 세력 간에 강화 조약이 이루어졌다. 콘스탄티아는 콘스탄티누스가 남편에게 암살당할 위기에 처했을 때 콘스탄티누스에게 위험을 알려 주기도 했지만 여자의 운명은 친정보다는 남편을 따랐다. 왜냐하면 그녀는 승자인 오빠 편에 있지 못하고 남편을 따라 황궁에서 승자의 막사까지 어린 아들을 데리고 굴욕적인 걸음을 해야 했기 때문이다. 콘스탄티누스는 이번에도 부황제로 임명된 마르티니아누스의 목숨을 원했고, 그에 더하여 리키니우스에게는 퇴위를 요구했다. 군사적으로 완패했기에 더 이상 버틸 수 없었던 리키니우스는 콘스탄

티누스의 발밑에 황제를 상징하는 자주색 의복을 벗고 나이 어린 처남에게 꿇어 엎드렸다. 그리고 외쳤다. "황제시여, 저의 지난 잘못을 용서해 주십시오!" 이로써 제국은 디오클레티아누스의 계획에 따라 권력과 영토를 분할한 지 31년 만에 다시 한 사람의 권력 위에 통일되고 말았다.

〈4두 정치의 변화〉

293년

구분	황제	부황제
동방	디오클레티아누스	갈레리우스
서방	막시미아누스	콘스탄티우스 클로루스

305년

구분	황제	부황제
동방	갈레리우스	막시미누스 다이아
서방	콘스탄티우스 클로루스	세베루스

306년

구분	황제	부황제
동방	갈레리우스	막시미누스 다이아
서방	세베루스, 막센티우스 (찬탈자로 규정)	콘스탄티누스

308년

구분	황제	부황제
동방	갈레리우스	막시미누스 다이아
서방	리키니우스, 막센티우스 (찬탈자로 규정)	콘스탄티누스

311년 황제, 부황제 체제가 사실상 무너짐.

구분	황제	부황제
동방	리키니우스	막시미누스 다이아
서방	막센티우스 (찬탈자로 규정)	콘스탄티누스

312년

구분	황제
동방	리키니우스, 막시미누스 다이아
서방	콘스탄티누스

313년

구분	황제
동방	리키니우스
서방	콘스탄티누스

324년

황제
콘스탄티누스

○ 테살로니카로 유배된 리키니우스는 얼마간의 유폐 생활을 하다가 반란을 꾀할 목적으로 야만족과 내통했다는 이유로 처형당했다. 그때가 콘스탄티누스에게 항복한 다음 해인 325년이었다. 자신이 강할 때는 무자비하나 약할 때는 나약한 리키니우스의 기질로 보면 반란을 꾀했다는 고발은 무고일 것으로 추측된다. 왜냐하면 콘스탄티누스는 자신에게 도전한 정적에게 관용을 베풀 줄 아는 사람이 아니었기 때문이다. 다만 아내 콘스탄티아는 배다른 오빠 콘스탄티누스의 후광으로 목숨을 부지할 수 있었고 황족의 예우를 받으며 아들 小 리키니우스와 함께 황궁으로 들어갔다. 하지만 326년 콘스탄티누스의 큰아들 크리스푸스가 처형될 때, 小 리키니우스도 연루되었다는 이유로 체포되어 처형당했다. 콘스탄티아가 아들의 무죄를 주장하며 콘스탄티누스에게 매달렸지만 황제의 마음을 움직일 수 없었다. 아들이 죽고 난 다음 머지않아 그녀도 숨을 거두었다.

○ 리키니우스는 한때 콘스탄티누스와 함께 메디올라눔 칙령을 선포할 만큼 그리스도교에 유화적이었지만, 콘스탄티누스와 경쟁의 날을 세우게 되자 이교도의 지지를 얻기 위해 그리스도교를 억압하는 정책으로 바꾸었다. 그때까지만 해도 그리스도교보다는 이교도인 로마의 정통 종교의 세력이 훨씬 더 강했기 때문이다. 하지만 그것은 오히려 리키니우스에게 불리했고 콘스탄티누스에게 유리하게 작용했다. 왜냐하면 정통 종교를 믿는 자들은 미지근한 지지를 보냈을 뿐이지만 그동안 수많은 핍박을 견뎌 온 이 신흥 종교는 응집력이 대단하여 콘스탄티누스에게 열정적인 지지를 보냈기 때문이다.

○ 리키니우스에 대한 그리스도교 역사가들의 태도 변화는 더욱 가관이었다. 그들은 313년 리키니우스가 막시미누스 다이아의 박해로부터

구출해 주자 격찬의 말들을 늘어놓았으나, 324년 리키니우스와 콘스탄티누스가 정적이 되어 서로에게 무기를 겨누고 리키니우스가 정략적으로 이교도를 지지하게 되자 단박에 리키니우스에게 비난의 말들을 쏟아 냈다. 리키니우스가 특별히 칭송받을 만한 인물은 아니었으나 이교도 철학자들을 후원했고 그리스도교 관리들에게도 관용을 베풀었기에, 이러한 그리스도교 역사가들의 태도 변화는 놀라울 따름이었다.

| 마음에 새기는 말 |

전투란 격동적이어서 주요 지침을 제외하고는 모든 상황을 어떻게 임기응변으로 신속히 대처하느냐에 따라 승패가 결정되는 법이다.

- 콘스탄티누스와 격돌한 리키니우스는 군사 경험이 부족했다. 그는 자신의 부족함을 메우기 위해 육군 12만 명과 전함 200척에 달하는 대군에게 세부적인 사항까지 지침을 주고서 그대로 움직이라고 지시했다. 그러나 전투는 계획대로 진행되는 것이 아니어서, 이러한 세부 지침이 오히려 혼란에 빠지게 만들었고 결국 리키니우스는 패배했다.

※ 콘스탄티노폴리스(Constantinopolis)로의 수도 이전 결정(324년)

≪콘스탄티누스는 제국을 새로운 이념으로 통치했다. 그는 전통 로마 신을 버리고 동방의 자애로운 그리스도에 영혼을 의탁하는 국가로

나아가려 한 것이다. 그리하여 그 어떤 기성세력의 잔흔조차 없는 새로운 도읍지가 필요했다. 역사적으로도 수도를 옮긴다는 것은 국가의 성향을 변화시키는 정치적으로 중대한 사건이다. 왜냐하면 수도를 옮기면 국가의 통치 계급에 기용되는 구성원들이 달라지기 때문이다.≫

○ 권력의 추가 흔들릴 때마다 로마는 수도로서의 지위가 위태로워졌다. 한때 카이사르가 수도를 알렉산드리아나 트로이아로 옮길지도 모른다는 소문이 파다했고, 안토니우스가 옥타비아누스와 목에 핏대를 세우며 다툴 때도 그가 승리하면 수도를 이전하여 권력의 중심을 옮길 것이란 소문에 로마 시민들이 소스라치게 놀라며 격분했던 적이 있었다. 디오클레티아누스에 의해 제국이 4등분되었을 때부터 사실상 수도는 4곳으로 분할되었지만 명목상 수도는 어디까지나 로마였고 제국의 모든 도시는 로마의 권위 아래 굴복했다. 하지만 콘스탄티누스가 내전에 종지부를 찍었을 때 상황은 바뀌었다.

○ 제국이 4~5명의 황제로 나뉘어졌다가 최종적으로 리키니우스를 패퇴시키고 유일한 권좌에 오른 콘스탄티누스는 자신의 명예와 권위에 걸맞는 수도를 건립하고자 했다. 로마는 세계의 수도로서 위엄에 부족함이 없었으나 그리스도교 국가로 새롭게 시작되는 제국의 수도로서는 무엇인가 부족했고, 새로운 이념을 가진 권력자는 이제껏 유지해 온 시민들의 자유와 자부심 그리고 기성세력들의 고집스러움을 수용할 수 없었다. 디오클레티아누스가 페르시아를 견제하기 위해 정했던 니코메디아도 이교도 냄새가 풍긴다는 이유로 콘스탄티누스에게 혐오감을 일으켰다.

○ 새로운 패권자는 유럽과 소아시아를 잇는 전략적 요충지에 수도를

옮기기로 결정했다. 그는 이곳에 새로이 수도를 정하면서 자신의 이름을 본떠 종전의 '비잔티움'이란 이름을 버리고 '콘스탄티노폴리스'로 불렀다.(註. 콘스탄티노폴리스는 현재 터키의 '이스탄불') 이곳은 사방에서 상업 교류의 혜택을 누리기 좋은 위치였을 뿐 아니라, 지형적으로도 적의 공격으로부터 완벽히 방어할 수 있는 천혜의 요지였다. 항구의 입구는 폭이 500미터가 채 되지 않아, 유사시에는 입구를 쇠사슬로 가로질러 놓으면 적군의 배가 입항할 수 없었다. 콘스탄티누스는 이곳을 도읍으로 정하면서 전설을 덧붙였다. 자신이 비잔티움 성당에서 잠자는 동안에 꾼 꿈에서 늙고 구부정한 점잖은 노부인이 나타나 젊디젊은 아가씨로 변신하여 비잔티움의 수호신이 되었고, 황제가 그녀를 황제의 표상으로 장식해 주었다고 말했다.

○ 제국의 새로운 수도 건립은 324년 공사를 시작하여 330년에 완료되었다. 콘스탄티누스는 공사를 위해 제국의 뛰어난 기술자들을 불러모아 도시의 구조물을 건립했고, 각지에서 불멸의 예술품들을 수집하여 치장했다. 이를 위해 제국의 관리들은 거의 모든 도시들을 벌거

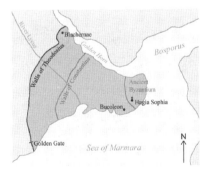

▌ 콘스탄티노폴리스(이스탄불)

벗겨 콘스탄티노폴리스에 갖다 바쳤다. 아름다운 청동 제단이 약탈되었고 탁월한 조각상은 강탈되었으며, 그것도 모자라 버려진 도시들에서 찬란한 유적들을 모두 수거하여 새로운 수도의 곳곳에 세웠다. 무엇보다도 콘스탄티노폴리스에 위엄과 힘을 더한 것은 제국의 명예와 부를 가지고 있던 인재들을 새로운 도읍지로 이주시킨 것이다. 부유한 로마 원로원들 중 다수는 명령과 다름없는 황제의 권유로 거주지를 콘스탄티노폴리스로 옮겼으며, 황제는 이들에게 품위를 유지할 수 있도록 토지와 연금을 배정해 주었다.

○ 그리하여 콘스탄티노폴리스의 원로원이 처음에는 지방 의회 정도였으나, 점차로 로마 원로원에 버금가는 권위를 갖도록 법의 제정과 개정을 반복했다. 제국의 곡물 창고였던 이집트와 북아프리카는 여태껏 모든 곡물을 로마로 실어 날랐지만 이제 이집트의 곡물은 새로운 수도 콘스탄티노폴리스로 향했고, 북아프리카의 곡물은 예전에 하던 대로 로마로 보냈다. 로마 시민들이 곡물을 무상 배급받듯이 이집트에서 운송된 풍족한 곡물로 새 도읍에서도 로마의 예를 따랐다. 황실의 도움을 받은 이 새로운 도읍은 100년도 채 지나기 전에 규모와 부와 인구 면에서 로마와 견주었고, 제국의 수도로서 권위를 가지고 자리매김되었다.

○ 이로써 로마는 타도시를 압도했던 우월성을 잃었고 도시의 수호신들이 사라지며 시민들의 가치와 생활이 바뀌었다. 콘스탄티노폴리스는 최초의 그리스도교 황제인 콘스탄티누스가 제국의 수도로 정한 이래 서로마의 멸망 이후에도 거의 천 년에 가까운 유구한 세월 동안 굳건하게 동로마의 수도로 존속되다가, 1453년 콘스탄티누스 11세 드라가세스 팔라이올로구스 황제 때 오스만 튀르크의 메흐메드 2세에게

함락되어 동로마 수도로서의 역할을 마쳤다. 콘스탄티노폴리스가 함락되자 흔히 비잔틴 제국으로 불리는 동로마가 마침내 사라졌고, 역사적으로는 중세의 긴 터널이 끝난 해로 간주되었다.

| 알아두기 |

• 콘스탄티누스(Constantinus) 이후의 계급과 행정 구역

중세 시대의 토대를 마련한 콘스탄티누스 황제 이후부터 로마 제국의 관리들은 군주정에 걸맞게 세 등급으로 나뉘었다. 먼저 일루스트레스(illustres, '탁월한 자들'이라는 의미)는 집정관, 콘스탄티노폴리스의 호위대장, 기병대장과 보병대장, 황제 주변에서 종교 행사를 집행하는 궁정의 일곱 대신이었다. 이들은 서로 동격으로 간주했지만, 고위직을 겸한 사람에게 우선권을 주었다. 그리고 스펙타빌레스(spectabiles, '존경스런 자들'이라는 의미)는 속주 총독으로 선발된 사람들을 호칭했으며, 속주 총독들은 원로원 의원보다 우월한 서열을 주장했다. 마지막으로 클라리시미(clarissimi, '두드러진 자들'이라는 의미)는 처음에는 막연한 존경의 뜻으로 사용되었으나, 나중에는 원로원 의원들을 호칭하게 되었다.

행정 구역은 디오클레티아누스 이래로 변화를 거듭한 결과 오리엔스 · 이탈리아 · 일리리쿰 · 갈리아의 4개 총독부(프라이펙투라 praefectura)로 나뉘어 행정장관이 다스리고, 그 밑에 브리타니아 · 갈리아 · 비엔넨시스 · 히스파니아 · 이탈리아 · 아프리카 · 판노니아 · 모이시아 · 트라키아 · 아시아 · 폰티카 · 오리엔스의 12개 관구(디오이케시스dioecesis)가 비카리우스(註. 또 다른 의미로 노예의 노예를 '비카리우스'라고도 한다.)의 감독하에 있고, 그 하부에 약 100개의 속주(프로빈키아provincia)가 구성되어 총독(프라이세스 praeses)이 통치했다.(註. 이탈리아의 경우에도 8개의 속주로 나뉘었다.)

☀ 화폐 가치의 하락과 관료들의 축재

≪국가가 멸망에 가까워질수록 관료들과 공공 업무에 종사하는 자들의 상대적 부는 축적되기 마련이다. 로마 제국도 쇠망해 감에 따라 시민들은 어려운 살림에 허덕였지만 황제와 관료들은 경제적으로 더욱 윤택해졌다.≫

○ 콘스탄티누스 황제는 끝없이 평가 절하되고 있던 은화를 대신하여 금화를 기축통화로 하는 금본위제를 구축했다. 이것은 금화의 가치를 확립시키는 데는 성공했지만, 그 대신 은화나 동화의 가치를 변동제로 방치했기 때문에 경제적으로나 사회적으로 깊고 큰 폐해를 가져왔다.

○ 이 개혁은 금화를 받지 못하는 중류 및 하류 계급에 직격탄을 날렸다. 금본위제는 봉급을 안정된 금화로 받는 장교, 행정 관료 등과 군대나 관청에 물자를 납품하는 생산업자들을 부유하게 만드는 결과를 낳았다. 즉 관료들은 은화나 동화의 가치가 계속 떨어지고 있는 로마 사회에서 부유층을 형성한 반면, 관료가 아닌 사람들은 더욱더 가난해진 것이다.

○ 그런데 콘스탄티누스는 금과 은으로 납부해야 하는 '크리사르기론'이라는 혹독한 세금을 4년마다 부과했는데, 세금을 납부해야 하는 때가 되면 온 도시에 흐느끼고 통곡하는 소리가 들렸다. 찢어지게 가난해서 세금을 낼 수 없는 사람들은 구타와 고문을 피해 어머니는 자녀들을 팔았고 아버지는 딸들에게 몸을 팔게 했기 때문이다.

○ 이렇듯 콘스탄티누스 시대에는 야만족의 습격과 약탈을 걱정할 필요

가 없어진 대신 금본위제가 야만족 대신에 일반 시민들을 습격하여 약탈했다. 금본위제의 실시로 시민 대다수가 삶에 지치고 쇠약해진 가운데 황제와 제국의 관료들만은 콘스탄티누스가 발행한 '솔리두스 금화'처럼 눈부시게 반짝반짝 빛나는 삶을 누렸다.

☀ 소작인들의 노예화

≪제국이 몰락을 향해 달음박질치는 위기 속에 가난한 농민들은 세금과 폭정을 견디지 못하고 얼마 안 되는 토지를 버린 후 대지주의 소작인이 되었다. 그들은 대지주의 그늘에서도 세금을 피하지 못했을 뿐 아니라, 국가의 이름으로 행해지는 지주들의 압제에 무방비로 노출되어 자유와 재산을 잃었다. 한때 시민 가운데 제일인자란 의미로 '프린켑스princeps'라고 불리었던 자는 이제 시민들의 주인이 되어 조세를 거둬들이려고 대지주 편에 서서 근엄한 어조로 명령하고 자유를 속박했다.≫

○ 로마가 지중해의 패권을 차지한 후 부유 계층의 경농 형태는 광대한 토지 위에 값싼 노예 노동력을 이용하는 방식이었으나 점차 소작인에 의한 경농으로 바뀌었다. 이는 아우구스투스 이후로 정복 전쟁이 사실상 종료됨에 따라 더 이상 노예 공급이 지속될 수 없었기 때문이기도 했지만, 난폭한 농촌 노예들을 관리하기보다는 소작인을 이용한 경농이 더 수월했고 비용이 절감되었던 것이 또 하나의 이유였다.

애초에 소작인은 자신이 소유하고 있는 토지에서 땀 흘린 노력으로 얻어 낸 소출을 가지고 살아가는 자유민이었다. 그러나 제정 후기로 오면서 세금이 갈수록 가혹해졌고, 내전과 야만족의 침입으로 농작물이 훼손되고 가축을 빼앗겨 회복할 수 없는 지경에 이르렀다. 결국 농민들은 농토를 버리고 도시로 흘러들어 도시 빈민이 되거나, 부유한 지주 밑으로 들어가 소작인(註. 라틴어로 '콜로누스colonus')이 되었다. 심지어 부재지주 대신에 노예가 농지를 관리하고 있을 경우에는 자유민인 소작인들이 노예의 감독을 받는 비참한 처지로 전락했다.

○ 1세기까지만 해도 소작인들은 매우 활력 있고 자유로운 농부였다. 하지만 2세기 들어와서 인구 감소가 두드러지자 그들의 지위가 추락하기 시작했다. 대개 토지주에 대한 소작인들의 부역은 매년 경작을 위한 노동 2일, 김매기를 위한 노동 2일, 추수를 위한 노동 2일 등 모두 6일이었지만, 토지주들은 더 많은 부역을 요구했다. 그런데다 소작인이 된 자들은 열악한 농업 환경과 사정으로 인해 소작지의 소출로서는 세금과 소작료를 감당할 길이 없었다.(註. 밀과 포도주의 경우 소작료가 생산량의 1/3 정도였다.) 소작인들이 소작료가 밀려 채무가 늘어나게 되자, 지주들은 소작인들의 농기구에 저당권을 행사하는 등 폭력과 압제를 행사하여 소작인들을 예속시켰다. 이렇게 되자 소작인들은 토지를 버리고 방랑하게 되었고, 이에 따라 토지주의 수입이 격감하게 되어, 농업에 기반을 둔 제국의 세입이 줄어들었다. 결국 로마 제국은 소작인들을 토지에 묶어 두는 것이 제국의 이익과 지주의 이익을 모두 도모할 수 있다는 결론에 도달했다. 소작인들을 토지에 묶어 두기 위해 다양한 방법과 압제가 행사되었지만, 가장 강력하고 항구적인 것은 토지 대장에 소작인을 등재하는 방법이었다.

○ 디오클레티아누스 황제가 제국의 혼란으로 그동안 실시되지 못한 인구 조사를 실시하면서 세제 개혁의 일환으로 소작인들을 지주의 토지 대장에 등재하여 결박시킨 것이다. 그리고 소작인이 등재된 소작지를 이탈하는 것을 불법 행위로 간주했다. 토지 대장에 등재된 소작인들은 국가에 인두세를 납부하고, 지주에게는 소작료를 납부하는 형태였으나, 소작인들이 토지에 예속됨으로써 지주에게도 예속되고 말았다.(註. 디오클레티아누스 치세보다도 훨씬 전인 2세기 초 플리니우스의 기록에 따르면 소작인들이 소작료를 내지 못하여 담보물이 몰수되었고, 이에 따라 소작 기간이 만료되어도 임차지에서 떠나지 못하고 사실상 토지에 결박될 수 있었다고 전한다. 소작 기간이 만료된 후에 소작인을 억류하여서는 안 된다는 입법이 2~3세기 동안 자주 있었던 것으로 보면 소작인들의 예속이 점차로 진행되고 있었다는 반증이다. BC 1세기 때 공포된 것으로 여겨지는 '살비누스 금령Interdictum Salvianum'에 의하면 소작인이 소작료를 납부하지 않았을 때 담보물을 지주가 소유할 수 있었다.)

○ 디오클레티아누스의 세제 개혁에 뒤이어 콘스탄티누스는 332년에 소작인들을 노예와 같은 지위로 떨어뜨리는 결정적인 칙령을 선포했다. 그는 "다른 사람에게 소속된 소작인을 데리고 있는 자는 당초의 토지주에게 돌려보내야 할 뿐 아니라, 소작지를 이탈하려고 기도하는 소작인은 비록 그가 자유민이라 할지라도 도망 노예에게 선고되었던 것과 유사한 형벌로 다룰 것이다."고 한 것이다.(註. 이 같은 칙령이 선포된 것은 부유한 원로원 의원들이 지방의 작은 지주들의 소작인들을 비호하곤 했는데, 그러면 소작인들은 더 좋은 조건을 제시하는 부유한 원로원의 소작인이 되려고 원래의 소작지를 이탈하곤 했기 때문이다. 이는 농사지을 사람이 부족해 발생하는 일이었다.) 이 칙령은 이미 오랫

동안 행해졌던 소작인의 예속을 법적으로 승인한 것에 지나지 않았지만, 자유민인 소작인을 노예의 지위로 떨어뜨린 선언적 사건이었다. 콘스탄티누스는 빚과 노역에 시달리는 불행한 시민을 본 것이 아니라, 아무런 담보도 없이 토지주로 하여금 대신 세금을 납부하게 하는 파렴치한 납세 의무자를 본 것이다.(註. 황제의 관심사는 토지주의 이익이나 소작인의 권익이 아니라 세금 징수였다. 따라서 "지방 의원은 세금을 징수하면서 세금을 납부하지 않은 자들을 대신하여 재정적 불이행을 메꾸어야 한다."고 선포했다. 이렇게 되자 제정 말기에 지방 의원직을 서로가 기피하게 되었다.) 이로써 소작지를 이탈한 소작인을 고용한 지주는 소작인을 되돌려주어야 할 뿐 아니라, 원래의 지주에게 탈주한 소작인이 납부하지 못한 세금까지 책임져야 했다. 또한 탈주를 기도했던 소작인은 로마 시민권자였지만 노예처럼 쇠사슬에 묶여 무자비한 고문의 고통 속에서 강제 노동에 시달렸다.

○ 게다가 365년 발렌티니아누스와 발렌스 황제는 "소작인은 지주의 동의 없이 자신의 재산을 팔 수 없다."고 선포함으로써 소작인의 권리를 심각하게 제약했고, 366년 두 황제는 "속주의 총독들은 도주한 소작인들을 그들이 등록된 곳이나 태어나서 교육받은 곳으로 돌려보내야 한다."는 법을 제정함으로써 인구 조사에 등재되지 않은 소작인들까지 모두 결박시켰다.(註. '태어나서 교육받은 곳'이라고 칭한 것은 인구 조사에 빠져 토지 대장에 등재되지 않은 소작인이 있음을 알려준다. 다만 400년에 제정된 '도주한 소작인을 돌려보내야 한다'는 조항은 동일한 속주로 도주한 경우 30년, 다른 속주로 도주한 경우 40년으로 시효 기간을 정했으며 여자일 경우에는 시효 기간이 20년이었다.) 396년 아르카디우스 황제는 소작인이 사실상 토지주의 노예나 다름없으므

로 소작인이 토지주에게 소송을 제기해서는 안 된다고 규정하기에 이르렀다. 그리하여 소작인들은 거주의 자유가 제한될 뿐 아니라, 자유민으로서의 권리를 완전히 상실하여 소작인의 재산은 노예의 재산을 칭하던 페쿨리움으로 불렸고 토지주는 소작인의 주인이 되어 그들을 마음대로 부릴 수 있는 권리를 갖게 되었다.(註. 페쿨리움 peculium은 노예가 가진 특유 재산을 말하며, 이 재산의 최종 권리는 노예 주인에게 있다.)

○ 소작 계약은 5년이 일반적이었지만, 실제로는 5년의 기한이 만료되었다고 해서 소작인이 자유롭게 되지 못했다. 왜냐하면 소작인들이 지주의 예속에서 벗어날 수 있을 만큼 소출이 좋지도 않았고, 언제나 채무에 허덕이는 경우가 대부분이었기 때문이다. 그리하여 토지에 묶인 소작인의 신분은 자유민이란 허울만 남았고 실제로는 노예와 거의 구분이 없게 되었을 뿐 아니라 자식에게 세습되었다. 그 이후로도 소작인들은 지주들에게 더욱 철저하게 예속되어 생산 증대를 위한 도구가 되었다. 사실 2세기 초 하드리아누스 황제 때만 하더라도 소작인들의 의사에 반하여 그들을 소작지에 억류시키는 비인간적인 행위는 처벌해야 한다고 규정했으며, 244년에는 소작 기간이 만료된 소작인이 소작지를 떠나려고 할 때 강제로 억류해서는 안 된다는 법령으로 자유민으로서의 인권을 보호했다. 하지만 사회가 발전되면서 계층 간의 차별이 고착화되고, 마침내 모든 하층민들이 인간의 열망인 자유에서 멀어진다는 것은 오늘날에도 변하지 않는 비극적인 현실이 아닐 수 없다.(註. 훗날 제국이 동서로 분리된 후 소작인들은 동로마의 경우 점차로 당초의 자유로운 농민 신분을 되찾은 반면, 서로마에서는 지위가 점차 하락해 중세 농노와 같은 처지로 전락했다.)

✻ 가혹한 결정과 인간적인 감정

≪콘스탄티누스는 황제를 위해 불행을 겪게 될 시민들의 고통을 깨닫고 차라리 자신이 그 고통을 감내했다. 그것이 통치자로서의 도리이며 모범 사례가 된다고 생각했기 때문이다. 그는 시민들에게도 엄격한 기준을 정하여 도리를 강요했다. 만약 이를 어겼을 경우 무시무시한 형벌이 기다리고 있었는데, 이는 겁을 주어 죄를 막으려는 데 목적이 있었다. 그럼에도 인간적인 애정의 감정은 가혹한 형벌의 공포를 넘어섰다. 흔히 이르기를 "종족 보존의 욕망은 개체 보존의 욕망을 앞선다."고 했다.≫

○ 역사가 조나라스에 따르면 콘스탄티누스 황제는 타고난 체질이 강건하지 못해 나병과 유사한 불치병을 지녔다고 하면서 이런 기록을 남겼다. 한번은 카피톨리움의 유피테르 신전을 관리하는 신관들이 콘스탄티누스에게 병을 고치려면 어린 아기들의 피를 태운 연기로 목욕을 해야 한다고 고했다. 그는 즉시 수많은 아기들을 강제로 모았고 학살 일자가 선포되었다. 얼마 후 황제가 아기들의 피를 태운 연기로 치료하기 위해 카피톨리움으로 향하자, 아기의 어머니들이 그의 발치에 엎드려 목 놓아 통곡하며 울부짖었다. 그때 그는 불현듯 깨달은 바가 있었는지 이렇게 말했다. "내가 아기들의 피로 병을 치료하는 것은 명백히 불경한 행위이니, 설령 이 방법으로 치료된다고 할지라도 수많은 아기들을 희생시키고 어머니들의 비탄을 강요하는 것보다는 차라리 내가 병의 고통을 감내하겠노라." 콘스탄티누스는 아기들을 어머니에게 돌려주었을 뿐만 아니라, 그들에게 그동안의 마음고

생과 충정에 보답하고자 보상금까지 지급했다. 인간성이 말살된 무자비한 권력으로 실행될 뻔한 용서받을 수 없는 잔혹한 범죄 행위가 멈춰지자, 아기들의 어머니들이 안도감과 기쁨을 되찾은 것은 물론이었다.

○ 또한 콘스탄티누스는 법을 엄격하게 정하여 강간범을 사형에 처했으며, 25세 미만의 미혼 여성을 가출하도록 설득하여 간음하게 하는 경우에도 죄를 범한 것으로 간주했다. 이때 사형만으로 부족하다고 여겨지면 산 채로 화형에 처하거나 맹수에게 던지기도 했다. 설사 피해 여성이 동의했다고 고백한다 해도 그녀는 애인을 구할 수 있기는커녕 그녀 또한 애인과 동일한 운명에 처해질 뿐이었다.

○ 부모의 경우에도 이러한 사실을 은폐하면 유배나 재산 몰수형에 처했으며, 노예의 경우는 화형 또는 목에 끓는 납을 붓는 등의 참혹한 방법을 동원했다. 이처럼 콘스탄티누스는 정결에 대해서 매우 엄격하여 간통죄를 저지른 자를 신성한 결혼을 모독한 자로 규정하고 죄가 확정되면 가죽 부대에 넣어 꿰맨 후 화형시키는 무시무시한 방법을 시행했다. 그럼에도 불구하고 인간적인 감정에 의한 이런 종류의 범죄가 그치지 않았다. 즉 "씨앗은 죽어서 자손을 퍼뜨린다."는 말이 있듯이 가혹한 형벌조차도 인간의 보편적인 감정을 이기지 못했던 것이다.

○ 황제의 무시무시한 처벌은 존속 살해범의 경우에도 마찬가지여서 318년 공포한 칙령에 따르면 존속 살해범은 가죽 부대에 뱀과 함께 넣어 물속에 빠뜨려 처형했다. 로마법에 따르면 비록 자식이 성인일지라도 집안의 모든 재산은 가부장의 소유였다. 따라서 머리가 희끗 희끗해진 못된 자식이 빚더미에 쌓여 채무자에게 시달릴 때 가부장

의 배려가 없다면 존속 살인의 유혹에 빠지기도 했다. 이런 이유로 원로원에서는 가부장의 영향 아래 놓인 자식에게 돈을 빌려 주는 것을 금지시켰다. 하지만 존속 살해범 처벌에 대한 칙령은 예외 조항이 붙어 있어야 칙령을 선포한 그 자신이 덫에 걸리지 않았으리라. 왜냐하면 콘스탄티누스 자신이 장인을 죽였기 때문이다.

| 알아두기 |

• 입법의 변천

로마의 입법은 민회를 거쳐 결정되는 것이 가장 일반적이었다. 시간이 흐르면서 민회는 강력한 황제의 권한에 밀려 1세기 말경에 원로원 의결과 황제의 칙법이 민회의 입법을 대체했다.(註. 칙법에는 칙령mandata, 재결decreta, 고시edicta, 칙답rescripta이 있다.) 로마 행정관에 의한 입법도 공화정 때에는 민회의 입법과 함께 주요한 법원(法源)이었으나, 제정 시대에 황제의 권한에 압도되어 입법 권한이 사라졌다. 원로원은 제정 초기에 민회로부터 행정관 선출권을 승계받았고, 민회가 약화되어 입법권을 행사할 수 없던 하드리아누스 황제 때에는 원로원의 입법권이 공식적으로 승인되기도 했다. 하지만 실제로는 황제의 제안에 원로원이 가결하는 식이어서 황제의 입법권에 거수기 역할만 했고, 그나마 원수정 말기에는 입법권에서 완전히 배제되었다.

결국 황제의 입법권이 제정 시대에 주요 법원이었다. 다만 황제가 자의적으로 칙령을 선포하지 않고 법률가들로 구성된 자문회의를 거쳐 선포했다.

❋ 가문 집착의 헛된 욕망

≪플라톤이 이르기를 노예로부터 가문이 시작되지 않는 왕이 없고, 왕에서 가문이 시작되지 않는 노예가 없다고 했다. 가문의 명맥을 이어 가려는 모든 노력도 자손들의 목숨과 가문의 정통성을 지키지 못했다. 찬란한 영예로 빛났던 로마 제국의 전통 귀족 가문들은 변화하는 세월의 힘에 못 이겨 쇠락을 반복하다가 마침내 사라졌고, 그 자리에 또 다른 가문이 번성했으니 가문의 명예란 헛되기만 했다.≫

○ 영속하는 것은 없다. 재산도 명예도 그렇고 한 가문의 영예도 끝없이 지속되지는 못한다. 어느 시대나 귀족과 평민 간에는 확연한 구별이 있었다. 로마도 왕정 시대와 공화정 초기에 원로원 의원과 같은 귀족과 평민 사이에 확연한 차별이 있었다. 부와 명예와 정부 관직, 종교 행사의 대표는 모두 귀족들이 차지했다.

○ BC 445년에 카눌레이우스 법이 성립된 후부터 귀족과 평민 간에 결혼이 가능했지만, 귀족들은 혈통의 순수성을 지키기 위해 같은 귀족끼리 정략적 결혼 정책을 폈으며, 평민들을 예속 상태로 묶어 두었다. 자유민의 정신과 배치되는 이런 차별은 호민관과 시민들의 기나긴 투쟁으로 완화되고 철폐되었으며, 평민들은 부를 축적하고 업적을 쌓아 귀족 못지않은 긍지를 얻을 수 있었다.(註. 마르쿠스 아우렐리우스 황제는 시대에 역행하여 원로원 계급과 다른 계급 간에 결혼을 금지시키기도 했다.) 반면 로마인의 평균 수명을 감안하면 가문들의 3분의 2가 40세까지 살아남는 아들이 없었을 것이므로 귀족 중에는 자손이 번성하지 못해 자연스럽게 몰락하거나, 전쟁으로 소멸하거나 능

력 부족으로 재산을 탕진하여 사회적 지위가 평민과 같아지는 가문이 다수 생겨났다. 또한 포악한 황제들의 폭정과 잦은 정치적 변혁은 귀족들의 목숨을 지켜 주지 못했고, 풍습의 변화와 민족 간의 혼합은 귀족 가문의 정통성을 희석시켰다.

○ 카이사르, 아우구스투스, 베스파시아누스 등 역대 황제들은 줄어든 귀족들을 보충하기 위해 상당수의 가문을 귀족으로 올려 주었다. 이렇게 하여 왕정 시대나 공화정 초기부터 이어진 순수한 정통 귀족 가문은 4세기에 거의 남아 있지 않았다. 세네카의 말대로 모든 것은 오랫동안의 변화로 뒤섞이고 운명이 아래위를 휘저어 놓아 가문에서는 영광의 빛을 걸친 조상과 누더기를 걸친 조상이 번갈아 나왔다.(註. 심지어 로널드 사임은 율리우스–클라우디우스 왕조가 끝나는 네로 황제 말기에 공화정 때 명성을 누렸던 귀족 가문들 대부분이 이미 대가 끊겼다고 주장했다.) 호메로스는 이렇게 읊조렸다. "인간의 가문이란 나뭇잎과 같아서 어떤 것은 바람에 날려 땅 위에 흩어지나 봄이 오면 또 다른 잎들이 자라나듯 어떤 것은 자라나고 어떤 것은 시드는 법이다."

※ 병역 기피

≪국가가 쇠퇴하여 멸망의 문턱에 들어섰을 때, 대개 병역의 의무를 기피하는 현상이 나타나곤 한다. 포에니 전쟁 때 국가 방어를 위해서 목숨을 초개같이 여겼던 영웅들의 후손이 이제는 다른 사람을 대신 군대에 보내거나, 병역 대신 금전으로 대납했다. 이는 국가가 존립할

수 있는 수명이 다했음을 의미했다.≫

○ 공동체를 방어하기 위해 내분까지 중지하면서 적들을 막아 내고, 자진하여 전쟁터에 뛰어들었던 로마 시민들의 정신은 군주정 이후 점점 너 변질되어 갔다. 군 입내사는 해가 갈수록 줄어들었으며, 스러져 가는 제국을 지키기 위해서 군대를 지원하도록 유도하거나 처벌의 위협으로 강요하는 수밖에 없었다. 최소 신장을 165㎝로 낮추고 노예까지 차별 없이 병사로 받아들였는데도 정규적인 지원병의 확보에는 턱없이 모자랐다.

○ 황제들은 좀 더 효과적이면서도 강제적인 방법을 동원했다. 노병들에게는 봉건적 토지 소유제를 연상하게 하는 하사된 토지가 있었으며 이것을 아들에게 증여하던 관행을 이용한 것이다. 이 토지를 증여받은 아들은 성년이 되면 의무적으로 군에 들어가야 했고, 비겁하게 거부하면 명예와 재산, 심지어 목숨까지 잃는 처벌을 받아야 했다. 모든 노병의 아들들을 강제로 징집한다고 해도 병력의 수요를 충당할 수 없었으므로 제국의 각지에서는 수시로 징집이 이루어졌다. 시민들은 황제의 명령에 따라 징집에 응하거나, 위험하고 고통스러운 군역을 피하고자 하는 자는 다른 사람을 대신 군대에 보내거나 무거운 벌금을 물고 병역 면제를 받아야만 했다.

○ 군주정 시대의 로마 시민들은 군 복무에 대한 두려움이 얼마나 컸던지, 입대를 피하려고 오른손 엄지손가락을 자르는 자해를 하기도 했다.(註. 엄지손가락이 없으면 무기에 힘을 실어 적과 싸울 수 없으므로 병역에서 면제되었다.) 이 편법은 엄한 처벌을 각오해야 했으나, 근절되지 않고 너무나 널리 퍼진 나머지 이런 행위를 한 사람을 비겁하다

고 경멸하는 의미에서 무르쿠스(murcus)라는 말까지 생겨났다. 이 같은 행위가 줄어들지 않자 4세기 말에는 엄지손가락이 없어도 입대시키도록 법이 개정되었다. 그럼에도 젊은이들의 병역 기피 현상은 멈추지 않았고, 필요한 병력을 충족시키지 못해 종국에는 제국의 안전을 야만족의 무력에 의존해야 할 지경에 다다랐다.

☀ 밀정들의 횡포와 시민들의 속박

≪스러져 가는 제국의 황제들은 밀정들을 이용하여 역모를 알아채고 범죄를 추궁했다. 밀정들은 보고가 많은 자일수록 황제의 총애를 받자, 되든 말든 수많은 악의적 고발을 남발했다. 그렇게 되자 제국의 시민들은 밀정들의 협박에 시달리고 고발의 공포에 두려워 떨었다.≫

○ 로마 제국의 잘 정비된 도로와 역참 제도는 여러 가지로 편리한 점이 많았다. 콘스탄티노폴리스 황궁에서 주요한 국무를 처리했던 총무장관은 이 정비된 시설을 이용하기로 했다. 그는 200~300명의 파발꾼들을 고용하여 황제의 칙령이나 승전보를 알리게 했고, 점차 발전하여 행정관이나 시민들의 동향을 파악하여 보고하는 일까지 시켰다. 이러한 일들로 파발꾼들은 어느덧 권력의 촉수가 되어 황제에게는 주요한 정보의 원천이 되었지만 시민들에게는 자신을 감시하는 날카로운 눈이 되어 있었다.
○ 황궁과 정기적인 명령과 보고를 반복한 밀정들은 자신들의 보고가

황제의 총애와 보상을 받는다는 사실에 고무되어 중요한 반역의 징후뿐 아니라, 사소한 불만까지 열성적으로 감시하여 고발했다. 시민들은 밀정들의 악의적인 고발로 메디올라눔이나 콘스탄티노폴리스의 법정에 쇠사슬로 묶여 끌려갔으며, 자신의 생명과 재산은 황제의 권위를 내세운 자들에게 협박당했고 위태로워졌다. 심문자들은 특별한 경우가 아니라면 정상 참작을 하지 않았고, 증거가 불충분하더라도 고통스런 고문을 가하여 얼마든지 만들어 냈다. 이러한 세태가 만연되자 밀정들의 오만을 부추겼다. 고발당할까 봐 전전긍긍하는 불행한 시민들은 고발당하지 않았다는 사실만 가지고서도 밀정에게 재물을 바쳤고, 재물의 납부를 무시하는 자에게는 밀정의 독화살 같은 고발이 가차 없이 꽂혔다.

○ 시민권자에게는 고문을 인정하지 않고, 노예에게만 적용하는 것이 로마법이었다.(註. 로마는 시민들에게 고문을 사용하여 증거를 얻어서는 안 된다고 규정했지만, 이는 제대로 지켜지지 않았다. 또한 노예라 하더라도 주인의 징벌과 관련될 경우에는 고문할 수 없었다. 따라서 티베리우스 황제는 노예를 국가에서 매수하여 국유 재산으로 만든 후 그들을 심문하고 고문했다.) 로마 시민들에게 노예란 고문의 고통을 불쌍히 여기거나 정의와 인도주의 저울에 올려놓을 가치가 없는 존재였다. 이에 반해 로마 시민들에게는 죄를 입증할 증거가 나오기 전에 고문에 의한 증거 확보를 금했지만, 군주정 체제하의 로마 행정관들은 이러한 원칙에 구애받지 않고 고문의 재량을 마음내로 행사하여 자백을 강요했다.

○ 고문 대상에서 제외되는 특별한 부류의 사람들이 있었는데 일루스트레스 · 스펙타빌레스 · 클라리시미 계급, 주교와 사제, 학자, 군인과

그 가족, 지방 관리와 그들의 3대에 걸친 자손, 미성년자 등이었다. 고문에서 제외되는 대상자라도 반역으로 추정되는 사건의 경우는 면제가 중지되었다. 황제와 제국의 안전은 일체의 정의나 인도주의보다도 우선하기 때문이라는 것이 그 이유였으며, 그 결과 모든 시민들은 악의적인 밀고에 의해 조작된 범죄의 연루자로 지목될 수 있다는 공포에 끊임없이 시달렸다.

| **알아두기** |

• 니케아 공의회(325년)

콘스탄티누스는 그리스도교의 통일을 회복하자고 설득하기 위해 300여 명의 주교들을 비티니아의 니케아(註. 현재 터키의 '이즈니크')에 불러 모았다. 이때 삼위일체설(註. 삼위일체설을 호모 오우시온homo-ousion이라고 하며, 삼위이질설을 호모이 오우시온homoi-ousion이라고 한다. 이는 그리스어에서 온 말로 좀 더 명확하게 풀면 호모 오우시온은 '존재가 동일하다'는 의미이며, 호모이 오우시온은 '존재가 비슷하다'는 의미다.)의 교리가 재확인되었고 아리우스를 파문하면서 그의 저서들을 모두 불태우도록 결정했다. 그리고 부활절 날짜를 춘분 다음의 첫 보름 뒤에 오는 첫 번째 일요일로 확정했고, 20개의 그리스도 교회법을 작성했다.

☀ 크리스푸스(Crispus)의 비극(326년)

≪독재 권력을 가진 자의 주변에는 납득하기 어려운 비참한 일이 음

습한 기운 속에 터지곤 한다. 장래가 촉망되던 콘스탄티누스의 맏아들은 사랑의 고백에 신중히 처신하지 못해서인지 아니면 권력 암투에 희생되고 말았는지 알 수 없어도, 몰락해 가는 제국에 또 하나의 참혹한 비극을 낳았다.≫

○ 콘스탄티누스는 가정의 비극과 관련이 많은 황제였다. 310년에는 아내 파우스타의 아버지이자 선제인 막시미아누스를 죽였으며, 312년에는 아내의 친오빠 막센티우스를 무찔러 죽음으로 몰아넣었다. 325년에는 이복 누이인 콘스탄티아의 남편 리키니우스를 야만족과 반란을 꾀했다는 이유로 처형했다. 결국 그는 장인과 처남 그리고 매제 모두를 죽였다.

○ 그러나 326년에 일어난 비극은 이제까지의 권력 투쟁과는 성격이 달랐다. 리키니우스를 제거하는 데 헬레스폰투스 해협의 전투에서 결정적인 공을 세웠던 콘스탄티누스의 큰아들 크리스푸스는 전처였던 미네르비나로부터 태어났다. 크리스푸스는 노년의 황제가 누리기 어려웠을 대중적 인기를 독차지함으로써 아버지의 질투 섞인 주목을 받았다. 더군다나 콘스탄티누스는 자신과 동등한 자의 존재를 용납하지 않는 자였다. 324년 어린애에 불과한 크리스푸스의 이복동생 콘스탄티우스 2세가 부황제의 칭호를 받고 이제껏 크리스푸스가 통치하던 갈리아 속주의 통치자로 부임했으며, 반면에 크리스푸스는 콘스탄티누스의 감시하에 거의 감금되다시피 황궁에 틀어박혀 있어야 했다. 아마 그때 크리스푸스는 아버지가 자신을 부당하게 대우하고 있다며 불만을 나타내기도 했으리라.

○ 콘스탄티누스는 아버지 콘스탄티우스 클로루스의 정략결혼(註. 콘탄

티우스 클로루스는 막시미아누스의 의붓딸 테오도라와 재혼했다.)으로 어머니 헬레나가 이혼당했던 가슴 아픈 과거가 있었다. 헬레나는 콘스탄티우스 클로루스와 결혼할 당시 여인숙을 운영했으며 그런 직업을 가진 여자들은 사회적으로 천대받고 있었으므로 콘스탄티우스 클로루스로서는 정치적 기반을 닦기 위해 황가의 여자와 정략결혼이 필요했던 것이다.(註. 326년 황제의 어머니 헬레나를 고려하여 여인숙 여주인을 정숙한 여성으로 간주한다는 칙령이 반포되었으나, 336년 반포된 칙령으로 여인숙 여주인은 또다시 여자 노예와 같은 지위로 전락했다. 정숙한 여성이 아닌 여자 노예, 유흥업소 여종업원 등은 다른 남자와 간통을 저질러도 남편에게 기소되지 않았다.) 그리고 아들 크리스푸스 역시 콘스탄티누스가 파우스타(註. 막시미아누스의 친딸)와 정략결혼을 하는 바람에, 어머니 미네르비나가 이혼당했던 쓰라린 기억이 있었다. 그러나 콘스탄티누스는 자신이 겪었던 어머니의 이혼이라는 고통을 아들에게도 똑같이 겪게 했지만, 아들 크리스푸스에게 동병상련의 정을 보여 주지 않았다.

○ 크리스푸스 주변에는 경솔하고 아첨을 일삼는 무리들이 그의 분노와 경박한 결정을 집요하게 부추겼으며, 그중에는 콘스탄티누스의 은밀한 지시를 받은 밀고자도 있었다. 게다가 황후 파우스타는 자신이 낳은 세 아들이 제위를 물려받는 데 큰 걸림돌이 될 크리스푸스를 제거하고자 마음먹고 있었다. 파우스타는 크리스푸스가 자신을 강제로 범하려 했다고 밀고했다. 이 밀고는 콘스탄티누스에게 전달되었으나, 제국 내에서 크리스푸스의 인기가 두려워서인지 아니면 극적인 것을 좋아해서인지 황제는 표면상으로는 맏아들 크리스푸스에게 변함없는 신뢰를 보이는 것처럼 행동했다. 그러다가 326년 콘스탄티누

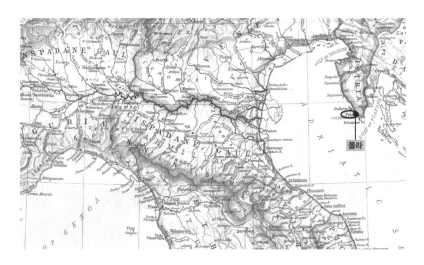

■ 폴라 ＿＿ 출처 : 텍사스 대학 도서관. 이하 같다.

스 집권 20년을 기념하는 행사가 로마에서 열렸다. 황궁의 관리들도
모두 니코메디아에서 로마로 왔으며, 준비가 성대하게 이루어졌다.
그때 콘스탄티누스에 반대하는 세력들이 로마에 있던 콘스탄티누스
조각상의 안면과 손을 파손하는 사건이 터졌다. 그리고 크리스푸스
주변의 무리들이 크리스푸스의 장래를 점치는 주술을 행하자, 이를
알게 된 파우스타가 황제에게 일러바쳤다. 마침내 황제는 어떤 식으
로든 이를 해결하리라고 결심했다.

○ 축제가 무르익었을 때 크리스푸스는 황제의 명령으로 체포되어 아드
리아해 안쪽에 불쑥 튀어나온 이스트리아 반도의 폴라에 있는 감옥
으로 압송되었다. 폴라의 감옥에서는 밤낮으로 가혹하기 짝이 없는
고문과 심문이 되풀이되었다. 고문이란 고대에는 빈번했고 요즘에는
드문 것이 아니라, 권력자의 생각과 시대 흐름에 따르는 법이다. 로

마 제국의 부황제로서 제2인자이기도 한 크리스푸스는 모진 고문에도 끝까지 무죄를 주장하다가 두 손이 결박당한 채 목이 잘렸다. 자식보다 못한 아버지는 없다는 세간의 말에 근거한다면 콘스탄티누스가 크리스푸스의 인기를 시기하거나 두려워하여 아들을 처형한 것은 아닐 것이다. 하지만 황후의 속닥거림과 모반에 가까운 적대자들의 행동을 보자 마침내 황제의 분노가 폭발했으리라.

○ 황제의 노모인 헬레나는 손자의 죽음에 충격과 슬픔이 몰아쳤다. 그녀는 이것은 틀림없이 파우스타의 계략이라고 믿었다. 마침내 얼마 지나지 않아 파우스타가 황궁의 마구간 노예와 정을 통했다는 확인되지 않은 폭로가 터져 나왔다. 크리스푸스가 고문으로 죽어 가고 있었을 때도, 파우스타는 자유로웠으나 이제는 죽음을 피할 수 없었다. 파우스타는 황궁 안의 욕실에서 목욕을 하고 있었다. 이상한 낌새를 알아차린 노예들이 모두 빠져나간 욕실에서는 계속하여 온도가 올라갔다. 파우스타는 문이 잠긴 욕실에서 질식으로 숨졌다.

○ 여기에는 두 가지 설이 더 있다. 하나는 아버지 막시미아누스와 오빠 막센티우스가 남편에게 패하여 참혹하게 죽은 것을 본 파우스타가 크리스푸스에게 애정을 느껴 간통했다는 것인데, 간통 후에 탄로 날까 두려워 크리스푸스에게 강간죄를 뒤집어씌운 것이라고 한다. 이것은 황실에서는 형제와 친척 간에도 피비린내 나는 정권 다툼이 늘 있어 왔다는 것을 생각하면 너무나 감성적이다. 다른 또 하나는 파우스타가 크리스푸스를 유혹했으나 거절당하자 이에 격분하여 크리스푸스가 강제로 자신을 범하려 했다고 밀고했다는 것인데, 이 또한 중년의 여자가 보일 수 있는 행동은 아니다. 다만 세 가지 경우 모두가 여자의 정조와 관련되었던 것은 사실이었다.

┃「파이드라」, 카바넬 作

○ 콘스탄티누스는 죽음의 문턱에 이르러서야 세례를 받았다고 전한다. 당대의 역사가들은 아들과 아내를 죽인 콘스탄티누스가 죄책감으로 정신적 육체적 고통과 황폐감에 시달리다가 마침내 그리스도의 품 안에 안기어 안식을 얻을 수 있었다고 주장했다.(註. 여인의 유혹에 대해서 몇 가지 전래되는 이야기가 있다. 아테네 왕 테세우스는 크레타섬의 미궁에 들어갈 때 아리아드네가 준 실타래를 가지고 들어가서는 위기를 모면할 수 있었다. 훗날 테세우스는 아리아드네의 동생 파이드라와 결혼했는데, 그에게는 전처인 아마존 여인 안티오페와의 사이에서 낳은 히폴리토스라는 아들이 있었다. 히폴리토스는 테세우스 장인의 영지인 트로이젠을 다스렸다.

테세우스와 파이드라가 잠시 트로이젠에 머물렀을 때, 파이드라는 히폴리토스의 재능과 품위를 겸비한 아름다움에 마음을 빼앗겼고, 이루어질 수 없는 깊은 사랑으로 상사병에 걸려 시름시름 앓게 되었다. 결국 그녀는 시녀를 통해 사랑을 고백했지만, 히폴리토스는 계모의 고백을 냉정하게 거절했다. 사랑을 거부당한 파이드라는 당황했고 부끄러웠으며, 사랑이 곧 증오로 바뀌었다. 그녀는 테세우스에게 히폴리토스가 자신을 유혹했다고 모함하는 유서를 남기고 자살했다. 그러자 테세우스는 앞뒤를 알아보지 않고 격노하며 인륜을 저버린 아들을 처벌해 달라고 포세이돈 신에게 기도하며 저주를 퍼부었다. 아버지의 분노와 질책을 받자 히폴리토스는 변명도 하지 않은 채 이륜마차를 타고 해안가를 달렸다. 그때 포세이돈이 보낸 황소가 갑자기 바다에서 튀어나와 말들이 놀라서 광란하는 바람에 그는 말고삐에 감겨 갈기갈기 찢겨 죽고 말았다. 이 이야기는 아들에게 지나친 연정을 느끼고 집착한다는 뜻의 '파이드라 콤플렉스'란 말을 낳았다.

여인의 은밀한 고백에 현명하게 대처한 자도 있었다. 스파르타 왕 폴리텍테스가 왕위에 오른 지 얼마 되지 않아 죽자, 동생이자 전설적인 입법자 리쿠르고스가 형의 지위를 계승했다. 왕위에 오른 리쿠르고스는 형수가 형의 아기를 가진 것을 알고 형수의 아기가 아들이라면 왕위를 아기에게 내어 주고 자신은 어린 왕의 보호자가 되겠다고 선언했다.

그러자 형수가 리쿠르고스에게 다가와 은밀히 사랑을 고백하면서, 만약 자신과 결혼해 준다면 배 속의 아이를 지워 버리겠다고 약속했다. 리쿠르고스는 형수의 성품에 아연해하고 진저리치면서도 형수의 제안을 거부하지 않고 받아들이는 척했다. 그러면서 약물을 먹어 유산을 시킨다면 건강을 해치고 목숨이 위태해질 수 있으니, 아이를 낳게 되면 자신이 직접 손을 보겠노라고 말했다.

그는 형수가 달을 채우고 산통이 시작되자 시종들을 보내 출산을 지켜보고, 만약 딸이거든 형수의 품에 주고 아들이 태어나면 자신이 어디에 있든 간에 데려오라고 일러 두었다. 태어난 아이는 남자였고, 시종들이 갓난아이를 데리고 오자, 리쿠르고스는 아기를 두 팔로 안아 치켜들면서 "스파르타인들이여, 왕이 태어나셨습니다."라고 선언했다. 모든 사람들은 리쿠르고스의 고귀한 정신과 강직함을 우러러보았다.

구약성서 창세기 39장에는 요셉이 겪은 여인의 유혹에 대해 기록하고 있다. 이집트에 노예로 팔려 간 야곱의 아들 요셉은 주인의 은혜로 그 집의 총무가 되어 살림을 모두 주관했다. 그 이후 주인 아내가 준수한 용모의 요셉을 보자 한눈에 반하여 눈짓을 하다가 마침내 동침을 청했다. 하지만 요셉은 은혜를 입은 주인의 신뢰를 저버리고 죄가 되는 짓을 행할 수 없다며 거절했다. 그럼에도 주인 아내가 요셉에게 날마다 동침을 청하자, 요셉은 아예 그녀와 함께 자리하는 것조차 피했다.

어느 날 요셉이 일을 시작하러 그 집에 들렀더니 주인 아내 외에는 아무도 없었다. 그때 그녀가 요셉의 옷을 잡고서 동침을 요구하자 그는 도망치기 위해 그녀에게 붙잡힌 옷을 벗고 겨우 그곳을 빠져나올 수 있었다. 그러자 그녀는 히브리 종놈이 감히 여주인을 겁탈하려 했다며 외쳤고, 나중에 남편이 왔을 때 그 증거로 요셉의 옷을 보여 주었다. 남편은 아내의 말만 듣고 노여워하며, 요셉을 붙잡아 공공 감옥에 가두었다. 이러한 내용을 살펴본다면 요셉의 지혜는 스파르타 왕 리쿠르고스보다 아래였다.)

☀ 콘스탄티누스 황제에 대한 그리스도교의 특혜

> ≪신성한 종교조차 때로는 세속에 영합하여 결정하는 경우가 있는 법이다. 초기 그리스도교 성직자들은 세속의 권력에 복종하고 특권을 부여함으로써 자신들의 권한과 세력을 강화시켰고 번영의 영속과 미래를 약속받았다.≫

○ 그리스도교 신앙과 예배는 비신도에게는 물론 세례 예비자들에게도 철저하게 비밀에 부쳐졌는데, 이런 비밀스러움은 세례 예비자들에게 경이감과 호기심을 불러일으키게 하기 위해서였다. 그러나 주교들은 이러한 신비함을 간직하기 위한 엄격함도 콘스탄티누스 황제에게는 대폭 완화하는 현명한 결정을 했다. 어떤 수단과 방법을 사용해서라도 황제를 그리스도교의 울타리 안에 끌어들여야 한다는 중요한 현실을 이해한 주교들은, 콘스탄티누스에게 특면이라는 특별 대우를 인정하여 교인으로서 행해야 할 의무를 전혀 이행하지 않아도 그 특권은 모두 누리도록 허용하는 권한을 바쳤다.

○ 신도가 아닌 자들은 나가라는 부사제의 목소리가 집회장에 울려도 콘스탄티누스는 집회에서 나가기는커녕, 신도들과 함께 기도하고 주교들과 토론하며 난해한 신학 문제에 대하여 설교했고 부활절 전야에는 성사를 바쳤다. 황제는 자신이 신앙의 참여자일 뿐 아니라 성직자요 사제이기도 하다고 공공연하게 선언했다.

○ 콘스탄티누스의 자존심은 비록 자신이 아직 세례를 받지 않았어도 특별 대우를 기대했을 터이고, 주교들은 황제에게 그런 대우를 할 가치가 충분하다고 생각했다. 그리스도교 성직자들은 섣부른 엄격함이 황

제의 개종을 막을 수 있고, 황제에게 그리스도교의 문을 너무 엄격하게 닫아 버리면 최고 권력자인 황제가 어떤 형태로든지 그리스도교의 번영을 방해할 수 있다고 믿었다. 죽음의 문턱에 이르러서야 세례를 받은 콘스탄티누스이지만 세례받기 훨씬 전부터 카피톨리움에 있는 유피테르 신전의 참배를 거부했고, 그리스도교인으로서 겸허하게 기도하는 자신의 모습을 담은 초상화와 메달을 제국의 곳곳에 배포했다.

○ 세례 성사는 지금까지의 죄를 완전히 속죄받고 영혼이 원래의 순수함을 회복하여 구원을 약속받는다는 의미가 있었다. 그리스도교 개종 희망자 중에는 다시는 되풀이할 수 없는 이렇게 고마운 의식을 서둘러 받아 버린다면, 귀중한 특권을 경솔하게 사용하는 것이라고 생각하는 사람들이 많았다. 그들은 세례를 늦추면서 마음껏 현세의 절제되지 못하고 타락한 향락을 누린 후 확실하고 손쉬운 사면 방법인 세례를 받아 몸과 마음을 정화하고자 했다. 콘스탄티누스가 이런 이유에서 세례성사를 늦추지는 않았겠지만, 암브로시우스 주교가 현실의 권위를 대표하는 테오도시우스 황제에게 위험하게도 감히, 황제의 행동에 제약을 가하고 명령하는 것처럼 무례한 일이 발생하리란 것을 예견했는지, 콘스탄티누스는 죽음에 임박해서야 세례를 받았다. 이로써 콘스탄티누스는 양치기인 주교에게 양과 같이 온순해져야 하는 위험을 피할 수 있었던 것이다.

│ 마음에 새기는 말 │

야망으로부터 자유로운 것은 정치가에게 온화한 성품을 지니게 하는 필수 요건이다.

- 아테네의 정치가 아리스테이데스는 야망에서 완전히 자유로웠던 반면 로마의 정치가 마르쿠스 카토는 야망이 가득했다. 그런데 야망이란 남에게 가혹하고 시기심을 조장하는 데 무엇보다도 능한 것이다.

☀ 망자가 된 콘스탄티누스에 대한 아첨(337년)

≪통치자의 평판이 어떠했든지 간에 장기 집권에 따른 위세와 권위는 사후에도 제국의 관리들에게 영향을 미쳤고, 후계자들의 통치를 도왔다. 특히 독재자의 권위는 계승자들이 그의 후광을 이용하기 위해 시신을 오랫동안 보관하는 방법을 택했다. 이는 요즘 사회주의 국가에서 볼 수 있는 전형적인 행태이기도 하다.≫

○ 콘스탄티누스는 치세 30주년 기념행사가 끝나고 약 10개월 후에 그리스도교 세례자를 뜻하는 흰색 도포를 입은 채 세상을 떠났다. 병을 앓고 나서 쇠약해진 기운을 회복하기 위해 머물던 니코메디아 교외의 아퀴리온 궁전에서 제국의 유일한 통치자로 25년간의 치세 끝에 고단했던 생을 마감한 것이다. 장인·아들·아내 그리고 처남과 매부까지 죽인 콘스탄티누스의 무지막지한 악행을 모두 감추고 그에 대한 찬양에 열정을 보였던 에우세비우스는 그가 투병 생활을 하다가 죽음을 맞았다고 주장했지만, 좀 더 냉정한 4~5세기 역사가 필로스토르기우스는 그가 이복형제들에게 독살당했다고 서술했다. (註.

필로스토르기우스의 서술이 사실이면 뒤이어 있었던 콘스탄티우스 2세의 친족 살해는 정당성을 부여받는다. 그 정변에서 콘스탄티누스의 이복형제들과 조카들이 살해당했다.)

○ 콘스탄티누스의 죽음에 대해 비탄해하고 애도를 표하는 여러 행사들은 그가 아우구스투스 이래로 30년 이상(註. 서부지역 부황제 기간을 포함)이나 집권한 유일한 황제였다는 것만큼 요란스러웠고 유별났다. 유해는 콘스탄티누스의 이름에서 따온 콘스탄티노폴리스로 옮겨져 황제의 이름과 기억을 영원히 간직하게 했다. 시신은 황궁 안의 화려하게 장식된 방에 있는 황금 침대에 안치되었고 호위병들이 밤낮으로 황제의 시신을 지켰다.

○ 황궁 관례도 모든 것이 생존해 있을 때와 똑같이 엄격하게 지켜졌는데, 매일 정해진 시각에 민정, 군사, 황실에 관련된 여러 고급 관리들이 무릎을 꿇고 엄숙한 표정으로 죽은 콘스탄티누스 황제에게 다가가 마치 생존해 있는 사람을 대하는 것처럼 예를 올렸다. 이를 두고 권력에 아부하고 싶어 안달하는 몇몇 부류의 사람들은 콘스탄티누스 황제만이 신의 특별한 은혜로 죽은 후에도 통치하고 있다며 기막힌 아첨을 떨었다.

☀ 에우누쿠스(eunuchus)의 등장

≪거세된 환관들이 황제의 측근이 되면서 장막과 은밀한 밀실 정치가 거리낌 없이 시작되었다. 이들 집단은 그들의 신체적 결함이 소

외감과 열등감으로 발전해 자신들만의 완고한 세계를 구축해 나갔다.≫

○ 인류의 역사를 살펴보면 인위적으로 사내의 생식 기능을 제거하여 황궁에 머무르게 하면서 궁내의 일을 돌보게 한 자를 두었는데 이들을 환관이라 일컬었다. 그것은 최고 권력자가 수많은 처첩들을 거느리게 되자 황궁 내에서 성에 관한 잡음을 차단하고 남성성을 제거함으로써 힘이 세면서도 유순한 복종심을 지닌 자를 곁에 두고자 한, 어쩌면 잔인한 권력의 발현이었다. 로마 제국에서도 이런 자들이 있었으며 이들은 주로 로마인이 아닌 외국인이었고, 미천한 출신이어서 황궁 내에서 낮은 계층을 형성했다. 하지만 황제를 가까이에 보필하면서 최고 권력자와 끈끈한 신뢰 관계를 형성했고 그 결과 정치적 영향력을 얻을 수 있었다. 이들은 자신을 성불구자로 만든 현실에 분노하면서 황궁 안에 그들만의 세계와 질서를 구축했다.

○ 카라칼라 황제의 장인 플라우티아누스가 100명이나 거세시켜 시종으로 두었다는 이야기가 전해 오지만, 대체적으로 로마 제국에서는 원수정에서 전제 군주정으로 바뀐 디오클레티아누스 황제 때부터 동방의 관습에 따라 거세된 환관인 에우누쿠스가 황궁에 등장하기 시작했다고 본다.(註. 다른 연구 결과에 의하면 제4대 황제 클라우디우스 치세 때 나르키수스를 비롯한 해방 노예 비서들이 거세된 환관이었다고 주장되지만, 이는 명백하게 고증된 것이 아닌 듯하다. 이 주장에 따르면 공화정 말기부터 귀족들은 집안에서 거세된 자들을 부렸다고 한다. 에우누쿠스eunuchus는 그리스식으로 '에우누코스εὐνοῦχος'.) 하지만 이들 에우누쿠스는 황제의 처첩들을 위해서만 일하는 것이 아니었

다. 사내구실을 제대로 못하는 남자라면 남자의 야심과도 멀 것으로 여겨졌기 때문에 그들은 항상 권력자를 가까이 모시는 측근이 되었다. 이런 거세된 남자를 고위 관리로 중용하는 것은 동방 전제 군주의 전통이었고, 서방 국가인 로마에서는 왕정·공화정 및 원수정이었던 시절의 제정 때는 볼 수 없었던 현상이었다. 전제 군주정으로 바뀌면서 황제 측근에 근무하는 사람들까지도 동방의 방식으로 변화되었던 것이다.

○ 전제 군주제에서 최고 권력자는 지배자와 피지배자 간에 거리를 두었으며, 이 거리를 끈으로 연결한 사람들 중 한 부류가 에우누쿠스라는 환관들이었다. 이들은 디오클레티아누스 황제 때에는 집사 정도의 지위를 가졌으나, 콘스탄티누스 시대부터는 권한이 강화되었으며, 권력의 아성인 황궁 내부에서 그들만의 강력한 인적 연결망이 형성되기 시작하여 막강한 힘을 누렸다. 그들은 바로 콘스탄티우스 2세 때 갈루스 부황제를 죽인 에우세비우스이며, 아르카디우스 황제의 후견인 루피누스를 파멸시킨 에우트로피우스이며, 테오도시우스 2세 때 세도가 크리사피우스이며, 유스티니아누스 때 황제의 총애를 받은 나르세스였다.

| 마음에 새기는 말 |

국민이 아니라 상관의 눈치만 보면서 행정을 하는 자는 환관과도 같다.

☀ 근친을 살해한 콘스탄티우스 2세(337년)

≪콘스탄티누스의 아들들은 같은 어머니에게서 태어난 형제가 아니라면 제국의 통치를 공유할 수 없었다. 이러한 이유로 크리스푸스도 달마티우스도 한니발리아누스도 모두 희생되었다. 친족들을 살해했다는 비난에 괴로워했던 콘스탄티우스는 회한과 변명을 늘어놓았지만, 훗날 사촌 동생 갈루스를 살해함으로써 다시 한 번 자신의 잔혹한 기질을 드러냈으므로 결코 동정받을 수 없는 자였다.≫

○ 콘스탄티누스는 세상을 뜨면서 제국을 분할하여 자신의 세 아들 외에도 이복동생이 낳은 조카 달마티우스와 한니발리아누스에게도 제국을 나누어 주었다. 할머니 테오도라로부터 황통을 이어받은 조카들이 분쟁을 일으켜 내분이 발생하는 상황을 미연에 방지하고자 한 것이 콘스탄티누스의 의도였다면, 이유는 달랐지만 친아들 크리스푸스까지 살해했던 그의 기질과는 다른 너무도 뜻밖의 결정이었다. 하지만 콘스탄티누스가 죽고 얼마 되지 않아 서서히 음모의 연기가 모락모락 피어나기 시작했다. 이런 음모의 실질적인 동기는 콘스탄티누스 황제의 신임을 악용했던 세도가 아블라비우스에 대한 질투와 복수심에서 비롯된 것이 아닌가 추측되고 있다.

○ 음모를 꾀하는 자들이 콘스탄티누스 황제의 자식들이 서열상 우위라는 점, 황제의 수가 늘어나면 깊은 형제애가 없는 황제들 간에 경쟁이 생겨나고, 결국 제국의 안정이 위태로워진다는 점 등의 이유를 들자, 마침내 군대도 콘스탄티누스의 친아들 외에는 제국의 통치를 허용하지 않겠노라고 선언했다. 달마티우스와 한니발리아누스는 음모

의 무리들에게 군사력으로 저항할 틈도 없이 순식간에 사로잡혔다. 인접한 동방을 통치하고 있어 가장 빨리 올 수 있었던 콘스탄티우스 2세는 친인척들의 안전을 확실하게 보장하겠다고 가장 먼저 약속했지만, 곧이어 양심의 가책을 받지 않고 이 약속을 저버릴 핑계를 꾸며 내야 했다.

○ 이즈음 콘스탄티우스는 니코메디아 주교 에우세비우스로부터 선황의 친필이라는 의심스런 유언장을 전달받았다. 이 유언장은 자신이 이복형제들과 조카들에게 독살될 것 같으니 아들들에게 복수해 달라는 내용이었다.(註. 12세기 동로마 역사가 조나라스에 따르면 콘스탄티누스가 페르시아와 전쟁을 준비할 때 야전에서 따뜻한 물을 마셨는데 이복형제들이 그 물에 독약을 탔다고 한다. 이로 인해 콘스탄티누스는 병을 앓다가 죽음에 이르렀다고 했다. 아마 조나라스는 콘스탄티누스가 살해당했다는 필로스토르기우스의 기록을 따랐으리라고 여겨진다.) 달마티우스와 한니발리아누스는 자신의 명예와 생명을 지키기 위해 유언장이 가짜임을 주장했지만, 즉각적인 사형 집행을 요구하는 군대의 격앙된 목소리 앞에서 침묵당하고 말았다. 무차별적인 학살로 준법정신과 절차상의 형식이 모조리 묵살되었으며, 콘스탄티우스의 두 숙부와 7명의 사촌들, 고모부 그리고 막대한 권력과 재산으로 제위까지 노리고 있다는 의심을 받은 아블라비우스 등이 살해되었다. 이 학살로 황족들이란 혈족 간의 애정에도 냉담하며 무고한 젊은이의 애원조차도 무시한다는 것을 시민들의 심중에 심어 주었다. 학살에서 살아남은 사람은 콘스탄티우스의 어린 사촌 동생인 열세 살 난 갈루스와 일곱 살 난 율리아누스뿐이었다.

○ 이 일로 콘스탄티우스는 자신에게 향해진 모든 비난과 죄를 짊어져

야 했다. 훗날 그는 젊은 시절에 관리들의 거짓 충언과 군부의 맹렬한 폭력에 휩싸여 친척들에게 잔혹한 행위를 저질렀다며 회한을 드러냈다고 한다. 그러나 나중에 동방을 다스리게 했던 갈루스를 폴라 감옥에서 살해하고, 율리아누스에게 위험과 고난의 길을 걷게 했던 자가 콘스탄티우스인 점을 생각하면, 후회의 회한도 자신의 냉혹한 결정을 옹호하기 위한 것 이상이 아니었을 것이다.

｜ 마음에 새기는 말 ｜

충성으로 가려져 있거나 친척 간이라는 가식 밑에 숨어 있는 것보다 더 위험한 함정은 없다.

_ 키케로

– "사람의 원수가 자기 집안 식구리라.(註. 마태복음 10장 36절)" 아우구스티누스는 키케로와 성서를 인용하면서 이 말을 듣고 가슴 아프지 않은 자가 아무도 없다고 했다. 그는 가면 쓴 친구와 동료의 악의를 태연히 참을 만한 용기와 이를 좌절시킬 지혜가 있더라도 배신당한 고통은 심하며, 그 배신자가 늘 악했고 우정은 속임수에 불과했든 아니면 그 악한 성격이 더욱 타락한 것이든 마음이 아픈 것은 마찬가지라고 했다. 친척, 가족, 친구, 동료는 아주 가까운 사이다. 가까운 자들의 비밀스런 배신으로 많은 사람들에게 깊은 상처를 남긴다는 것은 인간사의 은밀한 불행이다.

☀ 콘스탄티누스 2세(340년)와 콘스탄스(350년)의 몰락

≪무릇 최고 권력자란 한번 내뱉은 말을 쉽게 번복할 수 없거늘 콘스탄티누스 2세는 이런 이치를 모르고 허술하게도 분노에만 의존하여 공격하다가 죽음의 덫을 피하지 못했고, 최고 권력자의 게으름은 반란과 음모를 싹 틔우거늘 콘스탄스는 음해 세력의 감시를 소홀히 한 치명적 결함을 방치한 결과 적의 올가미에 걸려들었다. 아마도 세상 물정이 어두운 어린 권력자들은 네로 황제 시절의 세네카처럼 현명하고 충성스런 보좌관이 필요했으리라.≫

○ 콘스탄티누스의 둘째 아들 콘스탄티우스 2세가 한니발리아누스와 달마티우스 그리고 숙부들과 중신들을 일거에 모두 살해함으로써 정적 숙청을 끝내고, 콘스탄티누스의 세 아들들은 판노니아 속주에서 회합을 가졌다. 그 자리에서 둘째인 콘스탄티우스는 한니발리아누스가 통치하려고 예정했던 북부 메소포타미아와 달마티우스에게 통치권이 있던 도나우강이 흑해로 흘러드는 지역 일대를 편입했고, 셋째인 콘스탄스는 달마티우스의 관할 지역이던 다키아 · 마케도니아 · 그리스 지역을 편입했다.

○ 세 형제가 통치 구역의 분할에 전혀 이의 없이 동의하는 것으로 회담은 끝났다. 하지만 첫째 아들 콘스탄티누스 2세는 회담이 끝나고 자신의 관할 구역에 돌아와서 그제야 살해된 사촌들의 통치 지역을 나누었지만 자신이 얻은 이익은 아무것도 없다는 것을 알았다. 그는 근친들을 제거하고 그들의 영토를 빼앗는 데 공이 컸던 콘스탄티우스의 관할 지역 확대와 우위는 인정했으나, 셋째인 콘스탄스에게는 북아프

리카를 양보해 달라고 요구했다. 하지만 콘스탄스는 형의 요구를 거절했다. 개인적인 일이라면 형의 요구를 들어줄 수 있겠지만 수많은 관리와 주민들의 이해득실이 걸려 있는 통치 구역을 그렇게 쉽게 변경할 수 없었으리라. 몇 번의 편지가 오가며 티격태격하다가 인내의 한계에 다다른 콘스탄티우스 2세가 먼저 군사 행동을 시작했다.

○ 세부적인 작전과 준비 과정 없이 시작된 이 전쟁은 콘스탄스의 본거지인 판노니아로 가는 길에 아퀼레이아 근처에서 벌어진 전투로 간단히 결말났다. 콘스탄티누스 2세는 패전의 결과로 죽었다기보다는 통솔을 벗어난 휘하 장병들이 모두 도망치고 혼자 고립되어 일개 병졸처럼 사로잡히자마자 살해당했다. 그의 주검은 근처를 흐르는 강물에 내던져지고 시체를 찾을 수 없다는 이유로 무덤조차 만들어지지 않았다. 그때 콘스탄티누스 2세의 나이 24세였다.

○ 콘스탄티누스의 셋째 아들 콘스탄스는 아버지가 물려준 뛰어난 장군들과 병사들 덕택에 10년 가까이 북방의 야만족을 큰 어려움 없이 물리칠 수 있었다. 이것이 그로 하여금 자만심을 갖게 하고, 자신이 군사적 재능이 있어서 적들을 제압할 수 있었다고 믿게 만든 불행이었다.

○ 서기 350년 루그두눔(註. 현재 프랑스의 '리옹')에서 루테티아(註. 현재 프랑스의 '파리')로 가는 가도를 3분의 1쯤 북상한 곳에 있는 아우구스토두눔(註. 현재 프랑스의 '오툉') 시내에서 숙영하고 있을 때, 재무장관 마르켈리누스는 아들의 생일 축하 잔치에 황제의 휘하 장군들을 모두 초대했다. 이때 콘스탄스는 연회에 참가하여 장군들과 인간관계를 돈독히 한 것이 아니라, 자신의 욕망이 이끄는 대로 숙영지 주변의 산야를 달리면서 사냥을 하거나, 어쩌면 은밀하고 사악한 쾌락

에 빠져 있었다. 그때 잔치에 참석한 장군들은 야만족 출신의 마그넨티우스가 미리 계략한 대로 콘스탄스를 폐위시키고 마그넨티우스를 황제로 옹립했다.

○ 연회장에서 빠져나온 소년 노예에게 이 사실을 듣고서 콘스탄스는 위험을 피해 사냥터에서 그대로 달아났다. 하지만 그가 피레네 산맥의 기슭 근처까지 도망쳤을 때, 추격해 온 기병대에게 붙잡혀 그 자리에서 무참하게 즉결 처형당했다. 이것이 10년 동안이나 광대한 로마 제국의 3분의 2를 통치했던 황제의 최후였다.

※ 무르사 전투(351년)

≪삼 형제 중 마지막으로 살아남은 콘스탄티우스 2세는 동생의 복수와 아버지의 영토 수호를 위해 마그넨티우스와 맞붙었다. 그는 의심 많고 나약한 인간이긴 해도 제국의 일부를 통치하는 것에 만족하거나 동생의 파멸을 그냥 지켜보는 비굴한 자가 아니었으며, 적어도 최소한의 책임감을 가진 자였다. 하지만 마그넨티우스는 막강한 군사력을 거느리고 있었으며, 결코 호락호락한 상대로 치부할 수 없는 장군이었다. 곤경에 처한 콘스탄티우스는 마그넨티우스에게 고전을 면치 못하고 제국의 통치권을 통째로 빼앗길 위기에까지 몰렸지만, 적의 기병대장 실바누스의 전향으로 겨우 용기와 기백을 되찾고 승리할 수 있었다.≫

○ 콘스탄스가 야만족 장군의 반란에 목숨을 잃고 제국의 3분의 2를 강
   탈당하자 동방을 통치하던 콘스탄티우스 2세는 동생의 억울한 죽음
   을 복수하고 아버지로부터 물려받은 영토를 수호하기 위해 군마를
   반란의 땅으로 몰았다. 반란의 땅에 다다른 그는 동생을 죽이고 권력
   을 빼앗은 야만족 출신의 장군 마그넨티우스와 제국의 통치권을 놓
   고 창검을 겨루었다. 하지만 콘스탄티우스는 군사적으로 탁월했던
   마그넨티우스에게 곳곳에서 기습을 당하는 등 고전을 면치 못했다.
   두 군대는 마침내 무르사 평원에 양측 병사들을 집결시켜 맞붙었다.
   무르사(註. 현재 크로아티아의 '오시예크') 평원은 오늘날의 헝가리와

| 무르사

　　　　　　　　　　　　— 로마의 선택과 결정 ⑥ 제국의 몰락

크로아티아 경계에 있으며, 드라우강이 도나우강에 흘러드는 지점이다. 완벽한 준비가 되어야 움직이는 소심한 콘스탄티우스는 적보다 2배나 많은 전력을 보유하고 있었지만 양군이 서로 노려본 채 봄이 지나고 여름을 보냈다. 가을이 접어들었을 때, 갈루스를 부황제로 임명한 동방도 안정을 되찾았고, 더욱 고무적인 것은 프랑크족 출신 기병대장 실바누스가 휘하에 있는 4천 명의 기병을 데리고 콘스탄티우스 쪽으로 돌아선 사건이었다.

○ 어느 쪽에서 먼저 공격한지는 몰라도 9월에 전투가 개시되어 혼전의 형태로 전개되었다. 마그넨티우스는 장군답게 전쟁터의 선두에 서서 지휘를 했으며, 콘스탄티우스는 후방에 있는 성당에서 기도를 드리며 결과를 기다렸다. 피아간 5만 4천 명의 전사자가 발생한 후, 서전에서 콘스탄티우스가 승리를 잡았다. 이 전투는 제국의 방위력에 크나큰 폐해를 끼쳤다. 왜냐하면 변방을 방어하고 제국을 지킬 군사력이 소진되어 제국의 멸망을 촉진시켰기 때문이다.

○ 전투에서 패한 후 북이탈리아에 도망가 있던 마그넨티우스는 콘스탄티우스가 북아프리카와 히스파니아 등지에서 세력을 넓히고 있는 것에 대하여 속수무책일 수밖에 없었다. 결국 갈리아로 돌아온 마그넨티우스는 갈리아의 민심이 변한 것을 알았다. 우선 트레베로룸이 공동 황제로 지명한 데켄티우스에게 성문을 닫았고, 다른 도시들도 그 뒤를 따랐다. 병사들조차도 충성심이 약화되었고 자신들의 황제인 마그넨티우스를 콘스탄티우스에게 넘겨 반역의 처벌을 용서받으려 했다. 악화된 사태에 절망한 마그넨티우스는 병사들이 자신을 적에게 넘기려 하자 353년 루그두눔에서 스스로 목숨을 끊었다. 이 소식을 들은 데켄티우스도 이튿날 목을 맨 채로 발견되었다.

인간의 열정과 욕구 중에서도 권력욕이 가장 반사회적인 것이다. 왜냐하면 한 사람의 권력과 자부심을 위해 많은 사람들의 복종이 요구되기 때문이다.

_ 에드워드 기번

✴ 갈루스(Gallus) 부황제의 파멸(354년)

≪갈루스는 도전과 죽음 앞에서 망설이지 말고 검을 뽑아야 했다. 행여 용서되지 않을까 하는 미련은 의심 많은 최고 권력자에게 기대할 수 없는 법이다. 콘스탄티우스 2세는 이미 혈육을 죽인 경험이 있는 사람이었고, 심약하며 음침하고 폐쇄적이며 잔인했다. 최고 권력자로부터 의심을 받은 갈루스는 자신이 부족한 것이 무엇인지 먼저 살펴야 했지만, 실현 가능성 없는 희망에 몸을 의탁하고 말았다. 수많은 가능성 중에서도 의심이 많은 자가 최종적으로 살아남는다는 것은 역사의 어두운 부분이 아닐 수 없다.≫

○ 콘스탄티우스 황제는 마그넨티우스의 반란이 터지자 351년, 정변에서 살아남은 2명의 근친 중에서 갈루스를 부황제로 임명하여 제국의 동측을 맡겼다.(註. 생존한 근친 2명은 갈루스와 율리아누스였으며 이들은 이복형제 간이었다.) 그는 형과 동생이 모두 죽고 찬탈자 마그넨티우스를 진압하기 위해 결전을 앞두자, 제국을 혼자 통치하기에는 너

무나 광대했고 역부족이었기 때문에 어쩔 수 없이 선택한 결과였다. 사실 콘스탄티우스는 갈루스의 아버지를 죽이도록 명령한 사람이었다. 정변의 피바람이 몰아친 후 342년부터 갈루스는 율리아누스와 함께 카파도키아의 마켈룸 고성에 사실상 유폐되어 있었다. 그러다가 콘스탄티우스의 고육지책으로 동방 사령관인 부황제에 임명되어 안티오키아의 주인이 된 것이다.

○ 어렸을 적의 유폐 생활은 갈루스를 정신적으로 피폐하게 만들었고, 통치에서도 편집증을 갖게 했으며, 이는 황궁 내부의 실력자인 환관들과 대립각을 세우게 되는 원인으로 작용했다. 페르시아와 전쟁이라도 벌였다면 사냥을 좋아했던 갈루스에게 행운이 되었겠지만 페르시아와의 강화 조약은 계속 유지되고 있었다.

○ 갈루스의 통치 능력은 이복형의 약점을 되도록이면 덮어 주려고 한 율리아누스조차도 무능하다고 인정할 수밖에 없을 정도였다. 갈루스의 아내 콘스탄티나(註. 콘스탄티나는 콘스탄티우스의 누이동생이었다.)는 사려 깊고 온화한 충고로 남편의 성정을 부드럽게 만들기는커녕 오히려 갈루스의 사나운 격정을 부채질할 뿐이었다. 그녀는 여성다운 온순한 성질은 전혀 없이 허영심만 강해서 사치를 일삼았을 뿐

▌안티오키아

아니라 시민들의 재산과 생명을 우습게 여겼다. 이러한 이유로 안티오키아는 밀고자들이 도시에 득실거렸고, 고문과 살인으로 공포스럽고 불안한 나날이 계속되었다.

○ 콘스탄티우스 황제는 콘스탄스를 살해하고 반역을 일으킨 마그넨티우스와 내전을 치르느라 자신의 지위조차 불안할 동안에는 갈루스의 미숙하고 잔인한 통치를 눈감아 주었다. 내전이 최종적으로 자신의 승리로 끝나자, 이제 갈루스 부황제 따위는 쓸모가 없어졌고 두려워할 필요도 없어졌다. 콘스탄티우스는 갈루스의 통치를 엄격하고 의혹에 찬 시선으로 검토한 후, 갈루스를 폐위하거나 아니면 안락한 동방에서 떼어 내어 혹독한 고난과 위험이 도사리고 있는 갈리아 또는 게르마니아의 전쟁터로 보내리라 마음먹었다.

○ 콘스탄티우스는 동방을 개혁할 특별 임무를 수행하기 위해, 총독 도미티아누스와 황궁 재무장관 몬티우스를 갈루스에게 보냈다. 갈루스는 온건하고 정중한 태도로 콘스탄티우스가 보내온 특사를 설득하고 자신의 행위를 이해시켜야 했지만 일이 그렇게 되지 않았다. 거만한 도미티아누스는 안티오키아에 도착하자마자 부황제 갈루스를 알현

▌ 갈루스 부황제가 새겨진 금화

하지도 않고 몸이 아프다는 핑계로 숙소에 틀어박힌 채 갈루스에게 오만한 문서를 보냈다. 분노를 억누르고 갈루스가 몇 번을 간청한 결과, 도미티아누스는 황궁을 찾아와서 회의에 참석하기는 했으나, 그 자리에서 그가 취한 조치는 간략하고 무례한 명령과 위협뿐이었다.

○ 갈루스와 콘스탄티나는 도미티아누스의 무례함에 격노하여 그를 황궁 호위대의 손에 넘겨 버렸다. 이에 몬티우스는 일개 관리를 파면할 권리조차 없는 갈루스가 감히 콘스탄티우스 황제의 특명을 받은 관리를 감금하느냐고 따지고 들었다. 갈루스는 황궁 호위대에게 무장을 명한 다음, 안티오키아 시민들에게 궐기하여 이곳의 통치자인 자신을 보호해 주고 복수해 줄 것을 호소했다. 그의 안티오키아 황궁 생활 3년째 일어난 이 일은 동방 개혁의 임무를 맡아 파견된 두 사람의 다리를 난폭하게 묶어 도심을 질질 끌고 다니면서 모욕과 고통스런 상처를 입힌 다음 마지막에는 난도질한 후 시체를 오론테스강에 던져 버린 것으로 끝났다. 이것으로 갈루스의 운명은 결정되었다.

| 안티오키아의 오론테스강

○ 콘스탄티우스는 갈루스의 편에 설 위험이 있는 아시아 속주의 정예 군단을 갈루스에게서 떼어 놓기 위해 자신에게로 불러들였다. 그러고도 갈루스가 통치하는

안티오키아에서 그를 체포한다면 위험할 수 있다는 생각에 위장 전략을 쓰기로 했다. 콘스탄티우스 황제는 갈루스에게 사촌 형으로서 메디올라눔으로 와 달라는 내용의 애정이 담긴 편지를 써 보냈다. 부황제로서 그에 합당한 의무도 이행하고 자신의 국무도 일부분 분담해 주기를 바라니, 직접 관리들과 병사들을 데리고 와 달라는 내용이었다. 갈루스는 이것이 초청장이 아니라, 소환이라는 것을 직감했다. 따라서 콘스탄티우스의 누이인 아내 콘스탄티나를 먼저 보내 자신을 보호하려고 했으나, 아내는 남편의 변호를 위해 머나먼 여행을 하던 중에 병으로 쓰러져 죽고 말았다.

○ 아내를 바로 뒤따라갔던 갈루스는 안티오키아에서 콘스탄티노폴리스까지는 휘하 장병을 거느린 로마 제국의 부황제로서의 여행이었다. 경기 대회를 개최하기도 했으며, 콘스탄티노폴리스 원로원의 환송을 받기도 했다. 그러나 하드리아노폴리스에 도착하자마자 콘스탄티우스의 명령이 기다리고 있었다. 국영 우편 마차를 타고 오라는 명령이었다. 그것은 황제가 부황제에게 지시하는 명령이었다. 갈루스는 이제 자신이 호송되는 몸이라는 것을 깨달았지만, 충분한 병력도 없는 상태에서 어떻게 할 수가 없었다. 호송된 곳도 콘스탄티우스가 있는 메디올라눔이 아니라, 콘스탄티누스의 아들 크리스푸스가 계모를 능욕했다는 이유로 처형된 아드리아해에 면한 폴라 요새였다. 기회의 신 카이로스가 앞머리를 길게 하고 뒷머리를 깔끔하게 밀어 버린 것은 다가오는 기회란 잡을 수 있지만 지나간 기회는 잡을 수 없다는 의미다. 갈루스는 일을 저질렀으면 의심 많은 사촌 형에게 도전장을 던지고 병력을 규합하여 진격해야 했으나, 결국 콘스탄티우스의 올가미에 걸려 저항할 모든 기회를 놓쳐 버렸다.

○ 그는 부황제의 인장을 뺏기고 망토도 벗겨지고 투니카만 남겨졌다. 폴라 요새에서 끌려간 곳에 기다리고 있는 사람은 황제 콘스탄티우스가 아니라 환관 에우세비우스였다. 혹독한 고문이 갈루스에게 가해졌다. 갈루스는 혹독한 고문을 이기지 못하고 콘스탄티우스를 살해하려는 음모를 꾸

| 카이로스

몄다고 자백했다. 그러면서 이 모든 것을 아내 콘스탄티나가 사주했다고 변명했는데, 이는 처음부터 편견을 가지고 지켜보던 콘스탄티우스로 하여금 노여움을 더욱 부채질하게 했으며, 도저히 갈루스를 살려 둘 수 없다고 판단하게 했을 뿐이다. 갈루스는 손을 뒤로 결박당하고 무릎을 꿇은 자세로 목이 잘렸다. 똑같이 처형당한 크리스푸스는 끝까지 무죄를 주장했지만, 억울한 누명을 쓰고 살해당하는 갈루스는 무죄를 주장하지도 않은 채 참수되었다. 그때 갈루스의 나이 30세였다. 갈루스가 처형당하자 그가 신던 보석 박힌 신발을 들고서 기쁘게 콘스탄티우스 앞으로 달려간 어느 지휘관은 그것이 전리품인 양 황제 앞에서 내동댕이쳤다.

○ 사실 콘스탄티우스는 마음을 바꾸어 사촌 동생이 가엽다는 생각이 들었다. 사형만은 취소하려고 했지만, 환관들은 집행 유예 명령을 받은 콘스탄티우스의 전령이 사형 집행인에게 전달되지 못하도록 저지했다. 환관들은 앙심을 품은 갈루스의 보복이 두렵기도 했고, 무엇보다

도 갈루스가 다스렸던 동방의 부가 자신들의 탐욕을 자극했으므로 이
곳을 갈루스가 아닌 자신들의 세력 안에 포함시키고자 했던 것이다.
이로써 환관들의 권세는 황제의 결정을 우롱할 정도였고, 탐욕은 극
에 달했음을 보여 주었다.

| 마음에 새기는 말 |

**가혹한 현실에서도 정신적 균형을 잃지 않으려면 현실을 잊을 수 있는
자신만의 세계를 구축할 수 있어야 한다.**

- 갈루스와 율리아누스가 콘스탄티우스에 의해 카파도키아의 마켈
  룸 고성에 유폐되었을 때, 율리아누스가 그리스 철학과 문학의
  세계에 흠뻑 빠져 정신적 피폐를 견뎌 낸 것에 대하여.

기병대장 실바누스(Silvanus)의 죽음(355년)

≪의심이 많고 편협하며 잔인한 군주가 지배하는 국가의 신하는 처
신하기가 어려운 법이다. 실바누스가 주군을 바꾼 이유는 콘스탄티
우스가 내전에서 승리할 것이란 생각에서인지, 아니면 마그넨티우스
가 정당하게 제위를 차지한 것이 아니어서 정통성이 결여되었다고 생
각해서인지 알 수 없다. 주군을 바꾼 그의 명백한 오류는 콘스탄티
우스가 의심이 많은 자이고, 따라서 전향한 자신은 의심의 표적에서
벗어나기 힘들다는 것을 미처 생각하지 못했다는 점이다. 하지만 남

《을 신뢰하지 않는 기질이 콘스탄티우스의 수명을 연장시키고 살해당하는 위험을 피하게 할 수 있었으리라.》

○ 일리리쿰의 장군 베트라니오는 갈리아에서의 마그넨티우스 반란과 콘스탄티우스에게 살해당한 한니발리아누스 미망인의 격려에 힘입어 황제를 자칭하며 반역을 도모했다. 그는 혼자만의 힘으로 황제의 지위를 지켜 내기가 어렵다는 것을 알고서 마그넨티우스와 동맹을 맺고 콘스탄티우스에게 대항했다. 그러나 콘스탄티우스의 계략과 군사적 위협 앞에 못 견디고 스스로 황제 자리에서 내려와 콘스탄티우스 발 앞에 무릎을 꿇었다. 사실 베트라니오는 황제로 선포된 후 당연히 마음의 준비를 해야 했을 콘스탄티우스와의 대결에 열의를 보이지 않았다. 이것으로 미루어 보면 그가 황제로 추대되었을 때 이를 거절한다면 군대를 자극하여 위험에 처해질 수 있으므로 자신을 황제로 선포하도록 내버려 두었을 수 있고, 아니면 사태의 추이를 관망하다 승산이 없자 콘스탄티우스에게 항복한 것일 수도 있었다.

○ 베트라니오를 제위에서 끌어내린 콘스탄티우스는 이제 마그넨티우스와 창검으로 맞붙었다. 용맹하고 경험 많은 갈리아 군대를 이끌고 있는 마그넨티우스는 스스로도 유능한 장군이었던 까닭에 콘스탄티우스는 고전을 면치 못했다. 군사적 요충지와 주요 도시들이 곳곳에서 기습을 당하자, 콘스탄티우스 군은 지치고 사기도 저하되었으며 명성도 땅에 떨어졌다. 결국 콘스탄티우스는 자존심을 버리고 찬탈자이자 동생 콘스탄스를 죽인 마그넨티우스에게 알프스 아래의 속주들에 대한 통치를 인정한다는 조건의 강화 조약을 청하기에 이르렀다.

○ 마그넨티우스 휘하의 군대와 관리들은 모두 다 콘스탄티우스의 제안

을 수락하길 원했으나, 자신감으로 오만해진 마그넨티우스는 이를 거절하고 조약을 청하러 온 사신을 인질로 억류하라고 명령했다. 이 것은 전쟁의 규칙을 무시한 비난받을 행동이었다. 콘스탄티우스는 이렇듯 무례하고 방자한 마그넨티우스에게 분노했지만 보복할 방법이 없었다.(註. 그러나 351년 무르사 회전에서 마그넨티우스는 결정적으로 패배하자, 제위를 포기하고 여생을 콘스탄티우스에게 충성을 다해 섬기겠으니 목숨을 살려 달라고 제의했다. 그때 콘스탄티우스는 동생을 죽인 자를 용서할 수 없다며 냉정하게 거절했다. 이후 353년 마그넨티우스는 부하들에게 배반당하자 절망하여 자살했다.) 그러나 실리가 없었던 것은 아니었다. 마그넨티우스 휘하에 있던 공정하고 명성을 갖춘 프랑크족 출신 기병대장 실바누스가 자신의 주군을 바꾸기로 결정했기 때문이다.

○ 실바누스는 마그넨티우스 휘하의 기병대장이면서도 무르사 전투에서 4천 명의 기병들을 데리고 콘스탄티우스 황제에게로 돌아섰던 것이다. 그는 전향한 공로를 인정받아 갈리아를 담당하는 기병대장(마기스테르 에퀴툼magister equitum)으로 승진했다. 그런데 4년도 지나기 전에 환관들이 콘스탄티우스에게 실바누스가 반란을 꾀하고 있다고 속닥거렸다.

○ 그가 의심의 소용돌이에 휘감겨진 것은 갈리아 관리에게 추천장을 쓴 것이 화근이었다. 그의 추천장을 받은 관리가 실바누스의 서명만 남기고 본문의 내용을 모두 지운 뒤 콘스탄티우스에 대한 반역을 부추기는 내용으로 채워 넣었던 것이다. 위조된 이 편지는 실바누스의 정적인 람파디우스의 손에 들어갔고 람파디우스는 콘스탄티우스에게 이를 일러바쳤다. 콘스탄티우스는 사실 확인도 제대로 하지 않고

실바누스를 제2의 마그넨티우스라고 지칭하며 즉각 실바누스를 잡아들이라고 명했지만, 실바누스에게 호의적인 말라리쿠스를 비롯한 몇몇 지휘관들이 실바누스의 결백을 강력히 주장했다. 이들 지휘관들은 실바누스처럼 대부분 게르만족 출신이었다. 그러는 사이에 이번에는 실바누스와 말라리쿠스가 공동으로 반란을 공모했다는 편지가 한 통 더 발송되었다. 이 편지를 받게 된 북이탈리아 크레모나의 국영 무기고 담당 관리는 당황하여 직접 말라리쿠스에게 사실 여부를 문의했다. 말라리쿠스는 그 편지를 가지고 이 모든 것이 모함이고 허위였다는 것을 콘스탄티우스 황제가 친히 참석한 회의에서 밝혔다. 마침내 조사를 통해 교묘하게 지워졌던 당초의 내용이 발견되고 람파디우스를 포함한 음모자들이 체포되었다.

○ 체포된 음모자들은 고위층의 지인들에게 호소했고 결국 큰 처벌 없이 풀려났다. 앞날을 더 나은 방향으로 나아가게 하려면 지난 일의 부당함이 청산되어야 했지만, 중대한 결과를 초래할 사기극이 아무것도 아닌 것으로 결정되자 사건의 피해는 고스란히 선량한 자에게 남았다. 더군다나 애초에 편지를 위조했던 관리는 얼마 후 이탈리아 지역의 총독으로 승진되기까지 했다.

○ 그런데다 진실이 밝혀졌어도 진실의 확인이 피해를 입은 실바누스의 절망적인 결정보다 늦었다는 것이 불행이었다. 당시만 해도 정보의 전달 속도가 늦었던 탓에 황궁에서 누명이 벗겨졌지만 실바누스는 자신이 유죄 판결에 처해진 것으로 알고 있었다. 그는 반역죄로 몰리게 되자 다른 길이 없다고 생각하고 정말로 반란을 일으키고 말았다. 하지만 애초부터 그에게는 제위를 가로채려는 야심이 없었다. 항변할 기회조차 없이 반역죄로 몰리게 되니 막다른 골목에서 살아날 방

법은 실제로 제위를 탈취하는 길밖에 없다는 결론에 다다른 것뿐이었다. 급조된 즉위식이 거행되어 실바누스는 황제로 선포되었고, 황제의 자의를 구하기 힘들어 군기에서 조각조각 떼어 내 꿰매어 마련했다. 당시에는 황제의 옷인 자주색 옷을 가졌다는 것만으로도 반역죄로 간주되었기 때문이다. (註. 황제의 색깔은 '보라색' 또는 '자주색'을 혼용하고 있어 구분이 명확하지 않다. 따라서 황제를 나타내는 색은 '보랏빛이 감도는 자주색' 정도로 보는 것이 적절하다고 여겨진다.)

○ 야심을 가지고 제위에 오른 것이 아니어서인지 실바누스는 반란을 선언하고 나서도 망설였다. 한시라도 빨리 적들을 향해 진군하여 무릎을 꿇리자는 병사들의 외침에도 그는 머뭇거렸다. 방향을 정했으면 거침없이 내달려야 하거늘 이렇듯 망설인 것은 그가 반란의 깃발을 꽂은 지 얼마 되지 않아서인지 아니면 사태를 확대시키지 않고 해결될 수 있으리라는 희망을 가져서인지 알 수 없다. 그러나 콘스탄티우스는 반란의 기치를 내건 유능하며 위험한 사령관을 용서할 자가 아니었다.

○ 콘스탄티우스는 제국의 동방에서 근무하고 있던 용맹한 우르시키누스 장군을 일부러 불러 실바누스를 제거할 것을 은밀히 지시했다. 사실 콘스탄티우스는 우르시키누스가 역모를 꾀하고 있을지 모른다며 의심하고 있었다. 용맹과 충성을 겸비한 장군이 의심을 받게 된 데는 콘스탄티우스 옆에서 속닥이고 있던 에우세비우스를 위시한 환관들의 모함이 한몫했다. 환관들은 제국의 주요 인사들을 하나하나씩 파멸시키면서 자신들의 권력을 키워 나가고 있었다. 그래선지 실바누스 진영에 갈 때 우르시키누스는 휘하의 지휘관들을 포함하여 10명만을 동행하도록 허락되었다. 이들은 그야말로 맹수 앞에 던져진 검

　　　　　　　　　　　　　　 ────── 로마의 선택과 결정 ⑥ 제국의 몰락

투사의 기분이었다. 실바누스의 진영이 있던 콜로니아 아그리피넨시스(註. 현재 독일의 '쾰른')를 찾아간 우르시키누스가 가지고 있던 황제의 친서에는 실바누스가 황제로 선포된 것을 모르는 듯 부대의 지휘를 우르시키누스에게 넘기고 메디올라눔으로 오라는 말만 있었다. 우르시키누스는 실바누스의 우정과 신뢰를 이용하여 자신도 그런 모함을 받은 적이 있다면서 실바누스의 부대에 거짓으로 합류했다. 그런 다음 실바누스에 대한 지지가 약한 몇몇 부대를 매수하여 등을 돌리게 했다. 그는 새벽에 실바누스의 침소에 침투하여 호위병들을 모두 베어 버리고 성당 안에 몸을 숨기고 있던 실바누스를 찾아내어 도륙했다.

○ 이로써 갈리아에서 게르만의 침략을 저지할 제국의 인재가 또 한 명 사라졌다. 우르시키누스의 휘하에는 역사가 암미아누스 마르켈리누스가 있었다. 그가 이에 대한 자세한 내용을 자신의 저술에 남겨 실바누스의 억울하고 비참한 죽음을 후세에 전했다.

❋ 율리아누스(Julianus)의 등장과 에우세비아(Eusebia) 황후의 애정(355년)

≪율리아누스는 아버지와 형을 살해한 자의 호출을 받고 그 앞에 섰다. 형의 죽음에 깊이 관여한 환관들은 율리아누스가 용서받고 권력을 가지게 된다면 그 피해가 고스란히 자신들에게 닥칠까 봐 걱정하면서, 그의 조그만 언행도 모반의 기질로 해석했다. 그러나 율리아

누스는 공포스런 현실 속에서도 강건함과 신중함으로 자신의 목숨을 구하고 황후의 도움을 받아 제국의 부황제에 임명되었다.≫

○ 율리아누스는 콘스탄티누스 황제의 이복동생 율리우스와 비티니아 출신의 어머니 바실리나 사이에 태어났다. 어머니는 그가 태어난 지 몇 개월 만에 죽었고, 그의 아버지는 앞서 서술한 337년 정변에서 목숨을 잃었다. 이후 그는 니코메디아에 격리되어 에우세비우스의 감시 하에 자랐으며, 에우세비우스가 떠난 다음에는 어머니 바실리아의 가정교사였던 마르도니우스에게 맡겨졌다. 마르도니우스는 율리아누스를 가엾게 여겼는지 그에게 그리스 철학과 문학에 눈을 뜨게 했고 호메로스의 미덕을 심어 주었다. 그러다가 많은 사람들이 드나드는 대도시 니코메디아에 율리아누스와 갈루스를 두면 위험하다고 간신배들이 속닥이자, 342년 콘스탄티우스는 그와 이복형 갈루스를 카파도키아 북동쪽의 고성 마켈룸으로 옮겼다. 이곳에서 율리아누스는 게오르기우스의 감시하에 한참 성장하는 청소년기를 매우 고독한 유폐 생활로 보냈다. 그나마 다행이었던 것은 게오르기우스가 소장한 수많은 장서를 그가 읽을 수 있었다는 것이다.(註. 율리아누스는 게오르기우스의 엄격한 통제에 질렸는지, 361년 게오르기우스가 알렉산드리아에서 군중의 폭동으로 살해되었을 때 냉정한 태도를 보였다.) 그러다가 갈루스가 부황제로 임명되자 율리아누스도 유폐 생활에서 벗어났다.

○ 정치적 갈등으로 갈루스를 처형한 후에도 여전히 제국을 혼자서 다스리기에는 힘에 겨웠던 콘스탄티우스 황제는 마지막으로 살아남은 사촌 동생 율리아누스(註. Julianus는 영식으로 '줄리안Julian')에게 관심의 시선을 돌렸다. 평화로운 이오니아 지방에서 조용히 은거 생활을

하던 율리아누스를 어느 날 콘스탄티우스가 호출한 것이다. 황제의 호출은 거역할 수 없는 명령이었다. 싫든 좋든 율리아누스는 콘스탄티노폴리스 황궁에서 긴장된 생활을 할 수밖에 없었다.

○ 그곳에서 황제의 의심으로 몰락하거나 죽은 친구들을 눈앞에서 목격한 그는 자신에게도 언젠가 그런 일이 닥치게 될지 모른다고 전전긍긍하며 불안한 나날을 보내야 했다. 콘스탄티우스와 악의에 찬 환관들은 율리아누스의 태도, 언행, 심지어 침묵까지도 의혹의 눈초리로 관찰했으며, 사소한 이유를 가지고서도 끊임없이 공격했다. 율리아누스는 자신도 모르는 사이에 역경에 대한 강건함과 신중함이 몸에 배어 있어 쉽사리 환관들의 함정과 계략에 빠지지 않았다. 그러면서도 형 갈루스의 죽음은 정당하지 않은 것이라고 말함으로써 폭력자들에게 아부하는 일만은 당당하게 거부했다.

○ 그는 골육상쟁으로 피비린내 나는 콘스탄티우스의 가문에서 자신만이 유일하게 살아남은 것은 신의 가호 때문이라고 굳게 믿고 있었다. 이러한 신의 가호를 도와준 것은 황후 에우세비아였다. 후사가 없었지만 미모와 덕망을 두루 갖춘 에우세비아는 심약하고 의심 많은 콘스탄티우스에게 큰 영향력을 발휘했다. 그녀는 갈루스의 죽음에 복수의 칼을 들이댈 자를 살려 두는 것은 위험하다고 간언하는 환관들의 악의를 막고, 따사로운 온정론을 주장하며 율리아누스를 편들었다. 율리아누스는 가까스로 죽음을 면하고, 아테네로 물러가 있으라는 명령을 받았다. 그리스의 철학과 문학에 큰 관심을 보였던 율리아누스는 아테네의 자유와 학문을 만끽하면서 타고난 온화하고 붙임성 있는 기질로 아테네 시민들의 애정을 널리 받았다.

○ 유달리 율리아누스에게 애정을 가졌던 에우세비아 황후는 야만족들

의 침입으로 과중한 업무에 시달리고 있던 남편에게, 혼자의 힘만으로는 제국의 광대한 영토를 방어하고 통치할 수 없으니 동방과 서방을 각각 나누어 서방을 율리아누스에게 맡기라고 설득했다. 율리아누스와 동년배인 그녀는 지난날 남편의 의심과 욕망으로 저질러진 불행한 사건들을 속죄하고 마음의 무게를 가볍게 하기 위해서라도 율리아누스의 앞날을 비참하게 하고 싶지 않았다. 갈루스에 대한 기억이 남아 있는 콘스탄티우스에게 그녀는 도미티아누스와 티투스의 예를 들면서 형제간이라도 성격이 서로 다를 수 있으며, 율리아누스에게 부황제의 칭호를 내려 주면 충성심과 감사하는 마음을 가질 것이며, 기질로 보아 황제와 통치권을 두고 다투거나 야심을 품는 일은 없을 것이라고 부드럽게 말했다.(註. 티투스는 성품이 너그럽고 관용의 덕성을 갖춘 통치자였다. 이에 반해 도미티아누스는 형 티투스가 황제로 있을 때 형을 살해하기 위한 음모를 꾸몄고, 아버지의 유언장이 변조되어 제국의 절반을 자신에게 주기로 한 내용이 지워져 버린 것이 틀림없다고 형을 몰아세우기도 했다.) 환관들의 은밀하고 집요한 반대에도 불구하고 도나우강을 침범한 사르마티아족과 더욱 광포하고 대담해진 이사우리아족의 약탈 행위에 콘스탄티우스는 자신의 힘만으로는 도저히 대처할 수 없다는 결론을 내리고 아내의 의견을 따르기로 했다.

○ 마침내 율리아누스는 황제의 여동생 헬레나와 결혼한 다음 부황제에 임명되어 알프스 서쪽의 갈리아 지역을 통치하기로 결정되었다. 황궁으로 들어오라는 명령을 받고 두려움에 떨며 입궁한 율리아누스에게 에우세비아 황후는 누이처럼 다정하게 껴안고 부드럽게 어루만지며, 두려워하지 말고 새로운 운명을 받아들이라고 격려했다.

인간 세계에서는 결과가 좋으면 신들이 도와준 덕이고, 결과가 나쁘면 인간의 잘못으로 돌리는 게 보통이다.

_ 율리아누스

- 결과가 좋은 것은 그것을 이룩한 사람의 운이 좋아 그런 것이라고 폄하하고, 결과가 나쁜 것은 시행한 사람의 노력과 판단이 잘못되었다고 질책하는 것이 사람의 심성이라는 의미로 말했다.

⁕ 율리아누스의 갈리아 통치

≪율리아누스는 갈리아 지역의 통치를 위임받자, 자신의 능력을 운명의 시험대 위에 올려놓았다. 무엇보다도 당시의 통치자는 군사적 능력을 필요로 했다. 이제까지 그의 삶은 군대와는 너무나 동떨어진 것이었지만, 그는 자신에게 맡겨진 일에 의무감을 느끼자 스스로가 짊어진 무게에 자신도 알지 못했던 군사적 능력을 깨달았다. 아마도 이는 최선과 의무라는 덕목으로 그가 일구어 낸 성과가 갈리아 지역에 널리 퍼지고 그 결과 주민들이 행복해지자 감정이 고양된 결과였으리라.≫

○ 부황제에 임명된 율리아누스는 불과 360명의 병사들만 데리고 갈리아로 출발했다. 로마 제국의 부황제가 임지로 떠나는 행차로서는 초

라하기 그지없었다. 당시 갈리아 지역은 무려 45개의 도시가 야만족의 침략에 재산을 약탈당하고 시민들은 노예로 끌려가 초토화되어 있었다. 율리아누스는 우선 야만족들의 공격으로 흩어져 지리멸렬된 병사들을 모은 후, 도시들을 약탈하고 난폭하게 점거하고 있던 게르만 야만족들을 격퇴하는 일에 모든 힘을 쏟았다. 몇 번의 실패가 있었지만 율리아누스는 총사령관으로서 그 일을 무난히 해치웠다.

○ 일개 서생에 지나지 않았던 그가 자신의 또 다른 능력을 확인하고서 스스로도 놀랐으리라. 율리아누스를 처음 보았을 때 그의 군사적 능력을 의심했던 병사들도 이제는 보는 눈이 달라졌으며, 그를 자신들의 총사령관으로 인정하고 따르며 충성을 다했다. 군사력에 의한 평화가 찾아오자, 율리아누스는 자신의 기질에 훨씬 더 어울리는 행정 업무에 착수했다. 모군티아쿰(註. 현재 독일의 '마인츠')에서 라인강 하구 사이의 7개의 전초 기지가 율리아누스의 명령으로 복구되었으며, 율리아누스의 열정으로 로마군과 패배한 게르만족뿐 아니라, 노역의 의무가 없었던 동맹군까지도 고된 노동에 기꺼이 참여했다.

○ 주민들의 배신이나 병사들의 반란은 언제나 배고픔에서 비롯된다. 이 점을 이해한 율리아누스는 600척의 범선을 건조하여 브리타니아로부터 곡물을 싣고 와 농경지가 거의 황폐화되어 굶주림에 허덕이고 있는 갈리아의 여러 도시에 식량을 배급했다. 식량 배급은 라인강을 거슬러 올라가면서 실시했으며, 이는 한때 콘스탄티우스 황제가 은화를 주고서라도 라인강을 자유로이 항해할 수 있는 권리를 게르만족으로부터 얻고자 한 것을 율리아누스가 군사력으로 되찾았기에 할 수 있던 정책이었다.

○ 율리아누스의 통치는 병영에서도 병사들과 똑같은 음식으로 만족한

것과 같이 스스로도 검소하며 절제하고 인내하는 생활의 토대 위에서 실시되었다. 시민들의 평화와 행복을 최우선으로 삼았고, 재판의 경우에서도 대부분을 속주 총독에게 일임했지만 재검토해서 부당한 법의 집행은 재심하도록 명령했다. 그렇다고 해서 무조건적인 열의에 빠져 주민들을 옹호하고 행정 관리들을 문책하는 일을 저지르지는 않았다. 한 예로 주민들을 착취했다는 죄목으로 나르보넨시스 총독이 기소되었으나, 기소한 고발자의 처벌 요구에 대하여 증거가 불충분하다는 이유로 냉정하게 무죄로 판결했다. 이에 고발자인 변호사 델피디우스가 분노하여 말하기를 "부인하는 것만으로 무죄가 된다면 도대체 누가 유죄가 되겠습니까?" 하고 소리 높여 외쳤다. 그러자 율리아누스는 "그렇다면 단언하는 것만으로 유죄가 된다면 무죄가 되는 사람은 누가 있겠는가?" 하며 맞받았다.

○ 율리아누스는 하급 관리들의 부정행위를 근절시켰으며, 조세 제도를 개편하여 공평하고 낮게 책정했다. 또한 갈리아 행정장관 플로렌티우스가 임시 조세를 징수하려고 율리아누스의 서명을 요청했을 때, 꿋꿋하게 거절했으며 이 거절의 정당성을 증명하기 위해 갈리아 주민들의 비참함을 보고서로 작성하여 콘스탄티우스의 노여움을 사기도 했다. 율리아누스는 신이 부황제라는 높은 지위까지 올려 주었으니 신의 섭리로 자신을 이끌 것이며, 만약 처벌을 받게 된다면 순수하고 공정한 양심의 증거라고 생각하며 위안으로 삼을 것이라고 말했다. 또한 죄를 눈감아 주며 지위를 누리느니, 차라리 짧은 기간이나마 선을 행할 수 있는 기회를 활용하는 편이 낫다고 말했다.

전제 정치의 폐해 가운데 하나가 군주의 뜻을 신하가 멋대로 헤아릴 수
밖에 없다는 것이다. 왜냐하면 전제 군주는 쉽게 자신의 속마음을 털어
놓지 않기 때문이다.

- 율리아누스가 알레만니족을 공격하기로 결정하자 콘스탄티우스
  는 바르바티우스 장군의 지휘 아래 2만 5천 명의 병사들을 지원
  했다. 하지만 바르바티우스는 율리아누스가 대승리를 거두는 것
  을 콘스탄티우스가 진심으로 바라는 바는 아닐 것이라고 판단하
  여, 적을 공격하지 않고 그냥 메디올라눔으로 돌아가 버린 것에
  대하여.

※ 선동자들에 의한 부족의 멸망(359년)

≪국운을 가름할 중요한 사안이 몇몇의 편협한 선동자들에 의해 결
정되고 국가의 운명은 무참하게 나락으로 떨어졌다. 리미간테족은 예
전과 같은 노예 상태로 전락하지 않고, 다른 부족의 속박에서 벗어
나 자유 부족으로 살아갈 수 있었던 기회를 선동자에 의해 놓친 후
재산과 생명 모두를 잃고 역사 속으로 사라졌다.≫

○ 357년 콘스탄티우스 2세는 수도 로마를 방문했다. 로마 황제로서는
  32년 만의 일이었다. 그곳에서 그는 일리리쿰 속주가 콰디족과 사르

마티아족에게 침범당했다는 급박한 소식을 보고받았다. 사르마티아족은 리미간테족 노예들의 반란으로 살고 있던 영토에서 쫓겨나 콰디족에 의탁하여 살고 있었다. 황제는 직접 출정하여 야만족들을 제압하여 굴복시켰으며, 로마군의 강력한 응징에 당황하고 다급해진 게르만 야만족들은 앞다투어 콘스탄티우스에게 부족별로 강화 조약을 청했다. 특히 콘스탄티우스는 리미간테족 노예들의 반란으로 근거지에서 쫓겨나 콰디족의 세력에 도움을 주고 있던 사르마티아족에게는 별도의 협약을 맺어, 하나의 국가를 형성하도록 하고 로마의 우방으로 동맹 조약을 맺었다. 그리고 사르마티아족을 비참하게 만든 리미간테족을 섬멸하여 평화를 정착시키겠다고 천명했다.

○ 리미간테족은 한때 사르마티아족에게 예속되어 노예 상태로 살아가고 있다가, 세력을 모아 주인인 사르마티아족을 몰아내고 그 땅을 차지하고 있었다. 리미간테족의 영토는 도나우강 북쪽에 위치해 있었으며, 한쪽에는 테이스강이 있어 두 강이 다른 침략자로부터 부족을 방어해 주었다. 콘스탄티우스의 진격 소식에 리미간테족은 탄원과 술책을 모두 동원했으나, 콘스탄티우스는 탄원을 단호하게 물리치고 기만과 술책을 철저히 좌절시켜 부족을 위기로 몰아넣었다. 그러던 중 도나우강과 테이스강의 합류 지점에 거주하고 있던 작은 부족 하나가 로마군에 접근하여 강을 건너게 해 주겠다며 속임수를 시도하기도 했지만, 굳건한 정공법으로 진격해 들어가는 로마군에게 오히려 희생물이 되었을 뿐이다. 로마군과 동맹을 맺은 사르마티아족도 복수심에 불타올라 예전에 자기 부족의 생활 터전이었으나, 한때 자신들의 노예였던 리미간테족의 근거지가 되어 버린 토지의 심장부로 깊숙이 쳐들어갔다.

○ 리미간테족은 재산과 생명을 지키기 위해서뿐 아니라, 어쩌면 그보다 더 중요한 자유를 유지하기 위해 로마군과 그 동맹군들에게 필사적으로 저항했다. 그들은 자신과 가족들이 또다시 노예의 상태로 전락하여 비참하게 살아가는 것보다는 차라리 싸우다가 죽기로 결심했다. 그러나 패전에 따른 무자비한 죽음 앞에 부족의 원로들은 분노와 굴욕적인 감정을 억누르고 콘스탄티우스의 막사 앞에서 무릎을 꿇었다. 항복한 그들에게 콘스탄티우스 황제는 자신의 자비로움에 대하여 언급하면서 부족이 안전하고 자유 부족으로 살아갈 수 있도록 먼 지방을 정착지로 정해 주었다.

○ 황제가 정해 준 땅으로 이동하던 리미간테족은 정해진 장소에 이르기도 전에 도나우 강변으로 되돌아와서는, 그곳에 가자니 너무 험난하므로 로마 속주의 경계 안에 정착지를 배정하여 주면 황제의 은혜에 진심으로 충성을 맹세하겠노라고 간청했다. 그러자 황제의 판단을 흐리게 하는 관리들은 로마로서는 재정적인 지원보다는 군사적인 지원을 받기가 더 어려운 지금, 부족민 모두가 병사들로 이루어진 그들을 속주에 받아들이는 것이 훨씬 현명하고 황제의 권위를 드높이는 처분이 될 것이라고 속삭였다. 그리하여 콘스탄티우스는 리미간테족을 모아 놓고 그 결정에 대해 온화하면서도 결단과 권위 있는 연설을 시작했다.

○ 리미간테 부족민들이 콘스탄티우스의 연설을 공손히 듣고 있던 중 부족원 한 명이 갑자기 신발을 공중으로 던지며 '마르하 마르하(marha marha)!'라고 외쳤는데 이 말은 항전하라는 의미였으며, 곧 폭거의 신호였다. 그들은 황제에게 달려들어 왕관과 옥좌를 순식간에 빼앗고 황제의 목숨까지 위협했으나, 충성스런 호위대의 필사적인 방어로

콘스탄티우스는 겨우 그 혼란스런 현장을 빠져나올 수 있었다. 배신적인 기습 공격을 받아 잠시 후퇴했던 로마군은 곧바로 전열을 정비하고 정예 부대를 투입하여 리미간테족을 섬멸했다. 이로써 사르마티아족은 자신들의 영토를 되찾을 수 있었고, 리미간테족은 몇몇 선동자에 의해 부족의 운명이 나락으로 떨어져 역사에서 영원히 사라졌다.

※ 황제로 옹립된 율리아누스(360년)

≪제위란 원해서 오르기도 하지만, 원하지 않아도 강압에 못 이겨 오를 때도 있다. 어쩔 수 없이 즉위했을 경우, 항상 위험이 뒤따랐으며 때때로 그것은 생명을 건 모험이었다. 율리아누스는 병사들의 옹립으로 자신의 의지와는 상관없이 제위에 올라 제국의 통치권을 놓고 콘스탄티우스와 겨루었다. 그는 야만족의 방식과 로마의 방식 모두에 의해 제위에 오른 최초의 로마 황제였다.≫

○ 갈리아를 게르만족의 약탈로부터 구해 내고 민생을 안정시킨 율리아누스의 명성은 제국의 방방곡곡으로 퍼져 나갔다. 환관들과 사제들의 폭정에 시달리고 있던 콘스탄티우스의 통치 지역에도 율리아누스가 병사들과 승리를 함께했으며, 온정적인 통치에 모든 시민들이 은혜로워하고 있음이 전해졌다. 그러나 황궁의 환관들은 율리아누스의 명성이 떠오르는 것을 염려했으며, 콘스탄티우스 황제에게도 자신들

의 마음속 깊은 공포가 황제의 안위와 연결되고 있음을 은밀하게 암시했다.

○ 황궁의 관리들은 율리아누스의 힘을 약화시킬 교묘하게 짜낸 계획을 실행시켰다. 그들은 콘스탄티우스로 하여금 갈리아의 주력 부대를 페르시아 전쟁에 투입하도록 명령을 내리게 한 것이다. 콘스탄티우스는 율리아누스 휘하의 정예 동맹군 4개 군단과 그 외에 최정예 병사 300명을 선발하여 즉시 페르시아 전선으로 출정시키라고 명령했다. 이만한 병력이 갈리아 지역에서 빠져나간다면, 갈리아 지역은 더 이상 게르만 야만족들로부터 안전을 보장받을 수 없었다. 또 다른 문제도 있었다. 갈리아 부대의 동맹군으로 참전하고 있는 대다수의 게르만 병사가 절대 알프스를 넘지 않는 조건으로 계약되어 있었으며, 이를 위반하여 강요하는 행위는 신의를 저버리는 행동일 뿐 아니라, 신뢰와 자유를 소중한 재산으로 여기는 게르만 병사들의 분노를 살 것이 뻔했다. 이들 병사들은 율리아누스에게는 애정과 충성을 바쳤으나, 콘스탄티우스는 경멸하고 증오했다. 또한 그들은 사막과 같은 극한 환경에 대한 두려움을 감추고 자신들의 손으로 평화를 찾은 이곳이 그들의 조국이며, 가족과 친구들이 사는 이곳 갈리아를 지키는 것이야말로 신성하고도 가장 긴급한 의무라고 주장했다.(註. 게르만족은 가족과 씨족 단위로 전투를 했으며, 여인들과 아이들 그리고 노인들뿐 아니라 가축까지도 전투 현장에 데리고 다녔다. 그들은 처참한 전쟁터에서 여인들의 비명 소리와 아이들의 울음소리가 전사들의 용기를 북돋아 준다고 믿었기 때문이다. 전투에서 얼마나 용맹스럽게 싸웠는지는 아내와 어린 자식들이 남편과 아버지의 참혹한 상처를 보살피면서 증인이 되어 주었다.)

○ 율리아누스 스스로도 콘스탄티우스의 명령을 따른다면, 자신의 재능과 용맹에도 불구하고 허울뿐인 사령관이 되어 주력 부대가 빠져나간 이후에 발생하는 재난의 책임을 모두 뒤집어쓰게 될 것이 분명하며, 애정으로 보살펴야 할 부하들의 파멸까지도 무책임하게 내버려 두는 것이나 다름없다는 것을 깨닫고 있었다. 그렇다고 대놓고 황제의 명령을 거부한다면 반역 행위이며, 이는 곧 내전을 선포하는 것이었다. 상황이 이렇듯 급박함에도, 하필 그때 기병대장 루피키누스는 스코트족과 픽트족의 침입을 격퇴하기 위해 브리타니아에 나가 있었고, 행정장관 플로렌티우스는 이 위험한 결정의 일부라도 책임지고 싶지 않았던 까닭에 율리아누스의 거듭된 귀환 요청에도 응하지 않고 공물사정 작업을 핑계로 비엔나에서 돌아오지 않고 있었다. 그들은 제국의 책임 있는 고급 관리였으므로 율리아누스와 머리를 맞대고 코앞에 닥친 위험을 헤쳐 나가야 했으나 파렴치한 처신으로 일관했다. 그들이 이처럼 처신한 것은 율리아누스가 결단을 내려 병사들을 강제로라도 이동시켰을 경우에 게르만 동맹군들의 위험한 동요를 견뎌 내야 했고, 반대로 콘스탄티우스의 명령을 거부했을 경우에는 제국과 황제에 대한 반란죄가 성립될 것이 뻔했기 때문이다.

○ 율리아누스는 상의할 사람도 없이 진퇴양난에 빠졌다. 그렇다고 환관들의 악의적인 공작으로 공직을 그만두고 떠나 버린 충신 살루스티우스에게 조언을 청할 수도 없었다. 그는 콘스탄티우스의 명령을 전하러 온 사신들에게 자신이 부황제직을 명예롭게 유지하기도 어렵게 될 것이 분명하므로 차라리 사임하겠다고 진지하게 말하기도 했다. 고통스러운 갈등 끝에 율리아누스는 황제에 대한 복종이야말로 무엇보다도 우선시되어야 한다며 어려운 결정에 도달했다.

○ 황제의 명령을 따르기 위해 그는 각 부대에서 차출한 병력을 집결지로 이동시켰다. 그러자 병사들의 아내들은 팔에 어린아이를 안고서 슬픔, 애정, 분노의 말을 뒤섞어 퍼붓고는 가족과 자신을 버리고 떠나는 남편을 원망했다. 율리아누스는 비애감에 젖어 병사들의 아내와 가족들이 따로 뒤따를 수 있도록 마차를 내주었다. 이 조치는 병사 가족들이 생이별해야 되는 고통을 조금이라도 줄여 주려는 데 목적이 있었지만, 율리아누스의 인기를 더욱 높이는 반면 콘스탄티우스에 대한 원망은 더욱 커져 슬픔은 쉽게 분노로 바뀌었다. 처음에는 불만에 차 있는 웅얼거림이 시간이 갈수록 분노의 외침으로 바뀌어 거칠 것 없이 막사 전체에 퍼져 나갔으며, 과격한 선동이라도 금방 일으킬 듯한 기세로 치달았다.

○ 율리아누스는 운집한 병사들 앞에 나아가서 그동안의 노고와 공훈을 치하한 다음 따로 지휘관들을 불러 대접하고 진심 어린 따뜻한 말로 자신의 마음을 전했다. 율리아누스의 다독거림에도 지휘관들은 일관되게 침묵했다. 그것이 그들의 답이었기 때문이다. 그러던 끝에 병사들은 대담하게도 그들이 갈리아를 떠나지 않아도 될 유일한 방책을 논의하여 그 뜻을 모았다. 출발하기 전날 밤, 병사들은 다시 주워 담을 수도 그리고 취소하거나 되돌릴 수도 없는 치명적인 함성 "율리아누스 아우구스투스!"를 소리 높여 외쳤다. 병사들의 갑작스런 행동에 율리아누스는 혼비백산하여 이 혼란을 진정시키고자 있는 힘을 다했다. 하지만 병사들은 오히려 강압적으로 전군의 환호와 갈채 속에 율리아누스를 방패 위에 들어 올리고 창과 검을 두드리며 기어이 황제로 추대하고 말았다. (註. 야만족들의 풍습에 의하면 마음에 들고 호의를 표현할 때에는 들고 있는 무기를 부딪혀 찬성과 복종의 소리를 냈

고, 마음에 들지 않으면 적개심의 표현으로 고함을 질렀다. 또한 왕으로 추대할 때는 추대받는 자를 방패 위에 들어 올렸다. 다만 아드리안 골즈워디는 4세기 역사가 암미아누스 마르켈리누스의 기록을 인용하면서 방패를 무릎에 대고 두드리는 것은 찬성과 환호를 표시했고, 창으로 방패를 두드리는 것은 항의의 표시라고 주장했다.) 율리아누스는 명예를 더럽힐 짓을 그만하라고 병사들에게 호소하고 간청했으며, 자신을 본래의 위치로 되돌려준다면 황제에게 이번 사태에 대해 관용을 베풀도록 사면을 요청하겠으며, 병력 차출 명령의 철회도 반드시 얻어 내겠다는 대담한 약속까지 했다.

○ 그러나 병사들은 오히려 율리아누스에게 살고자 한다면 제위에 오르라고 강력하게 주장하며 협박했다. 결국 율리아누스는 병사들의 협박 섞인 거듭된 주장에 굴복하고 말았다. 그리하여 만일 자신이 알프스산 너머의 갈리아를 통치하는 데 콘스탄티우스가 승인한다면 내전으로 치닫지 않을 것이므로, 자신이 갈리아를 평화롭게 차지하는 것으로 만족해야 한다는 약속을 군대로부터 얻어 내고서야 병사들을 해산시켰다. 율리아누스는 자신이 로마 황제로 옹립된 이상 로마식에 의한 승인을 받고자 했는데, 이는 병사들에게 훗날 적당한 하사금을 내리겠다고 약속함으로써 로마 제국 황제 즉위의 전통을 지켰다.

마음에 새기는 말

음모의 소용돌이 속에서 살아가려면 교활하게 굴기보다는 오히려 원칙대로 정당하게 처신하는 편이 효과적인 경우가 많다.

– 율리아누스가 상스에서 알레만니족에게 포위당했을 때, 급히 구

원하라고 기병대장 마르켈루스에게 명령했다. 마르켈루스는 이 명령에 불복했고, 율리아누스는 명령 불복종으로 마르켈루스를 해임했다. 그러나 이 해임 결정은 모험이었다. 왜냐하면 몇 년 전 율리아누스 이복형 갈루스는 콘스탄티우스가 임명한 고관을 살해한 것이 빌미가 되어 처형당한 일이 있었기 때문이다. 마르켈루스도 콘스탄티우스가 임명한 사람이었다. 그럼에도 율리아누스는 콘스탄티우스의 눈치를 살피며 지휘권에 먹칠하기보다는 원칙에 따라 명령 불복종에 대한 책임을 물어 그를 해임함으로써 군대의 기강을 바로잡은 것에 대하여.

☀ 율리아누스의 분노

≪흔히 권력자는 자신의 잘못에 대한 본질조차 잊어버리곤 한다. 이는 일반적인 대중이라면 경멸받아야 할 악행도 통치 행위라는 명분 아래 용서될 수 있다고 확신하기 때문이다. 유일하고 지고한 권력자는 항상 정당하다는 것이 콘스탄티우스의 논리였다. 그러나 자신이 율리아누스의 아버지를 살해했다는 것까지 망각하고 있었으니, 그 편견에 놀라지 않을 수 없다.≫

○ 병사들에 의해 옹립된 율리아누스는 일촉즉발의 상황을 피하고자 사절들을 콘스탄티우스에게 보냈다. 그는 사절들에게 내전을 막아야 하는 막중한 임무를 부여했다. 콘스탄티우스를 알현한 사절들은 율리아누스가 어쩔 수 없이 등극할 수밖에 없었다는 것을 설명하며 평

화를 위해 갈리아의 통치를 승인해 줄 것을 요청했지만, 황제의 무성의·표정·몸짓·격렬한 말투 등에서 분노와 모욕감을 느껴 물러날 수밖에 없었다. 두 사람 사이에서 중재해 줄 두 여인, 다시 말해 아내였던 헬레나와 사촌 형수였던 황후 에우세비아는 모두 죽고 없었다.

○ 그렇지만 콘스탄티우스는 율리아누스가 몇 가지 조건을 들어주면 반역 행위에 관용을 베풀어 줄 수 있다고 사절들에게 말했다. 그 조건은 아우구스투스의 칭호와 지위를 버릴 것, 제한적이고 종속적인 이전의 지위로 복귀할 것, 황제가 임명한 관리들에게 군대의 지휘권과 영토의 통치권을 넘겨줄 것, 갈리아의 주교이며 아리우스 파인 콘스탄티우스의 총신 에픽테투스에게 신변을 맡길 것 등이었다. 이는 갈리아의 군사권과 통치권 모두를 콘스탄티우스의 관리들에게 넘기고 생명까지도 맡기라는 것과 다름없었다. 결국 율리아누스는 자신의 온건하고 공손한 행동조차도 루테티아와 안티오키아 간의 3,000㎞의 거리만큼이나 자신과 황제의 의견이 다르다는 것을 확인했을 뿐이다.

○ 이런 상황에 내몰리자, 마침내 율리아누스는 생명과 운을 걸고서 내전을 감수하기로 결정했다. 그는 콘스탄티우스가 보내온 사신 레오나스가 있는 데서 콘스탄티우스의 편지를 낭독하며 병사들의 동의만 얻을 수 있다면 기꺼이 아우구스투스의 칭호를 버리겠다고 하자, 병사들은 온 광장이 떠나갈 듯 거부한다고 크게 외쳤다. 콘스탄티우스의 편지 말미에는 의지할 데 없는 천애고아 율리아누스를 유년 시절부터 돌보면서 그토록 정성껏 애정으로 교육하고 부황제의 지위에까지 올려 주었건만 배은망덕하게도 은혜를 저버렸다고 책망하는 내용이 있었다. 율리아누스는 격노했다. "고아라고! 내 가족을 암살한 장

본인이 내가 고아로 남겨졌다고 말하다니. 내가 오랫동안 잊으려고 그토록 애써 왔던 기억을 되살려 복수하도록 만든 자는 바로 콘스탄티우스란 말이다!"

○ 레오나스는 얼굴이 새파랗게 질려 분노한 군중들을 피해 겨우 콘스탄티우스에게 돌아갈 수 있었다. 레오나스의 손에는 율리아누스의 편지가 들려 있었는데, 그 편지에는 20여 년간 감추느라 더욱 깊어진 콘스탄티우스에 대한 분노와 경멸감, 증오, 원한이 격렬한 어조로 표현되어 있었고 이는 곧 선전 포고였다. 율리아누스는 일신상의 안위를 모두 로마의 전통신들에게 맡기겠다고 선언함으로써 콘스탄티우스의 종교까지 정면으로 부인하고 나섰다.(註. 콘스탄티우스 2세는 그리스도교 중에서도 아리우스 파였다.)

※ 네브리디우스(Nebridius)의 충성

≪고결하고 현명한 군주 밑에서 일하는 것은 대단한 행운이다. 하지만 덕성과 공정함을 잃은 군주에게도 맹목적인 충성심을 바치는 신하가 있기 마련이다. 그러한 자를 우직하며 본받을 만한 인물이라고 간혹 설득되기도 하지만, 분노한 병사들 무리 앞에서 콘스탄티우스에 대한 충성심을 과시한 네브리디우스의 행동은 정당성을 헤아릴 필요도 없이 사려 깊고 올바른 것이 아니었다.≫

○ 계약에 따르면 알프스를 넘지 않는다는 조건으로 되어 있으므로 콘

스탄티우스의 명령을 따르지 못하겠다던 동맹군 병사들이 율리아누스가 옹립되고 내전의 포문이 열리자, 자발적으로 콘스탄티우스 군과 결전을 벌이기 위해 알프스를 넘기로 결정했다. 율리아누스의 지휘 아래 있던 모든 병사들은 유럽이든 아시아든 땅끝까지 따라가겠다고 나섰다. 충성을 서약하는 의식이 시작되자, 병사들은 방패를 부딪치고 뽑아 든 칼끝을 자신의 목에 겨누면서 갈리아 지도자이자 게르마니아 정복자 율리아누스에게 몸 바쳐 헌신하겠다고 다짐했으며, 이는 의무감이 아닌 진정한 애정에서만 표현될 수 있는 엄숙한 맹세였다.

○ 이 맹약을 거부한 유일한 사람은 얼마 전 임명된 행정장관 네브리디우스뿐이었다. 이 우직하며 무모한 자는 편들어 주는 사람 하나 없는 무장한 병사들 틈에서 콘스탄티우스가 황제로서 정당한 명령과 권리를 행사했다고 주장하다가, 하마터면 병사들의 분노로 희생 제물이 될 뻔했다. 분노한 병사의 첫 일격에 팔 하나를 잃어버린 네브리디우스는 조금 전까지 콘스탄티우스의 권위를 존중해 주고 율리아누스의 결정을 비난했던 것도 잊어버린 채, 자신을 보호해 달라며 율리아누스의 무릎에 매달렸다. 율리아누스는 분노한 병사들로부터 그를 구해 주었을 뿐 아니라, 그의 주장이 정당하지는 못하다 할지라도 관리로서는 얼마든지 표현할 수 있는 충성심이라는 이유를 들어 무사히 집으로 돌아갈 수 있도록 조치했다. 네브리디우스의 자리에는 율리아누스의 벗이자 온화하고 공명정대한 살루스티우스가 다시 등용되었다.

☀ 테오도투스(Theodotus)의 아부

≪아부의 효능을 맛본 자는 그 단맛을 잊지 못해 자신의 속임수에 스스로 지배당한다. 어쩌면 아부하는 그 순간만은 거짓 없는 순수함이 드러났는지도 모른다. 황제를 향한 테오도투스의 아부는 격한 감정으로 눈물을 쏟아 냈지만, 요즘에도 정치인들은 시민들에게 진실을 밝힌다며 선거 때마다 눈가에 눈물 마를 날이 없다.≫

○ 제국의 통치권을 두고 사촌 형과의 내전을 피할 수 없게 되자, 율리아누스는 지체하거나 망설임 없이 전광석화 같은 기동력으로 갈리아의 군단을 이끌고 도나우강을 내려와 시르미움 근처에 도착했다. 아직도 어느 편의 깃발 아래 설지 결정하지 못하고 눈치를 살피며 저울질하고 있는 도나우 군단의 신속한 접수도 필요했거니와 그는 전쟁에서 속도가 얼마나 중요한지를 깊이 깨닫고 있었기 때문이다. 이때

▌ 히에라폴리스 ___ 출처 : 텍사스 대학 도서관. 이하 같다.

페르시아와 전쟁 중에 있던 콘스탄티우스는 율리아누스의 발 빠른 행군을 알리는 첩보를 받았지만, 짐짓 무시하는 척하며 서방으로 돌아가면 반드시 반역의 무리들을 완전히 몰아내고 가담한 자들을 엄벌에 처하겠다고 단언했다.

○ 시리아의 히에라폴리스 야영지에서 콘스탄티우스는 병사들에게 자신의 계획을 알리고, 반역을 저지른 율리아누스의 죄과와 무모함을 언급하면서, 싸움터에서 그들과 마주친다면 반역의 무리들을 섬멸하려는 황제군의 전의에 불타는 눈빛과 거센 함성을 적들은 견디지 못할 것이라고 호기롭게 말했다. 황제의 연설은 전군의 갈채를 받았다. 그러자 히에라폴리스의 시의회 의장 테오도투스 같은 인물은 콘스탄티우스에게 알랑거리며 아부하느라고 눈물을 글썽이면서, 이 도시를 반역자들의 목으로 장식할 수 있게 해 달라고 간청했다.

※ 콘스탄티우스 2세의 후계자 지명(361년)

≪내전이 결정되자 율리아누스는 자신의 성격을 반영하듯 번개 같은 기동력으로 콘스탄티우스의 영토와 병영으로 쳐들어가서 일부는 회유하여 아군으로 만들고 일부는 무력으로 위협했다. 내전이란 으레 그렇듯이 병사들은 강자 편에 붙기 마련이다. 갈리아에서 떨쳤던 율리아누스의 전공은 콘스탄티우스 병사들에게도 널리 알려져 있어, 이 점에서 율리아누스는 유리했다. 하지만 콘스탄티우스의 운명은 율리아누스와 창검을 겨룰 기회를 주지 않았다. 그는 죽음의 그림자가

드리우자 그나마 믿을 수 있는 것은 혈연이라는 생각에서인지 피붙이와 아내 그리고 제국의 통치권을 사촌 동생에게 모두 맡겼다.≫

○ 내전의 깃발을 내걸고 시르미움에서 진을 치고 있던 율리아누스에게 그곳에 주둔하고 있던 궁수들로 구성된 보병대 1개 대대와 2개 군단이 항복해 왔다. 그러나 이들은 콘스탄티우스의 총애를 받아 오던 병사들이었으므로 의심을 품을 수밖에 없어, 국경 지대의 군사력을 보강해야 한다는 핑계로 결전의 현장에서 멀리 쫓아 보내기로 결정했다. 항복했던 이 부대들은 율리아누스의 명령을 받아 내키지 않은 길을 가다가 지휘관들의 선동에 따라 요새 도시인 아퀼레이아에서 진군을 멈추었다. 그러고는 그 성벽 위에서 율리아누스에 대한 배반을 선언하고 콘스탄티우스의 깃발을 꽂았다.

○ 이 사건의 중대성을 직감한 율리아누스는 즉시 요비누스를 시켜 아퀼레이아를 공격하기 위해 포위하도록 명령했다. 배반한 성내의 병사들은 율리아누스의 병사들과 대치하면서, 다른 이탈리아인들에게도 콘스탄티우스 황제를 향한 자신들의 용기와 충성을 귀감 삼아 뒤따르라고 충동질했다. 율리아누스가 배반한 병사들을 잔인하게 섬멸하고 말 것인가를 고민하면서 갈등하고 있을 때, 콘스탄티우스가 급작스럽게 사망했다는 소식이 날아들었고, 이로써 내전의 참화를 겨우 피할 수 있었다.

○ 콘스탄티우스의 죽음은 이러했다. 그는 강력한 경쟁자와 제국의 제위를 놓고 내전을 벌여야 된다는 긴장과 흥분 속에서, 관리들의 만류에도 불구하고 겨울이 다가오는 계절에 군대를 이동시키다가 가벼운 열병에 걸렸다. 그 병은 쉽게 나아지지 않고 오히려 더욱 심해졌으

며, 결국 타르수스에서 20㎞ 정도 떨어진 모프수크레네의 한 작은 마을에서 숨을 거두었다. 이는 45년간의 생애와 24년간의 통치를 마감한 것이다. 콘스탄티우스 2세는 동시대인들의 눈에는 오랜 통치 기간 때문에 중요한 인물로 보였겠지만, 후세인들에게는 아버지의 장점은 이어받지 못하고 결점만 이어받은 자라는 평가밖에 받지 못했다. 그는 후세에 명성을 드높인 위대한 황제는 아니었지만, 재위 기간 동안 콘스탄티노폴리스의 화려한 궁전에서의 안락한 생활을 포기하고 대부분을 군대 막사에서 지내며 국경을 보호하고 침략자들을 무찌르는 힘겨운 의무를 게을리하지 않았던 황제였다.

○ 제국이 그리스도교를 공인한 이후로 로마 황제는 전 세계에 그리스도교를 전파하도록 신에 의해 예정된 제국의 지배자였다. 신에 의해 지명된 사람인 만큼 황제는 위용에 걸맞는 허장성세적 모습을 갖추고 있어야 했다. 제국의 모든 의식도 완벽한 사회 질서에 따라 전원 합의한 결과여야 했고, 황제도 거기에 따라 행동해야 했다.(註. 예를 들어 376년 고트족이 도나우강의 도하를 허락해 달라고 했을 때 발렌스의 동부 로마 관리들은 찬반 격론을 벌였으나, 대외적으로는 만장일치로 결정된 것처럼 선포했다. 제정 후기의 로마 제국은 이런 식으로 완벽한 사회 질서를 추구했고, 따라서 전원 합의가 필요했다.) 5세기 그리스인 역사가 올림피오도로스는 이렇게 기록했다. "콘스탄티우스는 황제가 된 것을 후회했다. 황제라는 이유로 행동의 자유를 누리지도 못했고 즐겨하는 오락도 포기해야 했기 때문이다. 그는 평소 저녁 식사 때 장난치는 것을 좋아했지만, 공적 생활에서는 신에 의해 선택된 자인 만큼 대중의 기대에 부응하는 엄격함을 보여야 했다."

○ 콘스탄티우스는 죽기 직전에 후계자로 율리아누스를 지명했다. 임종

의 순간에 증오와 복수의 어두운 감정보다는 어린 자식과 젊고 연약한 아내의 운명에 대한 근심 때문에 율리아누스에게 의탁하고자 했던 것이리라.(註. 콘스탄티우스가 걱정한 사람은 아내 파우스티나와 딸 콘스탄티아이며, 딸은 훗날 그라티아누스 황제의 아내가 되었으나 후사 없이 요절했다.)

○ 콘스탄티노폴리스로 귀환한 콘스탄티우스의 유해는 성 사도 성당에 안치되었다. 장례식을 따라간 율리아누스의 눈에는 눈물이 흘러내렸다. 그의 눈물은 콘스탄티우스에게서 받았던 수십 년간의 모든 상처를 다 잊고 오직 은혜만 기억하겠다고 온 세상에 널리 알리는 것 같았다. 아니, 이제까지 견뎌 온 굴욕적이고도 비참한 삶을 되돌아본 통한의 눈물이었는지도 모른다.

※ 콘스탄티노폴리스 황궁의 이발사

≪관료 조직은 스스로의 힘만으로도 관료를 위한 조직을 끝없이 창출한다. 그리하여 시간이 지남에 따라 점점 비대해지고 급기야 괴상하고 상식을 벗어난 조직이 되고 만다. 조직 확장에 따른 비용이 관료들의 호주머니에서 나오는 것이 아니기 때문이다. 하찮은 황궁의 이발사조차 그러했다. 그렇기에 관료 조직이란 때때로 정당성과 필요성을 기준으로 삼아 재검토하여 개혁해야 하는 법이다.≫

○ 제정 초기의 관료는 많아야 수천 명이었다. 그러나 디오클레티아누

스에 의한 4두 체제가 시작되자 황제들은 각자의 관할 지역을 다스리기 위해 제각기 행정 조직을 두어야 했다. 게다가 자신의 지지자에게 포상으로 나눠 주기 위해 자리를 늘릴 필요도 생겼다. 왜냐하면 관직을 차지하고 있는 동안에는 각 직위에 걸맞는 권력과 각종 특권 그리고 금전적 이득을 취할 수 있었기 때문이다. 당연히 관직을 원하는 사람들이 넘쳐나서 교부 락탄티우스의 과장된 비난을 빌리자면 세금으로 사는 사람이 세금을 납부하는 사람보다 많을 지경이었다. 고급 관리들은 그들을 임용하거나 임용될 수 있도록 영향을 부리는 대가로 뇌물을 받아 챙기기도 했다. 이렇게 뇌물로 자리를 차지한 자들이 책무를 성실하게 수행했을 리 만무했다.

○ 4세기 이집트에 주둔한 어느 지휘관의 편지에는 임관되어 이집트에 갔더니 한자리에 여러 사람이 같은 직책에 배치되어 여러 차례 시정을 요청하는 힘겨운 과정 끝에 겨우 상황이 정리되고 보직을 받을 수 있었다는 일화가 있을 정도였다. 필요 없는 직책은 계속 생겨나서 마침내 1세기 초에 2천 명, 2세기에 1만 명 정도였던 제국 전체의 관료 숫자가 거의 3만 명 이상으로 늘어나자, 한 연설가는 "봄철 양 떼에 달라붙는 파리보다도 제국의 관리들이 많구나." 하며 개탄하기도 했다. 이러한 경향은 행정 관료들뿐 아니라 황궁의 하인들에게도 마찬가지였다.(註. 로마 제국에서는 3세기 말에서 4세기 초가 되어서야 관료제라고 부를 만한 행정 조직이 나타났다.)

○ 율리아누스 황제가 로마 제국 전권을 장악하고 콘스탄티노폴리스에 입궁했을 때, 머리카락을 자르고 싶어서 황궁에 근무하는 이발사를 불렀다. 자기 방에서 기다리고 있던 율리아누스 황제 앞에 나타난 사람들은 지체 높은 고관들로 여겨질 만큼 아름답고 화려하게 차려입

은 한 무리의 사람들이었다. 율리아누스는 명령이 제대로 전달되지 않았나 하고 생각하면서 필요한 것은 이발사뿐이라고 말했다. 그러자 그중에서도 가장 화려한 옷차림으로 무리의 선두에 서 있던 남자가 앞으로 나와서 바로 자신이 이발사라고 아뢰었다. 율리아누스는 그러면 뒤에 있는 저 사람들은 누구냐고 묻자 이발사는 당연한 듯 대답했다. 자기한테 딸린 조수라고.

○ 사실 황궁의 이발사는 가치가 떨어질 염려가 없는 금화로 연봉을 지급받았고, 황궁에 근무하는 날마다 일당이 가산되었다. 게다가 20명의 조수를 거느리며 그들을 유지하는 경비를 지급받으며, 말 20마리를 유지하는 비용까지 교통비 보조금으로 지급받고 있었다. 이것은 콘스탄티노폴리스 황궁의 사소한 일례일 뿐이며, 황궁 안의 비효율과 사치는 이미 극으로 치닫고 있었다.

| 마음에 새기는 말 |

진정한 덕성은 양극단에 위치한 덕성과 악덕의 중간에 있다.

_ 아리스토텔레스

- 콘스탄티노폴리스 황궁의 사치를 일소하기 위해 율리아누스가 불필요한 노예와 하인들을 나이, 공로, 타당성 등 예외를 두지 않고 전부 일시에 궁 밖으로 내쫓아 황궁을 허허벌판으로 만든 것은 진정한 덕성이 아니었다는 것과 관련하여.

☀ 율리아누스 황제의 품성

≪제국의 시민들은 실로 오랜만에 황제의 의무에 대해 관심 있고, 시민들의 행복에 대해 노력하는 황제를 보았다. 율리아누스는 자신의 철학을 현실에 접목하여 통치했으며, 정열적으로 모든 일을 추진했다. 그의 천재성과 노력은 관리들조차 따라 하기 힘들 정도였으며, 이는 그가 무척 젊었기 때문에 가능한 일이기도 했다.≫

○ 제국의 유일한 최고 통치자가 된 율리아누스는 국가를 통치하는 행위는 신과 맞먹는 권능을 요한다는 플라톤의 말을 되새겼다. 즉 통치하고자 하는 인간은 완전 무결성을 지향하며, 자신의 영혼에서 인간적이고 세속적인 면을 정화해야 할 뿐 아니라, 탐욕을 억제하며 지적 능력을 기르고 열정을 다스림으로써 폭군으로 이끌게 될 거친 본성을 반드시 억눌러야 한다는 결론이었다. 율리아누스는 명성을 무시하고 쾌락을 거부했으며, 끊임없이 성실하게 직책에 따른 의무를 다했다. 이 철학자 황제가 스스로에게 부과한 엄격한 법을 따르라면, 황궁 내외의 관리들 중 어느 누구도 나설 사람이 없었을 것이다. 한마디로 그에게 황제란 아주 적성에 잘 맞는 직책이었다.

○ 식사는 채식 위주로 꾸며진 빈약하고 가벼운 음식들이었으며, 그러한 음식은 황제의 어렵고 힘든 책무를 활기차게 수행할 수 있도록 도왔다. 하루에도 여러 사절단을 접견하고 업무와 관련된 수많은 편지를 쓰거나 구술했다. 율리아누스는 매우 유연한 사고와 강한 집중력의 소유자였으며, 망설이거나 실수하는 일 없이 여러 갈래의 생각을 금세 파악했다. 관리들이 지쳐 쉬고 있을 동안에도 황제는 민첩하게

옮겨 다니며 공무를 처리했고, 점심 식사를 마치고 서재로 들어가서는 저녁 공무를 볼 때까지 공부를 계속하기도 했다. 그의 저녁 식사는 점심 식사보다도 더 빈약했기에 소화 불량 따위로 수면을 방해받는 일이 거의 없었다.

○ 율리아누스는 사람을 쉽게 의심하지 않는 온건한 성품의 소유자였으므로 반역의 첩보가 들어와도 코웃음 쳐 넘겼다. 한번은 안키라(註. 현재 터키의 '앙카라')의 한 부유한 시민이 자신이 입으려고 황제의 표상인 자주색 의상을 준비해 둔 일이 있었다. 그 시민에게 사적인 원한이 있는 한 사람이 그를 율리아누스에게 고발했다. 콘스탄티우스의 치하에서라면 사형에 처해졌을 이 경솔한 행동에 대해 율리아누스는 이자의 인물 됨됨이를 조사한 뒤, 그가 황제의 의관을 완벽히 갖출 수 있도록 자주색 신 한 켤레를 선물로 가져다주라고 고발자에게 주었다.

○ 율리아누스는 황제의 결점을 비판하지 못하는 노예근성을 가진 사람들이라면 황제의 덕망을 칭찬할 자격이 없는 사람이라고 생각했다. 그는 디오클레티아누스 이래로 유지되어 온 동방의 전제 군주정 체제를 극히 혐오했으며, 이제는 너무나 익숙해져 버린 굴종적 언어 "주인님(註. 주인은 라틴어로 '도미누스dominus', 호격은 '도미네domine')"이란 호칭을 완강히 거부했다. 1월 1일 새벽에 새로이 집정관이 된 메르티누스와 네비타가 율리아누스 황제에게 문안 인사를 드리고자 입궐했을 때, 옥좌에서 뛰어내려 와 그들을 맞이했으며 그들이 황궁을 물러나와 원로원으로 향하자 율리아누스는 맨발로 그들의 가마 앞을 걸어갔다. 이 모습에 군중의 일부는 옛날의 본보기를 보여 주는 것이라며 칭송했으나, 일부는 황제의 권위를 떨어뜨리는 것이라며 못마땅하게 여겼다.

○ 한번은 원형 경기장에서 경기를 참관하던 중 집정관의 면전에서 한 노예를 해방시켜 주었는데, 황제는 자신의 행동이 집정관의 권한을 침해했다는 사실을 바로 깨달았다. 이에 율리아누스는 즉시 자신에게 벌금을 부과하는 처벌을 함으로써, 황제도 공화국의 법과 예절을 준수하고 있다는 것을 온 제국 시민들에게 알렸다.

○ 그는 콘스탄티우스의 동생 헬레나와 짧았던 정략결혼을 제외하고는 한 번도 여성과 동침한 일이 없었으며, 콘스탄티누스를 비롯한 전임 황제들이 열광했던 원형 경기장의 오락거리를 별로 좋아하지 않았다.(註. 아내 헬레나는 율리아누스보다 먼저 세상을 떠났고, 하나 있던 자식마저 어린 나이에 죽었다.) 그는 공공의 이익이나 자기 개발을 위한 것이 아니면 무엇이든 시간 낭비로 간주했다. 짧았던 통치 기간에 비해 그가 남긴 엄청난 분량의 저술로 그의 천재성과 쏟았던 노력을 확인할 수 있다.

○ 로마인들은 실로 오랜만에 자신의 의무를 실천하는 데 즐거움을 느끼며, 시민의 설움을 달래 주고 사기를 되살리려고 할 뿐 아니라, 뛰어난 인물에게 권한을 부여하고 덕망 있는 자가 행복해지도록 노력하는 황제를 만날 수 있었다. 그리스도교인조차도 율리아누스야말로 조국을 사랑하는 자이며 세계의 황제가 될 자격이 있는 자라고 인정하지 않을 수 없었다.

| 마음에 새기는 말 |

선임자가 저질러 놓은 범죄 행위를 처벌하지 않고, 폐해를 바로잡는 데만 그친다면 공공 개혁은 불완전한 정도에 그치고 만다.

※ 전통 종교로의 회귀와 관용

≪그리스도교는 공인되자 다른 모든 종교를 짓밟고 오직 그리스도의 복음만 정당한 진리이며 내세의 희망임을 주장했다. 이는 일신교의 숙명이었다. 하지만 율리아누스는 그리스도교의 국교화를 버리고 전통 로마신의 복권을 선언했다. 다신교가 으레 그렇듯이 그리스도교조차도 선제 때 부당한 시혜를 받은 것이 아니라면 여러 종교 중에 하나로 인정하면 되었고, 따라서 온화한 종교 정책이 가능했다. 이렇듯 황제는 제국의 시민들에 파고든 마음의 병을 관용으로 따뜻하게 어루만지고자 했다.≫

○ 율리아누스 황제는 그리스도교를 증오했다. 아니, 그보다는 그리스도교를 믿는 자들을 더욱 증오했다. 그에게서 그리스도교란 자신의 아버지, 형, 삼촌, 사촌 등 가족들을 모두 살해하고 자신을 수년간 감시 속에 고립된 삶을 강요했던 자들의 신앙일 뿐이었다. 그리스도 교리와 관련해서 그가 가장 혐오했던 점은 죄의 유무에 관계없이 회개하면 모두가 구원받는다는 믿음이었다. 자신이 쓴 저서에 콘스탄티누스가 모든 신들에게 거부당한 채 예수에게 달려가고 있을 때 예수가 이렇게 말했다고 쓰여 있다. "사람을 미혹하는 자, 살인을 저지른 자, 신성을 모독한 자, 파렴치한 자는 두려워하지 말고 모두 내게로 가까이 오라. 이 물로 너희를 씻어 즉시 정화시키리라. 같은 죄악을 두 번 저지른다 해도 가슴 한 번 치고 머리 한 번 쥐어박으면 다시 정화시켜 주리라." 독실한 그리스도교인이자 혈족인 사람에게 가족 모두를 잃은 자의 아픈 상처가 깊이 배어 있는 문장이다. 그는 콘스

탄티누스를 악마요, 살인자요, 전통신을 배신하고 신성 모독을 저지른 죄인으로 보았다.

○ 무릇 신이라면 과거에 악행을 저질렀던 자를 단순히 회개했다고 해서 용서해서는 안 된다는 것이 율리아누스의 생각이었다. 신을 경배하려면 신의 인간애를 모방해야 한다는 말처럼 그에게도 인간애는 중요한 행동 지침이었으나 이는 어디까지나 정의의 틀 안에서 인간애지, 정의까지 말소되는 인간애는 아니었다. 따라서 어떤 죄악에도 쉽게 용서될 수 있는 그리스도교적 이념이 그로서는 도무지 이해되지 않았으며, 그리스도란 그런 죄인들의 수호신이라고 여겼을 뿐이다. 율리아누스는 분노하여 서술했다. "성서란 온통 신성 모독으로 가득 찬 글이어서 신이 창조한 하와는 남편으로 하여금 죄를 범하게 했다. 게다가 신은 인간으로부터 선악을 구별할 수 있는 능력을 강탈하고 인간의 영생을 막기 위해 생명의 과일을 먹지 못하도록 방해했나니 이렇듯 질투심과 독선에 사로잡힌 존재가 과연 신이란 말인가?"

○ 사실 율리아누스는 어렸을 적에 카파도키아의 주교 게오르기우스의 감시하에 자라면서 하위 계급의 성직까지 받았다. 게오르기우스는 그리스 문학과 철학에 관한 많은 장서를 보관하고 있었는데 율리아누스는 이 책을 읽으면서 새로운 세계를 깨닫게 되었다. 독실한 그리스도교인이자 혈육인 자들에 의해 비참함을 맛보았던 그였기에 그리스의 철학과 종교에 더 많은 매력을 느낄 수밖에 없었다. 아테네에 있었을 때 엘레우시스 밀교 의식에도 참석하여 입문식을 치른 율리아누스는 단독 황제가 되자, 평소 자신이 품어 왔던 종교 정책을 단행했다. 콘스탄티누스 이후로 천대받고 멸시되었던 로마의 전통 신앙을 복구하도록 결정한 것이다.

○ 율리아누스는 신체의 병과는 달리 마음의 병은 쉽게 치유될 수 있는 것이 아니며, 폭력으로서도 치유가 불가하다는 것을 이해하고 있었다. 그리스도교를 버리고 전통신을 믿으라고 억지로 제단 발치까지 끌어다 놓을 수는 있겠지만, 이러한 모욕적인 취급은 마음을 더욱 단단하게 만들어 혐오심과 거부감을 불러일으킬 뿐이다. 박해가 가라앉으면 어쩔 수 없이 권력과 강요에 굴복했던 사람들은 곧바로 회개하며 종전의 신앙으로 다시 돌아갈 것이며, 끝까지 저항했던 사람들은 성인과 순교자의 명예를 얻게 되는 법이다.

○ 신앙에 있어서 인간의 이러한 마음을 납득하고 있었던 율리아누스는 로마 제국의 모든 국민들에게 어떤 종교도 제한 없이 누릴 수 있도록 자유롭고 평등한 정책을 시행하는 관용을 보였다. 이로써 로마의 전통 신앙을 숭배하는 자들은 콘스탄티누스 이후로 견뎌 내야 했던 모든 압제와 괴롭힘으로부터 해방되었다. 그뿐만 아니라 그리스도교 내의 종파 분쟁에서 패하여 추방당하고 이단으로 몰린 여러 종파의 그리스도교 성직자들도 유배지에서 복권되고 각자의 교회를 되찾아 자신의 신앙이 인도하는 삶을 살아갈 수 있었다. 율리아누스는 그리스도교인들을 정신에 병이 든 자로 간주했으며 병든 자를 치료해 주어야지 벌을 주어서는 안 되며 이들을 미워해서도 안 된다고 주장했다.

☀ 율리아누스 황제의 역량

≪율리아누스는 실권을 쥐자 평소 자신의 신념과 철학대로 제국을

통치하기 시작했다. 그는 신속하고 열정적으로 황제의 임무를 수행했으며, 자신이 가진 지혜·용기·집중력을 순식간에 발현시켜 제국의 나태함을 일깨웠다. 황제의 근면과 노력이 수많은 사람들의 행복과 생명을 지켜 준다고 그는 믿었다.≫

○ 새로이 통치권을 잡게 되면 권력 유지를 위해 기득권층을 자극하지 않도록 눈치를 보면서 서서히 권력 기반을 굳히거나, 아니면 권력을 잡자마자 어느 누구도 정책에 대한 비판을 할 겨를 없이 순식간에 개혁적인 정책을 내놓고 전광석화처럼 실행에 옮길 수도 있다. 율리아누스의 역량으로는 두 번째 방법으로 통치하는 것이 가능했고 또한 그렇게 했다. 개혁이란 손해를 보는 기득권 계층으로부터는 극렬한 반대에 부딪히지만, 이득을 보는 계층으로부터는 제대로 된 지원과 도움을 받을 수 없다. 왜냐하면 개혁으로 이득을 보는 부류는 기존에 소외된 계층이며, 이들은 지적 능력과 사회적 능력이 약하기 마련이다. 따라서 이들은 개혁으로 자신들이 어떤 이득이 있는지 정확히 이해하는 데 어려울 수밖에 없기 때문에 겨우 미지근한 지지밖에 보내지 않게 된다.

○ 대부분의 황제는 그 지위를 버리고 세상 속에 내던져진다면 사회의 미천한 신분으로 가라앉아 버릴 인간들이었다. 그러나 율리아누스는 달랐다. 그의 대담한 용기, 생기 넘치는 지혜, 강한 집중력은 그가 어떠한 운명을 선택하더라도 자기가 택한 분야에서 최고의 영예를 얻었을 것이다. 설령 평민으로 태어났더라도 혼자 힘으로 능히 최고위 관리나 장군의 지위에까지 올랐을 것임에 틀림없다. 시류에 조화되지 못하여 은거자가 되었을지라도 재능을 연마함으로써 현세의

행복과 불후의 명성을 얻었으리라.

○ 그러나 율리아누스의 천재성도 카이사르보다는 강렬함과 장엄함에서 떨어지며, 신중함에서는 아우구스투스와 견주지 못했다. 덕행은 트라야누스의 진지함과 자연스러움에 미치지 못하며, 철학에 있어서는 마르쿠스 아우렐리우스에 비하여 간결성과 일관성에서 떨어졌다. 그럼에도 불구하고 로마인들은 참으로 오랜 세월을 기다린 끝에 역경에 있어서는 굳은 의지로 이겨 내고 성공을 누릴 때는 중용의 태도를 견지하며, 제국 내의 모든 피통치자들의 고통을 덜어 주고 행복과 위안을 찾게 하는 고귀한 성품의 황제를 보필할 수 있게 되었다.

| **마음에 새기는 말** |

철학자는 성마른 자의 불만에 찬 야유를 너그러이 용서해 줄 수 있고, 영웅은 자신의 운과 능력을 뛰어넘으려는 무모한 모반자의 야심찬 기도를 경멸할 수 있다.

– 율리아누스는 자신의 우월한 재능을 믿었으며, 반역에 대한 첩보가 들어와도 자부심과 용기로 코웃음 쳐 넘긴 것에 대하여. 그는 철학자이자 영웅이었다.

☀ 갈리아의 율리아누스, 안티오키아의 율리아누스

≪사람은 누구나 자신을 인정해 주는 사람을 그리워한다. 그리고

사랑하게 된다. 갈리아에서 율리아누스는 자신의 치적으로 모두가 행복했으며, 모든 이에게 사랑과 충성을 받았다. 안티오키아에서 그는 갈리아에서와 똑같은 방법으로 최선을 다했지만 결과는 사뭇 달랐다. 안티오키아 시민들은 황제를 증오하고 의심했으며, 턱수염을 기른 황제의 외모가 염소 같다며 조롱하기까지 했다. 로마에서는 로마법을 적용할 수 있지만, 동방에서는 그들의 법령을 적용하는 유연성이 필요한 법이다. 장소와 사람이 바뀌면 통치 방법도 달라져야 하지만, 이런 점에서 율리아누스는 선량하기는 했으나 정치적이지 못했던 것이다.≫

○ 355년 율리아누스는 콘스탄티우스에게 부황제라는 그럴싸한 직함을 부여받은 후 갈리아의 야만족을 토벌하여 제국의 질서를 회복하라는 명령을 받았다. 그는 부황제의 신분임에도 콘스탄티노폴리스 황궁으로부터 지원받은 겨우 몇 백 명의 호위병만을 이끌고 갈리아로 갔다. 불과 얼마 전까지만 해도 일개 철학도에 지나지 않았던 율리아누스였지만 그곳 갈리아에서 알레만니족과 프랑크족을 상대로 전투를 벌여 승리하자, 병사들은 그를 달리 보며 진정한 사령관(註. 임페라토르 imperator)으로 인정하게 되었다. 이는 앞서 서술했던 그대로다.

○ 그는 야만족들을 평정하고 난 후 내정에 전념하여 공정한 법 집행과 공평한 과세로 갈리아의 부흥을 일구었다. 율리아누스의 군사적 성공과 공정한 내정은 비탄과 절망으로 질척거리는 갈리아의 들녘에 평화와 희망을 안겨 주었고, 장래에 대한 희망적 가능성은 출산율까지 늘어나게 했다.

○ 그 이후 362년 콘스탄티우스의 죽음으로 로마 최고 권력자가 된 율

리아누스는 페르시아를 정벌하기 위해 동방의 안티오키아로 떠났다. 로마 제국의 동쪽은 줄곧 페르시아와 긴장된 상태였지만 한동안 소강 상태였던 동방이 샤푸르 2세의 공격으로 다시금 전운이 감돌고 국경이 혼란해지자, 평소부터 알렉산드로스의 업적을 추앙하던 율리아누스는 군장을 챙겨 대군을 이끌고 몸소 친정에 나섰던 것이다.

▌ 율리아누스

○ 안티오키아의 주민들은 정치적이라기보다는 장사꾼들이었다. 안티오키아 원로원 의원들조차도 사회 지도층 인사들이면서 매점매석을 일삼았는데, 안티오키아의 매점매석은 제국 내에서도 가장 지독하기로 악명을 떨쳤다. 율리아누스의 이복형 갈루스가 부황제로서 안티오키아에 있을 때도 안티오키아의 지도층들 대부분이 가난한 시민들을 상대로 매점매석하여 부를 쌓고 있어 갈루스가 이를 제지한 적이 있었다. 그때 그들은 갈루스의 조치에 분노하여 그가 파멸하도록 은근히 조장하기도 했다. 그뿐만 아니었다. 301년 디오클레티아누스 황제는 안티오키아에 있을 때 그들의 매점매석에 격노하여 최고 가격령을 선포했으며, 만약 이를 어기는 '대담한 음모자'들에게는 사형으로 다스리겠다고 선포한 적이 있었다.

○ 이렇듯 오만하고 탐욕에 차 있던 안티오키아 지도층은 국가 정책을 깔보며 율리아누스의 정책을 비웃었다. 율리아누스는 매점매석을 자

　　　　　　　　　　____ 로마의 선택과 결정 ⑥ 제국의 몰락

제하고 부당한 가격을 다시 내리도록 재촉하면서 3개월을 기다렸지만 상황이 전혀 개선되지 않았다. 마침내 그는 황제의 권위와 법의 칼날로 매점매석을 뿌리 뽑고자 모든 상품에 최고 가격을 정했으며 부채를 탕감하고 조세를 공평하게 부과했다. 그 결과 상류층에는 매점매석 근절에 대한 불만이 앙금으로 남았고 중하류층에는 로마신들의 부흥에 대해 반감이 있어, 안티오키아 시민들은 율리아누스에 대하여 고마워하기는커녕 적개심과 조롱만 일삼았다.

○ 게다가 율리아누스가 전통 신앙을 회복하기 위해 아폴로에게 바쳐진 안티오키아 근처의 다프네 신전을 복원하려고 할 때, 그곳의 그리스도교인들이 불만을 품고서 완공된 다프네 신전과 아폴로 상에 달려들어 불태운 사건이 터졌다. 그곳에는 원래 아름답고 맑은 물이 넘쳐나며 시민들의 경배를 받아 온 다프네 신전이 있었는데, 신전을 파괴한 후 그 위에 그리스도 성당이 건립되어 있어 율리아누스가 이를 개탄하며 예전대로 원상 복구하게 했던 것이다.(註. 다프네는 아폴로가 사랑한 여인이었으나 아폴로의 구애를 거부하고 월계수가 되었다.)

○ 완공된 다프네 신전이 불타자 율리아누스는 분노를 넘어 낙심했다. 그러면서도 언론의 자유를 존중하기 때문에 자신에 대한 비난과 조롱을 권력으로 억누르지 않고 처벌도 일절 하지 않겠다고 선언했다. 율리아누스가 페르시아와의 전쟁을 위해 안티오키아에 체류하고 있을 때 쓴「미소포곤」(註. Misopogon은 '턱수염을 증오하는 자들'이란 의미로 안티오키아 주민들에 대한 불만이 주된 내용이었다. 율리아누스가 턱수염을 기른 것은 제국을 혼자 통치하게 된 이후부터였다.)에는 다음과 같은 문장이 있다. "사랑하는 루테티아(註. 현재 프랑스의 '파리'), 갈리아인들은 파리시족의 땅인 이곳을 루테티아라고 부른다." 율리

아누스는 진실로 부황제 시절의 갈리아를 그리워하고 있었다.(註. 그리스인들은 알렉산드로스 왕의 예에 따라 수염을 깎기 시작했고, 로마인들은 그로부터 150년이 훨씬 지나 수염을 깎았다. 로마인들의 첫 면도는 소년이 성인의 세계로 들어가 토가를 걸치게 된다는 것을 상징했으며, 상류층 자제들은 그때 잘라 낸 수염을 상자에 담아 신에게 바쳤다. BC 1세기 말부터 로마에서는 거의 모든 성인 남성들이 수염을 잘랐으며, 2세기 초 하드리아누스 황제에 이르러서는 다시 수염을 기르기 시작했다. 율리아누스가 수염을 기른 것은 그가 철학도여서 그랬겠지만 이러한 경향을 반영한 것이기도 했다. 다만 하드리아누스가 수염을 기른 것은 얼굴에 난 상처를 감추기 위해서라고 한다. 요즘은 수염을 기르는 것이 치장과 손질이 많이 드는 불편한 것이지만, 로마 시대에는 수염을 깎는 것이 당시의 무디고 허술하기 짝이 없는 면도 기구로 볼 때 대단히 위험하고 번거로운 작업이었다.)

※ 권력 변화에 따른 그리스도교의 피해

≪정치적으로 세력을 얻게 된 종교는 정치적 변화로 세력이 약화될 수 있는 법이다. 콘스탄티누스가 권력의 정점에서 황제의 권위로 추구했던 그리스도교의 부흥은 율리아누스에 의해 똑같은 논리로 억압되었다. 이는 전통 종교의 신봉자로서는 정당한 권리였고 특혜와 오류의 시정이었지만, 그리스도교인들에게는 폭정이요 박해였다.≫

○ 로마의 진통 종교를 부흥시키려는 율리아누스의 정책은 콘스탄티누스 이후부터 발전을 거듭하고 있는 그리스도교를 억압하는 형태로 나타났다. 율리아누스는 그리스도교인들이 위세를 떨칠 때 함부로 파괴했던 로마 전통신의 신전들을 복구하고 보상하게 했다. 그리스도교인들은 자신들의 종교가 공인되고 황가의 보호를 받자 자신감과 승리에 도취되었고, 이에 면책 특권을 확신한 성직자들은 정치권력에 변화가 올 줄을 생각지 못하고 신도들을 이끌고 로마 신전을 공격하여 파괴하고 물건들을 강탈하곤 했었다. 율리아누스는 이러한 재산을 확인하여 원래의 소유권을 회복시켜 주었다.

○ 그뿐만 아니라 전통신의 성전 위에 그리스도교인들이 자신들의 종교 건축물을 세운 경우도 있었는데, 이런 경우는 그리스도 성당을 철거하고 전통신의 성전을 건립하는 데 드는 비용을 그리스도교인들에게 부담시켰으며, 그들이 강탈해 간 신전 장식물을 반환하도록 명령했다. 이것은 곧 그리스도교인들에게는 엄청난 액수의 채무가 되었다. 빚을 지게 된 그들은 갚을 능력도 갚을 의지도 없었다. 율리아누스가 빚의 일부를 탕감하거나 조정해 줄 수 있는 중재역을 맡을 수도 있었지만 그렇게 되지 않았다. 결국 로마 관리들은 빚을 갚지 않을 경우 신체형으로 대신한다는 잔혹한 로마법을 적용시켰다.

○ 종교적 관용을 표방하면서도 사실상 그리스도교를 억압했던 율리아누스의 정책을 두고 아타나시우스는 "이는 잠깐 동안 스쳐 지나가는 구름과 같으므로 걱정할 필요가 없다."며 교인들을 다독였다.(註. 율리아누스는 추방되어 있던 아타나시우스를 알렉산드리아 주교로 임명했지만, 그리스도교 역사가들은 이를 종교적 관용이기보다는 도나투스 파와의 갈등을 조장하기 위해서라고 보고 있다.)

✳ 리바니오스(Libanios)의 벗이 된 율리아누스

≪황제는 시민에 복종을 명할 수는 있어도, 시민의 벗이 되어 마음 속 깊은 애정을 얻으려면 황제 스스로가 그에 합당한 품성을 지녀야 한다. 리바니오스는 아부하는 자를 멀리하고 독립적이고도 흔들리지 않는 정신의 소유자를 아꼈던 율리아누스를 벗으로 생각했다.≫

○ 율리아누스는 질투에 찬 자신의 개인 교사들의 만류에도 불구하고, 그리스계 철학자 리바니오스의 저작을 섭렵한 후, 그를 존경하게 되었고 그의 문체를 모방했다. 그는 황제가 된 후, 타락한 시대에도 그리스의 풍류와 관습 그리고 종교의 순수성을 지켜 온 이 안티오키아의 철학자에게 상을 내리겠다고 공표했다.

○ 리바니오스는 다른 모든 사람들이 최고 권력자가 된 율리아누스를 찾아가고 있을 때도 안티오키아에서 조용히 제자들을 가르치고 있었다. 이후 그는 율리아누스가 페르시아 전쟁을 치르기 위해 안티오키아에 체류했을 때 황제를 알현했으나, 초면의 황제는 그의 품성을 확인하고자 함이었는지 냉정하고 무관심하게 그를 대했다. 그러자 그는 바로 그 자리에서 물러났다가 초청장을 받고 나서야 다시 율리아누스 황제를 찾아갔다.

○ 율리아누스는 황제의 권위를 무조건 추종하는 파렴치한 사람들은 멸시했으나, 이 독립적인 정신을 가진 철학자 리바니오스의 솔직한 칭찬과 훈계는 기뻐하며 서로 간에 진정한 벗이 되었다. 리바니오스는 율리아누스의 인격을 사랑했고, 명성을 기렸으며, 저서를 통하여 후세에 벗의 업적을 남겼다. 율리아누스와 마음과 생각을 나누었던 그

는 율리아누스가 그렇게도 부흥되길 고대했던 로마의 전통 신앙이 벗의 죽음을 고비로 점차 쇠퇴하여, 결국 그리스도교가 최종 승리하는 것을 눈물 어린 눈으로 바라볼 수밖에 없었다.

❋ 보상에 불만을 가진 군대를 향한 율리아누스의 연설(363년)

≪율리아누스는 황제의 지위뿐 아니라 자신의 목숨까지도 미련을 버렸다고 선언하며, 병사들이 로마의 명성을 헛되이 하지 않으려면 모름지기 전쟁에서 승리하여 전리품을 가져야 할 것이라고 단언했다. 그는 평화를 황금으로 사지 않을 것이며, 병사들의 노고에 대해 황제가 하사금을 내려 국고를 축내는 일 따위는 하지 않겠노라고 천명했다. 율리아누스 황제는 이런 식으로 병사들의 수치심을 드러나게 하여 불만을 잠재우고 격찬을 받았다.≫

○ 앞서 서술한 대로 페르시아 왕 샤푸르 2세의 공격으로 국경이 혼란해지자, 율리아누스 황제는 군장을 꾸려 대군을 이끌고 직접 정벌에 나섰다. 안티오키아를 거쳐 적진으로 공격해 들어간 율리아누스는 페르시아와의 전투에서 연약한 아시아의 병사들을 연거푸 패퇴시키고 페리사보르, 마오가말라와 같은 도시들을 정복했다. 하지만 페리사보르 포위 공격이 성공적으로 끝난 후, 병사들은 보상으로 겨우 은화 백 닢의 하사금밖에 받지 못하자 불평을 쏟아 냈다.
○ 군사적 자질과 철학자적 기질을 동시에 겸비한 율리아누스는 불평하

는 병사들에게 수백 년의 업적을 쌓아 최대의 문명을 이룩한 로마인답게 위엄을 가지고 단호한 말투로 책망했다.

"그대들이 바라는 바가 재물인가? 그 재물은 페르시아인들의 손에 있다. 이 부유한 나라의 전리품이 그대들의 용맹과 극기에 대한 포상금이 될 것이다.

로마 공화국도 이전에는 이에 못지않은 막대한 보화를 소유했으나, 이제는 곤궁하고 비참한 지경이 되었다. 이는 모두 우리의 황제들이 제 잇속만 챙기는 나약한 관리들의 말에 넘어가 야만족들에게 금으로 평화를 산 탓이다. 이로써 세입은 바닥나고 도시들은 황폐해졌으며 속주민들은 빠져나갔다. 나로 말할 것 같으면, 선조들로부터 물려받은 유산이라곤 오직 두려움을 모르는 정신뿐이다. 모름지기 모든 진정한 가치란 정신에 있는 바, 덕으로 충만했던 옛 시절 파브리키우스가 영광으로 여겼던 가난을 부끄러운 일이라 생각해서는 안 되지 않은가?(註. BC 3세기 감찰관 파브리키우스는 집정관 푸블리우스 코르넬리우스 루피누스가 은쟁반을 10리브라 이상 소유한 죄로 원로원에서 축출할 만큼 검약했다. 루피누스는 독재관 술라의 선조였다.) 그대들이 하늘의 목소리와 지도자의 목소리에 귀 기울인다면 그러한 영광과 미덕이 그대들의 것이 될 것이다.

만일 그대들 중 수치스런 선동을 저지르겠다는 자가 있다면 앞으로 나오라. 최고 지위에 있는 황제란 언제라도 죽을 각오가 되어 있는 자다. 뜻하지 않은 열병에 숨을 거둘 수도 있는 이 덧없는 생명 따위는 언제든지 가볍게 버릴 준비가 되어 있다. 내가 황제로서 명령을 내리기에 부족한 인간으로 드러난다면, 이 중대한 전쟁을 수행하기에 걸맞는 경험과 능력을 가진 자가 그대들 가운데 있을 것이다. 나는 항상 이러한 마음으로 통치에 임해 왔으니, 후회나 걱정 없이 일개 사인(私人)으로 돌아갈 것이다."

○ 율리아누스의 단호하고 겸허한 결의는 로마군 전체가 만장일치로 박수갈채를 보내고 환호하며 충성을 다짐함으로써 화답을 받았다. 병사들은 황제의 자리뿐 아니라, 목숨까지도 연연해하지 않은 철학자 황제의 기질을 엿볼 수 있었다.

✳ 율리아누스의 유언과 죽음(363년)

≪페르시아는 로마 황제들의 무덤이었다. 수많은 로마 황제들의 죽음이 페르시아 공략과 관련되어 있었기 때문이다. 율리아누스는 종교적 이유로 군대 내에 적이 많았다. 황제는 어떤 경우에도 보좌관들이나 호위병들과 정치적 이념이나 종교적 이념 등으로 갈등이 없어야 하는 법이다. 율리아누스는 이 점을 너무 순수하게 판단했다.

게다가 자신이 추구하는 세상과 이상의 추진이 계속 이어지기를 바라면서도 후계자를 선정하지 않은 것은 무모했다. 알렉산드로스에 열광했던 그가 후계자를 남기지 않고 죽음을 맞이한 알렉산드로스를 따르고 싶었으리라. 하지만 그가 죽은 이후의 일들을 보면 후계자 선정은 아니더라도 후계자 선정을 위한 기준이나 방법 정도는 제시해야 마땅했다.≫

○ 페르시아의 수도 크테시폰을 공략하던 율리아누스는 승리의 여세를

몰아 크테시폰 성안으로 진입하려고 할 때 과감하지 못하고 머뭇거리다가 실패하고 말았다. 적진에서의 공성전이 얼마나 힘들고 병력에서도 적의 몇 배나 더 필요로 하다는 것을 제대로 이해하지 못한 것이다. 더군다나 전체 6만 5천 명 병력을 제1군 3만 5천 명과 제2군 3만 명으로 2등분하여 크테시폰에서 합류하기로 했으나, 제2군을 지휘하고 있던 율리아누스 황제 인척인 프로코피우스는 아직도 도착하지 않고 있었다. 프로코피우스는 전투에서 속도가 얼마나 중요한 것이지를 모르는 자였다. 로마군은 적 병력의 3분의 1밖에 안 되는 병력으로서는 공성전이 불가능하다는 것을 깨닫고 제2군과 합류하기 위해 퇴각하기로 결정했다.

○ 퇴각이 결정되자, 전쟁을 치르기 위해 가지고 온 엄청난 양의 군수품 처리가 문제되었다. 이 군수품은 유프라테스강과 트라야누스 운하를 이용하여 티그리스강을 따라 내려와 정박해 있던 선단에 실려 있었다. 이것을 그냥 두고 가자니 적에게 이로울 뿐이고, 가지고 가자니 강을 거슬러 올라갈 수도 없고 수레로 끌고 가기에도 한계에 달했다. 율리아누스는 한참을 갈등하다가 결국 선박의 물품들을 모두 불태워 버리기로 결정했다. 엄청난 양의 군수품을 실은 무려 1,150척의 선박들이 화염 속에 불태워졌고, 이 상황을 보고 있던 로마군은 불안함과 두려운 감정에 휩싸였다. 왜냐하면 고된 행군과 적지에서의 모든 어려움에도 믿고 의지한 것이 군수품이었지만, 이제 그것이 눈앞에서 사라지는 것을 보자 로마군을 절망으로 빠뜨렸기 때문이다. 이 일로 그리스도교인 병사들은 신이 율리아누스를 버렸다고 믿게 되었다.

○ 퇴각 중에도 페르시아군은 집요한 게릴라 공격을 계속 이어 갔다.

퇴각하던 어느 날, 아직도 막사에 있던 율리아누스 황제에게 로마 군의 후위가 페르시아의 메라레스와 노호르다테스에게 공격당하고 있다는 소식이 들려왔다. 율리아누스는 흉갑도 착용하지 못한 채, 방패와 검을 들고 호위병들과 후위로 갔다. 후위의 적을 물리치는 데 성공했을 때, 이번에는 전위가 기습을 당하고 있다는 소식이 들려왔다. 그는 호위병들과 급히 전위로 가서 전투에 임했다. 전위의 위기도 거의 수습되어 갈 즈음 창 하나가 흉갑을 차지 않은 그를 향해 날아들었다. 창은 율리아누스의 내장 깊숙이 꽂혀 주위를 온통 피로 물들였고, 황제는 쏟아지는 출혈로 정신을 잃고, 외과적 수술로도 생명을 건질 수 없는 치명적인 상처를 입었다. 막사에서 겨우 정신을 차린 율리아누스는 이제 삶의 시간이 얼마 남지 않았음을 느꼈다. 그는 주위에 모여든 사람들에게 황제로서 마지막 유언을 남겼다.

"친구들과 병사들은 나의 말에 귀 기울여 주시오. 이제 나는 떠나야 할 때가 되었으니, 기꺼이 빚을 갚으러 가는 채무자처럼 즐거운 마음으로 자연의 부름에 따르겠습니다. 나는 일찍이 철학을 통해 영혼이 육체보다 값진 것이니, 더 고귀한 실체가 육체로부터 분리되는 것은 고통스러워할 일이 아니라, 마땅히 기뻐해야 할 일임을 배웠습니다. 그러니 덕과 인내로 지켜 온 나의 인격을 더럽힐지도 모를 위험으로부터 안전하게 구원해 주려는 신의 호의로 죽음을 받아들이겠습니다.

나는 생전에 죄 없이 살았으니 후회 없이 갑니다. 나의 사생활이 순결했음을 기쁘게 생각하며, 신들이 부여한 제왕의 권력이 나의 손 안에서 순수하고 흠 없이 유지되었다고 자신 있게 말할 수 있습니다.

나는 전제 정치의 타락하고 야만적인 악습을 혐오했고, 통치자가 취해야 할 목표는 시민들의 행복이라고 여겼습니다. 내가 취한 행동들은 신중함과 정의와 중용의 법을 따랐으며, 모든 것을 신의 섭리에 맡겼습니다.

평화가 공공의 이익에 합치하는 한 나의 목표는 평화였으나, 제국이 나에게 무기를 들라고 절박하게 청할 때는, 내가 언젠가 검에 쓰러질 운명임을 분명히 알면서도 위험 앞에 나서기를 주저하지 않았습니다. 이제 잔인한 폭군이나 음모자의 단검, 혹은 질병의 느린 고통으로 죽는 괴로움을 면하게 해 주신 신께 감사를 바치고 싶습니다. 신은 나에게 명예로운 삶을 살던 중에 세상을 영광스럽게 떠나도록 해 주었습니다. 이상이 내가 말하고자 하는 것입니다.

이제 나는 힘이 다하여 죽음에 임박했습니다. 다음 황제의 추대 문제에 관해 여러분의 선택에 영향을 미칠지도 모를 말은 삼가도록 하겠습니다. 나의 선택이 신중하지 못하거나 현명하지 못할 수도 있기 때문입니다. 게다가 군대의 동의를 얻지 못한다면, 이는 내가 천거한 인물에게 치명타가 될 수 있습니다. 나는 한 사람의 선량한 시민으로서, 모쪼록 로마인들이 덕망 높은 황제를 얻기만을 바랄 뿐입니다."

○ 병영 안에 있던 철학자 프리스쿠스와 막시무스를 상대로 영혼의 본질에 대한 형이상학적 토론을 하던 황제는 출혈이 다시 시작되자, 냉수를 청하여 조금 마시고는 숨을 거두었다. 최후의 순간까지 덕망과 명예가 삶의 전체를 지배한 철학자 황제 율리아누스가 숨을 거둔 것은 저 멀리 페르시아 땅에서도 한밤중이었다.

○ 다음 황제 선출에 대해서는 장군들과 고관들에게 맡긴다는 말을 남

▌타르수스 ___ 출처 : 텍사스 대학 도서관. 이하 같다.

기고 조용히 눈을 감은 율리아누스는, 그때 나이 32세였다. 그의 죽음은 단독 황제가 된 지 1년 7개월 뒤였으며, 페르시아 전쟁이 시작된 지 3개월 20일 뒤였고, 선단을 불태우고 철수한 지 25일 뒤였다. 이로써 신들과는 경건함을, 친구들과는 믿음을, 그리고 신하들과는 인간애를 행동의 지표로 삼으며 마르쿠스 아우렐리우스 황제를 본받고 알렉산드로스의 영광을 추종하며 지혜를 사랑했던 젊은 스토아 철학자는 생을 마쳤다.(註. 철학philosophia, φιλοσοφια은 그리스어 '사랑φιλια'과 '지혜σοφια'의 합성어로 곧 '지혜를 사랑하는 것'이란 의미)

○ 인척인 프로코피우스는 율리아누스 황제의 무덤을 책임졌으나, 로마는 너무 멀고, 전통 신앙을 믿었던 까닭에 그리스도교 도시인 콘스탄티노폴리스에도 묻지 못하여 그에게 호감을 가졌다는 이유로 소아시아 남동부의 타르수스에 묻었다. 타르수스는 이후에 그리스도교 도

시가 되었고 율리아누스의 무덤은 어디에 있는 지도 모르게 방치되고 말았다. 다만 역사가 조시무스는 그의 묘비명이 이러하다고 전했다. "여기에 덕망과 용맹을 갖춘 현자가 티그리스강의 거친 물결에서 물러나 평온 속에 잠들고 있다."

○ 율리아누스의 흉갑을 관리하는 자는 그리스도교인이었다. 호위대장 요비아누스도 그리스도교인이었다. 율리아누스에게 치명적인 상처를 입힌 창은 그것을 발견한 병사에 따르면 페르시아의 창이 아니라, 로마군의 기병용 창임이 각인된 것이었다고 한다. 율리아누스가 막사에 누워 통증으로 가쁜 숨을 내쉬고 있을 때 그의 죽음에 그리스도교인 병사들이 관여되었다는 소문이 들불처럼 번졌다. 이러한 소문은 그리스도교인이던 호위대장 요비아누스가 다음 황제로 추대되자, 순식간에 물을 끼얹은 것처럼 사라졌다.

○ 율리아누스의 죽음을 알았을 때, 이집트·시리아·카파도키아의 그리스도교 성직자들은 황제를 쓰러뜨린 것은 페르시아군의 창이 아니라, 초인적인 신의 보이지 않은 손이 행한 영웅적인 일격이었다고 주장하면서 그리스도교 병사들이 암살했음을 넌지시 암시했다. 나지안조스의 주교이자 콘스탄티노폴리스의 대주교였던 그레고리우스는 율리아누스와 함께 아테네에서 철학을 공부했던 사이지만, "지상의 모든 이들 중에서 가장 악하고 불경한 자"라고 그에게 악평을 퍼붓고는 어린 시절에 죽여 없애지 않은 것에 대해 통탄했다. 그리스도교인들 사이에서 막강한 영향력을 행사했던 그레고리우스의 이런 평가가 중세에 걸쳐 율리아누스에 대한 평가로 널리 퍼졌지만, 더 훗날 휴머니즘이 부상하면서 그리스도교적인 관점에서 보았던 부당한 혹평을 벗어나 그에 대한 재평가가 이루어졌다.

○ 다만 당시 정통 교리로 인정받았던 아타나시우스 파(가톨릭 파)들이 율리아누스 황제의 죽음에 대해 이렇듯 냉소적인 반응을 보였지만, 황제를 로고스와 하나님의 대리자로 믿었던 아리우스 파들은 율리아누스가 그리스도교를 박해했음에도 "하나님이 지극히 사랑한 철학자 중의 철학자이자 우리의 신성한 황제께서 승하하셨다."고 표현했다.

| 마음에 새기는 말 |

삶은 고통이고 죽음은 고통에서 해방되는 것이므로 즐거움이다. 따라서 현세에서 업적을 쌓은 사람에게 신들이 주는 마지막 포상이 죽음이다.

_ 율리아누스

– 죽음에 대해서는 이런 얘기가 전해져 내려온다. 아르고스에 살았던 여사제가 제사를 지내기 위해 멀리 떨어진 신전으로 수레를 타고 가야 했을 때, 수레를 끌 소들이 지체하며 오지 않았다. 제례 의식을 치를 시간이 다가오도록 소들이 오지 않자 여사제의 젊은 두 아들 클레비오스와 비톤이 웃옷을 벗어 던지고 몸에 기름을 바른 다음 소가 끌 멍에를 짊어지고 여사제의 수레를 끌어 무사히 신전에 도착하게 할 수 있었다. 신전에 도착한 여사제는 두 아들의 경건함과 충직함에 감격하여 인간이 받을 수 있는 최고의 상을 두 아들에게 내려 달라고 신에게 간절히 기도했다. 어머니와 함께 저녁을 마치고 잠들었던 두 아들은 다음 날 아침 죽은 채로 발견되었다.

델포이의 아폴로 신전에도 이와 유사한 이야기가 전해져 온다. 트로포니오스와 아가메데스 형제가 델포이에 아폴로 신전을 완공하고 난 후 자신들의 노고와 노역을 어여쁘게 여기어 인간에게 줄 수 있는 최고의 선물을 내려 달라고 아폴로에게 기도했다. 아폴로는 이들 형제에게 3일 후 선물을 주겠노라고 약속했고, 마침내 3일이 되던 날 그들은 죽은 채로 발견되었다. 죽음에 관한 신의 판단은 이러했다. 심지어 늙은 요정 실레누스는 "인간은 태어나지 않는 것이 최선이고 일단 태어났으면 되도록 일찍 죽는 것이 차선이다."고 말했다.

❋ 요비아누스(Jovianus)의 굴욕적인 강화 조약(363년)

≪페르시아의 샤푸르 2세가 강화를 청했을 때, 요비아누스는 강화에 응하면서도 안전한 퇴로를 모색했어야 마땅했다. 전황이 불리할 때는 결정적인 패배를 당하기 전에 시간을 끌어 가며 상황을 반전시켜야 하기 때문이다. 요비아누스는 군대를 지혜와 용기로 이끌지 못했을 뿐 아니라, 가증스럽게도 시민의 눈물로 자신의 권력과 욕망을 채웠다.≫

○ 율리아누스 사후 여러 사람들이 살루스티우스를 지목하며 그가 황제가 될 인품과 기량을 가진 사람이라고 추천했다. 하지만 살루스티우스가 극구 이를 사양하는 통에 혼란스러웠던 중 엉겁결에 호위대장 요비아누스가 제위에 앉게 되었다. 황제에 오른 요비아누스에게는 곤궁에 빠진 로마군의 퇴로를 확보하고 자신과 군의 안전을 도모하는 것이 우선 해결해야 할 과제였다.

○ 페르시아는 율리아누스의 사망이라는 소식이 샤푸르 2세의 막사에

알려지자 승리의 확신에 부풀어 1만 명 이상의 기병대를 보강한 다음 로마군의 후미를 강타했다. 그러나 노련한 로마군의 결사적인 반격을 받아 페르시아군은 엄청난 인명과 코끼리 떼의 손실을 입은 채 퇴각해야만 했다.

○ 불리한 상황에서도 로마군의 놀라운 용맹과 저력을 확인한 샤푸르 2 세는 로마군이 절망감에서 필사적인 저항을 한다면 상황이 역전될지 모른다는 생각에 이르자, 로마에 강화를 청했다. 페르시아의 사절은 요비아누스의 막사에 나타나 로마 황제는 물론이고 포로 신세나 다름없는 로마군을 용서하고 무사히 돌려보내 주겠다는 샤푸르 2세의 뜻을 전했다. 이 말에 로마군 내부의 굳은 전의는 순식간에 무너지고 관리들과 병사들은 강화 조약을 체결하도록 황제를 떠밀었다. 샤푸르 2세의 진중에 사절로 찾아간 살루스티우스와 아린테우스에게 샤푸르 2세는 교활하게도 갑자기 어려운 문제를 들고 나온다거나 편법을 사용하는 등 4일간이나 협상을 끌었다. 그동안 로마군은 협상을 지켜보다가 막사에 남은 식량 비축분마저 바닥나고 말았다. 우유부단했던 요비아누스는 이제 샤푸르 2세의 조건을 거부할 어떠한 힘조차 로마군에게 남아 있지 않았음을 알았다.

○ 결국 세 차례에 걸친 페르시아의 맹렬한 공격을 견뎌 냈던 난공불락의 요새 도시 니시비스(註. 현재 터키의 '누사이빈')를 포함한 티그리스 강 주변의 5개 속주를 다시금 페르시아 영토로 반환한다는 굴욕적인 강화 조건에 날인하고 말았다. 이곳은 갈레리우스가 297년 무력으로 페르시아에게서 빼앗아 299년 니시비스 강화 조약으로 로마 영토에 편입시켰던 지역이었다. 강화 조건에 로마는 아르메니아에 대한 종주권을 포기하고, 야만족이 출몰하던 카프카스 지방의 수비대 유지

비용을 매년 페르시아에 지불한다는 내용까지 포함되었다. 이 강화 조약은 향후 30년간 평화를 유지한다고 명시되었다.(註. 구체적인 평화 기간을 정하는 것은 그리스어 권의 독특한 방식이다.)

○ 자신이 성취한 업적보다는 그 저 운이 좋아서 제위에 오른 요 비아누스에게는 제국 내에 있 는 장군들이 자신 몰래 꾸미는 계략을 미리 방지하고, 제국 전역에 자신이 황제로 추대되 었음을 알려 공식화하는 것이

┃ 요비아누스

몇몇 속주를 잃는 것보다 더 중요했는지 모른다. 요비아누스가 니시 비스에 도착했을 때, 페르시아의 특사 비네세스가 페르시아 왕의 깃 발을 성벽에 내건 것을 본 시민들은 경악과 비탄, 분노와 공포로 몸 을 떨었다. 니시비스 시민들은 요비아누스를 찾아가 샤푸르 2세는 니시비스 공략에 세 번이나 실패한 경험이 있으므로 시민들에게 격 분해 있을 것이니, 부디 니시비스를 페르시아에게 넘기지 말라고 애 원했다. 만약 황제의 힘으로 페르시아를 막을 수 없다면 니시비스 시 민들이 스스로 페르시아의 침략을 물리치겠으니, 하다못해 스스로 방어할 수 있도록 허락해 달라고 간청했다.

○ 그러나 그 어떤 것도 소용없었다. 요비아누스는 시민들의 간청에 처 음에는 당황하기도 했지만, 시민들의 행동이 자신을 향한 폭동으로 변질될까 두려워 3일간의 말미를 주겠으니 그 안에 도시를 떠나지 않 으면 사형에 처하겠다는 강경한 칙령을 내렸다. 니시비스의 젊은 병

사들은 울분에 찼고, 페르시아의 공격을 막다가 아들과 남편을 잃은 노인과 아내들은 비탄에 젖었으며, 나이 든 시민들은 어린 시절의 추억이 깃든 집 문설주에 기대어 눈물을 머금었다. 강화 조약으로 티그리스강 유역의 나머지 속주도 이 같은 절차를 거쳐 샤푸르 2세에게 반환되었다. 이 굴욕적인 평화는 로마 제국의 몰락 과정에서 기억에 남을 비극이었다.

☀ 카리토(Charito)의 비탄(364년)

≪요비아누스가 뿌려 놓은 불행의 씨앗은 고스란히 아내와 아들에게서 자라났다. 제위란 준다고 덜컥 받는 자리가 아니라, 야심이 있는 자만이 능력과 기백으로 그 자리를 지킬 수 있고 황제로서의 권위와 위엄을 유지할 수 있는 법이다. 요비아누스 황제의 아내 카리토는 남편이 황제가 되지 않았더라면 겪지 않아도 될 온갖 불행을 맛보았다.≫

○ 요비아누스 황제는 메소포타미아 막사에 있을 때, 그의 장인 루킬리아누스를 갈리아와 일리리쿰의 군사령관에 임명했다. 루킬리아누스는 예전에 니시비스 방어전에서 용맹을 떨친 바 있는 로마의 명장이었다. 그러나 그는 레미(註. 현재 프랑스의 '랭스')에서 우연히 발생한 바타비족 보병대의 폭동에 휘말려 살해당하고 말았다. 다행히도 기병대장 요비누스가 동맹군인 바타비족의 폭동을 용서한다는 조건으

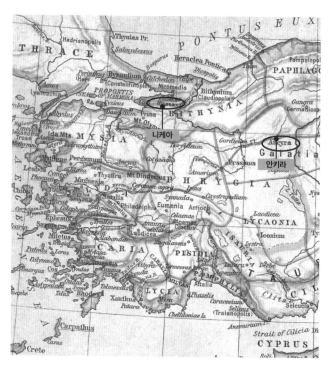

| 니케아, 안키라

로 진정시켰고 병사들은 환호성으로 충성을 서약했다.

○ 요비아누스는 갈라티아 속주의 수도 안키라에서 어린 아들과 함께 집정관직을 수여받았다. 그러나 황제의 삶은 안키라와 니케아의 중간쯤에 있는 도시 다다스타나에서 끝났다. 저녁 식사를 양껏 포식한 요비아누스는 취침하러 들어간 뒤 다음 날 아침 죽은 채로 발견되었기 때문이다. 죽음의 원인이 과식으로 인한 것이라고도 했으며, 얼마 전 회반죽한 벽에서 숯 연기로 인한 유독 가스에 질식했다는 말도 있었으며, 물론 살해당했다는 소문도 나돌았다. 하지만 황제 사망의

원인은 정확하게 규명되지 않았다.

○ 요비아누스의 시신은 콘스탄티노폴리스로 운구되었으며, 그의 아내이자 루킬리아누스의 딸 카리토는 길 한가운데서 장례 행렬을 맞았다. 카리토는 얼마 전에 부친상을 당하고 비탄에 빠져 있던 중, 제위에 오른 남편을 맞으러 급히 눈물을 닦고 나오려던 참이었다. 그러나 남편의 죽음을 알게 된 그녀는 환영의 복장을 다시금 상복으로 갈아입고 황제가 된 남편의 위엄 있는 행차가 아니라, 싸늘한 주검으로 돌아온 남편을 맞았다. 카리토는 자신의 운명이 어찌 될지도 모르는 채 노빌리시무스란 칭호와 허울뿐인 집정관 기장으로 치장하고 고위직에 앉아 있는 어린 아들로 인하여 낙담과 비통함과 근심은 더욱 깊어졌다. 카리토의 어린 아들 바르로니아누스는 그 후 16년을 더 살았으나, 관리들의 의심과 질시를 받는 몸이 되어 결국 한쪽 눈을 잃게 되었고, 그녀는 어린 아들이 언제 자기 품에서 끌려 나가 의구심에 찬 황제 앞에서 피를 흘릴지도 모른다는 생각에 밤낮없이 전전긍긍해야만 했다.

✳ 프로코피우스(Procopius)의 반란(365~366년)

≪프로코피우스는 발렌스 황제의 의심을 벗어나지 못하자 마침내 반란의 불씨를 지폈다. 그가 반란에서 성공의 쐐기를 박으려면 충성스런 군대와 시민들의 지지 그리고 명망 있는 자들을 끌어들여야 했지만, 주변에는 생사를 같이하려는 자보다는 강한 자에게 편승하려

고 기회와 눈치를 살피는 자들뿐이었다. 결국 막강한 영향력을 가진 인물들이 발렌스에게 변함없는 충성을 보이자 권력의 추는 발렌스 측으로 옮겨지고 프로코피우스는 병사들로부터 버림을 받았다. 반란의 실패에도 불구하고 법과 정의의 이름으로 승리자가 프로코피우스에게 행한 잔혹한 처분은 많은 사람들에게 동정과 공분을 불러일으켰다.≫

○ 프로코피우스는 율리아누스의 인척으로 페르시아 전쟁 때 참전했으며, 그때 전군이 둘로 나뉘자 그중 한쪽을 맡아 지휘했다. 그는 그 전쟁에서 율리아누스의 군대와 합류하지 못해 로마군을 패배하게 만든 장본인이기도 했다. 율리아누스 황제의 명령을 따르지 못한 데는 아르메니아 왕이 약속한 지원이 제대로 이루어지지 못한 것도 있었지만, 동료 지휘관과의 불화도 한몫했다. 율리아누스가 그를 후임 황제로서 지명했다는 소문 때문인지 요비아누스가 황제로 즉위한 후, 프로코피우스는 충직하고 순종적인 행동으로 황제의 의심과 경계심을 풀어 주려고 노력했으며, 항의 한마디 없이 군사령관직에서 물러나와 아내와 가족들을 데리고 카파도키아의 광대한 사유지를 경작하며 살았다. 이렇듯 조심스럽게 살던 프로코피우스의 평범한 운명도 발렌티니아누스와 발렌스가 제위에 오름으로써 종지부를 찍었다.

○ 요비아누스가 죽자 제국의 장군들과 고위 관리들이 살루스티우스를 황제로 천거했지만 그가 또다시 거절하자 발렌티니아누스가 천거되어 동생 발렌스와 함께 황제에 즉위했다. 형제는 형 발렌티니아누스가 제국의 서부를 통치하고 동생 발렌스가 제국의 동부를 통치하기

로 정했다. 발렌티니아누스와 발렌스 황제는 반역 행위란 혐의만으로도 충분한 증거가 될 수 있다고 생각할 만큼 의심 많은 사람들이었다. 그들은 반란을 도모한다는 의혹을 받고 있던 프로코피우스에게 병사들을 보내 무기 징역수가 되든가 아니면 죽음을 택하라고 강요했다. 프로코피우스는 황제의 명령에 저항하지 않고 울고 있는 가족들을 안아 볼 수 있도록 시간을 달라고 청했다. 그런 후 병사들에게 후한 대접을 하고 병사들이 회식에 빠져 있을 때 감시를 피해 보스포루스 해협을 건너 흑해 해변으로 탈출했다.

○ 그곳의 망명 생활은 고독과 궁핍으로 고통스러웠고, 신뢰할 수 없는 그곳 주민들이 자신의 신분을 알기라도 하는 날엔 양심의 가책도 없이 배반할 것이 틀림없다는 생각에 프로코피우스는 불안한 나날을 보냈다. 불안감과 절망감에 휩싸인 그는 그렇다면 차라리 황제의 지위에 도전해 보자는 대담한 생각을 품게 되었고, 이 생각을 행동에 옮기고자 콘스탄티노폴리스로 향했다.

○ 먼저 비티니아의 마을에서 몸을 숨기고 제국의 현 정세를 알아본 바, 시민들 사이에는 살루스티우스가 동부 로마의 행정장관 자리에서 면직된 것을 부당하게 여기며 불만이 퍼져 있음을 알았다. 시민들은 동부 로마를 다스리고 있던 발렌스의 성품이 무기력하고 나약하며, 그렇다고 온화한 것도 아니라고 경멸하고 있었다. 더욱이 발렌스의 장인 페트로니우스의 잔인하고 탐욕스러운 가렴주구를 증오하고 있었는데 이 모든 것들이 프로코피우스의 계획에 희망을 안겨 주었다.

○ 때마침 페르시아에 심상치 않은 움직임이 있어 발렌스가 군대를 이끌고 시리아에 출정한 틈을 타, 프로코피우스는 콘스탄티노폴리스로 잠입했다. 우선 율리아누스를 기억하고 있는 갈리아의 2개 보병대가

율리아누스의 친족인 프로코피우스의 권리를 찾아 주겠다고 동의했다. 점진적으로 세력을 넓힌 프로코피우스는 법정, 원로원, 황궁 등을 차례로 장악했고, 체제에 불만을 품은 세력들이 그의 깃발 아래 모여들었다. 관리들은 사로잡혔고 감옥과 병기고의 문은 활짝 열렸으며, 성문과 항구도 반란군에게 점령되었다.

| 발렌티니아누스

○ 프로코피우스의 계획은 예상 밖의 신속한 성공을 거두었으며, 주변에 주둔하고 있던 주요 병력들의 지원뿐 아니라, 서고트 족장 아타나리크까지도 프로코피우스 편에 서서 고트족 병사 3천 명을 보내 주었다. 서고트의 아타나리크

| 발렌스

는 오랫동안 제국 동부의 통치자 발렌스와 싸워 오다가 프로코피우스 편에 서게 되자 발렌스와는 도나우강의 배 위에서 강화 조약을 맺었다. 아마도 그가 강화 조약을 맺은 것은 제국의 분열을 기회로 삼아 발렌스와의 전쟁을 통해서가 아닌 다른 방법으로 프로코피우스에게 자신들이 원하는 것을 얻을 수 있다고 보았으리라 여겨진다. 콘스탄티우스 2세의 미망인 파우스티나도 프로코피우스와 동맹을 맺어, 그의 권위와 명분에 힘을 실어 주었다.

○ 카이사레아에서 반란 소식을 들은 발렌스 황제는 알레만니족과 싸우고 있던 형 발렌티니아누스 황제에게 도움을 요청했다. 하지만 발렌티니아누스는 "프로코피우스는 우리 형제만의 적이지만 알레만니족은 제국 전체의 적이다."라는 대답을 보내왔을 뿐이다. 자포자기한 심정이 된 발렌스는 차라리 황제 자리를 내주겠다는 속내를 내비치는 상황까지 되었으나, 그를 따르는 장군들과 관리들은 반란군을 제압하겠다는 굳은 의지를 보이며 발렌스의 나약함으로 인한 불명예와 파멸을 막았다. 살루스티우스의 경우 평화시에는 자신의 면직에 대해서 한마디의 불평도 없었으나, 위기가 닥치자 분연히 일어서서 위험과 고난을 자청해서 나섰다. 이에 발렌스는 자신의 과오를 뉘우치고, 살루스티우스를 동부 로마의 행정장관으로 다시 임명하여 시민들의 마음을 풀어 주었다.

○ 프로코피우스의 통치는 겉으로 보기에 강력한 군대와 시민들의 지지를 받고 있는 것처럼 보였다. 그러나 이들 중 상당수는 이해타산적일 뿐 아니라, 이 반란 사건에 연루되기를 꺼리고 있었으며 프로코피우스를 배반하고 그를 버릴 순간만을 노리고 있었다. 게다가 힘과 용모와 용맹이 누구와 견주어도 빠지지 않은 아린테우스와 용맹스런 노장 아르베티오도 발렌스를 돕기 위해 몸을 일으켰다. 티아티라와 나콜리아에서 벌어진 발렌스와 프로코피우스 군대의 두 차례 교전에서 프로코피우스의 군대는 애당초 충성심이라곤 전혀 찾아볼 수 없었던 병사들처럼 자신들의 주군을 저버리는 파렴치함을 보였다. 자신을 따르는 충직한 병사 없이 일으킨 반란은 이처럼 허망하게 끝났다.

○ 패전한 프로코피우스는 프리기아 숲과 산속을 헤매다가 부하들의 배반으로 발렌스에게 넘겨졌다. 그는 발렌스의 명령으로 잔인한 고문

이 가해진 뒤 곧바로 참수되어 불행했던 인생의 종지부를 찍었지만, 패배자에게 저지른 승리자의 참혹하고 무자비한 행동은 시민들의 동정을 불러일으켰다.

| 마음에 새기는 말 |

입법자의 지혜와 권위가 자기 이익을 지키려고 혈안이 된 자들의 잔꾀와 겨루어 승리한 예는 거의 없다.

– 발렌티니아누스 황제가 성직자들의 탐욕을 막기 위해 성직자는 유언으로 재산을 물려받을 수 없게 하는 등 많은 칙령을 제정했으나, 성직자들의 수치스런 축재 행위가 변칙적으로 계속된 것에 대하여.

※ 로마누스(Romanus)의 간계(368년)

≪통치하는 자가 통치받는 자의 호소를 제대로 이해하지 못한다면 반란이 터지고 지배력은 약화되는 법이다. 발렌티니아누스 황제는 자신의 판단을 흐리게 하지 않을 올곧은 조사관을 선택하지 못했다. 황제의 경솔하고 태만한 결정은 탐욕과 부정으로 지위를 더럽힌 관리를 위기에서 벗어나게 해 주었으며, 정도(正道)와 원칙을 모르는 탐관오리 로마누스는 그 후에 또다시 그 짓을 되풀이하여 국가를 반란의 위기에 놓이게 했다.

뷰노가 스미는 일이지만 먼 과거부터 권력과 축재는 떼어 낼 수 없는 불가분의 관계로 크건 작건 모든 국가의 공통된 비리를 잉태했고, 과거에도 현재에도 대부분의 권력이란 재물과 질긴 고리로 이어져 있다. 더욱 가당치 않은 것은 비리를 저지른 자가 자신과 동료들의 축재를 정당성으로 포장하여, 이는 정치적 노력의 산물이므로 용서될 수 있다고 강변한다는 점이다.≫

○ 아프리카의 군사 지휘권은 코메스(註. 코메스comes는 기동 야전군 지휘관이다.)인 로마누스가 오랫동안 맡고 있었는데, 그는 재주와 능력은 있으나 사리사욕에 따라 움직이는 자여서 주민들의 적이었다. 이즈음 트리폴리타니아라는 이름으로 하나의 세력을 형성하고 있던 사브라타, 오에아(註. 현재 리비아의 수도 '트리폴리'), 렙티스 마그나(註. 현재 리비아의 '라브다')의 세 도시는 사막의 오지에 사는 야만족 베르베르족의 침입을 받았다. 많은 시민들이 살육되었고, 마을이 약탈당했으며 비옥한 토지도 황폐화되었다. 도탄에 빠진 트리폴리타니아는 로마군 사령관 로마누스에게 보호를 청했고 로마누스도 주민들의 요구를 받아들여 렙티스 마그나에 병사들을 집결시켰다. 그러나 그는 도움을 주는 조건으로 4천 마리의 낙타와 엄청난 공물을 요구했고 주민들은 그의 요구를 거부했다. 당시 전투가 터지면 그 지역 주민에게 식량과 운송 수단으로 쓸 가축의 지원을 요청하는 것이 보편적이긴 했지만, 이만한 양의 요구는 사실상 주민들을 야만족의 약탈로부터 구해 주기를 거절한다는 의미나 다름없었기 때문이다.

○ 세 도시는 연례 집회를 열고 2명의 대표를 임명하여 관례적인 공물을 가지고 발렌티니아누스 황제를 찾아갔다. 대표들은 적의 침략으

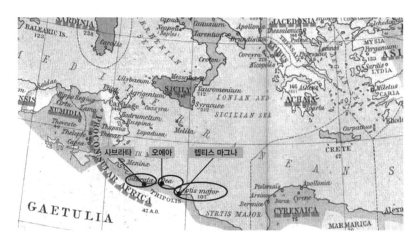

| 사브라타, 오에아, 렙티스 마그나

로 도시가 멸망의 위기에 처했으나, 사령관은 무리한 공물만 요구하며 주민들을 돌보지 않는 배신행위를 하고 있다고 고했다. 이때 발렌티니아누스의 엄격한 성정이 올바른 방향으로 향했더라면 질책의 포문이 로마누스의 머리를 곧바로 겨누어야 정당했다. 그러나 로마누스는 온갖 부패한 책략을 오랫동안 섭렵한 사람인 만큼 그냥 당하고만 있지 않았다. 그는 부하를 자신의 인척인 총무장관 레미기우스에게 급파하여 트리폴리타니아의 대표들이 발렌티니아누스를 알현하기 전에 먼저 사실을 조작하여 자신이 유리하게 보고하도록 꼬드겼다.

○ 그렇게 되자 발렌티니아누스 황제는 서로 달리 전하는 양쪽의 말을 믿을 수 없어 조사 위원회를 파견했다. 조사 위원회의 활동이 굼뜨고 지지부진한 중에 베르베르족들의 습격이 또다시 반복되었고 주민들은 지난번에 이어 다시 한 번 커다란 고통을 겪었다. 주민들이 이를

견디지 못하고 황제에게 다시금 로마누스의 부패와 직무 유기를 고하자, 황제는 인내하지 못하고 격노하며 팔라디우스에게 현지 조사하도록 특명을 내려 트리폴리타니아에 파견했다. 팔라디우스는 황제의 명을 받들어 공명정대하게 조사에 임해야 했으나, 로마누스의 유혹에 넘어가고 재물에 눈이 멀어 병사들에게 지급해야 할 공금을 횡령하고 말았다. 부정을 저지른 자가 어떻게 냉정한 조사와 감찰을 할 수 있겠는가? 팔라디우스가 로마누스의 부정과 직무 유기를 고발하겠다고 하자, 로마누스는 팔라디우스의 공금 횡령을 문제 삼겠다고 들고 나왔음은 당연했다. 결국 두 사람은 서로가 저지른 범죄를 놓고 협상했다. 공명정대함을 잃어버릴 수밖에 없는 처지가 된 팔라디우스는 로마누스를 비난하는 트리폴리타니아 주민들의 호소는 거짓이고 신경 쓸 것도 없는 하찮은 것에 지나지 않는다고 황제에게 보고했다. 이 보고를 믿은 황제는 괜스레 시간과 노력만 허비했다는 생각에 격분하여 이러한 음모를 꾸미고 있는 트리폴리타니아 주민을 찾아내어 처벌하라고 팔라디우스에게 명령을 내렸다.

○ 또다시 황제의 명령을 받고 아프리카에 파견된 팔라디우스는 최근에 야만족의 침략을 훌륭하게 견디어 낸 트리폴리타니아 대표들을 교묘하게 범죄자로 몰아넣었다. 아무리 음모를 꾸민 주민을 처벌하라는 황제의 명령을 받았더라도, 그가 황제에게 보고한 내용이 거짓인지라 죄 없는 주민을 처벌하려면 죄를 만들어야 했기 때문이다. 그는 증인 몇 명을 매수하여 베르베르족의 습격 사건을 없었던 것처럼 증언하도록 했다. 그리하여 시민들을 야만족의 공격과 침입으로부터 방치한 직무 유기의 범죄자 로마누스를 무죄로, 재산과 생명을 잃은 주민들을 오히려 무고죄로 판결했다.

○ 발렌티니아누스는 이 판결에 대해 경솔하고 조급하게도 유죄 판결을
받은 자에게 즉시 사형을 선고했다. 트리폴리타니아의 시민 대표는
우티카에서 공개 처형되었고, 저명인사 4명도 공범으로 몰려 사형되
었으며, 다른 2명의 인사도 발렌티니아누스의 명령으로 혀가 잘리는
형벌을 받았다. 사령관으로서 적을 막아야 될 책임을 다하지 않음으
로써 혼란을 일으킨 장본인이던 로마누스는 아무 처벌도 받지 않은
채 코메스를 계속 유지했다. 이렇듯 국가의 기운이 내리막길로 접어
들자 로마에서는 정당한 자가 피해를 입었고 부당한 자가 세력을 얻
었다. 분노와 배반감을 느낀 트리폴리타니아 주민들은 로마누스와
대치하고 있던 피르무스 반란군과 합류하여 로마의 적대 세력으로
변했다.(註. 372년 발생한 피르무스 반란은 테오도시우스 황제의 아버지

| 렙티스 마그나 유적지

인 테오도시우스 장군에 의해 진압되었다. 그때 로마누스는 반란을 유발한 죄목으로 체포되고 그의 문서들이 수색당했을 때 우연히 팔라디우스의 비밀 편지가 발견되어 이 사건의 진상은 백일하에 밝혀지고, 처벌로 혀가 잘린 자들이 용케도 그때까지 살아 있어 사건의 전모를 알려 주었다. 로마누스, 레미기우스, 팔라디우스 그리고 거짓으로 증언한 자들이 모두 체포되었고, 감시가 소홀한 틈을 타 자살한 팔라디우스를 제외한 나머지는 모두 처형되었다. 이로써 죄지은 자들은 자신의 잘못을 속죄할 수 있었다. 그러나 테오도시우스 장군이 이 사건과 연관된 속주 관리들의 비밀을 캐내자 황궁에 있던 비리 연루자들은 오히려 테오도시우스 장군을 모함하여 반역죄로 처형당하게 했다.)

❋ 아르메니아 왕 파라의 죽음(374년)

≪국가의 위세가 약해지고 망국의 길로 접어들면서 통치 방법은 정도(正道)와 수치심을 패대기쳤다. 스러져 가는 로마 제국에서는 이익을 위해 편법과 속임수가 판쳤으며, 더구나 그것이 부끄러운 일인 줄도 몰랐다. 4세기의 역사가 암미아누스 마르켈리누스에 의하면 로마군이 저녁 식사에 적장을 초대해 놓고 납치나 살해를 시도한 것이 24년간 모두 5차례나 있었다고 한다. 그는 그러한 시도가 한 차례를 제외하고는 모두 황제의 지시에 의한 것이라고 주장했다.≫

○ 요비아누스 황제는 페르시아와의 전쟁에서 강화 조약을 맺고 후퇴할

때, 아르메니아 종주권을 페르시아에게 양도했다. 페르시아는 로마의 간섭을 받지 않고 무력으로 아르메니아의 피라누스 왕을 제거한 후 비천한 신분의 아스파쿠라스에게 왕관을 씌워 주었다. 아르메니아 왕비 올림피아스는 아르토게라사에서 포위되어 적에게 사로잡혔으나, 함께 있던 아들 파라에게는 탈출하라고 설득했다.

○ 어머니의 간곡한 충고를 받아들여 탈출에 성공한 파라는 동부 로마 제국의 발렌스 황제에게 보호를 요청했다. 로마는 364년 요비아누스가 제위에 오른 지 불과 8개월도 채 못 되어 급사하자 제국의 서부는 발렌티니아누스가, 제국의 동부는 발렌스가 통치하고 있었다. 처음에 발렌스는 동맹국인 아르메니아 왕자를 보호함으로써 국가 차원의 신뢰를 지켰다는 자부심을 느꼈으나, 페르시아로부터 조약을 성실히 지키지 않고 있다는 비난과 위협이 있자, 파라에 대한 처리가 경솔했음을 후회하고 그를 처벌할 근거를 찾았다. 황제는 파라의 기질이 잔인하여 사소한 이유로 충성스런 관리들을 죽이고, 아버지를 암살한 적들과 내통했다는 점을 들고 나왔다.

○ 마침내 동부 로마에서는 배신할 의도를 숨기고 파라에게 의논할 것이 있다며 로마 제국의 황궁에 몸을 의탁하도록 설득했다. 아무런 의심 없이 콘스탄티노폴리스로 향하던 파라는 킬리키아의 타르수스에 오자, 자신의 일거수일투족이 철저히 감시당하고 있음을 알았다. 이는 로마의 음모임을 깨달았다. 그는 자신이 이미 위험한 지역까지 와 있다는 것을 알고 추종자들과 함께 즉시 행동에 옮겨 겨우 로마군의 손아귀에서 벗어날 수 있었다. 로마군은 보병 1개 군단으로 추격했으나, 파라의 경기병을 쫓아갈 수 없었다.

○ 아스파쿠라스와 페르시아의 위협으로부터 스스로 지킬 수 없었던 파

_____ 로마의 선택과 결정 ⑥ 제국의 몰락

라는 아르메니아로 도망쳐 와서도 자신은 여전히 로마인의 벗이며 맹우라고 주장했다. 아르메니아인들은 적법한 혈통을 이어받은 왕자가 생존해 있다는 것에 기뻐하며 아스파쿠라스에게 아르메니아 왕의 자리를 양위토록 압력을 가했다. 하지만 아스파쿠라스는 페르시아에 인질로 잡혀 있는 자식들의 안위가 염려되므로 페르시아의 뜻을 거스르게 되는 아르메니아 왕위의 양보는 할 수 없다고 버텼다. 그뿐만 아니라 발렌스는 파라를 죽이기로 한번 마음먹자 더 이상 파라의 존재를 인정할 수 없었다. 그는 동맹국의 신뢰를 내팽개치고 회의를 통해 파라의 처형을 의결했다.

○ 파라의 심장에 칼을 꽂을 계획은 세심하고 신중한 성격을 가진 트라야누스가 세우기로 결정되었다. 트라야누스는 교묘한 방법으로 파라의 관심을 사 두었고, 동방의 호사스러움과 관능적인 쾌락에 걸맞는 연회를 준비한 다음 벗이 된 파라를 초청했다. 연회가 무르익을 즈음, 트라야누스는 검을 뽑아 들고 파라를 죽이라는 신호를 보냈다. 건장하고 야만적인 부하가 무기를 빼 들고 아르메니아의 왕태자 파라에게 달려들었다. 파라는 손에 잡히는 대로 아무 무기나 집어 들고 대항했으나, 곧 식탁과 연회장은 파라의 피로 물들고 말았다. 이로써 로마는 정치적 이익을 도모하고자 국가 간의 법도와 손님을 환대할 기본적 도의마저도 냉혹하게 저버렸다. 이 시기의 로마 제국은 통치 원칙이 이렇게 나약하고 비열하여 타락의 지경까지 이르렀던 것이다.(註. 지난날의 역사는 이렇지 않았다. 피로스 왕이 이탈리아를 침공했을 때였다. BC 278년 집정관 파브리키우스 루스키누스는 피로스 왕의 주치의가 제안하기를 왕을 독살하겠으니 보상해 달라고 하자 거부했을 뿐아니라 그것을 폭로했다. 다만 4세기 역사가 에우트로피우스의 기록에 따

르면, 피로스 왕의 주치의는 협상 사절로 피로스 진영을 찾아온 파브리키우스에게 이 위험한 제안을 했다고 전한다. 따라서 파브리키우스를 영웅시하기 위해 에우트로피우스가 과장한 것이라고 많은 학자들은 의심하고 있다. 이처럼 고대 역사가들의 서술은 의도를 파악하여 진실을 가늠해야 할 경우가 더러 있긴 해도, 몰락해 가는 제국의 기상은 타락하고 있었음에 틀림없다.

또한 AD 19년 티베리우스 황제는 아르미니우스의 암살 계획에 필요한 독극물을 주면 그를 없애 버리겠다는 카티 족장 아드간테스트리우스의 편지를 받았다. 그 편지는 원로원에서 공개되었고 원로원은 비열한 수단이나 음모가 아닌 정정당당하게 복수하겠다고 답변을 보냈다.)

☀ 마르켈리누스(Marcellinus)의 속임수(374년)

≪또 하나의 비열하고 파렴치한 살해극이 제국의 관리에 의해 저질러졌다. 부흥기의 로마 제국이었다면 마땅히 비난받아 제국 전체의 부끄러움이 되었을 속임수가, 저물어 가는 제국에서는 버젓이 행해지고 있었다.≫

○ 발렌티니아누스 황제는 변경 지역의 방어에 적극적인 정책의 일환으로 새로운 요새를 많이 건립했다. 이러한 정책은 적대적인 관계에 있던 야만족들을 자극했는데 그중 콰디족은 로마가 새로 건립하고자 하는 요새가 자신들의 영토를 침범하고 있다고 항의했다. 그들

의 항의는 정당했기에 일리리쿰 사령관 에퀴티우스는 황제의 의중을 더 정확히 알 때까지 공사를 일시 중단시켰다. 이 사실을 전해 들은 갈리아의 행정장관 막시미누스는 경쟁자인 에퀴티우스를 음해하고 아들의 앞길을 닦아 줄 수 있는 좋은 기회로 활용하려고 마음먹었다.

○ 막시미누스는 발렌티니아누스 황제에게 공사의 지휘를 자신의 아들 마르켈리누스에게 맡겨 준다면 더 이상 야만족들의 항의 따위는 듣지 않게 해 주겠다고 장담했다. 이렇게 하여 공사를 책임지게 된 마르켈리누스는 자신이 이러한 중책을 맡게 된 것은 뛰어난 능력 때문이라고 말하며 오만불손하게 행동했다. 마르켈리누스는 아버지가 황제하고 한 약속을 지키기 위해 비열하고 비난받을 술책을 쓰기로 했다. 자신의 음흉하고 잔혹한 계획을 감추고 콰디족 왕 가비니우스의 청원을 듣는 척하면서 초대장을 보냈던 것이다. 남을 의심하지 않는 가비니우스는 부족의 영토 안에 요새를 세워서는 안 된다는 요청을 들어줄지도 모른다는 희망을 품고 마르켈리누스의 초대에 응했다. 그러나 손님으로 초대된 가비니우스는 마르켈리누스의 명령에 따라 무자비하게 살해되어 식탁을 피로 물들였다.

○ 콰디족 왕 가비니우스와 아르메니아 왕 파라는 비슷하게 파렴치한 수법으로 살해당했으나, 연약하고 온순한 기질의 아르메니아인과 대담하고 용맹한 콰디족 게르만인은 군주가 당한 잔인한 죽음에 전혀 다른 방식으로 반응했다. 아르메니아가 왕의 부당한 죽음 앞에 침묵했던 것과는 달리 콰디족은 왕의 죽음 앞에서 절망했으나, 그것은 오히려 그들의 용기와 분노에 힘을 불어넣었고, 동맹국인 사르마티아족으로부터도 기병대의 지원을 받았다. 마르켈리누스가 비열한 살인

을 실행했던 그때 마침 아프리카의 피르무스 반란을 진압하느라 최
정예 군대는 출정을 나가고 없었다.(註. 피르무스 반란은 372년 아프리
카에서 발생하여 374년 로마 장군 테오도시우스에게 진압되었다. 테오도
시우스 장군은 훗날 로마 황제가 된 테오도시우스 1세의 아버지였다.)

○ 방어 태세가 지극히 미약한 상태에서 분노한 콰디족 병사들을 맞게
된 판노니아 속주는 모조리 약탈당했고, 약탈할 수 없는 것은 무자비
하게 파괴되고 주민들은 학살되었다. 콘스탄티우스의 딸 콘스탄티아
도 위험에 처해졌다가 가까스로 위험을 피할 수 있었는데, 그녀는 총
독 메살라의 과감한 구출 작전이 아니었다면 콰디족의 분노에 희생
되었을 것임에 틀림없었다. 하지만 속주의 수도 시르미움의 공략에
실패한 콰디족은 분노의 원인이 어디로부터 비롯되었는지도 모르는
야만족의 기질을 그대로 나타냈다. 부당하게도 그들은 왕이 살해된
책임을 합리적이고도 정당한 에퀴티우스에게 묻고 그에게로 창끝을
돌렸던 것이다.

※ 발렌티니아누스(Valentinianus) 황제의 분노(375년)

≪비열한 속임수로 부족의 왕을 잃은 콰디족은 오히려 로마를 두려
워하며 용서를 구했다. 그들은 누가 분쟁과 소요의 씨앗을 뿌렸는지
따지지도 못하고 로마의 무력 앞에 두려움으로 몸을 떨며 무릎을 꿇
었다. 국가의 이익 앞에서는 편견과 맹목만 있었다. 만약 발렌티니아
누스가 좀 더 공정을 기했다면, 간사하고 부당한 관리들을 심판하고

자신의 목숨도 구할 수 있었으리라.≫

○ 콰디족이 왕의 부당한 죽음에 분노하여 제국의 영토를 휘젓고 다니
며 쑥대밭으로 만들자 발렌티니아누스 황제는 병사들을 이끌고 나아
가 그들을 모조리 신압했다. 발렌티니아누스는 콰디족의 침입을 정
벌했을 뿐 아니라, 제국의 안위를 위협한 이 무례한 야만족을 완전히
궤멸시키리라고 다짐했다.

○ 로마 황제의 격렬한 분노에 겁을 집어먹은 콰디족은 자신의 왕이 비
열한 방법으로 살해당했지만 한마디 항의조차 하지 못한 채, 발렌티
니아누스를 알현하여 자비를 요청했다. 콰디족 대표들은 제국을 침
입한 자들이 부족 내에서도 제멋대로 구는 몇몇 도적 떼일 뿐이며,
부족의 여론도 이들의 횡포를 비난하고 있다고 변명했다.

○ 발렌티니아누스는 콰디족 대표들에게 자비와 관용을 베풀겠다는 희
망을 손톱만큼도 주지 않고, 눈빛 · 목소리 · 안색 · 몸짓의 모든 것이
분노를 나타냈다. 황제는 격정에 온몸을 부들부들 떨다가 쓰러져 그
대로 숨을 거두었다.(註. 아마 격한 분노 때문에 뇌출혈을 일으켰다고
여겨진다. 황제는 게르만족의 피를 이어받았다고 전한다. 일설에 의하면
문명국 황제의 위엄에 굴복하기보다는 다 같은 야만족 출신인 주제에 무
슨 허세를 부리냐는 듯한 콰디족 대표들의 조롱 섞인 태도에 발렌티니아
누스가 격분했다고 한다.) 그때 그의 나이 55세였으며, 12년간의 치세
중에 삶을 마감한 것이다.

☀ 그라티아누스(Gratianus) 황제의 양보(375년)

≪성년이 되지 못한 연륜에도 불구하고 그라티아누스 황제는 참으로 현명한 결정을 했다. 그는 이복동생을 옹립한 부하 장군들의 무례한 요구를 승인함으로써 내전을 피했던 것이다. 내전을 피했던 이유는 강력한 그들과 맞붙는다면 승리가 불확실하며, 설령 승리하더라도 많은 피를 흘리고 제국의 힘을 소진시킬 수밖에 없다는 것을 그라티우스가 납득했기 때문이다.≫

○ 발렌티니아누스 황제는 이혼한 세베라에게서 그라티아누스를, 재혼한 이탈리아 지역 총독의 딸 유스티나 사이에서는 발렌티니아누스 2세를 낳았다. 세베라가 유스티나의 미모에 대하여 남편에게 수다를 떨었기에 황제가 유스티나에게 관심을 가지고 가까이한 것으로 알려졌다. 발렌티니아누스는 그라티아누스를 9살 때 아우구스투스란 칭호를 하사하고 공동 황제가 되게 했다. 이는 충성스런 군대의 동의를 거쳤으며, 그라티아누스의 이름은 로마 정부의 모든 법적 문서에 발렌티니아누스와 발렌스의 이름과 함께 등록되었다. 그뿐 아니라 그라티아누스는 콘스탄티우스의 딸 콘스탄티아와 결혼하여 짙은 황통을 계승했으며, 제국의 시민들에게 차기 황제로서 확실한 인정을 받았다.

○ 부친이 급사했을 때, 그라티아누스는 겨우 17살이었으며, 발렌티니아누스가 지휘하고 있던 브레게티오의 진영으로부터 수백 킬로미터나 떨어진 트레베로룸 황궁에 머물고 있었다. 그때 일리리쿰과 이탈리아 군대를 지휘하고 있던 에퀴티우스와 멜로마우데스는 평소 가지

고 있던 야심을 드러냈다. 그들
은 겨우 5살밖에 되지 않은 유
스티나의 아들 발렌티니아누스
2세를 제위에 올려 그라티아누
스가 즉위하는 것을 막고 실질
적인 권한은 그들이 차지하려는
교묘한 계획을 실행에 옮겼다.
황후 유스티나와 발렌티니아누

▌ 그라티아누스

스 2세는 브레게티오에서 160㎞ 떨어진 곳에 있었는데 음모를 꾸미
고 있던 이들이 진을 치고 있는 아퀸쿰으로 정중한 초대를 받았으며,
그 자리에서 5살짜리 어린아이에 지나지 않았던 발렌티니아누스 2세
는 군대에 의해 제위에 올려졌다.

○ 이리하여 내전이 목전에 있었으나, 그라티아누스는 현명하게도 온건
한 행동을 취했다. 그는 군대의 선택을 존중하여 이복동생 발렌티니
아누스 2세를 통치자로서 인정하겠다고 공표했던 것이다. 이로써 그
라티아누스는 갈리아 · 히스파니아 · 브리타니아를 통치하고, 발렌
티니아누스 2세는 이탈리아 · 아프리카 · 일리리쿰을 통치하게 되었
으며, 숙부인 발렌스는 아시아 · 시리아 등 로마 제국의 동측을 맡았
다. 그라티아누스는 이러한 음모를 꾸민 자들을 안전하게 처벌하거
나 제거할 수 있을 때까지 노여움을 숨겼으며, 이복동생 발렌티니아
누스 2세에 대하여는 형의 권위를 주장하면서 조금씩 보호자로 나섰
다. 이 같은 그의 영민함은 비슷한 나이에 제국을 양도받아 통치자로
나섰던 콘스탄티누스의 세 아들과 비교되었다.

✻ 서고트족의 도나우강 도하와 발렌스(Valens)의 실패(376년)

≪대규모의 부족을 자국의 영토에 받아들인다는 것은 사소한 이해득실의 문제가 아니라 국가 안위의 문제다. 그들이 제국 내의 주민들과 섞인다면 아무리 호소한다 한들 야만족인 이주민들이 멸시당하기 마련이고, 관습과 문화의 이질감으로 마찰음이 생길 것이기 때문이다. 그뿐만 아니라 로마 제국의 관리들은 이미 부패할 대로 부패하여 황제의 염려를 감소시키기는커녕 증폭시킬 것이 뻔했다. 하지만 발렌스 황제와 그의 측근들은 이 점을 충분히 납득하지 못하고 있었다.≫

○ 무시무시한 야만족 중의 야만족으로 불린 훈족의 공격으로 서고트족은 세력이 밀리고 또 밀려 도나우강 앞에서 동부 로마의 발렌스 황제에게 자신들의 안위를 지켜 달라고 매달렸다. 만약 발렌스가 은혜롭게도 관대함을 베풀어 트라키아의 황무지를 경작하면서 살도록 허락한다면 제국과 황제에게 충성을 다할 것이며, 로마법을 준수하면서 제국의 국경을 수호하겠다고 서고트족은 맹세했다.(註. 다만 피터 히더에 의하면 '서고트'라는 명칭은 알라리크가 부족을 이끌 때부터 생겼으며, 그 전에는 부족장의 가문 이름을 따라 서쪽의 고트족을 '테르빙족' 그리고 동쪽의 고트족을 '그레우퉁족'이라고 부르는 것이 옳다고 주장했다. 또한 동고트족은 아말家의 테오도리크에 의해 478년에 생겨났다고 주장했다.) 서고트족은 사절단을 보내 동족의 운명을 결정짓게 될 발렌스 황제의 답을 기다리며 자신들의 맹세를 몇 번이고 다짐했다.

○ 이렇게 중대한 결정을 내려야 할 시점에 발렌스는 형의 지혜를 빌릴 수도 없었다. 그는 어려운 일에 닥쳤을 때마다 매번 발렌티니아누스

와 상의했으나, 이 일이 일어나기 전년도에 형이 죽고 없었기 때문이
다. 나약하고 소심했던 그였지만 중대한 결정을 조속히 내려야 할 처
지가 되었다. 절망과 기아에 쫓겨 온 엄청난 규모의 야만족을 자신의
통치 구역 안으로 받아들여야 할지 거부해야 할지는 제국 전체의 안
위와 연결된 중대한 사안이었다.

○ 고위 관리들 사이에서도 의견이 분분했다. 발렌스가 공화정 시대
의 카이사르가 자신의 갈리아 통치 구역 안을 지나서 이동하려던
헬베티족을 어떻게 처리했는지 생각해 냈다면 좀 더 훌륭한 결과가
나왔을지도 모른다. 카이사르는 수십만이 되는 야만족들이 이동한
다는 것은 아무리 조심하고 유의하더라도 소동이 일어나기 마련이
고, 이것은 쉽게 전투 양상을 띠게 마련이라는 이유로 거부한 적이
있었다. 즉 민족 대이동은 제국의 변경 지역에 받아들였던 부분적
이고 우발적인 이주 집단과는 성격이 완전히 판이한 것이었으나,
발렌스 휘하의 관리들은 이것을 무시하거나 가볍게 여겼다. 관리
들은 용감무쌍한 군대가 황제의 휘하에 들어오고자 하니, 이제는
속주민들의 징집이 필요 없게 되고 징집 면제를 받은 대가로 속주
민들이 바치는 막대한 양의 금화가 황실의 곳간에 쌓이게 될 것이
라고 아부를 떨었다.(註. 당시 동부 로마는 페르시아와 대치 중에 있
어 양쪽에서 전투를 치를 여력이 없었다. 따라서 고트족과는 강화가 필
요하기도 했다.)

○ 결국 서고트족의 탄원은 두 가지 조건으로 받아들여졌다. 하나는 도
나우강을 건너기 전에 지니고 있던 무기를 모두 내놓아야 한다는 것
이며, 다른 하나는 서고트족의 자녀들을 아시아의 여러 속주에 나누
어 살게 하는 데 동의해야 한다는 것이었다. 이 두 가지는 모두 서

고트족으로서는 견디기 힘든 조건이었다. 첫 번째 조건은 말할 것도 없이 부족의 전투력뿐 아니라 자기 방어력조차도 완전히 해제시키겠다는 의지였으며, 두 번째 조건은 아이들을 교육하여 문명화시키면서 친로마파로 만들 뿐 아니라, 부모의 충성을 보장할 인질로도 삼겠다는 의미였다. 도나우강을 넘은 서고트족은 전사만 해도 20만 명에 달했으며, 아이·여자·노예 등 모두를 합해서 100만 명은 족히 되었다.

○ 서고트족은 그들의 무기를 명예의 상징이자 안전의 보증으로 여겼으므로 로마 병사들의 정욕이나 재물욕을 충족시켜 주면서 첫 번째 조건을 피해 나갔다. 즉 야만족들은 내키지 않은 일이었지만 아내와 딸들에게 매춘 행위를 시키거나, 양탄자 또는 아마포 의복 아니면 가축 또는 노예 따위를 로마 병사들에게 바친 것이다. 전사들의 부족이었던 게르만족은 성인이 되었다는 표시로 무기를 수여했고, 결혼할 때는 지참금의 일부로서 창과 검을 주었으며, 방패와 창검으로써 지지를 나타내는 것을 가장 영예로운 것으로 생각할 만큼 무기를 버리는 행위를 수치로 생각했다. 그리하여 서고트족은 온전히 무기를 지닌 채 로마 제국의 땅을 밟을 수 있었다.

○ 이때 동고트족의 알라테우스와 사프락스도 도나우강 북쪽에 나타나 서고트족에게 자비를 베풀어 주었듯이 자신들에게도 호의를 베풀어 달라고 청했으나, 발렌스는 단호히 거절했다. 아마도 그것은 서고트족에 대한 처리가 잘못되었다는 것을 발렌스와 관리들이 알아차렸고, 늦은 후회와 공포심이 그들 마음 한가운데 자리 잡고 있었다는 증거였을 것이다.

○ 서고트족이 정착하게 된 트라키아의 군 지휘권은 루키피누스와 막시

무스가 가지고 있었는데, 이들은 개인의 이익을 위해서는 제국의 이익을 모조리 무시하는 사람들이었다.(註. 루키피누스는 기동 야전군인 코미타텐세스를 지휘하는 코메스였고, 막시무스는 변경 주둔군인 리미타네이를 지휘하는 둑스였다.) 당연한 결과로서 이들은 이주한 서고트족에게 발렌스의 명을 받들어 너그럽게 대해 주기는커녕 굶주린 서고트족들의 생필품에 가혹한 비용과 세금을 무자비하게 부과했다. 빵 1개에 노예 한 명을 내놓아야 했으며, 나중에는 생필품을 얻기 위해 자식들을 내다 팔 수밖에 없었다. 아이들의 독립을 지키며 비참하게 죽어 가기보다는 노예 상태로라도 살아남는 것이 낫다는 모진 섭리 앞에 무릎을 꿇었던 것이다. 서고트족들은 로마 제국의 야박한 대우에 불평의 목소리가 점점 높아져 갔고 분노하기 시작했다. 그들의 손에는 뇌물을 주고 몰래 가져온 무기가 여전히 있었으며, 복수할 수단과 용맹함도 그대로 간직하고 있었다.

○ 루피키누스는 서고트족의 불만과 적대감에 위험을 느끼고 부족민을 모두 자신의 사령부가 있는 마르키아노폴리스로 이동시킬 것을 결정했다. 그는 서고트족의 이동을 감시하기 위해 동고트족의 도나우강 도하를 방어하고 있던 병력을 차출할 수밖에 없었다. 그러자 동고트족은 로마군의 방어가 느슨해진 틈을 타 도나우강을 건넜고, 그들은 서고트족과 힘을 합치려고 했다. 서고트족도 로마군이 쳐 놓은 그물로 부족민들이 빨려들어 가는 위험을 피하기 위해 마르키아노폴리스로 향하는 두려운 발걸음을 일부러 늦추어 가며 동고트족과 힘을 모으려고 시도했다.

○ 루피키누스가 이 소식을 듣고 발을 동동 굴렀으나 이미 엎질러진 물이었고 사태는 걷잡을 수 없었다. 그는 천신만고 끝에 서고트족을

목적지인 마르키아노폴리스 근처 15㎞까지 끌고 와서 그들의 불만을 잠재우려고 족장들을 초대하여 화려한 주연을 베풀었다. 그러나 주연장 근처에서 시작된 로마군과 고트족 간의 사소한 분쟁이 고함과 소동으로 번졌고 결국 서로 간의 분노가 폭발하여 전투로 비화되었다. 야만족과의 전투로 많은 로마군이 죽었다는 첩보를 받은 루피키누스는 서고트 족장을 호위하던 야만족 병사들을 살해하고 포위했다. 서고트 족장 중에 프리티게른은 상황을 재빠르게 눈치채고 루피키누스에게 전투가 커지게 되면 서로 간에 심각한 피해가 발생할 것이니, 자신을 내보내 주면 서고트족 병사들을 진정시키겠노라고 외쳤다. 혼란의 상황에서는 우두머리를 잡아 사태를 해결해야 하거늘 루피키누스는 급한 나머지 앞뒤를 재어 보지 않고 프리티게른을 풀어 주었다. 피비린내 나는 혼란스런 주연장을 잽싸게 빠져나와 부족민들이 모인 곳에 도착한 프리티게른은 그들로부터 영웅으로 갈채와 환호를 받았다. 서고트족에는 알라비부스와 프리티게른이 족장의 위치에 있었으나, 이 일 이후로 프리티게른이 부족민으로부터 신뢰와 지지를 더욱 많이 받아 부족의 무력을 장악했다.

○ 프리티게른을 제거하거나 가두어 두었다면 서고트족 병사들은 지휘관 없는 오합지졸이 되었겠지만, 이제는 강력한 지도자 밑에서 확고하게 뭉쳐진 무서운 세력이 되었다. 그것은 곧 루피키누스를 향한 선전 포고였다. 막강한 야만족들을 자극해 놓고는 대책 없이 있다가 서고트족의 공격을 받게 된 루키피누스는 급조된 병사들을 이끌고 적들이 모여 있던 마르키아노폴리스로부터 약 15㎞ 떨어진 곳에서 창검을 겨루었다. 서고트족의 프리티게른은 자신의 군사적 재능과 용맹한 부하들의 활약에 힘입어 루피키누스의 로마군을 철저히 쳐부수

었다. 거의 모든 로마군들이 서고트 병사들의 무기에 희생되었고 루키피누스를 포함한 몇몇 병사들만 겨우 살아서 돌아갔다.

○ 이날 이후 고트족은 이방인이자 유랑자라는 불확실한 지위에서 주인의 위치로 올라서서 로마 제국의 북쪽 속주들에게 절대적인 지배권을 주장하기에 이르렀다. 승리한 고트족은 그간에 받아 왔던 불공정과 모멸의 응어리를 철저하게 되갚았으며, 도나우강의 물결을 넘은 그들의 원한은 트라키아 평원을 향해 내딛었다. 트라키아 전역으로 고트족의 폭력이 퍼지는 가운데 그들은 나이와 성별을 불문하고 보이는 족족 사람들을 죽였고 모든 것을 불살랐다. 젖먹이는 어미의 품에서 떼어 내 죽였고, 아내들이 지켜보는 앞에서 남편들을 살해했다. 사내아이들은 크든 작든 부모 시신들이 쌓여 있는 곳으로 질질 끌려가서는 처참하게 살해당했다. 살아남은 자들은 자신들의 목숨이 붙어 있는 것을 오히려 한탄하며, 적의 포로가 되어 두 손이 결박당한 채 오열했다. 그런 와중에서도 고트족의 무자비한 폭력을 안내하는 자들이 있었다. 이 배반자들은 어디로 가면 풍족한 약탈거리가 있는지 상세히 안내했다. 제국의 번영과 혜택에서 소외된 자들은 그간의 질투와 시샘 그리고 분노를 야만족의 힘을 빌려 복수하고 있었던 것이다.

╎ **마음에 새기는 말** ╎

무리가 따르는 일을 정치적 이유로 결정했을 경우, 그 결정을 내린 사람은 구체적인 실행까지 계속 확인해야 한다.

– 발렌스 황제는 서고트족이 로마에 이주하여 살고 싶다는 요구를

들어주며, 도나우강 남쪽의 트라키아에 그들의 정착지를 정했다. 황제는 이 내용을 관청에 칙령으로 보냈고, 그것으로 위험한 결정이 무사히 종결된 것으로 판단했다. 그러나 거주지 이동이 허락된 서고트족에게 여러 가지 문제가 야기되었고, 이는 곧 불만의 목소리가 되어 무력시위가 시작된 것과 관련하여.

☀ 하드리아노폴리스 전투와 발렌스 황제의 죽음(378년)

≪그라티아누스 황제의 승전 소식은 발렌스에게 시기심과 무모함을 불러일으켰다. 그 때문에 발렌스는 그라티아누스의 도움을 받지 않고 승리하고자 했지만, 그 교만함으로 하드리아노폴리스 전투에서 패배하고 자신을 죽음으로 몰아넣었으며 제국의 쇠락에 결정적인 발자국을 남겼다. 280년 전 타키투스는 이미 게르만족의 위험성을 알아차리고 말했다. "지금은 게르만족들이 서로 싸우고 있으니, 그들끼리의 반목이라도 오래오래 지속되기를! 제국의 운명이 가차 없이 앞으로 내몰리는 지금, 행운은 적들의 반목보다 더 좋은 선물을 줄 수 없으리라."≫

○ 고트족들이 제국의 영토 안에서 말썽을 일으키자 페르시아와의 대결을 위해 안티오키아에 가 있던 발렌스는 거처를 콘스탄티노폴리스 황궁으로 옮겼다. 발렌스가 콘스탄티노폴리스에 도착하자 시민들은 고트족을 제국 내로 끌어들여 국가적 재난을 초래한 장본인이라고

비난을 퍼부었다. 발렌스는 콘스탄티노폴리스 여기저기서 터져 나오는 불만의 목소리에 야만족을 상대하러 나가지 않으면 안 되었다. 더군다나 시민들은 멀리 떨어져 있는 야만족의 강력한 힘을 알 수 없어, 무기만 지급해 준다면 지금이라도 속수무책으로 당하고 있는 야만족의 파괴 행위로부터 구해 낼 수 있다고 큰소리치기까지 했다.

○ 시민들이 적의 강력함을 모르고 교만하게 떠들었지만, 발렌스는 고트족을 섬멸하기 위해 빈틈없이 준비를 했다. 서로마 황제이자 조카인 그라티아누스에게도 사절을 보내 지원을 요청했다. 또한 최근 몇몇 로마 장군들이 야만족을 상대로 싸운 전투에서 상당한 승리를 거둔 것이 그나마 나약한 발렌스의 용기를 북돋아 주었다. 그중 세바스티아누스는 발렌스의 휘하에서 근무하다가 보병대장이 되었는데, 각 군단에서 300명의 병사들을 선발하여 별동 부대를 조직하고 군사 훈련과 재무장을 철저히 시켰다. 이 병력으로 고트족 대부대를 습격한 세바스티아누스는 막대한 양의 전리품을 되찾았으며, 그 전리품의 규모가 하드리아노폴리스(註. 현재 터키의 '에디르네'이다. 하드리아노폴리스는 하드리아누스 황제의 이름에서 유래했으며, 이탈리아어로 하드리아누스를 '아드리아노'라고 하기 때문에 훗날 '아드리아노폴리스'라고도 불렀다.)와 인근 평원까지 가득 채울 정도였다. 발렌스는 이 대단한 전과에 놀라서 입을 다물지 못할 정도였기에, 고트족과의 전쟁은 많은 어려움이 뒤따랐다는 간언도 귀에 들어오지 않았다.

○ 발렌스는 측근들의 아부성 발언에 귀를 기울이고 자만심에 차서, 이렇게 눈앞에 있는 승리의 영광을 빨리 낚아채야겠다는 조급함에 몸이 달았다. 다수의 정예 병사들을 보강한 발렌스는 시민들의 비난을 잠재우고 황제의 권위와 위엄을 한시라도 빨리 세우기 위해서 서고

아드리아노폴리스(하드리아노폴리스)

트족이 집결하여 있는 하드리아노폴리스 부근으로 나아갔다. 군사
회의 때 빅토르가 이성적으로 대처하여 작전을 늦추어야 한다고 줄
기차게 주장했으나, 세바스티아누스는 목전의 승리를 조금이라도 의
심하는 듯한 대책과 조치는 어떤 것이라도 황제의 용기와 존엄에 어
울릴 수 없다고 발렌스의 기분에 아첨했다.

○ 서고트족을 이끌고 있던 프리티게른은 용맹하기도 하지만 교활한 사
람이어서 발렌스 황제의 군사적 위협 앞에 무모한 행동을 하거나 그
렇다고 잠자코 있지도 않았다. 그는 그리스도교 성직자를 협상 사절
로 발렌스의 막사에 보냈다. 협상 사절은 발렌스 황제가 프리티게른
을 전체 고트족의 왕으로 인정하고 트라키아의 황무지 어딘가에 정
착지를 마련해 준 다음 충분한 양식과 가축만 제공해 준다면, 전쟁을
그만두고 오로지 제국의 방위를 위해서만 무기를 쓰겠다며 프리티게
른의 뜻을 전했다. 이 말은 프리티게른이 진정으로 우러나온 마음을

전한 것이 아니고, 로마군에게 혼란을 주기 위한 신경전이며 심리 작전일 뿐이었다.(註. 피터 히더는 프리티게른이 로마의 힘을 빌려 서고트족의 정적들과 동고트족의 알라테우스와 사프락스를 제거하려 했다고 주장했다.)

○ 발렌스의 군사 지원을 요청받은 그라티아누스는 파견할 군대를 즉시 모집했다. 그러나 예상치 못한 일이 터졌다. 게르만족 출신의 로마 동맹군 한 명이 라이티아 속주의 국경 지역인 알프스 산맥 끝자락에 거주하는 알레만니족으로 도주하여 제국으로의 침입을 부추긴 것이다. 알레만니족은 발렌스를 지원하기 위해 로마군이 갈리아 지역을 대거 빠져나간 사이에 약탈을 벌이고자 얼어붙은 라인강 상류 지역을 넘어 제국의 영토를 침범했다. 그라티아누스는 발렌스에 대한 지원을 뒤로 미루고 침입자들부터 몰아내는 것을 우선할 수밖에 없었다. 그는 발렌스를 지원하기 위해 판노니아로 이동 중인 군대의 일부를 다시 불러들이고 갈리아에서도 병사들을 모병한 후 적들을 장기간 포위 공격하여 굴복시켰고 배신한 로마 동맹군 병사를 찾아내 응징했다. 이 때문에 발렌스를 지원하는 것이 몇 개월이나 늦어지고 말았다.

○ 그즈음 발렌스의 사절로 서부 로마 제국에 파견되었던 코메스 리코메르가 돌아와서 발렌스에게 알레만니족의 패배와 그라티아누스의 승전보를 알려 왔다. 그러면서 알레만니족과의 전투에서 승리한 정예 군단이 신속히 동부 로마로 오고 있어 두 황제가 합류하면 고트족과의 싸움에서 확실하게 승리할 수 있으니, 그때까지 전투를 벌이지 말고 기다려 달라는 그라티아누스의 부탁을 전했다. 하지만 발렌스는 자만심과 시기심에 빠져 조카의 간곡한 간언에 코웃음 쳤고, 게

다가 원군의 기다림에 지쳐 있었다. 발렌스로서는 겨우 20살 난 조카 그라티아누스가 얻은 명성과 내세울 것 하나 없는 자신의 치세를 남몰래 비교해 보았을 것이다. 사실 시기하는 것보다 더 비참한 일은 없는 법이다. 그라티아누스가 도착하여 조금이라도 승리의 영광을 빼앗아 가기 전에 서둘러 승리를 쟁취하고자 했던 것이 발렌스의 생각이었다. 더군다나 첩자들의 정보에 의하면 서고트족의 병력은 불과 1만 명 정도에 지나지 않는다는 것이다. 그러나 그것은 동고트의 병사들을 산정하지 않은 숫자다. 두 부족은 도나우강을 도하했을 때부터 서로 간에 긴밀하게 연락하며 동맹을 맺고 있었다.

○ 군사 회의를 열어 의견을 수렴했으나, 지금 당장 고트족을 공격하자는 측과 서로마의 그라티아누스 황제를 기다리자는 측이 팽팽히 맞섰다. 결국 발렌스의 시기심과 욕망에 따라 군사 회의 결과는 지금 바로 진격 나팔을 불자는 쪽으로 기울었다. 그리하여 발렌스는 하드리아노폴리스에서 약 20㎞ 떨어진 곳에 진을 치고 있던 서고트족을 정벌하기 위해 병사들을 이끌고 성문을 나왔다. 한여름의 뜨거운 열기 때문이었는지 병사들의 전열은 전쟁터로 향하는 길목에서부터 좌우가 흐트러졌다. 그러는 사이에 그라티아누스가 몇 번의 소식을 더 전해 왔다. 곧 도착할 터이니 조금만 기다려 달라는 내용이었다. 그러나 발렌스 황제에게 알랑거리기 좋아하는 관리와 지휘관들이 다 이겨 놓은 싸움의 공훈을 그라티아누스에게 빼앗겨서는 안된다고 황제를 부추겼다. 서고트족의 프리티게른은 늘 하던 대로 협상 사절을 보냈고, 발렌스도 설득당한 끝에 리코메르를 서고트족 진영에 보내기로 결정했다. 그러던 중 궁수 부대와 방패 부대를 지휘하던 바쿠리우스가 성급하고 무모하게도 황제의 명령도 없이 선제

공격함으로써 전투가 개시되었다. 이러한 일은 얼마 안 되는 거리를 두고 적과 몇 시간을 대치하다 보면 얼마든지 예상될 수 있는 상황이었다.

○ 로마군은 고트족을 원형으로 둘러선 짐마차 측으로 밀어붙이며 그곳을 빼앗으려고 했다.(註. 게르만족들은 전투 시에 부족민들의 마차들을 빙 둘러 놓고 그 안에 진영을 차렸다.) 그 순간 잘못된 정보로 인한 재앙이 터졌다. 로마군은 동고트족이 전투에 참가하리라고는 예상하지 못했지만 동고트족의 알라테우스와 사프락스가 이끄는 병사들이 근처 높은 산에서 번개처럼 튀어나와 눈에 보이는 것마다 모조리 쑥대밭을 만들며 눈 깜짝할 새에 로마군을 무찔러 나갔던 것이다. 발렌스 앞에는 동서고트가 연합하여 상상도 하지 못한 대군이 버티고 있었다. 먼저 좌익의 버팀대인 기병대가 궤멸되었고 그다음엔 주력 부대까지 산산이 부서졌다. 로마군은 좌익이 무너지자 중앙이 적의 측면 공격에 무방비로 노출되었고, 퇴각의 기회도 잃은 채 혼잡한 아수라장 속에서 쓰러져 갔다. 경솔하게 시작된 이 전투는 로마군의 완벽한 패배로 끝났다.

○ 로마군 기병대는 패주했고, 남겨진 보병대는 야만족들에게 포위되어 무차별하게 살육당했다. 로마군은 적의 압박과 공포심에 짓눌려 좁은 공간에 몰린 탓에 전투 대형을 갖추기는커녕 창검조차 제대로 쓸 수 없었다. 혼돈과 살육의 와중에 발렌스는 호위대에서 떨어져 부상을 입고 란케아리족과 마티아리족에게 피난했다. 발렌스의 수행원들은 인근 오두막집으로 황제를 옮겨 치료하고 안전을 도모하고자 했으나, 이 초라한 피난처는 곧 적들에게 발각되어 포위되고 말았다. 야만족들은 문을 열려고 애썼지만 황제의 수행원들이 지붕에서 쏘아

대는 화살을 견디지 못하자, 오두막에 불을 붙여 그 안에 있던 황제와 수행원들을 모두 태워 죽였다. 오직 젊은이 한 명만이 간신히 창문으로 도망쳐서 이 비극적인 이야기를 증언할 수 있었다.

○ 그나마 행운이었던 것은 황제의 시신이 간신히 구출되어 능욕을 면했다는 것이다. 만약 적의 손에 들어갔다면 머리가 잘려 창끝에 꽂힌 다음 승리의 기념물로 전시되었을 것이고, 전시가 끝난 후 해골을 금으로 장식하여 축제 때마다 술잔으로 쓰였을 것이다. 그것이 당시 야만족들의 관습이었다.(註. 중앙아시아에 있던 월지국의 왕이 흉노족에게 머리가 잘려 술잔으로 만들어졌다는 기록이 있는 것으로 보면, 적장의 두개골을 술잔으로 만드는 것은 흉노족의 풍습이었다. 그들은 두개골에서 눈썹까지 도려낸 후 두개골에 가죽을 씌우고 사이사이에 금은을 박아 장식하여 술잔으로 사용했다. 흉노족은 유럽에서 훈족으로 불리었으며, 이러한 풍습이 고트족에게 전해질 수 있었던 것은 고트족이 훈족에게 밀려 로마 제국으로 이동했으므로 훈족, 다시 말해 흉노족의 영향을 많이 받고 있었기 때문이다. 다만 리비우스에 따르면 갈리아에서도 이런 풍습이 있어 BC 216년 전사한 집정관 포스투미우스의 머리를 술잔으로 만들었다고 기록했다.) 이 전투는 로마 제국이 패배한 모든 전투의 치명적인 영향을 뛰어넘는 뼈아픈 손실로 기억되었다.

○ 한 고트 족장은 거드름을 피우며 짐짓 말하기를 자신들 앞에서 양 떼처럼 도망쳤던 자들이 어떻게 아직도 감히 자기들의 재산과 속주의 소유권에 대해서 떠들 수 있는지 놀라운 일이라고 로마인들을 비꼬았다. 훈족의 이름이 고트족 전체를 공포에 떨게 했듯이, 이제는 고트족의 이름이 로마 제국의 병사와 시민들 사이에서 더할 나위없는 무시무시한 공포를 불러일으켰다. 제국의 동부를 지키던 황제는 죽

고 그의 군대는 궤멸되었다. 이제 고트족 앞에는 재물과 부가 가득한 제국의 도시들로 향하는 길이 훤히 뚫렸고, 제국의 시민들은 죽음과 약탈의 두려움에 온몸을 떨고 있었다.

✳ 발렌티니아누스와 발렌스의 악정과 선정

≪발렌티니아누스의 두 형제는 황제로서의 자질과 기품 그리고 황제가 되지 않았어야 할 기질을 모두 지녔다. 편집스런 의심과 남의 아픔을 헤아릴 줄 모르는 잔혹한 면은 시민들을 공포에 떨게 했고, 사생활의 온전함과 종교에서의 공정함은 시민들에게 신뢰를 심어 주었다. 그것은 그들의 인간적인 장점과 단점이 황제의 권위와 섞이어 드러났기 때문이다.≫

○ 발렌티니아누스는 용맹했으나 성마른 기질이었고, 동생 발렌스는 나약하고 겁이 많은 성격이었다. 이들은 죄질이 약하고 그다지 악의 없는 사소한 범죄에까지 촉각을 곤두세웠다. 황제들의 이러한 성향으로 재판관들은 처형자의 숫자로 성실성과 능력이 판단되고 있음을 눈치챘다. 그러다 보니 재판관들은 무죄 판결을 기필코 피하려고 했으며, 도저히 말이 되지 않을 것 같은 죄상들을 입증하기 위해 위증으로 얼룩진 증거나 고문으로 얻은 증언이라도 주저 없이 채택했다.

○ 범죄에 가까운 고발 행위가 계속 늘어났으며, 뻔뻔스런 밀고자들은

고발 내용이 거짓임이 탄로 나고도 처벌받지 않았다. 어떤 밀고자는 아무 생각 없이 털어놓은 꿈 이야기를 듣고 제위를 노리는 야심으로 교묘히 꾸미기도 했고, 또 다른 밀고자는 무고한 사람들에게 날조된 증거를 들이대며 빠져나갈 수 없도록 옥죄기도 했다. 그에 반해 밀고로 인해 비참한 지경에 빠진 사람들은 아무리 진실을 말하고 밀고 내용이 거짓임을 밝혀내더라도 그들이 겪은 부당한 밀고에 따른 피해를 배상받는 일이란 드물었다. 남녀노소를 가리지 않고 수많은 무고한 사람들이 사슬에 묶여 법정으로 끌려 나왔으며, 원로원 의원·외국인·지식인 할 것 없이 수치스럽고 잔인한 고문 끝에 숨을 거두었다. 부유한 가문들조차 벌금과 재산 몰수를 견디지 못하고 몰락했으며, 지극히 선량한 사람조차 언제 고발당할지 몰라 불안에 떨 지경이었다.

○ 두 황제는 반역 행위란 혐의만으로도 충분한 증거가 될 수 있으며, 누군가 권력을 가지고 있다면 황제에게 위해를 끼칠 의도가 있는 것으로 보았고, 그러한 의도를 품은 것만으로도 실제로 행동한 것과 같은 범죄로 간주했다. 또한 누군가의 존재 자체만으로 황제에게 위협이 된다면 마땅히 살려 두어서는 안 된다는 논리였다. 이러한 논리로 권력을 가졌다는 혐의만 가지고서도 그자를 처형했다. 앞서 서술한 프로코피우스의 반란도 황제들의 이러한 생각이 발단이었다. 발렌티니아누스와 발렌스가 보는 시각에서 프로코피우스는 반역자로서 혐의를 받을 만한 모든 조건을 가지고 있었기 때문이다.

○ 발렌티니아누스 황제는 정의를 추구한다면서 자비를 인간의 나약함으로, 노여움을 용맹함으로 여기는 잘못을 저질렀다. 제국의 주인이 되고 나서부터는 이성과 관대함에 따르기보다는 격노한 감정을 절제

하지 못하고 마구 쏟아 냈다. 이러한 분노는 황제의 사냥을 돕던 어린 소년이 너무 일찍 사냥개를 풀어놓은 죄, 병기공이 광을 낸 흉갑을 적정 무게보다 약간 모자라게 만든 죄 등 온갖 경미한 죄, 심지어 저지르지도 않은 죄, 경솔한 말 한마디, 무심결에 저지른 태만 등을 즉각적인 중형과 사형 선고로 처벌했다. 발렌티니아누스의 입에서는 쉴 새 없이 "저 자의 목을 쳐라!", "저 자를 산 채로 화형시켜라!", "저놈을 죽을 때까지 매로 쳐라!" 등과 같은 무시무시한 소리가 계속해서 떨어졌다. 가장 총애하는 관리라도 경솔하게 황제의 명령에 이의를 달거나 제지하려 했다가는 불복종의 죄를 뒤집어쓰게 되는 두려운 상황이었다. 잔인하게도 발렌티니아누스는 무시무시한 명령들을 때때로 유쾌하게 선고했으며, 고문과 단말마의 고통을 태연한 태도로 지켜보기도 했다. 그는 자신과 기질이 통하는 막시미누스의 가혹한 학살을 눈감고 승인해 주었으며, 인노켄티아와 미카 아우레아라는 이름을 가진 사나운 큰 곰 두 마리가 죄인들의 피 흘리는 사지를 찢어발기는 모습을 즐거운 구경거리로 제공했다.

○ 그러나 발렌티니아누스의 분노와 발렌스의 공포가 가라앉으면, 발렌티니아누스는 냉철한 판단력으로 자신과 공공의 이익이 무엇인지 정확히 알고 따랐으며, 발렌스 또한 형의 본보기를 잘 따르면서 살루스티우스의 지혜와 덕성으로부터 가르침을 구했다. 두 황제의 사생활은 순결하고 온건했으며, 선황 때의 악습들을 개선하고 아기들의 유기 행위를 금했으며, 의료 인력을 확충하여 시민들의 복지에 배려하는 정책을 폈다. 또한 발렌티니아누스 자신은 일자무식이었으나, 교육의 중요성을 인식하여 학교를 건립하고 학문 연구를 지원했으며, 종교 간의 파벌 분쟁과 반목을 없애기 위해서 불순한 목적의 종교 의

엘레우시스

식을 제외하고는 어떤 형태의 종교 행사도 금지하지 않았다. 그가 엘
레우시스 밀교 의식을 금지하려고 했을 때, 이 의식은 그리스인의 전
통 종교 행사이므로 이를 금지할 경우 그리스인들의 반발이 예상된
다는 아카이아 총독의 보고가 있자 밀교 의식을 금지하려던 생각을
즉시 거두어들이기도 했다.(註. 엘레우시스 비의는 396년 알라리크가
이끄는 서고트족에게 성소가 약탈되면서 천 년이나 되는 오랜 역사가 마
감되었다.)

○ 발렌티니아누스는 종교 분쟁의 시대에 한결같이 온건한 태도로 종교
에 관한 한 공명정대함을 잃지 않았다. 365년에는 죄인들을 경기장
에서 야수와 싸우게 하여 희생시키는 것을 금했는데, 이것은 콘스탄
티누스가 폐지하려고 했지만 실패하고 만 악습이었다.(註. 경기장에

서 검투사들이 서로 싸워 훌륭한 기량을 보이고 시민들로부터 찬사를 받은 것은 이미 옛날 일이 되었다. 후기 로마에서는 경기장에 나온 죄인들을 맹수와 싸우게 했다. 시민들은 검투사들의 기량을 보러 온 것이 아니라, 사람들이 처참하게 죽는 광경에 열광할 뿐이었다. 한 페르시아 왕자는 경기장에 초청되었으나 이렇듯 잔인한 경기가 무슨 의미가 있냐며 자리를 박차고 나가 버린 일도 있었다.)

│ 마음에 새기는 말 │

인간에게 폭력을 행사하는 일이 너무 익숙하고 자연스러워지면 상대방의 사소한 도발이나 의심받을 행동조차도 적대 행위의 근거로 간주하게 된다.

│ 알아두기 │

• 흉노족의 이동과 훈족

서양에서 훈족이라 일컫는 종족은 동양의 흉노족에서 그 원류를 찾을 수 있다. 흉노족을 훈족이라고 주장하는 사람들은 '흉'이 '훈(hun)'을 한자로 쓴 것이며 흉노족들은 스스로를 '훈(hun)'이라고 불렀을 것으로 추측한다.(註. '훈hun'은 퉁구스어로 '사람'이란 의미다.) 진시황 때부터 등장한 흉노는 한나라와 중원을 놓고 다투다가 BC 57년에 동서흉노로 분리되었다. 서흉노의 선우(註. 흉노족 최고 통치자의 칭호)인 질지가 동흉노에게 밀려 서역인 강거까지 왔으나 그곳에서도 한나라 장수 진탕에게 패하여 질지는 죽고 그 패잔병들이 우랄 산맥을 넘어 서천했다.(제1차 서천) 그 이후 흉노는 다시 남북흉노로 분리되었다. 73년에 한나라는 남흉노를 항복시킨 후 연합군을 형성하여 북흉노에게 결정적인 타격을 가했다. 패배의 고배를 마신 북흉노는 아시아의 북쪽인 막북으로 이동하여 서역 제국을 장악하게 된다.(제2차 서천) 89년에 다시 한 번 한나라의 화제는 선비족을 고용해 북흉노에게 타격을 가하자 북흉노의 대부분은 선비족에게 예속되었으며, 일부는 천산 산맥 북쪽으로 계속 서진하여 발하시호와 아랄해 사이에 거점을 마련했다.(제3차 서천) 5호 16국 시대였던 319년 석륵은 갈족의 나라로 알려진 후조를 세웠으며, 328년 그는 흉노족의 나라인 전조를 멸했다. 또한 후조왕 석호의 양자이자 한족 출신이었던 석민이 후조의 실권을 장악했을 때 한족들을 부추겨 20여만 명에 달하는 흉노족을 살해했다. 이와 같은 일이 벌어진 것은 이들 한족들이 흉노족에게 원한이 많았기 때문이다. 결정적 타격을 받은 흉노는 새 삶을 찾아 서쪽으로 도망쳤다.(제4차 서천)

4차례에 걸쳐 앞서거니 뒤서거니 하며 서천한 흉노족들은 서로 간에 투쟁하면서 합류되었으며, 370년 혹독한 한파가 닥치자, 보다 더 서쪽으로 이동을 단행하여 375년 유럽을 공격하기에 이른다. 로마를 비롯한 유럽에서는 이들을 훈족이라 불렀다.(註. 다만 학자들 중에는 훈족이 흉노족과 동일한 종족이라는 것에 의문을 가지는 자도 있다.)

※ 전사(戰士)로 자라는 북방 유목 기마 민족

≪말과 함께 초원 위에 살아가는 민족들은 태어나고 자라면서 기병으로서의 자질을 갖추었다. 전술의 가장 중요한 요소인 지칠 줄 모르는 인내와 기동력은 그들의 특징이었다. 그런데다 죽음을 경시하는

야만적인 용기까지 갖추었으니 문명국에서는 그들의 공격이 공포와 전율 그 자체였다.≫

○ 타타르족, 스키타이족, 훈족, 몽골족 등 북방 유목 기마 민족들의 강력한 전투력과 돌파력, 기동력의 원천에 대하여 이해하고자 한다면 그들의 생활과 습성을 먼저 고찰해 보아야 한다. 유목 민족들은 주식을 거의 대부분 가축으로부터 얻는다. 자신들의 손으로 키운 소와 양들에게서 젖도 얻지만, 문명국에서는 지정되고 구획된 장소에서 행해지는 가축 도살이 이들 부족들에게는 집 안에서 행해졌고, 그때에 피와 죽음이라는 잔인한 행위에 어느 정도 무디어질 수 있었다. 소와 양은 매일 먹이를 주던 그 손에 도살되었으며, 피가 뚝뚝 떨어지는 가축들의 사지를 제대로 조리하지도 않은 채 부족민들의 식탁에 올려졌다.

○ 전쟁에서도 소와 양 떼는 곡물보다 운반이나 수량에서 유리한 점이 있었다. 곡물처럼 짊어지고 가거나 수레에 태워 운반할 필요 없이 몰고 가기만 하면 되고, 황무지에서도 목초는 있었기에 가축의 수도 쉽게 줄어들지 않았다. 게다가 이들은 일정한 주거지 없이 이동식 천막이나 수레에서 먹고 자고 생활하며 아이들을 길렀고, 여름에는 고지대에서 겨울에는 저지대에서 유목 생활을 하며 굶주림, 추위 그리고 혹독한 환경에 단련되었다. 이들 유목 기마 민족은 기근과 풍요를 일상으로 번갈아 겪으면서 살다 보니 굶주림에 버텨 낼 수 있는 인내력을 저절로 갖추게 되었다. 또한 천막생활을 하고 사람과 가축이 늘 섞여 살다 보니 불미스런 혼란을 막기 위해 야영의 대열 배치, 질서 유지, 경비 등의 초보적인 군사 기술이 생활의 일부가 되었고, 어릴

때부터 아버지를 따라 사냥을 나서는 탓에 무기를 능숙하게 다룰 줄 알았다. 이렇듯 유목 생활은 어려운 군사 작전에 대한 실제적인 지식을 자연스럽게 얻었으며, 계절마다 이동하는 습관은 이들 부족에게 정복 기질을 심어 주었다.

○ 북방 유목 기마 민족들의 조국은 토지가 아니라, 천막 그 자체였으며, 가족 · 동료 · 재산 모든 것이 항상 그 천막의 경계 안에 모두 포함되어 있었다. 이들의 지칠 줄 모르는 약탈욕, 피해에 대한 분노, 복종을 참지 못하는 기질은 더 풍부한 자원이나 더 정복하기 쉬운 희망을 품고 미지의 나라에 대담하게 나아가는 원동력이 되었다. 여가 시간에도 연애나 사교 활동 등 우아한 향락을 즐기는 것이 아니라, 거칠고 살벌한 사냥 연습으로 시간을 보냈다. 일상사의 모든 일에서 말의 기동력을 이용하는 관계로 말 등에 오르면 말과 한 몸이 되듯이 자유롭게 기마술을 펼칠 수 있었는데, 먹고 마시고 심지어 잠자는 것까지도 말 등 위에서 해낼 수 있다고 소문이 났다.

○ 이들은 지칠 때까지 사냥을 함으로써 말과 사람의 힘과 끈기가 끊임없이 단련되었으며, 순한 짐승뿐 아니라 때로는 용기와 힘을 시험하고 영광을 얻기 위해 거칠고 위험한 맹수들을 사냥하기도 했다. 이들의 사냥 방식은 당연히 전투 양상을 띠었으며, 일종의 전투 연습으로 간주되었다. 사냥감이 된 목표물을 향해 말 탄 사냥꾼들이 둘러싸고 포위를 좁힌 끝에 화살로 쏘아 죽였다. 그들이 사용한 활은 복합궁(註. 복합궁을 '반곡궁' 또는 '역궁'이라고도 한다. 전문가들의 상세한 표현으로서는 복합궁, 합성궁, 각궁 등으로 구분하는 세부적인 분류 방법이 있으나 일반적인 이해를 돕자면 이 정도로 표현하는 것이 좋을 듯하다.)으로서 게르만족이나 로마 제국에서 사용하는 활보다 강력

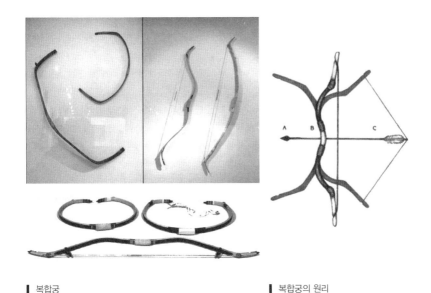

| 복합궁 | 복합궁의 원리

했으며, 그들의 말은 겉으로는 약해 보이나 혹독한 추위와 거친 먹이에도 잘 견디며 날랬고, 그들이 발명한 등자는 말을 탄 사람이 두 발로 디딜 수 있어 말 위에서 안정적인 자세로 무기를 휘두를 수 있게 한 위대한 발명품이었다.(註. 비록 적일지라도 장점이라면 따라 하기를 주저하지 않았던 로마인들이었지만, 등자의 효용성을 깨닫지 못했는지 로마군은 훈족과 맞닥뜨린 이후에도 계속 등자를 장착하지 않았다.) 이러한 환경과 습관에서 지휘자의 신호에 따라 전진하고 이동하는 연습을 했으며, 군사 전법의 가장 중요한 항목인 지형과 거리, 시간을 빠르고 정확하게 측정하는 법을 터득하고 익혔다. 북방 유목 기마 민족의 이 같은 용맹과 끈기와 군사 훈련은 실제 전쟁에서 엄청난 전투 능력과 기동력을 발휘하여 로마 제국 정복을 알리는 서막

의 역할을 했다.

┃ 알아두기 ┃

• 중국의 왕조

   건국 이후에 각 왕조의 존립 기간이 중복되지만 세력을 떨친 순으
로 개략하여 적는다면 다음과 같다. 하(BC 2000년경 우가 세웠다.)
⇒ 은('상'나라라고도 하며, BC 1600년경 하나라의 걸왕이 민심을
잃자 창왕이 하나라를 멸망시키고 건국했다.) ⇒ 주(BC 1046년 은
나라의 속국이었던 주나라는 무왕 때 강태공의 도움을 받아 은나라
의 폭군 주왕을 멸망시키고 건국했다.) ⇒ 춘추 시대(BC 770년 서
쪽 유목 민족의 침입으로 주나라가 멸망한 후 성립했다. *제·진·
초·오·월을 '춘추오패'라 한다.) ⇒ 전국 시대 (BC 475부터 한·
위·조·제·연·진·초가 '전국칠웅'이라 불리며 패권을 다투었
다.) ⇒ 진(秦) ⇒ 한 ⇒ 3국 시대(위·오·촉) ⇒ 진(晉) ⇒ 5호 16
국 시대 ⇒ 남북조 시대 ⇒ 수 ⇒ 당 ⇒ 5대 10국 시대 ⇒ 송 ⇒ 요
⇒ 금 ⇒ 원 ⇒ 명 ⇒ 청

⁂ 율리우스의 속임수(378년)

≪제국의 관리는 또다시 속임수로 미래의 걱정거리를 없앴다. 야만족 청년들의 순수한 마음은 피로 물들었고, 먼 미래를 바라볼 수 있는 눈을 가린 제국의 관리들은 동정의 여지조차 남겨 놓지 않았다.≫

○ 발렌스 황제가 서고트족이 도나우강을 넘어오도록 허락할 당시, 자녀들을 부모들과 분리시켜 동방의 각 도시에 분산 배치했다. 이는 앞서 서술한 그대로다. 약 2년간의 세월이 흐르면서 야만족의 인구는 꾸준히 증가했으며, 아이들도 제법 성장하여 힘과 기상을 갖추게 되었다. 아이들에게도 동포들이 로마 제국 곳곳에서 전쟁을 벌이고 있다는 소식이 흘러 들어가지 않을 수 없었다.

○ 발렌스를 죽음으로 몰아넣은 서고트족은 하드리아노폴리스를 포위하여 맹공을 가했으나 성벽에 설치된 투석기의 공격에 놀라 도망쳤다. 야만족의 병장기와 전술로는 공성전을 할 수 없다는 것을 깨닫자, 그들은 포위를 풀고 말머리를 콘스탄티노폴리스로 돌렸다. 콘스탄티노폴리스의 성벽에 다다른 그들이 도시의 위용에 넋이 빠져 있는 사이, 성문을 박차고 뛰쳐나온 도시 방어군의 공격에 이곳에서도 그들은 패배했다. 도시의 공략에 실패한 서고트족은 서쪽으로 이동하여 풍요로운 농경 지대를 마음껏 약탈하고 있었다.

○ 아버지들의 이런 용맹스런 영광을 본보기 삼아 자신들도 따르겠다는 고트족 젊은이들의 의지와 욕망에 제국의 시민들과 관리들은 경계와 의심의 눈초리로 지켜보았다. 이러한 의심은 이들이 제국의 안전을 위협할 어떤 음모를 꾸미고 있다는 첩보로써 확인되었다. 발렌스

의 죽음으로 황제 자리가 비어 있던 동부 로마에서는 율리우스가 콘스탄티노폴리스 원로원의 동의를 얻어 제국의 중요한 정책과 결정을 대신하고 있었다. 율리우스는 불온한 움직임을 보이고 있는 고트족 젊은이들의 처리 문제를 제국의 이익에 가장 합당하도록 결정해도 좋다는 재량권을 원로원으로부터 얻었다. 그는 칙령을 발표하여 고트족 젊은이들을 각 속주의 수도에 집결하도록 명했다. 그들에게 토지와 돈을 후하게 내려 주기 위해서라는 소문이 나돌아 고트족 젊은이들은 무리를 지어 조심스럽게 광장에 몰려들었다.

○ 각 속주의 거리는 모두 로마군들이 이미 점거했으며, 건물 지붕 위에는 궁수들과 투석병들이 **빽빽**이 배치되어 있었다. 곧이어 제국의 동부에 속한 모든 도시에서 일제히 무차별 학살 신호가 떨어졌다. 무기도 없고 방어할 준비도 되지 않은 고트족 젊은이들은 모두 학살되어 속주의 거리를 피로 물들였다. 율리우스의 잔혹한 지략 덕분에 어쩌면 몇 달 후에 헬레스폰투스에서 유프라테스강까지 반란으로 휘몰아쳤을 제국의 위기를 모면할 수 있었는지도 모른다. 그러나 야만족의 젊은 목숨을 앗아 간 비열한 잔꾀가 경쟁의 규칙을 거슬렀다는 비난을 면하기 어려웠다.

☀ 그라티아누스 황제의 결단과 테오도시우스의 즉위(379년)

≪그라티아누스는 숙부가 경쟁심으로 무모한 전투를 벌이다 죽자, 자기 혼자만의 힘으로 위기에 닥친 제국을 모두 다스릴 수 없음을

깨달았다. 그는 피르무스 반란을 진압한 테오도시우스 장군의 공훈을 오히려 반역으로 몰아 처형한 것은 한때의 경솔한 처분이었다고 고백하면서, 테오도시우스 장군의 무공과 기품을 가늠하여 그 아들을 헤아렸고, 자신의 잘못을 뉘우치는 의미에서 제국의 반을 테오도시우스 장군의 아들에게 맡겼다. 이는 제국을 통치하는 젊은 황제의 솔직하고 담백한 태도였다.≫

○ 발렌스 황제를 돕기 위해 동진하던 그라티아누스는 발렌스 황제가 살해되고 동부 로마군이 완패했다는 것을 알았다. 숙부의 경솔하고 시샘에 찬 행동이야 비난받아 마땅하지만, 조카는 분노보다도 슬픔과 동정심이 앞섰으며, 제국의 위기를 생각하자니 연민의 정마저도 사그라졌다. 그라티아누스는 고트족을 향해 복수의 검을 들자니 힘이 모자랐고, 쇠락하는 제국을 혼자 다스리기에도 힘이 부친다고 느끼지 않을 수 없었다. 게르마니아 야만족들은 금세라도 질풍처럼 갈리아의 심장부로 몰아쳐 들어올 듯한 분위기였으므로 서로마 제국을 통치하는 것만으로도 그라티아누스의 마음은 무겁고 어지러웠다.

❚ 테오도시우스

○ 따라서 위기 상황에 처한 동부 로마를 통치하면서 고트족과의 전쟁까지 수행할 수 있는 문무의 자질을 고루 갖춘 인재의 등용이 필요했다. 이러한 대권을 위임받은 고위 관리가 멀리 떨어진 그라티아누스에게 오랫동안 충성을 바

칠 것이라는 것도 생각하기 어려워, 그렇다면 차라리 그라티아누스와 공동 황제로서 통치할 인재를 고르는 편이 낫다는 생각을 하게 되었다. 그라티아누스는 고결한 인물에게 황제의 지위를 내려 주길 바랐으나, 21살밖에 되지 않은 그가 관리들과 장군들의 참된 성격을 알아내기란 쉽지 않았다. 그렇다고 제국에 위기가 닥친 상황에서 장황하게 토론할 여유도 없었다.

○ 그라티아누스는 불과 3년 전 브리타니아, 도나우강 상류 지역, 아프리카 등지에서 혁혁한 전공을 세우고도 동료들의 시샘과 황제 자신의 잘못된 판단으로 불명예스런 죽음을 당한 테오도시우스를 생각해 냈고, 그의 아들이 아직도 아버지의 불행하고 부당한 죽음으로 고통스런 삶을 살고 있다는 것을 알았다. 테오도시우스 장군은 아프리카의 피르무스 반란을 진압하고 그 속주 관리들의 비행을 들추어내자, 이들과 비리의 연결 고리가 얽힌 황궁의 권신들이 테오도시우스가 반란을 모의하고 있다며 그라티아누스 황제에게 거짓을 보고하여 부당하게 처형당했던 것이다. 그라티아누스는 이제 이러한 부당함을 바로잡고 제국에 공을 세운 테오도시우스 장군의 명예를 되찾아 주며, 그의 아들에게 제국의 공동 통치자로서 손을 내밀겠다고 선언하고자 했다.

○ 사실 테오도시우스는 황궁으로 불려 갈 때까지만 해도 아버지의 죽음만으로는 황제와 정적들의 분노 그리고 의심을 소멸시킬 수 없어 이제는 그들의 칼끝이 자신을 향해 오고 있다며 근심하고 있었다. 그러나 테오도시우스는 그라티아누스의 황궁에 불려 가 제국의 동쪽에 대한 통치권을 엄숙히 건네받았다. 그는 훗날 역사에 지고한 이름을 남겼으며 가톨릭에서도 추앙하는 인물이 되었다. 이는 발렌스가 숨

을 거둔 지 5개월이 지난 후였으며, 테오도시우스는 진심으로 이 제안을 몇 번이나 고사한 끝에 아우구스투스의 칭호를 받고 제위에 올랐다. 그때 그의 나이 34세였다. 또한 그라티아누스는 테오도시우스의 누이를 아내로 삼아 동료 황제 테오도시우스와의 우의를 돈독히 다졌다.(註. 테오도시우스의 즉위에는 이런 이야기가 전해 온다. 371년 테오도루스란 자가 그의 동료들과 반역을 도모했다. 그들은 역모에 심령술까지 동원하여 자신들의 역모가 성공할지를 알아보았다. 점술가의 점괘에서 다음 황제의 이름이 한 자씩 나오기 시작했다. 테The-오o-도do-까지 나오자, 그들은 점판을 멈추고서 당시 로마인들이 애용하던 최고급 팔레르눔 백포도주를 터뜨리며 자축했다. 만일 그들이 점판을 멈추지 않았다면 허망한 희망을 버리고 처참하게 죽는 것도 피할 수 있었으리라. 왜냐하면 발렌스의 후계자는 그 이름이 테오도루스가 아니라 테오도시우스였기 때문이다.)

마음에 새기는 말

눈으로 볼 수 있는 구체적인 숭배 대상을 제시하는 종교는 사람들의 감각에 호소해 쉽게 친숙해진다는 이점이 있지만, 여러 가지 불가피한 사고가 우상 숭배자의 믿음을 흔들 수 있어 이점을 상쇄시킨다.

- 알렉산드리아의 세라피스 신전은 그 규모와 모습이 유피테르의 모습과 흡사하여 주민들에게 위압감과 경외감을 주었다. 그러나 테오도시우스 황제의 명령으로 신전과 신상을 철거하기로 결정되자, 세라피스 신상이 우상 숭배라고 생각하는 그리스도교인 병사들이 두려움을 무릅쓰고 과감하게 신상을 공격했다. 병사들이 망치와 괭이로 신상을 부수고 훼손했지만 신이 가하는 그 어떤 징벌도 없었다. 그렇게 되자 이제까지 그리스도교로의 개종

을 망설였던 사람들이 마음을 바꾸고 개종을 결정하는 데 주저함이 없게 되었다. 그리고 세라피스 신상은 사지가 잘려 알렉산드리아 온 거리를 끌려다닌 것에 대하여.

※ 테오도시우스(Theodosius) 황제의 지혜

≪허약할 때는 강해질 때까지 기다릴 줄 아는 인내심과 혜안이 필요하다. 테오도시우스는 복수의 검을 들이대기 전에 군사력과 주변 여건이 호전되고 호의적이 될 때를 기다렸다. 때가 되자 그는 한때 적이었던 서고트족의 힘까지 손에 쥐었다.≫

○ 동부 로마의 안전과 통치를 위임받은 테오도시우스는 퇴역병을 재소집하고 새로운 부대를 창설하는 등 궤멸된 제국의 군대를 재건하기 위해 온 힘을 쏟았다. 국정 홍보를 맡고 있던 테미스티우스는 말했다. "테오도시우스 황제께서 야만족의 막사를 봉쇄하기만 했는데도 그들은 두려움에 떨고 있습니다. 그렇다면 정작 황제께서 창을 들고 방패를 휘두르며 가까이서 투구의 섬광을 번뜩일 때 저 악독한 무리들이 받게 될 벌은 보나마나 뻔할 것입니다." 그러나 일은 그의 생각대로 되지 않았다. 테오도시우스가 새롭게 편성한 군대는 380년 마케도니아의 테살리아에서 고트족과 정면 대결을 벌이다 완패하고 말았기 때문이다. 다행히 그때의 전투는 하드리아노폴리스의 전투와 같이 대재앙까지는 가지 않았다.

○ 테오도시우스는 전략을 수정했다. 발렌스 황제의 목숨을 앗아 간 하드리아노폴리스 전투 이후로, 제국의 동부에서 이대로는 서고트족과 전면 대결을 할 수 없다고 생각했다. 무엇보다도 고트족에 대한 두려움을 떨쳐 버리고 용기와 기개를 되찾을 때 비로소 과거의 분노를 씻을 수 있다고 그는 생각했다. 테오도시우스는 우선 방어를 위한 수비대를 강화하여 군율과 기강을 되살리고 인근 지역에 창궐하던 야만족들에게 종종 기습을 가했다. 로마군이 입지 면에서나 수적으로 우세할 경우에만 공격에 나섰기에 기습은 거의 모두 성공했고, 이러한 경험은 무적이라고 생각되던 고트군을 이길 수 있다는 확신을 로마군에게 심어 주었다.

○ 하루하루 전과가 쌓이면서 로마군의 힘과 기량이 늘어났고, 테오도시우스는 전승에 대한 소식을 널리 퍼뜨려 야만족의 자존심을 꺾고 시민들에게 용기와 희망을 불어넣었다. 이즈음 서고트족의 지도자 프리티게른이 사망하고, 그의 권위에 눌려 통일된 군율과 자제력을 보였던 야만족들은 통일성이나 일관성 없이 그저 마음 내키는 대로 하고 마는 본래의 기질을 마음껏 나타냈다. 야만족들은 사분오열되어, 전투 식량의 비축이라는 기본 전략조차도 포기했고, 맹목적이고 통제할 수 없는 감정 분출로 부족 내에서 불화의 기운까지 꿈틀거렸다. 동고트족과 서고트족의 반목도 다시 고개를 들었으며, 부족 내부의 분열이 심화되면서, 로마에 대한 적개심은 오히려 줄어들었다. 이것을 놓치지 않고 테오도시우스는 뇌물과 약속 등으로 무리에서 불만을 품은 야만족들을 매수하거나 무리를 떠나게 했다. 그러한 공작의 결과 아말고트 부족장 모다레스를 동맹자로 얻었으며, 모다레스는 동포들을 급습하여 막대한 전리품과 노획한 4천 개의 마차를 이

끌고 테오도시우스의 진영으로 귀환하기도 했다.(註. 동고트족을 '아말고트족'이라고도 부른다.)

○ 야만족들의 분열은 테오도시우스가 제국의 평화를 마련할 수 있는 기틀이 되었고, 아타나리크에 의한 야만족의 재통합으로 제국의 평화를 완성할 수 있었다. 왜냐하면 프리티게른 사후에 어지럽게 돌아가던 동포들을 다시 규합한 아타나리크는 전쟁으로 싸우는 것만큼 명예와 실리를 동시에 챙길 수 있는 외교에도 귀를 기울일 줄 아는 사람이었기 때문이다. 아타나리크는 376년 서고트족이 도나우강을 도하하여 로마의 영토에 살게 해 달라고 발렌스 황제에게 청원한 족장이었으며, 그 이후 세력이 약해졌다가 프리티게른이 죽고 난 후 다시 세력을 얻은 자였다. 그는 테오도시우스의 제안을 받아들여 로마와 조약을 맺고 동맹자가 되었다.

○ 콘스탄티노폴리스의 위용과 화려함 그리고 수많은 선박들이 오고 가는 넓은 항구, 모여드는 물자, 군율과 무기 등을 세세히 살펴본 아타나리크는 "참으로 로마 황제는 지상에 군림하는 신이로다! 이러한 황제에게 반기를 드는 건방진 자는 씻지 못할 죄를 짓는 것이다."라고 감탄하며 말했다. 로마의 위대함에 머리를 숙인 이 서고트족 왕은 테오도시우스가 베푼 주연에서 쾌락에 너무 탐닉한 나머지 지병으로 숨지고 말았다. 그러나 테오도시우스는 아타나리크가 살아 있음으로써 받을 수 있는 이득만큼 그의 죽음으로부터 이끌어 냈다. 아타나리크의 장례식을 성대히 치러 주고 기념비까지 콘스탄티노폴리스에 세워 준 것이다.

○ 서고트족은 테오도시우스의 관대한 호의에 감복하여 그의 휘하에 들어갔다. 일부 독립 상태에 있던 서고트 부족들도 고집스럽게 버티다

■ 콘스탄티노폴리스의 3중 성벽

가는 누구의 보호도 받지 못한 채 홀로 남겨져 적의 검에 쓰러질지도 모른다는 두려움에 서둘러 로마 제국과 동맹 관계를 맺었다. 서고트족이 동맹 관계 체결이라는 미명 아래 실질적 항복이 이루어진 것은 발렌스 황제가 죽은 지 불과 4년 후였다.(註. 392년 발렌티니아누스 2세를 살해하고 아르보가스테스가 에우게니우스를 황제로 내세워 반란을 일으켰을 때 테오도시우스는 서고트족의 지원을 받아 394년에 반란을 진압했다. 그때 두 진영은 이탈리아 동쪽 변경의 프리기두스강에서 맞붙었는데 서고트족은 로마군의 선봉에 서서 돌파를 시도하다가 막대한 병력을 잃었다. 그리스도교인이자 역사가였던 오로시우스는 서고트족의 전사자가 1만 명을 헤아렸다고 기록했으며, 이로써 테오도시우스는 에우게니우스의 반란군에 승리했을 뿐 아니라 서고트족에게도 진정 승리했다고 비꼬았다. 395년 테오도시우스가 숨을 거두자 서고트족은 다시 한 번 부족의 총사령관을 추대했다. 그가 바로 로마 제국을 공포로 몰아넣었던 알라리크였다.)

| **마음에 새기는 말** |

우주의 거대하고 이해할 수 없는 비밀은 인간의 탐구 범위를 벗어난다. 따라서 이성의 힘이 미치지 않는 곳에서는 관습에 따른다 해도 허물이 되지 않는다.

_ 심마쿠스

- 원로원 회의장에 설치된 승리의 여신상을 제거한 것과 신관 및 신녀들에게 주던 국고 보조금을 중단하고 그리스도 교회에게 지급한 것에 대하여 원래대로 되돌려줄 것을 심마쿠스가 그라티아누스 황제에게 탄원하면서. 그러나 그라티아누스는 황제로서는 처음으로 대제사장이란 직함을 버렸고, 승리의 여신상 철거와 사제단 재산의 몰수를 원상 복구하지 않고 그대로 시행했다.(註. 애초에 아우구스투스가 설치한 승리의 여신상은 과거 수백 년간 원로원 회의를 시작하기 전 분향 의식을 치렀던 제단이었다. 그러나 콘스탄티우스 2세에 의해 철거되었다가 율리아누스에 의해 재설치되었고, 그라티아누스에 의해 다시 철거되었다. 384년 발렌티니아누스 2세 때 암브로시우스 주교와 로마 시장 심마쿠스는 승리의 여신상 재설치 문제를 놓고 격렬한 논쟁을 벌였고 서부 로마 제국까지 영향을 미쳤던 동부 로마 제국 황제 테오도시우스는 암브로시우스의 손을 들어 주었다. 그 이후 전통 종교로의 복귀를 선언한 에우게니우스에 의해 또다시 설치되었지만 결국 테오도시우스에 의해 완전히 철거되는 운명을 맞았다.)

※ 안티오키아 폭동에 대한 테오도시우스 황제의 처분(379년)

≪숙고하지 않고 일부터 저지르는 사람은 혹독한 시련을 겪은 후에야 깨닫는다. 격분한 안티오키아 시민들은 앞뒤를 재지 않고 경망스럽게 일부터 저질렀다. 그들이 과오를 뉘우치는 데는 가혹한 고문과 1,000개의 동상을 새로 세우는 노력과 비용이 필요했다.≫

○ 안티오키아는 과거 마르쿠스 아우렐리우스 황제 때 아비디우스 카시우스가 역모를 일으킨 도시였다. 그래선지 그 도시는 마르쿠스의 미움을 받아 모든 공공 경기와 시합 그리고 집회를 금지당한 적이 있었다. 그런데다 율리아누스 황제가 페르시아와의 전쟁을 앞두고 안티오키아를 방문했을 때는 시민들이 황제의 정의로운 정책과 노고를 조롱과 멸시로 대하기도 했다. 이처럼 인내심이 없고 경망스런 안티오키아 시민들은 황제들의 덕망과 은혜·언행에 만족한 적이 없었다. 테오도시우스가 눈앞에 닥친 고트족과의 전쟁을 위해 시민들의 세금 부담을 더 늘려야 했을 때 동방의 대도시 안티오키아의 시민들도 예외가 될 수 없었다.(註. 로마 제국의 3대 도시 중 로마가 100만 명, 알렉산드리아는 70만 명, 안티오키아는 60만 명 정도였다.) 그러나 안티오키아 시민들은 머나먼 유럽을 구하기 위해 부담을 지는 일이 내키지 않았으며, 여기에다 아리우스 파는 테오도시우스의 박해로 분노하고 있었고, 얼마 전 대주교 선출에서 패배한 자들과 그들의 추종자들도 역시 불만 세력으로 남아 있었다.

○ 때마침 테오도시우스의 치세 10주년 행사가 다가오고 있었다. 병사들이야 후한 하사금을 받게 되어 더없이 기뻤지만, 축제의 비용을 부

담해야 했던 시민들은 그다지 반가울 리 없었다.(註. 1년 동안 개최된 로마의 각종 축제는 아우구스투스 때 66일에서 4세기 때는 무려 176일로 늘어났다.) 시민들의 부담은 본래 자발적인 헌금의 형태로 시작되었으나, 언제부터인가 사실상 강압적인 세금의 형태로 징수되고 있었다. 시민들은 과세령을 시정해 달라며 탄원하고 청원했으나, 이를 불만에 싸인 범죄적인 저항으로 받아들이는 관리들의 태도에 점점 분노하기 시작했다.

○ 안티오키아 시민들의 풍자적인 기지는 어느덧 분노가 섞인 독설이 되었고, 관리들에 대한 비난은 황제에 대한 공격으로 바뀌었다. 불만 세력의 행동과 말은 점점 더 거칠어졌고, 관리들은 그들에게 가벼운 탄압을 가하기 시작했다. 이러한 탄압이 시민들의 분노에 불을 댕겼다. 경배를 바치도록 세워 놓은 황제와 황제 가족들의 동상이 분노의 표적이 되었으며, 테오도시우스와 그의 아버지, 처 아일리아 플라킬라, 두 아들 아르카디우스와 호노리우스의 동상은 시민들에 의해 받침대에서 끌어내려져 산산이 부서지고 짓밟혔으며 온 거리로 끌려다녔다.

○ 폭동은 궁수 부대에 의해 곧 진압되었지만, 속주 관리들은 임무에 따라 사건 전모를 황궁에 보고했다. 그제야 시민들은 자신들이 저지른 죄가 어떤 것인지 성격과 결과를 돌이켜 보았으며, 황제의 권위에 도전한 반란죄는 죽음과 재산 몰수로써만 속죄될 수 있다는 것을 깨달았다. 시민들은 처벌을 상상하자 공포에 질려 주교 플라비아누스와 원로원 의원 힐라리우스를 황궁에 보내 자신들의 잘못을 뉘우치고 있으니 용서해 달라는 참회의 뜻을 전하기로 했다. 하지만 관용을 구하는 자들이 콘스탄티노폴리스 황궁을 다녀오기까지는 1,000㎞가 넘는 먼 거리였고 많은 시일이 걸렸다. 그동안 안티오키아에서는 황

제가 자신과 가족들의 동상에 가해진 모욕을 참지 못하고 격분하여 도시를 초토화하고 남녀노소 불문하고 시민들을 학살하기로 결정했다는 소문이 나돌았다. 이 소문으로 마음 약한 시민들 중 일부는 시리아의 산속이나 인근 사막으로 피난처를 찾아 떠나기도 했다.

○ 폭동이 있은 지 24일 후, 장군 헬레비쿠스와 총무장관 카이사리우스는 마침내 황제의 뜻이 담긴 판결을 발표했다. 안티오키아는 수도로서의 지위를 버리고, 토지·특권·세입을 모두 박탈당했으며 라오디케아의 관할권에 속하는 촌락으로서 시민의 오락거리인 목욕탕, 원형 경기장, 극장들은 모두 폐쇄되었다. 곡물 배급제 또한 폐지되었으며, 조각상의 파괴를 자행했거나 방조한 자들은 끔찍한 고문을 당한 후 집은 경매로 부쳐지고 몸은 만신창이가 되어 하루아침에 극빈자의 처지로 떨어졌다. 그렇지만 안티오키아 시민들은 처벌의 비참함이 이 정도에서 끝나지 않고 고문으로 죽음의 직전까지 다다른 죄인들이 처형됨으로써 피비린내 나는 공포스런 날을 마무리 짓게 되리라고 예상했다.

○ 그러나 형을 집행하는 관리들은 잔인한 임무가 내키지 않았고, 성직자와 수도자들의 끊임없는 탄원으로 카이사리우스를 콘스탄티노폴리스로 보내 다시 한 번 황제의 의향을 살펴보기로 했다. 카이사리우스가 확인한 것은 분노가 상당히 누그러진 테오도시우스였다. 테오도시우스는 자만심과 권력으로 안티오키아를 가혹하게 위협하려는 것이 아니라, 안티오키아에 갖고 있던 우정이 상처 입은 데 대한 불평에 가까웠다. 그리하여 새로운 관대한 조치가 내려져, 감옥 문은 활짝 열렸고 살아날 희망이 없다고 믿었던 죄인들은 재산을 되찾고 생명을 부지할 수 있었다. 뜻밖의 관대한 처분을 받자 안티오키아의 시민들은 황제의 관용에 감읍하여 자신들의 죄과를 참회하는 의미로

새로이 1,000개의 동상을 세웠다.

☀ 그라티아누스의 실패와 테오도시우스의 결단(383~388년)

≪천성이 아닌 교육의 힘으로 이루어진 품성은 생각보다 연약했다. 그라티아누스는 강건하고 정의로운 정신을 유지시켜 주던 스승들이 떠나자 쾌락의 늪에 빠지고 말았다. 황제의 자리란 잠시라도 긴장감을 늦출 수 없는 자리거늘, 그렇게 되자 그는 제위에서 쫓겨나고 종국에는 목숨까지 잃었다.

테오도시우스는 무장답게 스스로의 힘을 정확히 가늠할 줄 알았다. 그는 찬탈자에 대한 분노를 뒤로 미루어 두고 권좌의 안정과 힘을 충전했다. 전례를 보더라도 서열 없는 순수한 공동 황제란 존재하지 않았기에 찬탈자와는 나중에라도 필히 겨루어야 될 것임을 알고 있었으리라.≫

○ 20세가 되기 전 어린 나이에 갈리아를 쳐들어온 야만족을 격퇴하고 군지휘관으로서 그리고 황제로서 명성을 쌓아 가던 그라티아누스의 치세는 그리 오래가지 못했다. 그는 부드럽고 붙임성 있는 천성과 상냥한 행동거지로 그리고 경건한 신앙심 등으로 그가 다스리는 시민들의 사랑을 한 몸에 받았다. 이러한 덕성은 타고난 것이거나 경험과 역경의 산물이 아니라, 아버지 발렌티니아누스 황제의 끊임없는 애정으로 빚어낸 설익고 인공적인 교육의 결과였다. 모든 학문과 기예의 대가들이 그라티아누스의 정신과 신체를 다듬는 데 힘을 쏟은 결과, 그라티아누스는 황제로서의 자질과 역량을 유감없이 발휘했던 것이다.

○ 무릇 인간이란 거친 습성과 나태한 욕망은 교육에 의해 바로잡힐 수 있겠지만, 그렇게 단련된 수련이 스스로의 통제하에 있을 때 얼마나 지켜지는지가 교육 성과의 성공과 실패의 갈림길이라 할 수 있다. 그라티아누스를 가르쳤던 노련한 스승들은 영웅적인 삶에 반드시 요구되는 굳세고 독립적인 행동 원칙을 불어넣지 못했다. 세월이 흘러 황제의 주변에서 스승들이 점차 사라져 가자, 그라티아누스는 서서히 본래의 타고난 성품과 능력으로 되돌아가 권력에 아첨하는 무리들에게 국정 운영권을 맡기고 자신은 경박한 쾌락에 탐닉하게 된 것이다. 이러한 무리들은 황제의 권력을 위임받아 매관매직과 독직을 자행했으나, 그들의 죄를 물었다가는 도리어 화를 당할 분위기였다.

○ 그라티아누스는 어린 시절부터 단련해 온 말·활·창을 다루는 솜씨가 뛰어났고, 이러한 자질은 전투 시에도 군사령관으로서 도움이 되었지만, 국가 통치를 내팽개친 후부터는 자신의 뛰어난 재주가 고작 사냥을 즐기는 데나 사용되었다. 황제가 즐길 수 있도록 큰 장원에 담이 둘러쳐지고 여러 종류의 야생 동물들로 채워졌으며, 그 속에서 황제는 총신들의 감탄과 칭찬을 받으며 사냥감을 쫓는 데 재능과 용기를 과시하며 세월을 헛되이 보냈다.

○ 그라티아누스는 스승들의 가르침 속에 있었을 때 병사들의 벗이 되어 많은 시간을 병사들과 보냈고 그들의 건강·보수·명예에 각별한 관심을 보였다. 그러나 사냥에 탐닉하게 된 이후부터는 자연히 자신이 좋아하는 오락에 재능이 있는 관리와 병사들을 곁에 두게 되었는데, 특히 황궁 수비대와 호위대에 들어온 알라니족이 스키타이의 광활한 평원에서 익혀 온 재주를 배워 솜씨를 발휘했다. 황제는 종종 스키타이 전사의 긴 활, 화살통을 챙겨 털옷으로 차려입고 병사들과

시민들 앞에 나타났다가 로마 황제가 야만족의 풍습을 따른다는 비난의 여론을 받았다. 하지만 이러한 질타가 그의 행동을 바꾸지 못했고 여론은 무시되었다. 로마군 병사들은 로마 황제답지 않게 조국의 의복과 관습을 버린 그라티아누스의 모습에 비탄과 분노를 느꼈다. 그라티아누스는 병사와 시민들의 애정과 존경을 잃었고, 그들의 실망과 분노를 권위로써 억누르지도 못했다.

○ 이즈음 브리타니아에서 반란이 터져 주민들과 병사들이 마그누스 막시무스를 황제로 추대했다. 막시무스는 테오도시우스 황제와 같은 히스파니아 출신이며 동료였다. 그가 테오도시우스의 출세를 지켜보면서 질투를 느꼈다는 것은 쉽게 짐작된다. 막시무스가 그라티아누스의 행동을 비판하고 황제가 되겠다는 야심이 있어서는 아니겠지만, 비슷한 감정으로 황제를 지켜보고 있던 군대에게 그 불만을 부추기는 쪽으로 행동이 기울였으리라. 이 같은 소란 속에서도 교활함에서인지 신중함에서인지 모르겠지만 막시무스는 제위에 오르기를 몇 번씩 거부하다가, 결국 383년 강요에 의해 어쩔 수 없이 등극하여 달라는 요구를 받아들인다고 선언했다.

○ 위험한 결정(註. 사실 막시무스는 이미 충성 서약을 거부했다. 따라서 그는 제위에 오르지 않았더라도 위험을 피할 수 없었다.)을 내린 막시무스는 현명하게도 선수를 치기로 했다. 그는 브리타니아의 병사들을 모아 함대를 이끌고 갈리아를 침공했다. 불충한 갈리아의 로마군도 막시무스의 진격을 막기는커녕 기뻐하면서 환호로써 환영을 표시했다. 황궁의 경비를 맡은 병사들까지도 루테티아 인근에 막시무스의 군대가 나타나자마자 그라티아누스를 버리고 막시무스에게로 돌아섰다. 그라티아누스는 자신의 탁월한 군사적 기량을 적에게 보이지도 못

한 채, 겨우 300명의 기병을 이끌고 루그두눔(註. 현재 지명 '리옹')으로 도망쳤다. 도망치던 도중의 모든 도시들은 그라티아누스 앞에서 성문을 닫았다. 그렇다고 해도 그라티아누스 황제가 리요네수스 속주 총독에게 속지만 않았다면 발렌티니아누스 2세와 테오도시우스에게 병력을 지원받아 재기할 기회가 있었으리라. 하지만 리요네수스 속주 총독이 그라티아누스에게 거짓 충성을 약속하자, 이를 믿어 버린 황제는 뒤쫓아 온 막시무스의 기병대장 안드라가티우스에게 저녁 식탁에서 살해되고 말았다. 안드라가티우스는 이복형의 사망 소식을 들은 이탈리아의 발렌티니아누스 2세가 형의 시신만이라도 돌려 달라는 애원에도 불구하고 넘겨주지 않았다.

○ 막시무스는 서부 로마 제국의 모든 속주로부터 권력을 인정받아 성공한 찬탈자가 되었으며, 이 과정에서 거의 피를 흘리지 않았다고 자랑할 만했다. 눈 깜짝할 만한 사이에 이루어진 이 반란에서 테오도시우스는 진압에 나서기도 전에 그라티아누스가 살해되었다는 소식을 들었다. 막시무스는 명망 있는 노인을 시종장에 임명하여 테오도시우스에게 사신으로 보냈다. 이 사신은 그라티아누스의 살해는 막시무스에게도 알리지 않고 흥분한 몇 명의 병사들이 저지른 실책이었다고 주장하면서, 그러나 단호하고 침착한 어조로 테오도시우스에게 전쟁과 평화 중 어느 하나를 선택하라고 요구했다. 그러면서 덧붙이기를 막시무스는 평화와 동맹을 원하지만, 만약 친선 제의가 거부당하면 기세등등한 막시무스와 그의 군대가 완벽한 무장을 갖추고 테오도시우스와 겨룰 준비가 되어 있다며 결전의 의지를 보였다.

○ 테오도시우스로서는 이렇듯 중대한 사항에 직면하여 어떻게 해야 할지 결정하기 어려웠다. 명예를 지키고 자신을 황제로 옹립한 그라티

아누스의 은혜를 갚아야 한다는 양심의 목소리는 전쟁과 복수를 부르짖었다. 만약 테오도시우스가 복수의 검을 휘두르지 않는다면, 그라티아누스에 의해 자신의 아버지가 무참히 죽을 수밖에 없었던 과거의 피해를 마음속 깊이 품고 있다는 불쾌한 의심을 받을 수밖에 없는 처지였다. 그리고 막시무스의 친선 제의와 동맹을 받아들인다면 자신을 황제가 되게 한 은인의 죽음을 모른 체하는 배은망덕한 자라는 평가를 받거나 어쩌면 공모자란 소리를 듣게 될지도 모를 일이었다. 더군다나 그렇게 되면 정의의 원칙과 사회의 이해관계마저 심각한 타격을 입을 뿐만 아니라, 성공한 찬탈자의 선례를 남기게 되며 통치 조직의 와해를 가져오고 제국은 다시 한 번 이전 시대와 같이 고통스런 재난에 빠질지 모를 일이었다.

○ 그러나 테오도시우스는 막시무스가 찬탈자임에는 분명하지만 이제는 실질적으로 갈리아와 브리타니아를 지배하는 자이며, 자신이 통치하는 동부 로마는 야만족으로부터 승리하긴 했어도 고트족과의 전쟁으로 국력을 다 소모한 상태임을 깨달았다. 따라서 승패를 장담할 수 없는 내전에 국력을 소진하는 날에는 다시 한 번 북방 야만족의 먹잇감이 될 수 있다는 우려가 앞섰다. 이런 상황을 깊이 고민한 끝에 테오도시우스는 분노를 감추고 막시무스의 제의를 수락하기로 결정했다.

○ 이 같은 테오도시우스의 관대한 수락도, 막시무스가 그칠 줄 모르는 야심에 387년 이탈리아를 침공하면서 마침내 끝났다. 막시무스의 공격으로 발렌티니아누스 2세와 모후 유스티나가 테오도시우스의 통치 지역인 테살로니카로 망명할 수밖에 없었을 때, 그간 참아 왔던 테오도시우스의 분노는 막시무스를 향해 폭발하고 말았기 때문이다. (註. 388년 테오도시우스는 군사를 일으켜 막시무스를 패배시킨 후 처형했다.)

☀ 테오도시우스 황제의 깨달음(383년)

> ≪암필로키우스는 테오도시우스 황제의 아들에게 닥칠지도 모를 불충한 상황을 내다보고 황제에게 이를 일깨워 주었다. 그는 아버지의 권위가 곧 아들의 권위로 계승되지 않을 수 있음을 테오도시우스 황제에게 충고한 것이다. 어쩌면 그는 아르카디우스의 무능함을 일찍부터 알아챈 것인지도 모른다.≫

○ 테오도시우스는 큰아들 아르카디우스에게 아우구스투스의 칭호를 내려 주고 공동 황제로 삼았다.

여러 고위 관리들과 주교들은 경하 인사를 하기 위해 황제 부자를 배알했다. 그중 이코니움(註. 현재 터키의 '코니아')의 주교 암필로키우스는 황제들에게 예를 올린 다음, 황제가 된 아르카디우스에게 다가가 평민의 자식에게나 쓸 법한 몰상식한 어투로 예의 없이 말을 걸었다.

┃ 아르카디우스

○ 테오도시우스는 암필로키우스의 무례한 행동에 화가 나서 이 자를 당장 내쫓아 버리라고 명령했다. 호위병들이 그를 문으로 끌고 갈 동안의 시간을 이용하여 이 영리한 논객은 다음과 같이 큰 소리로 외쳐 자신이 의도한 바를 납득시킬 수 있었다. "황제시여, 아버지는 숭배하는 척하면서도 아들의 권위는

인정하지 않는 불경스런 자들을 위해 천상의 왕께서 준비해 두신 대접이 바로 이런 것이옵니다!" 테오도시우스는 이코니움의 주교를 불러 그를 포용했고, 여기에서 얻은 소중한 교훈을 결코 잊지 않았다.

:: 테오도시우스 황제 가계도 ::

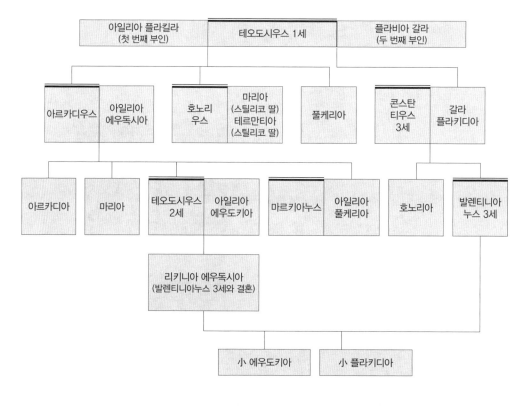

범례: ▬▬ 남성 / ── 여성 / ⬚ᵃ ⬚ᵇ b가 데려온 자녀 / ⬚ᵃ ⬚ᵇ a,b가 낳은 자녀

※ 유스티나(Justina) 모후에 승리한 암브로시우스(Ambrosius) 대주교(385~386년)

≪현세의 힘은 황제에게만 있는 것이 아니다. 내세의 지도자가 현세의 권위를 무너뜨리는 일이 비일비재하기 때문이다. 권력이란 추종자들의 수와 충성의 강도로 결정되는 법이어서, 종교의 힘이 황제의 권력을 능가한다는 것은 성직자를 따르는 무리의 믿음이 황제를 향한 복종과 두려움보다 앞선다는 것을 방증했다.≫

○ 마그누스 막시무스의 침공이 있기 전, 나이 어린 발렌티니아누스 2세가 통치하고 있던 이탈리아는 자연스럽게 황제의 어머니 유스티나의 섭정으로 이어졌다. 유스티나는 삼위일체설을 거부하는 아리우스 파를 신봉하고 있어, 이것을 황제인 아들에게까지 주입시키려고 했다. 그녀는 적어도 로마 황제라면 자신이 다스리는 영토 안에서 종교 의식을 자유로이 선택할 수 있다고 믿었다. 385년 그녀는 암브로시우스를 황궁으로 불러들여 포르티아나 성당을 아리우스 파에게 양보하라고 요구했다. 하지만 그는 모후의 요구를 거절했다. 이는 니케아 공의회에서 결정된 내용을 따르는 자만이 성당을 사용할 수 있다는 칙령을 따른 것이기도 했다.(註. 니케아 공의회에서 삼위일체설이 재확인되었으며, 아리우스 파는 삼위이질설을 믿었다.) 몇 주 뒤(註. 다음 해 1월) 유스티나는 황제의 이름으로 칙령을 변경하고 좀 더 완화된 요구를 했다. 오늘날에 있어서는 당연하게 주장할 수 있는 이 권리를 위해, 유스티나는 메디올라눔이든 아니면 시 외곽 지역이든 어느 한 곳의 성당만 넘겨주면 만족하겠다는 나름대로 합리적이고 온건한 타협

안을 메디올라눔 대주교 암브로시우스에게 제시했던 것이다.

○ 가톨릭 파인 암브로시우스는 이 온건한 타협안조차 거부했다. 그는
  온화한 사람이었지만 그리스도 가르침에 대한 자신의 신념에 대해
  양보할 줄도 그리고 굽힐 줄도 모르는 자였다. 그의 논리에 따르면
  지상의 황궁은 황제의 것일지 모르겠지만, 성당은 하나님의 집이므
  로 자신과 신학적 견해를 달리하는 종교적 기준에 동의할 수 없으며
  따라서 성당을 내줄 수 없다는 것이었다. 심지어 가톨릭 파들은 얼마
  전에 전사한 발렌스 황제가 아리우스주의를 신봉한 대가였다고 목소
  리를 높이기도 했다. 암브로

시우스는 삼위일체설을 인정
하는 자신의 신학적 기준이
진리와 정통성을 가진다는
자신감에 차 있었다. 불경스
런 신성 모독에 굴복하여 아
리우스 파에게 성당을 내어
주느니 차라리 황제와 모후
의 권위에 저항하다가 순교
자의 길을 택하겠다고 단호
하게 밝혔다. 이 거부를 오
만한 반역 행위로 간주한 유
스티아는 분노하여, 다가오

▌ 암브로시우스 주교

는 부활절 전에 황제의 권위로써 성당 문제를 해결하기로 마음먹고
또다시 암브로시우스를 황궁으로 호출했다.

○ 암브로시우스가 몸을 사리지 않고 호출 명령에 응하자, 그를 따르는

수많은 종교적 추종자들이 그 뒤를 따랐다. 암브로시우스 주교가 황궁으로 입궁하자, 주교의 뒤를 따랐던 추종자들이 황궁의 문을 강제로 밀고 들어오려는 기세가 폭동으로 번질 형국이었다. 유스티아는 메디올라눔 대주교에게 황제의 권위를 모독한 죄를 물어 유죄 판결을 내리기는커녕, 그에게 중재에 나서서 황궁을 보호하고 평온을 회복시켜 달라고 요청하는 처지가 되었다.

○ 암브로시우스가 황궁의 요청을 받아들여 추종자들의 기세를 가라앉혔지만, 유스티아는 아리우스 파의 형식에 따라 종교 행사를 치르겠다는 뜻을 굽히지 않았다. 황제와 모후를 위해 마련한 성당으로 가기 위해서는 강력한 호위대가 동원돼야 할 정도로 온 시가지가 들썩거렸다. 거리에 모습을 드러낸 아리우스 파 성직자들은 생명에 위협을 느꼈으나, 암브로시우스는 가톨릭 파의 군중으로부터 그들을 구출해 주는 위선을 보임으로써 대중의 찬사를 이끌어 냈다. 그러면서도 모후에게 하와, 이세벨, 헤로디아라는 악녀들의 이름을 마구 가져다 붙이며 다혈질인 메디올라눔 시민들의 감정을 끊임없이 부채질했다. 또한 아리우스 파를 위한 성당을 얻고자 하는 모후 유스티아의 소망을 이교의 지배하에서 견뎌 온 그리스도교에 대한 박해 중 가장 잔인한 것과 견주어 말하기도 했다.

○ 소요 사태가 심각해지자, 모든 관리들은 위험한 소요에 휩쓸리지 않도록 소요가 진정될 때까지 절대 집 밖에 나오지 말라는 명령이 황궁으로부터 내려졌다. 그 와중에 메디올라눔의 유력 인사들 대부분이 암브로시우스 주교의 주장을 지지하고 있다는 관리들의 간언이 있었다. 황궁에서는 다시 한 번 암브로시우스에게 평화를 회복시켜 달라고 요청했다. 황궁의 요청에 대해 암브로시우스는 겸손하고 정중

한 표현으로 답했다. "만약 황제께서 저의 재산뿐 아니라 저의 목숨을 원하신다면 즉시 기쁘게 받들겠습니다. 하지만 하나님의 것은 황제의 권한에 속해 있지 않습니다. 저는 성전의 은신처에 누워 생명을 구걸하기보다는 차라리 악마가 가하는 어떤 고통이라도 달게 받고서 충실한 신도들과 함께 제단 밑에서 죽기를 바랄 뿐입니다. 저의 분노로 인하여 초래될 유혈 사태를 원하지는 않지만, 이러한 사태로 인해 도시가 멸망하고 이탈리아 전역이 폐허가 되는 꼴을 보느니 차라리 죽음을 달라고 기도할 뿐입니다." 이는 듣기에 따라서 선전 포고로 해석될 수 있는 발언이었다.

○ 황제의 권위와 안위를 지키기 위해 고트족 대군이 문제의 성당을 점령하고자 진군했다. 고트족은 아리우스 파였을 뿐 아니라 이들의 야만성으로 미루어 보아 아무리 피비린내 나는 잔인한 명령일지라도 양심의 가책 없이 즉시 실행할 것이 뻔한 이치였지만, 성당 문 앞에서 고트군과 마주친 암브로시우스는 한 치의 물러섬도 없었다. 그는 고트군에게 파문을 선고하면서, 고트족이 일찍이 로마 제국의 관대한 보호를 탄원했던 것이 신의 집을 침략하기 위해서냐고 따졌다. 이 말에 고트군은 잠시 공격을 멈추고 협상의 시간을 주었다. 황궁의 관리들은 사정이 유리해질 때까지 암브로시우스의 주장을 받아들이고 복수는 나중에 하자고 황제와 모후를 설득했다. 이 말에 분노한 모후와 젊은 황제는 황궁의 관리들이 주교에게 굴복하여 자신을 넘기려 한다고 고함쳤다.

○ 결국 유스티나의 입김으로 제국 내의 모든 시민들에게 종교적 관용의 칙령이 내려졌으며, 아리우스 파든 가톨릭 파든 자신이 신봉하는 종교를 마음껏 누릴 자유가 주어졌다. 이는 니케아 신조를 폐기하는

조치였다. 만일 이를 어길 시에는 공공의 평화를 어지럽힌 적으로 간주되어 극형에 처할 것이라고 선포되었다. 오직 삼위일체론만을 따르고 있는 암브로시우스의 성품으로 보면 이러한 칙령의 위반자가될 것은 뻔한 이치였다. 유죄의 판결을 받은 암브로시우스는 지체 없이 메디올라눔을 떠날 것을 명령받았고, 이는 유배지와 동행인 수의선택은 자유로이 허락해 준다는 관대하고 영예로운 추방령이었다. 그러나 대담하게도 암브로시우스는 명령에 따르기를 거부했다.

○ 암브로시우스를 지키는 추종자들과 황제의 군대가 신경전을 벌이는동안, 암브로시우스는 꿈에서 두 명의 순교자 게르바시우스와 프로타시우스의 유해가 300년 이상 묻혀 있던 장소를 알려 주는 계시를받았다.(註. 게르바시우스와 프로타시우스는 쌍둥이 형제로 백인대장의아들이었고 도미티아누스 황제 때 순교했다고 전한다.) 이 신성한 유물은 사람들이 숭배할 수 있도록 엄숙하게 치장되어 전시되었으며, 이상서로운 발견을 둘러싼 모든 정황이 암브로시우스에게 유리하게 이용되었다. 순교자들의 뼈와 핏자국, 의복은 치유력을 가졌으며, 아무리 멀리 떨어진 대상이라도 본래의 힘이 전혀 감소되지 않고 전달된다고 생각되었다. 이런 생각은 한 맹인이 순교자의 유물을 만지자기적적으로 눈을 뜨게 된 일로 증명되었으며, 이로써 기적이 일어났던 그 맹인은 암브로시우스의 신앙과 권위를 높여 주었다. 물론 유스티나와 아리우스 파 성직자들은 암브로시우스가 계획적으로 연출한연극이라고 경멸했지만, 대중의 마음속에 빠른 속도로 퍼져 나가는믿음을 막지 못했다. 결국 모후와 발렌티니아누스 2세는 천국의 사랑을 받고 있는 암브로시우스와 싸워서 이길 수가 없다는 것을 깨달았다.

테살로니카 폭동에 대한 테오도시우스 황제의 처분(390년)

≪제국의 황제와 관리들은 국가와 통치자의 이름으로 속임수를 사용했다. 하지만 테살로니카 주민들은 황제의 속임수에 분노하기보다는 의당 먼저 자신들이 저지른 죄과가 어떤 것인지를 깊이 생각해 보아야 했다. 국가의 지휘관을 부당하게 살해한 죄가 어떤 벌을 받겠는가? 폭동자들을 처벌하지 않는다면 권력이란 무수한 사람들의 희생 위에서 지위가 유지된다는 외침은 거짓이리라.≫

○ 일리리쿰의 대도시 테살로니카에서는 안티오키아와 비교하면 수치스런 일이 발단이 되어 폭동이 일어났다. 막강한 요새와 용맹한 수비군 덕에 고트족과의 전쟁에서도 무사했던 이곳의 수비 대장은 보테리크였다. 야만족 출신인 보테리크의 노예 중에는 미소년이 있었는데, 경기장에서 전차를 모는 자가 이 미소년을 농락했다. 무례한 죄를 저지른 자는 보테리크의 명령에 의해 투옥되었다. 하지만 전차 경기는 시민들에게 인기 있는 경기였고, 투옥된 자는 시민들에게 사랑을 받

고 있는 전차 경기자였다. 시민들은 그의 경기를 볼 수 없어 아쉬워하며, 그를 용서해 주기를 간청했으나 보테리크는 단호히 거절했다.

○ 그러자 시민들의 분노는 단박에 극단으로 치달아 보테리크와 그의 몇몇 부관들을 잔인하게 살해한 다음, 토막 난 시체를 온 시내로 끌고 다녔다. 당시 테살로니카 수비군의 상당수가 마그누스 막시무스의 발호를 진압하기 위해 이탈리아 전쟁에 투입되어 남아 있던 얼마 안 되는 병력으로는 시민들의 분노를 막을 수 없었다. 테오도시우스는 테살로니카 시민들의 대담하고 잔인한 행동을 전해 듣고 소스라치게 놀랐다. 불같은 성미를 지닌 그는 많은 시간이 소요되는 법적 절차를 기다릴 수 없었다. 황제는 범죄자의 피로써 충신의 피를 갚겠다고 결정했다. 사제들은 황제의 분노를 잠재워 사면을 받아 내기 위해 모든 열성을 다했지만, 술책 쓰기를 좋아하는 총무장관 루피누스의 잔인하고 간교한 간언이 황제의 마음을 결정지었다.

○ 테오도시우스가 내린 벌의 집행은 무자비한 야만족에게 맡겨졌고 계략을 빌려 준비되었다. 테살로니카 시민들이 황제의 이름으로 대경기장에 초대되었고, 황제의 이름으로 초청된 자리이니만큼 시민들은 의심 없이 경기장에 모였다. 이때 대학살의 신호가 떨어졌다. 이방인·원주민·남녀노소·죄의 유무를 가리지 않고 3시간 동안이나 학살이 자행되었으며 희생자는 7천 명에 달했다. 보테리크의 죽음과는 아무런 관계가 없는 외국 상인 한 사람은 그의 두 아들 중 한 명의 목숨이라도 구하기 위해 자신의 생명과 전 재산을 내길었다. 그러나 그가 두 아들 중 누구를 선택해야 하느냐로 망설이는 사이에 병사들이 두 아들 모두에게 단검을 가슴에 찔러 넣었다. 미리 정해진 머릿수를 채우기 위해서 어쩔 수 없었다는 것이 병사들의 변명이었다.

○ 테오도시우스가 오랜 기간 동안 테살로니카에 자주 머물렀다는 점을 생각하면, 황제의 결정은 비난을 면하기 어렵다. 자신의 분노로 인해 도탄에 빠진 도시 상황, 시민들의 공포에 찬 얼굴들, 피비린내 나는 대경기장 등이 내내 테오도시우스의 뇌리에 남았을 것이다.(註. 메디올라눔 대주교 암브로시우스는 테살로니카의 학살을 알고서는 테오도시우스를 파문하겠다고 협박했다. 그러면서 그는 메디올라눔 대성당에 들어서려던 테오도시우스 황제를 가로막고 회개의 예를 갖추라고 명령하여 굴복시켰다. 이 내용은 뒤에 서술했다.)

☼ 암브로시우스에 대한 테오도시우스 황제의 굴복(390년)

≪테오도시우스가 중병을 치유하기 위해 세례를 받자, 지상의 통치

를 위해 천상의 행복을 찾아 그리스도의 순한 양이 되기를 미루어 왔던 황가의 전통은 사라졌다. 이제는 실질적인 면에서뿐만 아니라, 원칙과 기준에서도 황제는 성직자의 아래 계단에 서 있었다. 대개 세속의 권력은 종교 권력 앞에서 패하기 마련이다. 콘스탄티누스는 그러한 무례함을 이기려고 니케아에서 아타나시우스의 손을 들어 주었음에도 두 개의 종파를 계속 병립시켜 황제의 권위를 유지했다.

천상의 권위는 현세의 권력을 철저히 압도했다. 암브로시우스 대주교는 암울한 종교 권력의 시작을 알리는 종소리를 세상에 힘차게 울렸고, 그리스도교는 다가오는 중세 시대에 번창하는 권력으로 변모했다.≫

○ 테오도시우스는 그라티아누스 황제로부터 공동 황제를 제의받아 제국의 동부 지역을 통치하게 된 그해 어느 날 큰 병을 앓았다. 이 병마는 그를 심약하게 만들어, 죽음에 대해 깊이 생각하게 되는 계기로 작용했다. 세례를 받으면 병을 이길 수 있다는 설득을 받았는지 몰라도 테오도시우스 황제는 세례를 받았으며, 세례 이후 뜻밖에도 중병은 간단히 치유되었다.

○ 테오도시우스 황제는 세례를 받았기 때문에 신이 내린 은총으로 중병이 쉽게 치유되었다고 굳게 믿었다. 그리스도교를 처음 받아들인 로마인들 대부분이 '신의 보살핌'을 경험하지 못한 핍박받는 하층민이었고, 주교들조차 사회적으로 중류층이거나 하류층 사람이었다. 하지만 명문 집안에서 태어나 명석한 두뇌와 우수한 교육을 받아 당시 그리스도교 세계에서 가장 돋보였던 암브로시우스는, 테오도시우스의 이러한 생각을 최대한 활용하여 세례받은 황제를 양치기가 양

을 이끌듯이 다루었다.(註. 그리스도교의 교리 논쟁이 철학적 기반 위에 이루어지고 있음을 생각하면, 그리스도교가 미천한 계층을 중심으로 전 파되었다는 종래의 주장과는 달리 로마식 전통 교육을 충실히 받은 지식 인 집단의 신도들이 많았다고 주장되기도 한다.)

○ 388년 페르시아에 인접한 유프라테스 강변의 벽촌 칼리니쿰에서 그 리스도교 수도사와 교인들이 종교적 열정에 들떠 유대인의 예배당을 불태운 일이 있었다. 로마 행정관은 불타 버린 예배당을 새로 지어 주든지 피해 보상을 해 주라고 결정했다. 테오도시우스도 이 결정을 온건하고 타당하다고 판단하여 승인했다. 그러나 메디올라눔의 암브 로시우스 대주교는 이를 받아들이지 않았다. 그는 강경하게 말했다. "그곳은 믿음이 없는 자들의 장소이고 따라서 불경건의 집이요 광기 의 피난처이며 하나님의 저주를 받은 곳입니다. 그러한 장소가 사라 진 것에 대해 소란을 피울 하등의 이유가 없습니다. 이는 대단히 중 요한 사안으로 다루어져야 되며 유대인들을 위해 황제의 신앙이 위 태로워지는 일은 피해야 할 것입니다."

○ 암브로시우스는 로마 관리와 황제의 판단이 가톨릭교도들에 대한 박 해라고 주장하며, 자신과 가톨릭 신도들을 위해, 그리고 칼리니쿰 수도사와 교인들의 공적과 순교의 영광을 위해 끝까지 싸우겠다고 대담하게 선언했다. 심지어 로마 행정관에게 내린 승인을 철회하기 전까지 성찬식을 거절하겠다며 황제를 압박했다. 당시의 세태가 종 교적 배타성이 보편적이었을지는 몰라도 분명 이는 종교적 미명 아 래 정의와 공공질서를 무너뜨리는 언행이었다.

○ 테오도시우스는 가톨릭 성직자들에 대해 존경과 애정을 품어 왔으 며, 그중 암브로시우스야말로 성직자의 모든 덕망을 갖춘 인물이라

생각해 그의 인품을 사모하고 탄복해 왔다. 테오도시우스가 이토록 추앙했던 암브로시우스가 황제의 권위에 도전하자 황제로서는 곤혹스러웠다. 그뿐만 아니라 암브로시우스는 국정의 모든 시책이 신의 영광과 종교의 이익에 연결되어야 한다는 신념에 따라 행동했다. 결국 불편한 심기를 감추며 마지못해 테오도시우스는 자신의 승인을 철회했다. 이 일로 인해 황제와 암브로시우스의 관계가 소원해진 것이 아니라, 더욱 친밀해졌다.

○ 그러던 중 암브로시우스는 앞서 서술한 로마군 수비 대장 보테리크 살해로 비롯된 테살로니카의 대학살 소식을 여러 주교들이 모인 회의 중에 접하고 공포와 고뇌로 가득 찼다. 그곳에 있던 모든 주교들의 눈은 암브로시우스를 향했다. 황제가 저지른 대량 학살 행위는 종교적으로나 정치적으로나 명백한 범죄였다. 그는 황제에게 편지를 보내 테살로니카의 학살은 극악무도한 죄이며, 회개하지 않는다면 파문을 내릴 수 있음을 은근히 비추었다. 테오도시우스가 임석한 자리에서는 영성체를 행하지 말라는 신의 경고를 받았다고 주장하기도 했다.

○ 황제는 자신의 경솔한 분노가 가져온 돌이킬 수 없는 잔혹한 결과에 대해 뉘우치기 위해서 늘 하던 대로 메디올라눔 대성당에 예배를 드리러 갔다. 그때 대담하게도 암브로시우스는 문 앞에서 황제를 가로막았다. 테오도시우스가 자신이 동족을 살해한 죄를 지었다면 다윗 왕은 간통죄 위에 살인죄까지 저질렀다고 항의하자 그는 황제에게 "황제께서 다윗 왕과 같은 죄를 저질렀다면, 회개도 그가 한 것처럼 해야 할 것입니다." 하며 물러서지 않았다. 그러면서 회개는 황제를 부끄럽게 하는 것이 아니라 통치자로서 지은 죄를 사함받은 성서 속

의 다윗 왕과 같은 관계를 맺게 하는 것이라고 주장했다.(註. 다윗 왕은 부하 장군인 우리아의 아내 밧세바에게 반해서 그녀와 간통하고 아이를 잉태하게 했다. 그는 그 죄를 감추기 위해 그녀의 남편 우리아를 위험한 전투에 앞세워 죽게 했다. 구약성서 사무엘 하권 11장) 몇 번을 옥신각신하

▌「테오도시우스와 암브로시우스」, 안토니 반 다이크 作

다가 마침내 테오도시우스가 암브로시우스의 조건을 받아들였다. 이 것은 하늘의 권위가 현세의 권위를 굴복시키는 순간이었으며, 가톨릭에서는 가장 영예로운 사건들 중 하나로 교회사에 기록했다.

○ 참회의 기간 동안 테오도시우스는 황제의 의장을 모두 벗고 슬픔에 잠겨 애원하는 태도를 취하면서 눈물과 탄식으로 겸허하게 사면을 구했다. 다만 황제로서의 자부심을 버리고 겸손하게 회개한 점을 감안하여 동족을 살해한 죄를 용서받으려면 20년을 참회해야 했지만, 암브로시우스는 8개월 만에 테오도시우스 황제를 신도로서 다시 받아들였다.

│ 마음에 새기는 말 │

역사 기술의 가장 중요한 임무는 미덕을 어둠 속에 묻어 버리지 않는 동

시에 비난받아 마땅한 언행을 기록해 두어 사후의 불명예에 대해 두려움을 느끼게 하는 것이다.

_ 타키투스

- 타키투스가 원로원 의원들의 고결한 발언뿐만 아니라, 눈에 띄게 수치스러운 것도 함께 서술할 것임을 알리면서.

※ 전통 종교에 대한 테오도시우스 황제의 태도

≪급격한 종교 정책은 폭력과 희생이 따르기 마련이다. 종교정책이란 과격하지 않더라도 시류의 대세가 방향을 잡았다면, 온화하고 관용적인 정책만으로도 변화의 행진은 거침없는 법이다. 왜냐하면 노예와 같은 국민은 절대 권력을 휘두르는 군주가 불의와 억압의 극단으로 치닫지 않는 한 항상 그의 관용 조치에 갈채를 보낼 준비가 되어 있기 때문이다.≫

○ 그리스도교를 공인한 황제는 콘스탄티누스였지만 392년 이를 국교로 확립하고 공포한 황제는 테오도시우스였다. 그리스도교의 확립을 위해 전통 종교를 억압한 테오도시우스는 칙령을 통하여 "무고한 희생물을 바치는 행위로 생명 없는 우상을 섬기는 일이 없도록 하라."고 명령했다. 산 제물을 바치거나 희생물의 창자로 점을 치는 행위는 그 목적이 무엇이든 간에 국가 반역죄로 간주되어 이러한 행위를 한 사

람은 처형을 받아야 하는 범죄자가 되었다. 가벼운 전통 종교 의식도 극히 해롭고 부정한 행위로 간주되어 폐지되었다. 금지된 종교 의식을 행하는 데 사용된 것이라면 등불, 화환, 유향, 제주 등 아무리 사소한 물건이라도 금지되었으며 몰수하도록 했다. 집 안에 수호신을 모시는 것도 유죄로 선포되었으며, 다른 사람의 집에서 우상 숭배 의식을 치르더라도 벌금을 물렸고, 다른 사람의 우상 숭배와 같은 불경스런 행위를 묵인한 경우에도 고발의 의무를 다하지 않았다는 이유로 벌금형을 피할 수 없었다.

○ 그럼에도 다신교는 종교적 성향이 부드럽고 유연하여 테오도시우스의 박해에 저항하지 않았다. 순교자도 없었으며, 황제의 강력한 칙령 아래서 입속으로만 웅얼거리며 불만을 나타냈을 뿐, 칙령에 복종했으며 금지된 의식들을 단념했다. 설령 신앙에 대한 열망을 참지 못하여 금지된 숭배 의식을 했다 할지라도 그리스도교 관리들 앞에 끌려가서는 비굴할 정도로 자신의 잘못을 뉘우치고 회개하는 척함으로써 집행 관리들의 엄격한 마음을 풀어 주었다. 이들 로마 전통 종교를 믿는 자들은 그리스도교인들과는 달리 종교에 적극적이거나 열정적이지 못했다. 그들의 그러한 경향은 에우게니우스가 반란으로 즉위한 다음 제국의 서부에서 전통 종교로의 복귀를 선언했을 때 그에게 힘을 보태지 않고 미지근한 지지만을 보냄으로써 테오도시우스와의 내전에서 패배하게 되는 이유이기도 했다.

○ 지배받는 데 익숙한 시민들은 절대 권력을 휘두르는 황제가 불의와 압제의 극단으로 치닫지 않는 한 통치에 찬성하게 되어 있다. 이러한 점에서 테오도시우스는 그리스도교를 믿지 않는 사회 지도층 인사들로부터 칭송을 받았다. 이처럼 테오도시우스 황제는 그리스도교의

발전을 위해 전통 로마 종교를 억압하고 종교 의식을 금지토록 조치했으나, 로마 전통신을 믿는 자에게 그들의 종교를 버리고 세례와 신앙고백을 하도록 강요하지 않았으며, 황궁과 원로원에서 차별 대우를 한 것도 아니었다. 그는 당시 대표적인 로마 전통 종교의 추종자인 심마쿠스에게 로마 시장직을 내렸고 율리아누스 황제의 벗인 리바니오스에게는 우정을 표하여 재능을 인정하고 배려하기도 했다. 그들의 발언과 집필은 자유로웠기에 비그리스도교인들조차 이러한 테오도시우스의 태도에 대하여 높이 평가할 정도였다.

○ 전통 종교에 대한 테오도시우스의 온화한 정책에도 불구하고 공식적인 종교 행사에 의해 종교적 감정을 유지할 수 있는 일반 시민들은 신·신전·서적 등의 인위적인 도움이 금지된 상태에서 종교의 열정이 오래갈 수 없었다. 그의 조치는 전통 종교인 다신교의 몰락을 순조롭고도 빠르게 진행시켜 그가 죽은 지 겨우 30년도 채 지나지 않아 더 이상 희미한 자취조차 남지 않았다.

⁂ 테오도시우스 황제의 가톨릭 파 옹호와 이단 박해

≪황제가 종교적인 문제로 선포했던 엄격한 규제와 법률이 실제로 적용되는 경우는 드물었다. 콘스탄티누스의 전례를 따라 테오도시우스 황제도 엄한 법률을 내세워 이단자들이 법령의 무서움을 느끼고 스스로 절제해 주기를 바랐다.≫

○ 그리스도교가 널리 전파되면서 생긴 새로운 경향은 철학과의 접목이었다. 지식인 계층을 중심으로 신플라톤주의, 스토아주의 등이 그리스도교 교리를 재해석하면서 철학적이고 형이상학적인 사색이나 신조가 '믿음'을 대체한 것이다. 그리스도의 본성, 실체 등을 둘러싼 논쟁 때문에 종교적 체험이나 진정한 믿음보다는 철학적 개념에 묶인 결과, 온화하고 사랑이 가득 뿌려져야 할 그리스도의 앞마당이 소모적이고 비생산적인 전쟁터로 변했다. 그리하여 다수자가 믿는 교리가 종단을 지배한 후 소수자가 믿는 교리를 이단으로 몰았다.

○ 이러한 경향에 따라 테오도시우스는 콘스탄티우스 황제와 발렌스 황제로부터 지지를 받은 아리우스 파의 위세를 꺾고 가톨릭의 번영을 위해 삼위일체를 거부하는 자들에게 칙령으로 박해를 가하는 포고령을 내렸다. 그는 이단에게 유리한 것이라면 무엇이든 불법인 것으로 간주해야 한다고 엄격히 명령했고, 이단의 성직자·집회·신도들을 겨냥한 혹독한 형법을 제정했다.

○ 첫째로 가톨릭 성직자에게 특권과 보수를 후하게 베풀고, 이단의 주교와 장로들에게는 이를 박탈했다. 또한 이단의 교리를 설교하거나 의식을 행할 경우는 추방과 재산 몰수의 중형에 처했다. 둘째로 이단자들의 종교적 모임은 공적, 사적, 주간, 야간, 도시, 시골 모두에서 금지했다. 불법적인 이단 행사로 사용된 건물이나 토지는 몰수되어 황제의 소유가 되었다. 셋째로 이단자들에게 시민들이 가한 모욕을 정당화시킴으로써 사회적으로 파문하고, 이단자들이 유언장을 만들거나 유언에 따른 기부를 받지 못하게 했다. 특히 마니교의 경우는 죽음으로써만 속죄가 가능했으며, 아우디우스 파도 다른 날에 부활

절 축제를 연다는 이유로 똑같은 극형에 처했다.

○ 무한한 재량권을 가지고 이단을 심문하는 종교 재판관이라는 공포스런 관직이 처음 설치된 것도 테오도시우스 치세하에서였다. 그러나 그의 칙령은 거의 집행되지 않았으며, 이 때문에 황제가 처벌을 목적으로 하기보다는 자신의 깊은 신앙심을 널리 알리고, 이단에 빠져 다루기 힘든 제국의 시민들에게 겁을 주어 개심시키려 한 것이라고 생각되었다.

| 마음에 새기는 말 |

악한 자들이 겪는 재난은 심판이고, 올바른 자들이 겪는 재난은 시험이다.

_ 마실리아 사제 살비아누스

발렌티니아누스(Valentinianus) 2세의 권력 누수(392년)

≪온화하고 공정하며 일에 충실하다는 것만으로는 통치자의 자질로서 다소 부족한 점이 있다는 불행한 사실을 인정하지 않을 수 없다. 권력이 제거된 허수아비 황제가 되지 않으려면 항상 부하들의 행동과 지위에 관심을 가져야 하는 법이다. 한번 임명된 자는 그 직책을 담당하고 있는 동안 세력을 확장시킬 수 있는 새로운 힘이 생기기 때문이다.≫

○ 발렌티니아누스 2세가 테오도시우스의 도움으로 막시무스에게 **빼앗**긴 이탈리아와 살리아의 통치권을 되찾았을 때, 모후 유스티아는 얼마 되지 않아 숨을 거두었고, 서부 로마 제국은 나이 어린 발렌티니아누스 2세의 통치에 맡겨졌다. 발렌티니아누스 2세는 쾌락을 멀리하고 일에만 몰두했으며, 공정한 권한 행사로 제국의 시민들로부터 칭송받았다. 공정하고 온화한 황제 밑에는 프랑크족의 용맹한 전사 아르보가스테스가 버티고 있었다. 그는 원래 그라티아누스 황제 휘하에서 2인자의 위치에 있었는데, 그라티아누스가 살해당한 후 테오도시우스 휘하로 들어가서 막시무스를 처단하는 데 무공을 세운 자였다.

○ 아르보가스테스는 서부 로마 제국의 기둥으로 널리 존경받고 신망을 얻었지만 제국을 자기 손안에 넣겠다는 결심을 은밀히 숨기고 있었다. 그는 군대의 요직을 동족인 프랑크족들에게 나누어 주고 자기 부하들을 명예직과 고위 관직에 승진시켜 포진했다. 아르보가스테스의 음모로 인해 발렌티니아누스 2세는 주변의 충신들을 하나씩 제거당했고, 서서히 실권도 정보도 없는 허수아비 황제로 전락했다.

○ 아르보가스테스의 위세에 불안을 느낀 발렌티니아누스 2세는 메디올라눔 대주교를 불러 자신의 신앙심과 성실성 그리고 진실성을 확인하면서 안전을 지켜 달라고 요청했다. 한편으로 동부 로마의 테오도시우스 황제에게 자신의 처지를 알리며 군사를 이끌고 급히 도와주지 않는다면 적으로 둘러싸인 감옥과도 같은 황궁에서 도망칠 수밖에 없다고 전했다.

○ 하지만 구원의 희망은 멀고도 불확실했다. 날이 갈수록 분노가 깊어지자 인내의 한계에 다다른 황제는 스스로의 능력을 가늠하지 않은

채, 황제의 권위를 뛰어넘은 아르보가스테스와 맞붙어 보겠다는 무모하고도 위험한 결정을 했다. 아르보가스테스가 한마디 상의도 없이 스스로 제2인자 격인 기병대장에 오르자, 마침내 황제의 분노에 불씨가 튀었다. 그가 군대의 추천을 등에 업고 제국의 권력을 손안에 틀어쥐는 것은 로마법과 황제의 권위에 도전하는 일이었기 때문이다. 황제는 아르보가스테스를 불러 그의 행동을 질책하며 허락 없이 스스로 오른 지위를 포함한 모든 직책에서 해임한다는 명령을 적어 그에게 내밀었다. 그러자 아르보가스테스는 침착하고도 냉혹하게 내뱉었다. "황제께서는 저에게 지위를 부여한 적이 없으므로 거두어 갈 수도 없을 것입니다. 또한 저의 권력은 일개 군주의 미소나 눈짓 하나에 달려 있지 않습니다." 그러면서 경멸하는 태도로 친서를 바닥에 내동댕이쳤다.

○ 분개한 발렌티니아누스 2세는 호위병들 중 하나의 칼을 잡아채어 칼집에서 뽑으려 했으나, 이를 막으려는 병사들과 몸싸움이 벌어져 황제로서의 권위가 완전히 무너졌다. 자신의 분노를 겉으로 나타내면서 나약한 처지를 모조리 드러낸 꼴이 된 발렌티니아누스 2세는 소란이 있은 지 며칠 후, 자기 침실에서 목 졸려 숨진 채 발견되었다.

※ 루피누스(Rufinus)의 간계

≪사람의 기질과 성품이란 변하지 않기 마련이다. 루피누스가 그 어떤 달콤한 말로 속삭여도 그의 사악함은 독사의 독과 같았다. 무엇

보다도 큰 잘못은 교만하고 간악한 술책을 쓰는 자를 중용한 테오도시우스에게 있었다. 이는 테오도시우스의 탐닉과 나태함이 루피누스의 달콤한 간계에 녹아든 결과였다. ≫

○ 갈리아의 한적한 시골에서 태어난 루피누스(Flavius Rufinus)는 운이 좋게도 콘스탄티노폴리스에서 테오도시우스 황제에게 등용된 자였다. 그는 뛰어난 웅변술로 법률 분야에서 성공을 거두었으며, 단계를 밟아 순조롭게 총무장관이라는 고위 관리가 되었다. 테오도시우스는 루피누스의 근면함과 업무 능력은 알아보았으나, 그의 본성에 깔려 있는 교만함과 탐욕과 같은 어두운 부분은 알아채지 못했다. 이는 루피누스가 황제 앞에서 자신의 장점만 알리고, 단점은 감추었기 때문이라고 쉽게 추측되지만, 테오도시우스가 관리를 중용하면서 품성을 제대로 통찰하지 못했다는 비난을 면하기 어렵다.

○ 루피누스는 테살로니카의 비극적인 대학살에서도 테오도시우스의 분노를 부채질했던 자였다. 그는 자신보다 신분이 낮은 사람들을 발밑으로 냉정하게 내려다보면서, 혹시라도 자신의 감정을 거스르는 자가 있으면 절대 용서하지 않았다. 동고트족의 침략으로부터 제국을 지킨 보병대 총사령관 프로모투스는 루피누스의 이러한 인격과 언행에 경멸감을 품고 있던 차에, 공식회의 석상에서 분노를 참지 못하고 루피누스에게 그만 주먹을 날리고 말았다. 자존심에 커다란 상처를 입은 루피누스는 이 사건을 처벌받아야 할 폭력 행위로 황제에게 보고했다. 프로모투스는 즉각 도나우강 유역의 전선으로 추방되었다. 그 이후 그는 게르만족과의 사소한 접전에서 전사했다고 알려졌지만, 사실은 루피누스의 술책이 간여하여 그를 죽음으로 몰아갔

다는 소문이 파다했다.

○ 루피누스의 질투와 욕망은 동부 로마 제국과 콘스탄티노폴리스의 고위직에 있는 타티아누스와 그의 아들 프로쿨루스에게 미쳤다. 두 부자와 루피누스가 황제의 총애를 두고 서로 다툰 것이다. 그러다가 이들 부자는 약탈과 부패 행위라는 죄목으로 고발을 당했는데, 그 재판을 루피누스가 담당했으므로 결과는 뻔했다. 타티아누스는 체포되어 공직을 박탈당하고 지하 감옥에 수감되었으며, 아들 프로쿨루스는 재판장이 루피누스인 상황에서는 무죄 판결을 받을 수 없었던 까닭에 몰래 도주하여 몸을 숨겼다.

○ 그렇게 되자 루피누스는 프로쿨루스를 재판에 회부하기 위해 술책을 썼다. 공정성과 중용의 마음으로 재판을 진행할 터이니 어쩌면 일이 잘 풀릴 수도 있다는 희망을 타티아누스에게 심어 준 것이다. 감히 테오도시우스 황제의 이름을 걸고 맹세했으므로 타티아누스는 루피누스를 믿었다. 루피누스의 설득에 넘어간 타티아누스는 비밀리에 편지를 보내 아들을 불러들였다. 그러나 프로쿨루스는 곧 붙잡혀서 심문을 받고 유죄로 확정되었으며, 황제가 사면을 내릴 틈도 없이 즉각 참수되고 말았다. 비정한 루피누스와 동료 관리들은 잔인하게도 타티아누스에게 아들이 참수되는 광경을 목격하도록 강요했다. 절망의 늪에 빠진 타티아누스는 자신도 빨리 처형되기를 바라던 그 순간, 갑자기 감형되어 가난과 유형 속에서 여생을 보냈다.(註. 루피누스의 계략이 있긴 했지만, 실제로 타티아누스 부자가 비리를 저질렀다는 주장이 있다.)

○ 그리고 루피누스는 공석이 된 고위직에 올라 전횡을 저질렀다. 테오도시우스가 죽고 난 뒤 나이 어린 아르카디우스 황제가 즉위했을 때,

그는 그 어떤 저항도 없이 세평에 신경 쓰지 않고 마음 내키는 대로 탐욕에 따라 행동할 수 있을 만큼 막강한 권력을 누렸다. 하지만 아버지로 하여금 아들의 죽음을 보게 한 그의 극악무도한 죄는 훗날 분노한 병사들에게 살해당하고 자신의 주검이 토막 난 채로 거리에서 조롱됨으로써 단죄되었다.

✳ 호노리우스(Honorius)의 서로마 황제 즉위(395년)와 테오도시우스 황제의 악덕

≪그리스도교에서 추앙받는 테오도시우스는 평안함과 사치에 대한 부도덕함을 남겼다. 그러나 그의 실책 중 가장 크게 비난받을 결정은 무능한 두 아들을 후계자로 지명했다는 점이다. 마르쿠스 황제가 뛰어난 치적에도 불구하고 친아들 콤모두스에게 제위를 물려주어 제국을 쇠락하게 만들었다며 그렇게도 비난받았건만, 선황의 실패가 테오도시우스에게 행동의 지침이 되지 못했다. 아버지로서 자식을 사랑하는 마음에서 그랬겠지만, 권력의 꼭대기는 항상 바람에 세차게 흔들리고 위험이 도처에 도사리고 있기 마련이다.≫

○ 발렌티니아누스 2세를 죽이고 난 후, 아르보가스테스는 프랑크족 출신인 자신이 로마 황제로 나서기가 어렵다는 것을 깨닫고 수사학자 에우게니우스를 황제로 내세웠다. 이교도 원로원 의원들은 에우게니우스를 지지하면서 하드리아노폴리스 전투에서 야만족에게 패배

한 것은 전통신을 무시하고 그리스도교로 개종했기 때문이라며 맹렬하게 비난을 퍼부었다. 이렇게 되자 테오도시우스는 이교도들을 응징하는 차원에서도 이들을 반란자로 규정하고 내전을 위한 검을 뽑아 들지 않을 수 없었다. 아르보가스테스는 에우게니우스를 허울뿐인 황제로 올려놓고 자신이 서부 로마 제국의 실질적인 권력을 거머쥔 채 테오도시우스와 맞서 일전을 벌였다.

○ 그러나 394년 그가 프리기두스 강변의 전투에서 테오도시우스에게 패배하여 자결함으로써 내전 상황은 종결되었다.(註. 테오도시우스는 서고트족의 지원을 받아 반란을 진압했다. 그때 서고트족은 로마군의 선봉에 서서 돌파를 시도하다가 막대한 병력을 잃었다. 그렇게 되자 그리스도교인 역사가 오로시우스는 테오도시우스가 에우게니우스에게 승리했을 뿐 아니라 서고트족에게도 진정 승리한 것이 아니냐고 빈정대었다.) 이제 동부·서부를 통틀어 지고한 황제의 권위는 테오도시우스에게 집중되었으며, 제국의 시민들도 테오도시우스의 과거 행적으로 비추어 공정하고 행복한 미래의 삶을 기대했다. 그러나 황제의 몸은 예전과 같지 않았다. 전쟁에서 겪는 고단한 삶과 과중한 업무 때문인지 아르보가스테스와 에우게니우스를 제거한 뒤 얼마 되지 않아 심각한 부종 증세가 나타났기 때문이다.

○ 테오도시우스는 이미 아우구스투스의 칭호를 얻은 큰아들 아르카디우스에게는 자신이 통치하던 동부 로마 제국을 맡기기로 하고, 작은아들 호노리우스에게는 발렌티니아누스 2세의 통치 지역을 맡기기로 결정했다. 그리하여 호노리우스를 메디올라눔으로 불러들인 후 대경기장에서 화려한 경기를 열고 시민들에게 소개하여 앞으로 제국을 통치할 황제로서 인정을 받을 수 있도록 배려했다. 그때 테오도시

우스는 아픈 몸에도 불구하고 경기장에 나타나 호노리우스의 권위를 더해 주고 시민들의 열광을 받게 했다. 오전 행사에 기력을 다 소진해 버린 테오도시우스는 오후에는 행사에 참석하지 못하고 호노리우스가 그날의 남은 행사를 모두 마쳤다. 테오도시우스는 그날 밤에 숨을 거두었으며, 에우게니우스에게 승리한 지 넉 달 만이었다. 이때 아르카디우스가 19세였고, 호노리우스는 12세였다.

○ 테오도시우스가 죽자 스틸리코(Flavius Stilicho)는 황제가 숨을 거두면서 두 아들의 후견인으로 자신을 지명했다고 말했다. 스틸리코 수하의 시인 클라우디아누스는 원로원에서 "로마의 권력은 스틸리코에게 위임되어 동·서로마의 두 분 황제와 두 조정의 군대를 총괄할 권한을 가졌습니다." 하고 선포했다. 그러나 황제의 임종에는 몇몇 측근들만 참석하다 보니 사실을 알 수 없는 노릇이었다. 죽기 전 테오도시우스가 서로마는 스틸리코에게 그리고 동로마는 루피누스에게 후견인을 맡겼다고 전하는 기록이 있기 때문이다.(註. 스틸리코는 실권을 잡자, 에우게니우스 반란 때 공직을 맡았던 사람들을 모두 복직시켜 주는 관용을 베풀었다. 한때 심마쿠스는 그라티아누스 황제를 살해한 막시무스를 지지하다가 공직을 떠나 있었으나, 이때 스틸리코의 관용의 시혜를 받고 정계로 복귀했다. 그는 스틸리코가 북아프리카의 길도를 공공의 적으로 선포할 수 있도록 만드는 데 중요한 역할을 함으로써 은혜에 보답했다.)

○ 야만족을 제압하고 제국의 평화를 가져왔으며, 가톨릭 파의 번영과 성장을 위해 정열을 쏟았던 테오도시우스의 죽음은 많은 성직자와 제국의 시민들에게 슬픔과 미래의 불안감을 가져다주었다. 그러나 그의 덕망에도 불구하고 안락과 사치에 대한 탐닉은 많은 지적을 받

앗으며, 이로 인하여 제국의 시민들도 황제의 나태함을 모방했고 온 갖 부패가 공적 생활과 사생활을 오염시켰다. 이는 질서와 예의범절을 무시하게 했고, 그 결과 태만과 탐욕을 위해 의무와 신뢰를 저버리는 타락한 정신이 만연했다. 꺼져 가는 불꽃은 마지막 광휘가 세차고 늦가을 단풍은 유난히 화려하듯 로마는 테오도시우스에 의해 과거의 영광스런 잔상에 채색되어 잠시나마 밝게 빛났지만 몰락의 법칙을 거스를 수 없었다.

○ 콘스탄티누스나 아우구스투스 시대보다 테오도시우스의 치하에서 더욱 사치와 타락에 빠졌다는 것은, 제국이 발전하고 살기가 좋아졌기 때문이라고는 볼 수 없다. 장기간에 걸친 야만족과의 전쟁으로 제국의 시민들은 살아가기가 더욱 팍팍해지고 미래도 어둠의 구석으로 내몰렸을 것이다. 그곳에 대신 자리를 잡은 것은 미래를 구원받고자 하는 종교였고, 또한 미래를 잊고 현재를 즐기자는 무기력한 절망의 소산인 사치였으리라. 그리하여 편안함에 젖은 병사들은 전투에서 필수적으로 갖추어야 할 투구와 흉갑조차도 무겁다는 이유로 내팽개쳤다. 그 결과 로마군은 중무장한 야만족에게 벌거숭이인 채로 노출되어 전투 시에 과거의 용맹스런 기개는 사라지고 여인처럼 나약해져 제국의 방어와 안전이 로마군의 자세와 복장처럼 위험하게 되었다.

✴ 루키아누스(Lucianus)의 선정과 비극

≪탐욕과 부패가 만연한 토양에서는 비리에 물든 자만이 혼탁하고

오염된 자양분을 빨아들이며 살아갈 수 있었다. 주민의 재산을 부당하게 몰수하고 뇌물을 수수하며 관직을 매매하는 것이 정당했던 시대에, 선량하고 정직하게 살아가는 것은 매우 위험한 일이었기 때문이다.≫

○ 플로렌티우스는 율리아누스가 갈리아에서 부황제로 있을 적에 갈리아 행정장관으로 있었다. 그는 율리아누스가 콘스탄티우스의 병력 차출 명령으로 어려움을 겪고 있을 때, 율리아누스의 거듭된 귀환 요청에도 응하지 않고 공물 사정 작업을 핑계 대면서 비엔나에서 돌아오지 않았다. 즉 그는 책임져야 하는 위험한 결정에 관여하기를 기피함으로써 율리아누스의 참모로서 책임을 다하지 않은 불충한 자였다.

○ 이 불충한 관리는 율리아누스 황제의 신임을 받지 못했지만 그의 아들 루키아누스는 유산의 상당 부분으로 루피누스의 환심을 얻어 동로마 코메스의 자리에 오를 수 있었다. 일단 제국의 관리가 되자 그는 아버지와는 다른 길을 걸었다. 그는 그 시대의 타락한 행정을 버리고 루피누스와 대조되는 올바르고 온건한 행정을 펼쳤기에 오히려 루피누스 같은 간악한 자에게 불명예를 안기고 만 것이 불행이었다. 복수의 칼을 갈고 있던 루피누스에게 어느 날 기회가 왔다. 누군가가 황제의 숙부와 관련된 청탁을 하자, 루키아누스는 그것을 들어준다면 부정행위가 되는 것이라며 거절했던 것이다. 루피누스는 이것을 놓치지 않고, 루키아누스가 이러한 행위를 한 것은 황제를 무시하고 모독한 것이라고 아르카디우스 황제에게 간언했다. 그러자 아르카디우스는 인간이 가지고 있는 사리 분별의 힘을 발휘하여 간언의 부당성을 바로잡아 준 것이 아니라, 루피누스의 아첨과 간언에 분노하며 루키아누스에 대한 처분권을 루피누스에게 맡기고 말았다.

○ 루피누스는 콘스탄티노폴리스에서 루키아누스가 있는 안티오키아까지 머나먼 길을 쉬지 않고 말을 달려 한밤중에 도착했다. 안티오키아 사람들은 루피누스의 기질을 이미 알고 있는지라, 그가 긴급하게 안티오키아에 온 것을 불안해했다. 동로마 15개 속주를 다스리는 코메스 루키아누스는 중범죄자처럼 루피누스 앞에 끌려 나와 심문을 받았다. 루키아누스는 결백의 증거가 확실했지만 재판 한번 제대로 받아 보지 못하고 잔혹한 처벌이 내려졌다. 루피누스의 명령에 의해 사형 집행자는 끝에 납을 매단 채찍으로 루키아누스의 목을 내리쳤다. 루키아누스는 고통에 못 이겨 기절한 후 서서히 죽어 갔다. 처형이 집행되고 나서 루피누스는 잠시도 지체하지 않고 급히 콘스탄티노폴리스로 돌아갔다. 그것은 자신의 잔인한 처형이 이미 시민들의 폭언을 유발하고 있었고, 루키아누스가 그곳의 코메스 직위에 있으면서 시민들의 지지와 칭찬이 자자했던 것을 알고 있었으므로 처형에 뒤이은 시민들의 분노가 폭동으로 연결될까 두려웠기 때문이다.

| 마음에 새기는 말 |

생선이 머리부터 썩어 가듯, 국가도 머리부터 썩는다.

✴ 아르카디우스(Arcadius) 황제의 황후 간택(395년)

≪루피누스의 권력에 도전장을 던진 환관 에우트로피우스는 황제의

○ 루키아누스를 처형하고 안티오키아에서 급히 콘스탄티노폴리스로 되돌아온 루피누스는 딸과 아르카디우스 황제의 결혼식에 대한 생각뿐이었다. 그는 황제의 장인이 되면 정치적 권한이 더욱 확고해지며, 무소불위의 권력을 행사하여 자신의 야심을 충족시킬 수 있으리라 기대했기 때문이다.

○ 루피누스가 안티오키아에서 루키아누스를 처벌하고 있는 동안, 황궁에서는 황제의 총애를 등에 업고 환관들이 대시종장 에우트로피우스의 주도하에 루피누스의 권력을 약화시킬 음모를 꾸미고 있었다. 그들은 황제의 동의 없이 황후로 선택된 루피누스의 딸을 아르카디우스가 전혀 마음에 들어 하지 않는다는 것을 알아채고, 프랑크족 출신 장군으로서 로마 제국에 복무했던 바우토의 딸 에우독시아를 황후로 대신 내세우려고 결정했던 것이다.

○ 에우독시아는 바우토가 죽은 후, 루피누스에게 폭행을 가한 죄로 도나우강 전선에서 복무하다가 전사한 프로모투스의 아들 집에서 교육받으며 자랐다. 가정교사인 아르세니우스의 엄격한 교육 아래 순결을 지켜 온 에우독시아에 대한 아첨 섞인 설명에 귀 기울이던 아르카디우스는 드디어 그녀에 대해 진정으로 애정을 품게 되었다. 그러나 루피누스가 이런 사실을 알게 되면 틀림없이 방해할 것임을 알고 있던 아르카디우스는 에우독시아를 향한 애정을 마음속에 숨기고 있었다.

○ 자신의 딸과 황제의 결혼을 전혀 의심하지 않았던 루피누스는 황궁

에 도착하자마자 황제의 결혼식이 임박했음을 선포했다. 화려하게 치장한 환관들과 관리들의 혼례 행렬이 황후를 위한 왕관, 의복, 장신구들을 높게 받든 채 성문을 출발했다. 행렬이 프로모투스의 아들 집 앞에 다다랐을 때, 환관이 정중하게 집 안으로 들어가 가져간 황후의 의복을 에우독시아에게 입히고, 그녀를 황궁으로 데려가 아르카디우스의 침실로 안내했다.

○ 그 순간 평생을 기만과 술책으로 살아왔던 루피누스는 바로 그 기만과 술책에 자신이 속아 넘어간 것을 알았다. 이는 그에게서 지울 수 없는 깊은 상처와 치욕을 남겼으며, 자신의 권력에 대한 도전으로 생각하여 분노와 공포로 휩싸이게 했다. 살펴보면 루피누스는 환관 에우트로피우스와의 권력 투쟁에서 패배한 것이며, 스틸리코가 자신의 딸을 호노리우스 황제와 결혼시킬 수 있었던 것에 반해 그의 혼인 전략은 실패했고 목숨은 위태로워졌다.

☀ 루피누스의 죽음(395년)

≪세도가이긴 해도 군사력이 없던 루피누스는 술책만으로 지위를 유지했다. 병사들의 분노 앞에서 무기력했던 루피누스는 마침내 비참한 최후를 맞았지만, 제국의 시민들로부터 어떠한 동정조차 받지 못했다. 막강한 권력으로 탐욕에만 힘을 기울였던 자에 시민들은 눈곱만큼의 애정도 줄 수 없었기 때문이다.≫

○ 서로마의 권신 스틸리코와 동로마의 권신 루피누스의 반목은 일리리쿰의 관할을 둘러싸고 터져 나왔다. 과거에 그라티아누스 황제가 일리리쿰 지역을 약탈하던 서고트족을 정벌 중인 테오도시우스를 돕기 위해 일리리쿰의 관할을 서부에서 동부로 옮긴 적이 있었다. 스틸리코는 이곳 일리리쿰이 이제 다시 서부의 관할 지역으로 되돌아와야 한다고 말하며, 이는 선제 테오도시우스 황제의 뜻이기도 하다고 주장했다. 그러면서 만약 자신의 주장을 들어주지 않으면 콘스탄티노폴리스 황궁의 무뢰배와 전쟁도 불사하겠다고 으름장을 놓았다.(註. 피터 히더에 의하면 스틸리코는 라인강 쪽에 거주하는 게르만족의 불온한 기세를 감지하고 이들을 저지하기 위해 병사들이 필요했을 것이라고 추측했다. 또한 스틸리코가 요구한 일리리쿰은 모병을 위한 적격지였고, 신병들을 훈련시키는 동안에는 알라리크의 서고트족에게 라인강의 방어를 맡길 심산이었다고 한다. 훗날 알라리크와의 협상이 이루어졌을 때 그것은 스틸리코의 파멸을 불러왔다.)

○ 그 무렵 스틸리코는 서로마 제국의 총사령관 자격으로 알라리크의 서고트족을 쫓고 있었다. 395년 서고트족은 테오도시우스 황제가 죽자마자 알라리크를 부족장으로 내세워 조용히 농사나 지으면서 살겠다던 로마와의 약속을 깔아뭉개고 또다시 무기를 들었던 것이다. 서고트족을 거의 무찌르기 직전에 동로마 황제 아르카디우스의 이름으로 스틸리코에게 편지가 전달되었다. 이 편지는 루피누스의 계략으로 쓰인 것인데, 선제인 테오도시우스가 에우게니우스를 진압하기 위해 이끌고 갔던 동로마의 병사들을 돌려 달라는 내용이었다. 만약 동로마의 군대를 돌려주지 않으면 동로마 황궁에 대한 적대 행위로 간주하겠다는 단호한 내용도 덧붙어 있었다. 이는 만약 스틸리코가

서고트족에게 승리하면 일리리쿰 지역이 서로마의 통치 지역으로 넘어갈 것이 분명했기 때문이다. 테살로니카에서 얼마 떨어지지 않은 곳에서 눈앞의 적을 공격하기 위해 준비 중이던 스틸리코 진영의 지휘관들은 분통을 터뜨렸지만, 아르카디우스의 명령서를 따를 수밖에 없었다. 제국의 유일한 경쟁자였던 스틸리코의 힘을 약화시키기 위해 황제의 권위를 빌려 시행한 루피누스의 계획을 스틸리코가 하는 수 없이 들어준 것이다.

○ 스틸리코는 동고트족 출신인 가이나스에게 동로마에 돌려줄 군대를 콘스탄티노폴리스로 이동하는 역할을 맡겼다. 그는 가이나스에게 비밀스런 의미를 전하면서 충성을 굳게 다짐받아 놓았고, 가이나스의 성품으로 보아 공포나 후회 때문에 목적을 달성하지 못하고 물러서는 일은 없을 것이라고 확신했다. 적의 격퇴를 눈앞에서 포기해야 했던 병사들도 루피누스에 대한 반발과 증오심이 얼마나 컸던지, 기나긴 행로 중에서도 이 위험한 비밀이 전혀 새어 나가지 않았다.

○ 루피누스는 이들 막강한 군대가 자신을 제위로 올려 줄지도 모른다는 생각에 재물을 나누어 주기까지 했으나, 병사들은 고맙게 여기는 마음보다는 자신들을 모욕하는 것이라고 받아들이며 경멸했다. 군대는 콘스탄티노폴리스에서 조금 떨어진 곳에서 멈춰, 관습에 따라 황제에게 사열의 예를 바쳤다. 루피누스가 황제와 함께 대열의 사이를 지나가자, 양측 대열의 병사들 일부가 좌우로 다가와 루피누스를 에워쌌다. 대담한 병사들이 순식간에 루피누스의 가슴에 칼을 꽂아 넣었고, 주변 사람들이 손을 쓸 틈도 없이 상황이 끝났다. 루피누스는 겁에 질려 떨고 있는 아르카디우스 발밑에서 피를 쏟아 내며 숨을 거두었다.(註. 루피누스의 죽음 뒤에는 정적 에우트로피우스와 스틸리코

간에 어떤 밀약이 있었을 것으로 역사가 조시무스는 추측했다.)

○ 루피누스의 시체에 대한 절단과 잔인한 행위에 대해서는 스틸리코 수하의 시인이었던 클라우디아누스가 상세히 서술했다. 그의 서술에 따르면 바로 얼마 전까지만 해도 눈짓 한 번만으로 관리들과 제국의 시민들을 벌벌 떨게 만들었던 루피누스는 자신의 시신이 토막 나는 모욕을 당했다고 전한다. 그의 시신은 온 시내를 끌려 다니면서 시민들에게 짓밟혔고, 오른손은 잘려져 얼마라도 기부해 달라는 잔인한 놀이의 소도구가 되었다. 또한 머리는 긴 창끝에 꽂혀 거리에 전시되는 조롱을 받았다.

✵ 에우트로피우스(Eutropius)의 탐욕과 폭정(395~399년)

≪폭거로 권력을 차지한 에우트로피우스는 치세의 난폭함에서 루피누스와 겨루었다. 권력의 획득 과정에서는 어찌했든 간에, 획득 후의 권력 행사만이라도 정당했으면 좋으련만, 쇠망기에 접어든 제국에서는 그러한 행운조차 없었다.≫

○ 루피누스를 몰락시킨 환관 에우트로피우스는 루피누스의 폭정과 압제로부터 시민들을 구한 것이 아니라, 그가 루피누스의 권력을 대신하자마자 그보다 더하면 더했지 나아진 게 없었다. 모든 사람들이 이 새로운 세도가인 환관에게 머리를 조아리며 굴종하는 모습에, 에우트로피우스는 기세가 더해서 법을 농락했고 제국의 관습까지 무시했

다. 이전까지만 해도 환관들의 통치는 은밀하고 눈에 띄지 않게 이루어졌으며, 외부에서 보기에 그들은 어디까지나 황궁의 의복과 침실을 돌보는 비천한 업무에 한정되어 있었다. 비록 환관들이 한두 번 속닥이는 것으로 제국의 방향을 좌지우지할 수 있고, 악의적인 암시 한마디로 명망 있는 자의 앞날을 꺾어 놓을 수 있다고 할지라도 결코 전면에 나서서 정책을 논하지 않았다.

○ 그러나 에우트로피우스는 제국의 장관과 장군의 직책을 맡은 최초의 환관이었고 399년에는 집정관직에까지 올랐다. 그는 원로원 의원들 앞에서 판결을 선고하거나 장황한 연설을 늘어놓기도 했으며, 군인의 복장과 갑옷을 갖추고 군마에 올라 군대를 지휘하기도 했다.(註. 환관 중에서도 훗날 유스티니아누스 황제 때 나르세스는 동고트족을 섬멸하는 등 상당한 군사적 재능을 보였다.) 법률을 공부한다든지 전술을 배운다든지 하는 것과 거리가 멀게 살아온 에우트로피우스는 엄청난 권한에도 불구하고 어떠한 업적이나 능력을 보여 주지 못했다. 그의 어쭙잖은 행동을 지켜보는 구경꾼들은 어쩔 수 없이 나타나는 조소와 조롱의 감정을 감추느라 힘들었을 터인데, 공인이라면 조롱의 대상이 되느니 차라리 증오의 대상이 되는 편이 나았다.

○ 이 늙은 성불구자 에우트로피우스는 비천한 노예 출신이었으며, 아분단티우스의 은혜로 황궁에 들어가기 전에는 여기저기에 끊임없이 팔려 다니는 굴욕스런 생활로 젊음을 소진했고, 늙어서는 겨우 자유의 몸이 되었지만 가난한 처지가 되었다는 점에서 그의 자수성가는 어쩌면 젊은이들의 본보기가 되었을지도 모른다. 에우트로피우스는 원로원, 속주, 콘스탄티노폴리스 여기저기에 청동이나 대리석으로 자신의 동상을 세웠고, 콘스탄티노폴리스의 세 번째 건립자란 칭호

를 받는 등의 허영심을 채웠다. 아무리 좋게 보아도 그의 탐욕은 포악했던 루피누스보다 결코 뒤지지 않았다.

○ 스틸리코 수하였던 시인 클라우디아누스는 에우트로피우스가 제국을 경매에 붙인 탐욕에 대하여 이렇게 읊었다. "노예 시절 주인의 금고나 털던 환관이 제국의 권력을 손아귀에 넣은 다음, 발칸 산맥에서 티그리스강까지 속주들마다 값을 매기고 조각조각 나누었다. 어떤 자는 별장을 바쳐 아시아 총독이 되었고, 어떤 자는 아내의 보석으로 시리아를 샀다. 또 다른 자는 아버지로부터 물려받은 영지를 비티니아 통치권과 맞바꾸었다. 에우트로피우스의 대기실에는 각 속주의 가격을 매겨 놓은 대형 게시판이 사람들 눈앞에 버젓이 놓여 있다. 폰투스 · 갈라티아 · 피디아는 값어치가 각각 달랐으며, 리키아는 금화 수천 닢으로 얻을 수 있었지만, 부유한 프리기아를 얻으려면 더 많은 돈을 바쳐야 했다." 매관매직이 정의롭지 못한 것을 안다면 수치스러움으로 감추어야 할 텐데, 그런 기대조차도 에우트로피우스에게는 과분했던 것이다.

○ 에우트로피우스의 부는 자기가 표적으로 삼은 부자들에게 죄를 뒤집어씌워 재산을 몰수하고, 여기에 걸려든 수많은 귀족들이 사형 집행인의 손에 의해 피를 흘린 결과였다. 제국의 황량한 오지에는 결백하다고 볼 수밖에 없는 추방자들로 넘쳐났다. 에우트로피우스가 황궁으로 들어갈 수 있도록 은혜를 베푼 아분단티우스도 은혜를 받은 에우트로피우스의 분노로 흑해의 피티우스에 추방되었다. 이러한 사실로 보면 인류의 잔인한 과거는 자신이 만든 공포스런 도구의 희생물로 바로 그 자신이 바쳐진다는 논리가 틀리지 않았다.(註. 아그리겐툼의 참주 팔라리스에게 놋쇠로 만든 소를 바친 페릴루스가 생각나는 대목이다. BC

6세기 시킬리아섬의 아그리겐툼 참주인 팔라리스는 페릴루스에게 처형 기구를 만들라고 지시했고, 페릴루스는 놋쇠로 암소 모양의 처형 기구를 만들었다. 그 소 안에 사형수를 가둬 놓고 놋쇠를 달구면 고통 속에 죽어 가면서 비명을 지르게 되는데 그 소리가 소 울음소리와 같았다. 불행하게도 그 처형 기구의 첫 희생자는 바로 그것을 만든 페릴루스였다. 페릴루스를 죽인 팔라리스도 놋쇠 소의 속에 들어가 처형되었다고도 하며 민중과 신하들이 던진 돌에 맞아 살해되었다고도 한다. 한때 카르타고가 이 소를 약탈하여 보관하고 있었는데, 제3차 포에니 전쟁이 로마의 승리로 끝났을 때 아그리겐툼으로 반환되었다. 아그리겐툼은 그리스식으로 '아크라가스'.)

○ 하지만 에우트로피우스가 실권을 쥐고 로마 최고의 명예직인 집정관에 오르자 귀족층의 반발이 거셌다. 그때 마침 고트족이 반란을 일으키자 가이나스가 이를 진압하기 위해 진군했다. 그러나 동고트족 출신인 가이나스는 오히려 반란군과 손잡고 에우트로피우스를 당장 해임하라고 황궁에 요구했다. 게다가 황후 에우독시아까지 나서서 환관을 처단해야 한다며 목소리를 높이자 아르카디우스 황제도 더는

▌시킬리아섬 아그리겐툼의 콘코르디아 신전

▌팔라리스의 놋쇠 소

버틸 수 없었다. 에우트로피우스는 성당으로 몸을 피했다가 목숨만은 살려 주겠다는 약속을 받고 제 발로 걸어 나온 후 키프로스로 추방되었으나, 얼마 지나지 않아 역모를 꾀했다는 죄목으로 처형당했다. 하지만 역모란 살려 두고 싶지 않은 권신과 정적들에게 줄곧 뒤집어씌웠던 죄목이 아니던가?

✳ 알라리크(Alaric)의 그리스 침공(396년)

≪서고트족의 침략에 그리스는 무방비로 당했다. 그리스의 로마 총독은 제국의 방어에 나태하기만 했고, 그리스 속주민들은 죽음을 두려워하지 않는 서고트족의 위력 앞에 나약하기만 했다. 용맹스런 전통으로 이름을 남겼던 스파르타도 제대로 된 저항 한번 없이 야만족의 검에 굴복했고, 그리스의 재물과 목숨은 서고트족의 손에 쥐어졌다.≫

○ 395년 테오도시우스 황제가 타계한 지 1년도 채 되기 전에 보조금이 중단되거나 삭감되었다는 이유로 서고트족이 반란의 기치를 내걸었다. 여태껏 누려 온 제국의 안전과 평화가 테오도시우스의 역량으로 지켜지고 있었다는 것이 증명된 셈이었다. 알라리크를 중심으로 반란을 일으킨 서고트족은 로마와의 조약 때문에 기질에 맞지 않게 어쩔 수 없이 조용히 농사나 지으면서 지내야 했지만, 이제 전투의 나팔 소리가 울리자마자 농장을 뛰쳐나와 내려놓았던 무기를 다시 들었다. 트라키아를 휩쓸고 다니던 알라리크가 이끄는 서고트족은 스

틸리코의 로마군에게 살로나 근처에서 패배하고 물러섰지만, 또다시 발호하여 스틸리코가 진압하던 중 빌려준 병력을 동로마로 보내라는 아르카디우스 황제의 명령으로 토벌에 실패했고, 분노한 병사들이 황제를 주무르던 루피누스를 살해했다는 것은 앞서 서술했다.

○ 위기에서 벗어난 서고트족은 성벽의 견고함 때문에 콘스탄티노폴리스 공략을 포기한 채 396년 그리스로 눈을 돌렸다. 그리스를 침공한 그들은 타고난 자신들의 기질대로 주변을 전쟁의 공포로 몰아넣고 약탈을 일삼으며 휘젓고 다녔다. 그때 아테네와 코린토스는 물론 천 년의 신비를 품고 있던 엘레우시스도 약탈당하여 의식과 전통은 더 이상 전래되지 못하고 사라졌다. 스파르타까지 서고트족의 유린을 면치 못하자 동로마 황제 아르카디우스는 공포에 질려 그들을 제압하러 나서기는커녕 콘스탄티노폴리스 성벽의 견고함에 의지한 채 황제로서의 권위를 손상시켰다. 그리스의 총독 안티오쿠스는 절제할 줄 모르는 제멋대로의 인물이었으며, 군 지휘관 게론티우스는 용기와 재능으로 적의 침입을 방어하는 일보다는 안티오쿠스의 압제적인 명령을 집행하는 데 훨씬 적격인 인물이었다.

○ 알라리크의 서고트군은 마케도니아와 테살리아의 평원을 거침없이 가로질러, BC 480년 크세르크세스가 이끄는 페르시아 대군의 공격을 스파르타 왕 레오니다스가 불과 300명의 스파르타 병사로 맞섰던 그 유명한 테르모필라이의 좁은 통로조차 안전하고 신속하게 통과했다.(註. 테르모필라이의 전투는 사실 스파르타 정예군 300명뿐 아니라 헤일로타이라고 불리는 스파르타 노예, 동맹군 등을 포함하여 약 7천 명이 방어하다가 결국 패배하여 전원 전사했다고 전한다. 이 전투로 페르시아군의 공격을 지체시켜 그리스군은 주력 부대를 안전하게 작전 지역까

▎「테르모필라이의 레오니다스」, 다비드 作

▎테르모필라이

지 보낼 수 있었다. 다만 BC 5세기의 역사가 헤로도토스에 따르면 테르모필라이 전투에서 스파르타 측 병사들은 노예와 동맹군을 합쳐 모두 4천 명이라고 했다. 더불어 그는 300명 중 2명은 살아남았다고 기록했다. '뜨거운 문'이란 의미를 지닌 테르모필라이θερμοπυλαι는 이곳에 온천이 있었기 때문이다. θερμοπυλαι는 '가열하다'란 의미의 'θερμω'와 '문, 출입구'란 의미의 'πυλη'의 합성어.) 그리스인들이 테르모필라이의 길목에 배치했던 군대로 알리리크를 막을 생각조차 하지 않고 그대로 물러났기 때문이다. 이로써 포키스와 보이오티아의 들판은 순식간에 야만족의 약탈에 희생되었다. 서고트족들은 무기를 잡을 수 있는 연령에 도달한 남자들은 모두 학살하고, 값이 나가는 물건과 가축 그리고 여자들은 끌고 가서 자신들의 탐욕과 욕정을 충족시키는 데 사용했다.

○ 전술을 이해했던 알라리크는 적을 굴복시키는 데 검의 힘에만 의지하지 않고 조건을 제시하여 사실상 항복을 받아 내는 유연성을 보이기도 했다. 아테네는 알라리크의 조건을 듣자마자, 비굴하게도 도시와 시민들의 안전을 담보하는 조건으로 재산의 대부분을 내놓기로 결정했다. 항복과 같은 치욕스런 조약으로 아테네의 안전은 확보되었으나, 수니온곶에서 메가라까지 아테네 주변 아티카 전 지역이 알라리크의 발밑에서 초토화됨으로써, 아테네는 속이 텅 비어 피투성이 껍데기만 남은 도살된 희생 제물과 같은 꼴이 되었다.

○ 메가라와 코린토스 사이의 험로도 적의 침입을 쉽게 막을 수 있는 천혜의 요새였다. 시대를 막론하고 악명 높았던 이 험로를 강인하고 용맹한 병사라면 소규모의 병력으로라도 이오니아해에서 에게해까지 임시 참호를 파서 방어할 수 있었다. 그러나 펠로폰네소스의 도시들은 요새만 믿고 이 험로를 방어하지 않았다.(註. 펠로폰네소스는 '펠롭스의 섬'이란 의미다. 펠롭스는 탄탈로스의 아들이며, 탄탈로스는 신들의 통찰력을 시험하기 위해 아들 펠롭스를 죽여 요리로 내놓았다가 허기와 갈증으로 영원히 고통받는 벌을 받았다. 신의 전능으로 다시 되살아난 펠롭스는 히포다메이아와 결혼하기 위해 장인 될 사람과 전차 경기를 했을

때 매수한 장인의 마부에게 배신을 저질러 유명한 펠롭스家의 비극을 낳았다. 그의 아들은 아트레우스와 티에스테스 그리고 피테우스이며, 아트레우스의 아들은 트로이아 전쟁의 그리스 총사령관 아가멤논과 헬레네의 남편이자 스파르타 왕 메넬라오스였다.) 그 결과 코린토스, 아르고스, 스파르타는 저항 한번 제대로 해 보지 못하고 서고트족의 무력 앞에 무릎을 꿇었다. 가족들은 노예가 되었고 도시는 화염에 휩싸였으며, 재물들은 약탈되었다. 포로가 된 여자들은 아버지와 형제들을 죽인 자들의 구애를 받아들이고 심지어 마음까지 주었던 여자 포로들을 호메로스가 미화한 그리스 전래의 저급한 관습, 즉 미인을 소유하는 것이 승리에 대한 보상이라는 관습을 따라야 했다. 결국 서고트의 알라리크는 테르모필라이에서 스파르타까지 적다운 적을 하나도 맞닥뜨리지 않고 그리스의 영토를 처참하게 유린할 수 있었다.

로마 제국의 동서 분리

≪지도층 인사들이 어떤 정신 상태에 있느냐에 따라 전체 사회가 건전성을 유지하느냐 아니면 건전성을 잃고 못된 성향을 가지느냐가 결정되기 마련이다. 동로마 관리들이 자신들의 안마당만을 지키겠다는 생각보다도 제국 전체를 생각하는 공동체 의식이 더 강했더라면, 로마의 역사는 우리가 알고 있는 것과 확연히 다른 길을 걸어갔으리라.≫

○ 테오도시우스 황제는 숨을 거두면서 큰아들 아르카디우스에게 로마

제국의 동쪽을 작은아들 호노리우스에게는 로마 제국의 서쪽을 다스리게 했으며, 조카 세레나를 양녀로 맞아 사위로 삼은 반달족 출신의 스틸리코에게 두 아들을 지켜 주도록 부탁했다. 그러나 아르카디우스가 거주하는 콘스탄티노폴리스 황궁의 실권은 루피누스가 죽은 후 황후 에우독시아와 에우누쿠스(註. eunuchus는 거세된 환관)인 에우트로피우스가 쥐었다.(註. 에우트로피우스는 동로마의 권력을 놓고 루피누스와 경쟁을 벌이다가 루피누스가 스틸리코의 부하 가이나스에게 살해당하자 권력을 한 손에 넣었다. 그는 에우독시아가 황후 자리에 앉을 수 있도록 적극 도움을 주었던 자였다.)

○ 테오도시우스 황제가 제국을 동서로 나누어 두 아들에게 맡긴 것은 제국을 혼자 다스리기에는 너무 광대하여 무리이므로 전례에 따라 분담 통치하라는 뜻이었지, 제국을 분할하라는 뜻은 아니었다. 그러나 테오도시우스의 의도와는 무관하게 당시 황궁에 있던 실권자와 그의 추종 세력에 의해 테오도시우스의 분담 정책은 변질되어 갔다.

○ 앞서 서술한 대로 395년 트라키아 쪽으로 침범한 알라리크가 그다음 해 그리스를 유린했다. 397년까지 그리스를 분탕질하고 다니던 서고트족은 마침내 스틸리코에게서 심각한 타격을 입고 흩어졌으나, 알라리크는 로마군의 포위망을 빠져나가 재기를 노릴 수 있었다. 그때 콘스탄티노폴리스 황궁에서 대책을 내놓았는데 그 대책은 동서 로마 분리에 결정적이었다. 콘스탄티노폴리스 황궁은 그리스와 발칸 지방을 분탕질하고 다니는 서고트족을 토벌하기 위해 총력을 기울이는 스틸리코를 방해했을 뿐 아니라, 알라리크를 무마하기 위해 그를 일리리쿰 총사령관으로 임명했던 것이다.

○ 일리리쿰은 그라티아누스 황제가 테오도시우스에게 맡겨 한때 동로

마 관할 지역이었으나 테오도시우스가 죽은 후 스틸리코는 다시 서로마 관할 지역으로 편입시켜야 된다고 생각한 곳이었다. 따라서 서로마는 일리리쿰이 당시 호노리우스가 담당하고 있던 서로마 제국이라고 여겼으므로, 서로마로서는 동로마가 알라리크를 일리리쿰 사령관으로 임명하는 것은 같은 제국으로서 해서는 안 되는 일이라고 생각했다. 즉 콘스탄티노폴리스 황궁은 아직도 로마의 전통신을 믿는 사람들이 많아 그리스도교 색채가 엷은 서로마의 마당으로 난폭한 불법 거주자들을 그들의 부족장에게 그럴듯한 직함을 주어 밀어내고, 점차로 그리스도교 제국이 되어 가고 있던 동로마의 안마당만 지키려고 한 것이다. 동로마의 이러한 결정은 서로마에게 동질감을 느끼지 못한 것이 그 이유 중 하나이며, 이는 동로마 제국의 황궁 관리들이 히스파니아계에서 그리스계 로마인으로 바뀌는 시점과 일치했다.

○ 일리리쿰의 로마인들은 알라리크가 콘스탄티노폴리스 황궁의 권위로 로마 사령관에 임명되자, 포악한 야만성을 지닌 서고트족에게 아들을 잃은 아버지도, 아내를 능욕당한 남편도 알라리크의 명령에 굴욕적으로 복종할 수밖에 없었다. 이러한 사실이 서로마로서는 마음이 편했을 리 없었다. 절제와 도의를 모르는 야만족 왕은 로마 사령관에 임명되었지만 로마 황제의 명령을 받드는 것이 아니라, 아직도 약탈에서 비껴간 이탈리아의 풍요로운 지역에 눈길을 돌리고 있었다. 그리하여 메디올라눔 황궁과 이탈리아는 음산한 전쟁의 기운이 감도는 가운데 야만족의 진군을 알리는 나팔 소리에 소스라치게 놀라며 공포에 휩싸였다.(註. 학자들 간에는 동로마가 야만족을 꼬드겨 서로마를 공격하게 만들었다는 것은 추측일 뿐 사료적 근거가 부족하다고 주장되기도 한다.)

민중이란 추상적인 논리가 아니라, 구체적인 예를 보여 주어야 쉽게 납득하는 법이다.

※ 세도가들의 자기 보호(397년)

≪법은 정의의 편에 서야 함에도 비난받을 행위를 저지른 자들의 행동을 정당화하고 안전을 지키기 위한 도구로 전락했다. 에우트로피우스와 그의 추종자들은 제국과 황제의 안위를 위한다는 미명 아래 법의 보호막을 세심하고 주의 깊게 만들었다. 그러면서도 자의적 해석으로 폭정을 유지할 수 있도록 단호하고 잔혹한 처벌이 가능하게 규정했다.≫

○ 아르카디우스 황제 때 부패한 환관이자 권신인 에우트로피우스는 자신만이 아니라, 자신의 호의로 영예를 누리는 많은 추종자들의 안전을 도모했다. 그는 자신의 안위를 지키기 위해 관용과 정의의 모든 원칙을 짓밟는 법을 창안한 것이다. 아르카디우스 황제의 칙령으로 반포된 이 법에 따르면, 황제가 수족처럼 여기는 자들 중 누구에 대해서든 황제의 생명을 위협할 음모를 꾸민 자들은 사형과 재산 몰수의 벌에 처할 수 있었다. 하지만 법의 시행에 있어서 예외 조항을 두었기에 법의 의도가 변질되어 에우트로피우스의 권력 보호에 쓰이고 말았다.

이는 법의 예외 조항이란 본문의 부적절함을 보완하기 위한 것이어야 함에도 특혜를 주는 근거로 이용되는 세태를 반영한 것이다.

○ 이 법의 예외 조항에 해당되는 대상은 고위 관리, 황궁의 주요 하인, 콘스탄티노폴리스의 원로원 의원, 군 지휘관, 속주의 민정 관리들이었고, 나중에는 정체도 분명하지 않은 무수한 하급 관리들까지 포함되었다. 이들은 면책권이라 할 수 있는 특권을 가지고 있어 함부로 행동하더라도 법의 칼날과 시민들의 분노로부터 보호받을 수 있었다. 하지만 모반은 가까운 자로부터 주로 발생한다는 점에서 이들의 면책 특권은 부당하기 그지없었다. 이 칙령이 황제의 권위와 안위를 보호한 것이 아니라, 교만한 세도가들의 부정한 행위와 안전만을 보호했음은 명백했다.

○ 그뿐만 아니라 법의 자의적 해석이 가능해져 개인적인 다툼과 반역에 대한 처벌을 똑같이 적용할 수 있었다. 이 칙령에서 반역이란 의도하기만 하더라도 실행한 것과 똑같이 처벌된다고 했고, 반역 의도를 알고서도 고발하지 않으면 반역자와 똑같은 처벌을 받는다고 단호하게 규정했다. 게다가 반역자들에게 사면을 내려 달라고 탄원한 자들도 치욕의 표시로 낙인찍히게 했다.

○ 연좌제가 없었던 로마 제국이었지만, 이 법은 죄인의 자식은 목숨만은 살려 주되 부모의 죄를 모방할지도 모르므로 어떠한 유산도 상속받을 수 없도록 하여 사회적 천민이 되도록 했다. 반역의 자손들은 대대로 공직을 가질 수 없었고, 가난과 멸시의 고통 속에서 삶을 불행으로, 죽음을 위안과 구원으로 여기게 만들었다. 고귀하고 자애로운 법들은 수시로 짓밟히고 폐지되었으며, 이에 반해 폭정에 편리하고 강력한 수단을 주는 법들은 훗날 테오도시우스 2세와 유스티니아

누스 법전에 더욱 세심하게 삽입되었다.(註. 유스티니아누스 법전은 제국의 칙령을 정리한 '칙법휘찬Codex', 판결과 법률가의 법학설을 정리한 '학설휘찬Digesta', 주요 내용을 발췌하여 법학 교과서로 사용한 '법학제요Institutiones'로 구성되어 있다. 이상의 3법전 외에 새로운 칙령을 소개한 '신칙법Novellae'이 추가되었다.) 이렇듯 정의의 원칙에 위반된 잔인한 칙령들은 이후에도 완전히 사라지지 않고 오히려 부활하여 중세 시대 추기경들의 권한을 보호하는 데 반복 사용되었다.

※ 고트족 침공 시 로마 귀족들의 생활상

≪한때는 로마라는 이름 자체로만으로도 영광과 정의 그리고 자유를 상징했다. 이제 로마인들은 제국의 힘이 약해지고 야만족의 무력과 폭력 앞에 두려움으로 몸을 떨었다. 그럼에도 귀족들의 타락한 사치와 오만 그리고 방자함은 오히려 더욱 심해지며 잦아들 줄 몰랐다.≫

○ 세계의 수도(註. 카푸트 문디caput mundi)라고 불린 로마는 그 위대함이 믿기 어려울 만큼 행운의 토대 위에 이루어졌다. 제국 초기에는 인근의 이탈리아 부족들과 싸움을 하느라 시간을 보냈고, 성장기에 들어서자 무기를 들고 바다와 산맥을 넘어 모든 지역에서 승리했다. 성숙기에 접어들자 로마라는 이름만으로도 적을 제압할 정도가 되었으며, 법의 체계를 세운 도시, 정의와 자유의 영원한 수호자란 명성

을 얻었다. 이러한 영광은 몇몇 귀족들에 의해 더럽혀졌는데, 그들은 허영심으로 칭호와 성(姓)을 놓고 다투며, 일반 시민들의 귀에 경외감을 불러일으키게 하기 위해 고상한 이름을 마구 갖다 붙이거나, 청동이나 대리석으로 자신의 조각상을 무수히 만들었다.

○ 야만족의 침입으로 쇠망기에 있던 로마 귀족들은 속주에 소유하고 있는 영지들의 임대료 장부를 과시하면서 허세를 부렸고, 마차의 높이나 몸치장과 의복의 화려함으로 지위와 인격의 척도로 삼았다. 그들은 수백만 데나리우스에 달하는 수백 가지의 귀금속으로 몸을 치장하고 자줏빛 비단옷을 바람에 날리면서 일부러 값진 속옷을 드러내곤 했다.(註. 비단은 6세기가 되어서야 수도사들에 의해 중국의 누에가 콘스탄티노폴리스로 밀반입되어 직접 생산할 수 있었다.) 또한 노동력으로 일을 해 주고 돈 버는 것을 천박하다고 경멸하며, 그것은 노예의 굴레와 같다고 여겼다. 지체 높은 자들이 대중 목욕장에라도 방문하면, 입구에서부터 쩌렁쩌렁한 목소리로 오만하게 명령했으며, 시민들을 위해 마련한 시설물을 자기 것인 양 독차지하여 다른 시민들이 사용하지 못하게 했다. 이들은 때를 밀어 주는 노예, 안마해 주는 노예, 털을 뽑아 주는 노예, 심지어 벗어 놓은 옷을 누군가가 훔쳐 가지 못하게 지켜 주는 노예 등을 거느리고 욕장에 들어와 거드름을 피우며 다녔다. 이런 장소에서 비슷한 신분에 마음이 맞는 귀족이나 관리들끼리 만나면 서로 껴안으며 애정을 표현했지만, 일반 시민들의 인사는 거만하게 물리치고 자기들의 손이나 발에 입 맞추는 것 이상은 허용하지 않았다. 그들은 하나의 사회에 살면서도 일반 시민들이 어떻게 살아가는지 알지 못했으며 알려고 하지도 않았다. 목욕이 끝나면 자신의 권위를 나타내는 치장을 하고 최고급 아마포를 걸

친 후 그곳을 떠날 때까지 내내 거만한 태도를 취했다.(註. 로마의 목욕장은 목욕뿐 아니라 시민 휴게 시설을 겸할 만큼 대규모로 건립했다.)

○ 이들 귀족들은 자신의 영지를 방문하여 사냥을 즐겼으며, 별장에 갈 때는 온 식솔들이 따라나섰는데 그때는 권위를 나타내는 지팡이를 든 집사가 하인들과 노예들을 배치했다. 짐과 옷가지는 맨 앞에 가고 요리사와 하인들이 그 뒤를 따랐다. 본대를 이루는 노예들 무리에는 하릴없이 따라다니며 얻어먹는 평민들이 가세하여 그 수가 더욱 불었으며, 대열의 맨 끝에는 거세된 환관들이 따랐다.

○ 로마 귀족들은 자신에 대한 피해라면 아무리 사소한 것일지라도 예민하게 반응했지만, 다른 사람의 피해에 대하여는 경멸스러운 무관심으로 대응했다. 예를 들면 데운 물을 가져오라는 지시에 꾸물거린 노예에게는 즉각 300대의 채찍질로 무섭게 벌했지만, 그 노예가 계획적 살인을 저지른다면 어차피 처벌할 가치도 없는 녀석이니 또 그런 짓을 하면 그때 가서 벌을 주겠다는 식의 관대한 처분을 하는 것이 고작이었다.(註. 4세기 역사가 암미아누스 마르켈리누스의 기록에 따르면 데운 물을 가져오는 데 좀 꾸물거린 것과 같은 하찮은 잘못에 대해서도 노예에게 3백 대의 매질을 할 수 있었다고 한다.)

○ 예전에도 손님을 환대하는 것이 로마인의 미덕이었고, 불운한 이방인은 관대하게 보상을 받거나 도움을 얻었다. 그러나 쇠망기에 접어든 시대의 로마 귀족들은 외국인에게 처음에는 따뜻한 말과 질문으로 환영하지만, 다음 날에는 이름조차 기억하지 못하는 것을 알고 외국 방문객이 마음에 상처를 입기 일쑤였다. 오만한 귀족에게 실익도 없는 아첨을 부지런히 바쳐도, 자신의 존재를 알릴 수도 없고 떠나겠다거나 다시 오겠다는 인사조차 건네기 어려웠다.

○ 연회를 열 때면 손님 고르는 일에 신경을 많이 써야 했지만, 진지하고 학식 있는 자보다는 손님 명단을 작성하는 하인들이 자신의 사심에 따라 이기적인 동기로 초청장을 작성했다. 이렇게 모인 손님들 중에는 아첨에 뛰어난 한심한 자들이 많았으며, 그들은 초대인의 말 한마디 행동 하나마다 열렬한 갈채를 보냈고, 화려한 시설물들이 초대한 주인의 장점이라도 되는 양 아부를 떨었다. 귀족들의 집이나 모임에 초대를 받을 수 있는 품성을 갖추는 것 중 하나가 도박을 잘하는 것이었다. 테세라리아라는 주사위 놀이에 뛰어난 기술이 있다면, 귀족들에게 연신 초청되는 영광을 누려 부와 명성을 쌓을 수 있는 지름길을 확보한 것이나 다름없었다. 이렇듯 도박을 함께하는 패거리들은 절대적이고 확고한 우호 관계 이상인 공모 관계로 결속되어 있었다.

○ 학문의 연마를 싫어하고 학문의 이점을 우습게 아는 등 학문은 쇠망기의 로마 귀족들에게 관심 밖이었다. 선조로부터 물려받은 서적은 방치되어 먼지가 쌓였고, 그 대신에 값비싼 무대용 악기들이 제작되어 대궐 같은 저택에서 울려 퍼졌다. 그들은 정신을 돌보기보다는 육체를 돌보기를 더 선호했으며, 방문을 약속한 친구가 사소한 전염병이라도 있다면 약속을 취소할 충분한 이유가 된다는 것이 당시의 원칙이었다. 심지어 안부를 물으러 보낸 하인조차도 되돌아왔을 때 병균을 깨끗이 씻어 내는 의식을 끝낸 뒤 주인을 만나야 했다.

○ 그러면서도 탐욕 앞에서는 맥을 못 추었다. 한 이불을 덮고 자는 부부가 서로를 앞지른 계획을 품고, 각자 자기 변호사를 불러 재산에 대한 이익을 둘러싸고 다투는 일이 비일비재했다. 이들은 무절제한 사치와 향락 생활로 빚더미에 쌓여 허덕였으나, 도덕성이 타락하여 빚을 갚아야 한다는 생각보다는 빌릴 때의 고마움을 모두 잊어버린 채 채무

를 갚을 수 없다고 당당하게 말하곤 했다. 독촉이 거듭되면 독약이나 마법을 사용했다는 죄를 뒤집어씌워, 모든 빚을 탕감해 준다는 각서에 서명할 때까지 감옥에서 풀려 나오지 못하게 하기도 했다.

○ 귀족들은 사치와 방탕 속에 흐느적거렸지만 평민들은 빚과 고리대금에 짓눌려 허우적거렸다.(註. 로마 제국의 빈부 격차는 엄청나서 부자의 수입은 가난한 자의 만 배가 넘었다. 요즘에 그런 국가를 찾는다면 사우디아라비아 정도가 해당한다.) 원래 이탈리아 토지는 가난한 자유민에게 배분되었지만, 어느새 서서히 귀족들의 탐욕에 희생되어, 고트족들이 침입하던 이즈음에는 독립 자산을 소유한 시민들이 겨우 2천 명밖에 남지 않았다.(註. 독립 자산을 가진 자가 2천 명이라는 것은 BC 1세기 때 키케로가 자신의 저서에서 호민관 리비우스 마르쿠스 필립푸스가 주장했다고 서술한 것을 과장되게 원용한 것이 아닌가 한다. 요컨대 얼마 되지 않았다는 정도로 이해하는 것이 옳다고 본다.) 사회 지도층과 귀족들의 이처럼 한심하고 비난받을 타락한 정신은 제국이 멸망에 가까워지자 벌레처럼 기어 나와, 제국의 영토 위에 암울하고 음습한 기운을 적시며 걷잡을 수 없이 번져 나갔다.

| **알아두기** |

• **로마의 연회**

로마인들의 격식 있는 식사는 침대 의자에서 했으며, 침대 의자는 삼니움 전쟁 때 이탈리아의 그리스 식민지로부터 도입되었다. 옆으로 비스듬히 누운 채 왼쪽 팔꿈치로 기댄 자세에서 오른손을 사용하여 음식을 집어 먹고서 껍질과 뼈다귀 등 찌꺼기는 그대로 바닥에 버렸다. 그러면 노예들이 수거해 갔다. 여자들은 일반 의자에 앉아 먹다가 제정 시대부터는 남자처럼 침대 의자를 사용했으며, 아이들은

로마인의 연회

만찬의 참석이 허락되면 아버지 앞에 의자를 놓고 그곳에 앉아 식사를 했다. 일반적으로 트리클리니움(triclinium)이라고 하는 식당에서 한 곳의 식탁마다 주변으로 3개의 침대 의자에 각각 3명씩 9명이 한 조가 되어 비스듬히 누운 자세로 담소를 즐기며 먹고 마셨다. 이는 연회 참가자의 수가 세 명의 아름다운 여신(註. 헤라, 아테나, 아프로디테)보다 적어서는 안 되고 아홉 명의 무사 여신보다 많아서는 안 된다는 고대의 원칙에 따랐다.(註. 무사Musa는 영어로 '뮤즈muse')

만찬에 초대된 자들은 노멘 클라토르(註. nomen clator는 이름을 일러 주는 노예)가 이름을 부르며 안내했고, 손님들은 식사 전에 손과 발을 씻은 다음에 식사 도구가 주어졌다.(註. 식사 도구에는 포크가 없었다. 포크는 르네상스 시대에 프랑스에서 만들어진 발명품이었다.) 전채 요리로서 야채류가 나오고 주된 요리는 나중에 나왔다. 인기 있는 요리로는 암퇘지 젖통과 속을 채워 구운 겨울잠쥐 요리였다. 거의 모든 요리에는 멸치, 고등어 등의 내장을 부패시켜 만든 '가룸(garum)'이란 소스를 뿌렸다. 후식으로는 과일과 꿀에 적신 빵이 나왔고 음식과 함께 약간의 포도주가 나오기는 했지만 본격적인 술자리는 식사가 끝난 후부터 시작되었다. 그때 손님들은 술 마시기 시합을 벌이기도 했다.

로마 시대의 식사 예절은 지금의 기준으로는 참으로 가관이었다. 손님들은 식사를 잘 먹었다는 표시로 트림을 했고, 방귀도 여기저기서 스스럼없이 뀌었다. 식사 도중에 소변이 마려우면 노예가 들고 다니는 요강에 시원하게 일을 보았으며, 이쑤시개와 귀이개를 수시로 사용하며 내용물을 손가락으로 뭉쳐 바닥에 뿌렸다. 여자 무용수들이 관능적인 춤을 추었고 때에 따라서는 연회의 마지막을 성적인 쾌락으로 매듭짓기도 했다. 하지만 로마인들이 연회를 즐긴 후 집단으로 혼음하고 난교하는 성의 향연을 벌였다는 것은 현대인들의 상상일 뿐이다. 왜냐하면 로마인들도 성행위는 은밀한 공간에서만 이루어졌기 때문이다.

이렇듯 대단했던 로마의 연회는 그리스도교의 세상이 되자, 2~3세기 교부 테르툴리아누스가 기록하고 있듯이 배고픔에 상응하게 먹고, 정숙한 사람이 마시는 것만큼만 마시며, 밤에 기도드리는 것을 잊지 않은 자가 누리는 것만큼만 배를 채우며, 신이 듣는 것을 알고 있는 자만큼만 말하게 되었다.

❋ 여권 신장과 전통으로의 복귀

≪여권 신장은 예나 지금이나 경제 성장과 비례하는 법이다. 로마의 세력이 지중해 전역에 미치자 모든 물자와 자본이 로마로 몰려들었고, 부유한 귀족의 딸들은 호화롭게 성장하여 엄청난 지참금을 가지고 결혼했다. 더 이상 그녀들의 남편들은 옛날의 권리를 아내에게 요구하지 못했고 재산 관리의 분할까지 생각해야 했다. 그러나 대개 사회 발전에 따른 혜택이 그렇듯이 여권 신장이란 상류층 여성에게 크게 영향을 미쳤고, 하층민 여성에게 돌아가는 혜택은 미미했다.

요즘도 이러한 현상은 매한가지여서 사회 각층에서 여성 할당량을 주고 있지만, 그것은 유복한 지식 계층 여성의 몫일 뿐이다. 그 결과 각종 위원회에서는 할당된 여성을 채우느라 충분한 자격 검토를 등

한시하며 선발했지만 그조차도 부족할 지경에 이르렀다.≫

○ 로마의 가정은 에트루리아의 영향을 많이 받아 여성들의 대우와 자유가 그리스 여성보다 높았다.(註. 에트루리아 여성들은 남편과 가정을 함께 이끄는 동료로서 대우되었고, 사회생활에서도 품위와 자신감이 남편과 같았다.) 그리스의 여성들이 친척 외의 남자와 얼굴을 마주치는 것조차 그녀의 품위를 떨어뜨리는 사건이고 집 안에서도 규방을 지킬 따름이었던 반면에, 로마의 여성들은 남성과 마찬가지로 재산과 부를 소유했고 유산의 상속에서도 어머니와 딸은 아들과 동등한 대우를 받았다. 그러나 전통을 엄격하게 고수하고 따르던 초기 로마 사회는 어디까지나 남성을 중심으로 한 가부장제였다. 사법적 판단의 경우에서도 주인이 노예를 판결하듯 여성에 대해서는 아버지 또는 남편 아니면 가장 가까운 남자 친척이 판결을 내렸으며, 이는 노예와 여성이 국가 구성원으로 인정받지 못했기 때문이다. 게다가 로마인들은 여성의 지배를 받게 되면 자유민은커녕 노예만도 못하다고 간주했고 더할 수 없이 타락한 증거로 보았다. 남편은 가정을 지키는 수호자이자 집안의 주인이었으며, 아내는 항상 남편의 뜻에 충실해야 했다.

○ 로마에서 아내의 지위는 남편에게 딸과 같은 것이었다. 전통적인 로마 결혼식에서 신부는 "당신이 가이우스인 곳에서, 나는 가이아(Ubi tu Gaius, ego Gaia)."라고 선언했으며, 이는 딸을 아버지 성의 여성형으로 부르는 관습에 따라 신부가 자신을 남편에게 딸의 지위인 것을 선언하게 한 것과 다름없었기 때문이다.(註. 율리우스 씨족의 딸은 '율리아', 발레리우스 씨족의 딸은 '발레리아', 코르넬리우스 씨족의 딸은 '코

르넬리아'로 불렀다. 가이우스Gaius의 여성형은 '가이아Gaia') 남성은 부정을 저지른 아내나 애인을 죽일 수 있었으며, 결혼 생활 밖에서의 성생활도 자유로웠으나 반드시 지켜야 할 규칙은 더 낮은 계층의 사람, 다시 말해 노예와 같은 하층민이어야 한다는 점이었다. 이처럼 가족에 관한 모든 것은 가부장의 절대 권한으로 통제되고 결정되었지만, 아버지가 자식을 돌보지 않고 가산을 탕진할 경우는 심각한 악행으로 간주되었다.(註. 여권은 오늘날 서부 유럽인 갈리아에서도 매우 낮았다. 갈리아의 남성은 자식과 아내의 생사를 마음대로 결정했으며, 가문의 가장이 죽으면 친척들이 모이는데 그의 죽음에 아내가 관여되었다는 의심이 조금이라도 들면 아내와 첩들을 노예처럼 심문하고 고문했다. 그때 어떤 사실이 밝혀지면 끔찍한 고문으로 목숨을 빼앗기도 했다.)

○ 여인들에게 행한 폭력의 기억을 없애려고 노력한 로물루스를 거쳐 누마도 여성의 품위와 명예에 신경을 썼다. 누마는 기본적으로 아내나 여성들에게 절제의 미덕을 요구했다. 참견을 금지했고, 정숙을 가르쳤으며, 침묵을 지키는 습관을 기르게 했고, 술은 조금이라도 마셔서는 안 되며, 남편과 함께한 자리가 아니면 아무리 중요한 토론이라도 끼어들어서는 안 되었다.(註. 로마의 아내들은 남편에게 가벼운 입맞춤을 해야 하는 의무가 있었는데 이는 음주 측정을 위해 생겨난 관습이었다. 당시의 술이라면 주로 포도주였고 아내가 포도주를 마셨다면 남편으로부터 죽음에 이르는 엄한 처벌을 받을 수 있었다. 이러한 관습이 생겨난 것은 술을 탐하는 여성은 쉽사리 정결의 문을 열고 타락의 침실로 안내되었기 때문이다. 여성의 금주 관습은 공화정 말기에 가서야 비로소 느슨해졌다.)

○ 대체적으로 로마의 여인들은 상냥하고 말을 잘 들었으며, 로마 역사

가들의 말에 따르면 스푸리우스 카르빌리우스가 불임을 이유로 BC 230년 로마 창건 이래로 처음 아내와 이혼했으며 이는 전례가 없는 일이라고 할 만큼 그 당시에는 하나의 특이한 사건이었다.(註. 이 일로 아내와 장인이 이혼의 부당함을 들어 지참금 반환을 요구했다. 플루타르코스에 따르면 카르빌리우스의 이혼이 로마 건국 230년 만의 일이라고 했고, 할리카르나수스의 디오니시오스는 BC 230년의 일이라고 했다.) 사실 로마의 관례는 매우 보수적이어서 아내에게 간통이나 자녀 독살 등과 같은 중대한 과실이 있을 때만 남편이 아내를 거부할 수 있었는데, 이조차도 이혼이라기보다는 내쫓았다고 해야 옳았다. 그 외의 경우에는 친족과 사회의 압력으로 이혼이란 사실상 어려웠고, 주위의 만류에도 불구하고 남편이 이혼을 강행한다면 그가 원로원 의원일 경우 의원 명부에서 제명되는 등 응징이 뒤따랐고 로물루스는 남편의 재산을 몰수했다고 전한다.

○ 하지만 BC 2세기부터 시작된 그리스와 중동 세계에 대한 군사적 정복이 이루어지고 귀족들의 재산이 크게 증가되면서 커다란 변화가 생겼다. 포에니 전쟁으로 많은 귀족 여성들이 과부가 되어 막대한 재산을 소유했고, 여성이 바깥에서 입을 수 있는 의복과 장식품을 제한한 오피우스 법도 카토의 반대에도 불구하고 철회되었다.(註. 제2차 포에니 전쟁 중에 호민관 오피우스가 여성들의 사치를 제한하는 법을 제정했다. 검약을 미덕으로 삼았던 많은 지식인들이 반대했지만, BC 195년 그 법은 마침내 폐지되었다.) 또한 로마에서는 여성이 지참금 없이 결혼하면 정부인이 아닌 첩으로 간주될 수 있어 딸을 가진 아버지는 무슨 짓을 하더라도 딸의 지참금을 만들어 주곤 했다. 여태껏 지참금이란 남편이 아내를 먹여 살리는 대신 아내의 아버지가 남편의 집안에

재정적으로 도와준다는 의미여서 아내가 사망하더라도 지참금은 원칙적으로 반환되지 않았다. 남편이 가부장이 아니고 가부장의 권위 아래에 놓인 가족 구성원이라면 아내가 가져온 지참금은 가부장에게 귀속되었다. 하지만 시간이 흐를수록 남편 권리는 갈수록 희미해져서, 결혼 서약서에 아내가 남편보다 먼저 죽으면 아내의 결혼 지참금을 친정 가족에게 반환한다는 규정이 포함될 정도였다. 아들을 중히 여기는 로마의 관습상 아버지가 유언으로 아들에게 더 많은 상속을 했겠지만, 유언을 남기지 않고 죽었다면 딸은 아들과 버금가는 상속권을 가졌다. 결혼한 딸의 지참금은 바로 이 상속분에 상응하다고 볼 수 있었다.

○ 손에 물을 묻히지 않고 살 수 있었던 상류층 여성들은 수준 높은 노예 가정교사의 교육을 받아 지적 수준이 높아졌고 이는 아내들의 독립성에 더욱 영향을 미쳤다. 이런 여성들은 문인 서클을 후원하고 살롱을 운영하면서 독립성을 키워 나갔으며, 마침내 大 카토의 뼈 있는 말대로 '세계의 지배자'들을 지배하기 시작했다. 남편들은 군대에 있거나 사업으로 장기간 외국에 나가 있는 경우가 많았고, 어떤 경우는 전쟁터에서 죽고 없었다. 홀로 남은 아내의 후견인도 복잡한 문제에 적극 간여하기를 꺼렸기에 귀족 여성들은 자기 마음대로 살아갈 수 있었다.(註. 일반적으로 어머니에 대한 후견은 아들이, 여자 형제에 대한 후견은 남자 형제들이 맡았다. 여성에 대한 후견인 제도는 점차 약해지다가 콘스탄티누스 황제에 이르러서 완전히 소멸되었다.) 이런 여성의 대표적인 예가 스키피오 아프리카누스의 딸이자 호민관 그라쿠스 형제의 어머니였던 코르넬리아였다. 그녀는 남편이 죽고 난 후 자신의 재산과 가문에 힘입어 이집트 왕 프톨레마이오스 7세의 청혼을 받기

도 했다. 물론 그녀는 자유로운 로마 과부로 사는 것을 더 원했기에 청혼을 거절했다. 로마의 여성들은 남편과 사별하거나 이혼한 경우 대부분 재혼을 했다. 그러나 남편과 사별한 후에도 죽은 남편을 잊지 못하고 정절을 지키는 경우도 있었으며, 이러한 여인들은 모두에게 칭송받았다.

○ 수 세기 동안 로마 법률은 여성에게 재산·부동산·현금에 대한 이론상의 상속권을 부여했을 뿐이고, 실질적으로는 아버지나 남편이 권한을 가지고 있었다. BC 1세기에 벌어진 술라와 마리우스 간의 내전, 그리고 카이사르의 민중파와 폼페이우스의 공화파 간에 지중해

「프톨레마이오스 왕의 구혼을 거절하는 코르넬리아」, 라 이르 作

전역에서 벌인 전쟁을 거치면서 수많은 로마 엘리트 계층의 남자들이 목숨을 잃었다. 원로원은 남편과 아버지를 잃은 여인들의 재산이 승자이긴 해도 어떤 면에서는 부도덕한 독재자의 손아귀에 들어가게 되는 것을 알았다. 게다가 귀족들은 딸들의 지참금과 상속이 더욱 커졌는데, 그들은 재산에 관한 권리를 잃고 싶지 않았다. 결국 원로원은 여성들이 개인적으로 유산을 상속할 수 있는 새로운 법안을 통과시켰다.

○ 또한 그리스에서 유행하던 동성애가 허용되는 등 새로운 성 관행이 퍼져 나갔고, 여성들 역시 매우 독립적이 되어 가면서 남성을 유혹하기도 했다. BC 18년 '간통 금지에 관한 율리우스 법(Lex Julia de adulteriis coercendis)'은 남편의 판단에 따라 부정을 저지른 아내를 죽일 수 있던 관례를 금하고 이를 법정에서 다루게 했으며 간통 현장을 적발했을 때도 마찬가지였다. 이러한 변화와 더불어 여성의 상황을 크게 변화시킨 사건들이 벌어지면서, 1세기의 로마 여성들은 1970년대 이후의 현대 여성들이 비로소 얻게 된 독립과 자유의 수준을 누렸다. 칼비아 크리스피닐라의 경우는 네로 황제의 쾌락에 봉사했으며, 네로를 배신하고부터는 아프리카로 건너가서 마케르에게 반란을 사주하기도 했다.(註. 갈바가 반기를 들자 네로는 새로이 병사들을 모집하는 통에 더욱 많은 곡물이 필요했다. 하지만 이어진 마케르의 반란으로 68년 로마는 북아프리카의 곡물 운송이 중단되어 엎친 데 덮친 격으로 기근이 발생했고 네로에 대한 여론은 더욱 악화되었다.) 그럼에도 이후 그녀는 전직 집정관과 결혼했으며, 갈바·오토·비텔리우스 치하에서도 아무런 해를 입지 않았다. 오히려 돈 많고 자식 없는 좋은 조건의 과부로서 로마에서 인기를 누렸으며 세도를 부리기까지 했다. 이렇

듯 여성들은 경제적으로 독립했으며, 특히 이혼이 더욱 쉬워져 결혼과 이혼을 밥 먹듯 했다.

○ 이를 반영하듯 귀족 부인들은 누구누구가 집정관이던 해라는 식으로 세월을 헤아리기보다는 누구누구가 남편이던 해라는 식으로 세월을 계산했고, 간통도 더 이상 추문이 아니었다. 결혼이란 애인의 질투를 불러일으키려고 남편을 갖는 것이며, 순결하게 지내는 것은 그녀가 못생겼다는 증거로 여겨졌다. 귀족 부인이 애인들 모두를 하루만에 다 만나기 위해서는 낮에는 이 남성과 마차를 타다가 밤에는 저 남성과 잠자리를 해야 하는 식으로 부지런을 떨어야 할 판이었다.

○ 여성들이 남성의 취미와 오락까지 침범하여 남성처럼 사냥의 일원으로 참여하고 남장 차림으로 전차 경기에 나서며, 심지어 검술과 격투 경기에 정신이 빠져 있는 여성도 있었다. 이러한 경향으로 급기야 2세기 말 마르쿠스 아우렐리우스 황제 때는 남편이 죽게 되면 아내는 남편의 친족보다 우선하여 자식에 대한 권리와 상속권을 주장할 수 있었고, 전통적인 가부장권은 거의 소멸되기에 이르렀다. 그리하여 상류층 여성들은 이렇게 외칠 수 있었다. "인생을 살아라(비베레 비탐 Vivere vitam)!"

○ 여성을 남성의 완벽한 소유물로 취급하던 전통적인 결혼 관계도 바뀌어, 여성이 남편의 지배하에 들어가는 것이 아니라 친정아버지의 금전적 영향력 아래에 있는 상태로 남녀가 결합하는 형태가 생겨났다. 이에 따라 공화정 말기부터 여권 존중의 기풍이 형성되면서 아내의 법적 자유와 재산 소유가 인정되기 시작했다. 친정아버지의 사망 시에 여성은 재산 상속을 받았으며, 경제적 독립은 이혼을 훨씬 수월하게 했다. 12표법에도 없었던 과거의 이혼 규정에 의하면 남편

이 아내에게 "네 것은 네가 가져
가(Tuas res tibi habeto)!"라고 말
함으로써 이혼이 성립되었지만,
이제는 거꾸로 아내가 남편과의
결혼 관계를 끝내고 싶을 때 증
인들 앞에서 더 이상 결혼 생활
을 지속하고 싶지 않다고 선언
하는 것만으로 충분했다.

○ 이렇듯 사회가 변모하자 신랑
과 신부가 어릴 때 집안끼리 정
략적으로 혼인이 결정되던 로마

┃ 솔론

초기의 관습이 1세기에 와서는 두 사람의 애정이 혼인을 결정하는 주
요한 이유가 되었다.(註. 로마의 소녀들은 만 12~14세에 대부분 결혼했
으며, 게르만족의 여인들은 만 20세가 되어야 결혼했다. 따라서 너무 어
린 나이에 결혼한 로마의 여인들은 결혼 생활이 애정에 근거하지 못했다
고 볼 수 있다. BC 7~8세기 그리스 시인 헤시오도스는 남자는 만 30세
전후, 여자는 만 24세 전후가 결혼 적령기라고 했다.) 때에 따라서 동거
는 하되 결혼식을 올리지 않기도 했다. 이 모든 추이는 여성의 입지
를 강화시켰으며, 결국에는 오늘날과 같이 결혼이 줄고 이혼율은 증
가함에 따라 출생률이 심각하게 줄어드는 현상이 나타났다.(註. BC
6~7세기경 아테네의 정치가이자 입법자인 솔론은 여인의 재산에만 욕
심이 있고 의무를 게을리하는 남자들에 대한 처분을 규정한 법을 만들었
다. 남편의 의무를 다할 수 없으면서도 많은 상속권을 가진 여자의 재산
을 탐해 그녀와 결혼함으로써 법의 보호 아래 자연의 법칙을 거스르는 자

가 더러 있었기 때문이다. 남편이 잠자리의 의무를 다하지 못하는 것이 신체적인 결함을 속인 것이든, 아니면 아내에게 애정이 없는 것이든 간에 3개월 동안 한 번도 잠자리를 함께하지 않았다면 남편의 의무를 저버린 행위로 간주했다. 이것은 남편으로서 아내에게 가져야 할 최소한의 존경과 애정 표시로 인정되었으며, 이를 어길 경우 아내는 잠자리 상대로 남편 친척 가운데서 선택할 수 있었다. 로마는 12표법의 제6표에 따르면 연속 3일 밤을 아내가 남편 집에서 떨어져 지낼 경우 자동으로 이혼이 성립되었다.

얼마 전 시댁 식구들에게 폭력을 가한 죄로 기소당한 어느 여성이 법정에서 말하기를 남편이 자신을 방치하고 의무를 다하지 않았으므로, 자신의 행동은 죄가 될 수 없다고 주장했다. 이 가당찮은 주장에 재판관은 얼마간 남편이 동침을 거부해야 의무를 이행하지 않은 것으로 볼 수 있는지에 대한 과거 선례가 없다며 난감해했는데, 그는 솔론이 규정한 법을 알지 못했음이 분명하다.)

○ 성 개방과 여성의 지위 향상이라는 상황이 점점 진행되다가 그리스도교의 세계가 열리자, 동성애를 비난하고 부부간에 충실의 의무를 부과하는 새로운 윤리가 자리 잡았다. 이 새로운 윤리는 가정과 사회의 모든 장소와 사람들에게 적용되었고, 여성은 결혼할 때까지 순결을 간직하고 부부의 결합 안에서 정숙하며 남편과 사별할 때까지 혼인 관계를 유지했던 과거의 로마 전통 방식을 회복했다.

○ 그러나 하층민의 여인들은 이와는 사뭇 달랐다. 그들은 노예, 해방 노예 또는 가난한 시민들의 아내와 딸들이었다. 여자 노예들은 집안의 허드렛일에 종사하면서 남자 주인의 성적 노리개로 강요당했고, 여자 주인은 이에 대해 반대하지 못했다. 더욱 불행한 여인들은 매춘

부였으며, 그녀들은 주거지와 음식 등이 훨씬 열악했고, 노예 매춘부가 아닌 자유민의 가난한 여인들은 아치 밑의 통로에서 아무렇게나 몸을 팔았다.(註. 노예 매매 계약서에는 주인이 자신의 노예에게 매춘 행위를 시킬 수 없다는 조항이 있었지만 이는 잘 지켜지지 않았다.) 가난한 자유민의 여인들은 날마다 끼니를 걱정하며 힘겨운 생활을 했고, 이것은 차라리 부호의 집에서 기거하는 노예의 삶보다도 못했다. 역사적으로도 귀족의 저택에서 노예로 살던 여인들이 인생을 반전시킬 더 많은 기회를 얻었다. 따라서 가난한 여인들의 삶은 나이 어릴 때의 결혼으로 인한 출산, 열악한 환경과 건강 등으로 위험하고 비참하기 이를 데 없었으며, 재해와 질병 그리고 기근 등이 닥쳐 최저 생활이 무너지면 곧바로 죽음에 이를 수밖에 없는 벼랑 끝에 선 사람들이었다.

| 알아두기 |

• 로마의 지참금

로마인들은 여성이 결혼하면 남편이 먹여 살린다고 보고 신랑 측에서 지참금을 차지했다. 엄격히 말한다면 이 지참금은 남편에게 귀속된 것이 아니라 가부장에게 귀속된 재산이어서 가문 간의 재산 양도로 보는 것이 타당하다. 지참금은 신부의 아버지가 주는 경우(註. 이를 '도스 프로펙티키아dos profecticia'라고 한다.)와 신부 자신이나 다른 사람이 주는 경우(註. 이를 '도스 아드벤티키아dos adventicia' 라고 한다.)로 나뉘었으며, 법률상 반드시 필요한 것은 아니어서 지참금 없는 결혼도 가능했다. 그러나 지참금이란 내연 관계가 아닌 합법적인 결혼 관계를 알려 주는 증거가 되었으므로 아버지가 딸을 위해 지참금을 준비하는 것은 강력한 사회적 책무였다.

지참금은 부동산과 현금을 모두 줄 수 있어 부동산의 경우는 즉시 그리고 현금의 경우는 3년에 걸쳐 분할 지급하는 것이 관례였다. 부유한 귀족의 경우는 40만에서 100만 세스테르티우스에 달하는 지참금을 준비하기도 했지만, 그렇지 못한 경우 5만에서 10만 세스테르티우스를 주었다. 물론 지참금은 경제 사정에 따라 천차만별이어서 찢어지게 가난한 시골 평민 가정에서는 겨우 800세스테르티우스의 옷가지와 약간의 장신구를 지참금으로 준비하기도 했다.(註. 대체로 신부집의 1년치 수입을 지참금으로 주었다.) 애초에는 지참금을 돌려받지 못했지만 공화정 후기에 오면서 이혼을 하거나 남편과 사별한 경우 지참금을 돌려받아 재혼할 때 사용했는데, 이는 아내가 남편에게 종속되는 형태에서 벗어나 친정아버지에게 딸에 대한 영향력이 그대로 있는 것으로 혼인 제도가 변화했기 때문이며, 또한 지참금의 규모가 커져 신부 측의 재산을 보호해 준다는 의미가 있었다. 그만큼 지참금은 지급하는 자에게도 그리고 반환하는 자에게도 커다란 부담이 되었다. 만약 아내가 남편보다 일찍 죽더라도 지참금을 처가로 되돌려주었는데 장인이 이미 사망했다면 반환 의무가 없었다.

이를 보면 서구 사람들이 한국의 축의금 문화를 신성한 결혼식에 금품이 오고 간다며 이상하게 생각하고 경멸하지만, 그들의 지참금 문화는 사랑과 신뢰로 결합해야 할 신성한 결혼에 막대한 돈을 들여 성사시킨다는 점에서 더욱 경멸받을 만하다.

※ 그리스도교의 우상 숭배

≪콘스탄티누스가 공인한 그리스도교는 100년도 채 안 되어 제국의 정신을 완전히 정복했으나, 승리한 그리스도교의 종교적 열정은 자신

도 모르는 사이에 그들이 넘어뜨린 다신교의 우상 숭배와 닮아 있었다. 순교자의 유골과 유품은 기적을 일으키는 근원이요, 무한한 가치를 가진 진리였다는 것이 그리스도교의 우상 숭배를 입증하는 근거였다.≫

○ 우상 숭배를 경멸했던 그리스도교인들에게도 순교자들에 대한 존경심은 시대적 분위기와 그리스도교의 승리로 인해 종교적 숭배의 수준으로 변화되었다. 순교자들의 유품은 뼛조각을 포함하여 모두가 기적을 일으키는 신성한 유물이 되었고, 실질적인 가치가 있었다. 성직자들은 순교자나 성인들의 유품이 금과 보석보다도 비싸고 가치 있다는 것을 알고서 이를 늘리는 데 여념이 없었다. 때에 따라서는 진품인지를 따져 보지도 않고 허구로 전설을 만들어 낸 다음 유물의 양과 수를 마구 늘려 갔다. 이는 의심스러운 유품들의 신뢰성을 뒷받침하는 기적과 환상이 한몫 거들었다고 보아야 할 것이다.

○ 테오도시우스 2세의 치세 때인 415년, 예루살렘 북서쪽에 있는 카파르가말라의 성직자 루키아누스는 꿈속에서 계시를 받아 그리스도교 신앙의 최초 순교자 스데반의 시신을 팔레스타인의 가자에서 찾았다. 그는 꿈속에서 황금 지팡이를 든 흰옷을 입은 한 노인으로부터 그 위치를 계시받았다고 했다. 여러 사람들이 보는 앞에서 스데반의 유해는 발견되어 시온산의 성당으로 옮겨졌다. 스데반의 유해는 발굴 당시 기적을 일으켜, 발굴 작업 중이던 73명의 질병을 모두 치유해 주었다고 한다. 발견된 스데반의 유해와 유품의 일부는 아프리카로 가져갔다. 근엄한 아우구스티누스조차도 성 스데반의 유품이 아프리카에서 불가사의한 기적을 일으켰는데, 그중에는 자기 교구 안

에서 2년 동안에 죽은 자가 부활한 사례가 세 건이나 포함되어 있었다고 했다. 그러니 스데반의 옷가지와 뼛조각이 어찌 숭배의 대상이 되지 않겠는가? 기적이란 항상 이런 식이었다. 그리고 스데반의 유골과 유품이 일으킨 수많은 기적은 세심하게 기록되어 이교도를 그리스도의 품으로 인도

▌ 아우구스티누스

하려는 목적에 유용하게 쓰였다.

○ 결국 순교자와 성자들은 아무리 멀리 떨어진 곳에서라도 그들의 이름을 부르면, 도움을 구하는 수많은 신자들의 다양한 탄원을 듣고 소원을 이룰 수 있도록 해 준다는 것이 증명된 셈이었다. 이러한 경험으로 그들의 지적 능력은 보통 인간이 상상할 수 있는 정도를 뛰어넘은 것으로 생각되었다. 처음에는 조물주를 뇌리에 떠올리고 숭배하기 위해서 상상력을 북돋우려는 진지한 노력의 발로였던 것이 이제는 도를 넘어 조잡하고 열등한 것들조차도 마구잡이로 숭배의 대상으로 삼게 되었으며, 초기 그리스도교인들의 숭고한 정신은 점차 타락해 갔다. 기적을 믿는 신자들은 금과 은으로 만들어진 순교자와 성인들의 눈, 손, 발 등을 벽에 걸어 두었을 뿐 아니라, 수호성인의 모습·특징·기적들을 보여 주는 그림들도 걸려 분별없는 숭배 대상이 되었다.

○ 희생 동물의 내장이나 새의 비행을 보고 길흉을 점쳤던 과거의 관습은 그리스도교가 제국을 지배함에 따라 사라졌지만, 대신에 그리스도교인들 사이에서 점성술이나 대야 속의 물에 나타나는 물체로 예언하는 등의 풍습이 퍼져 과거의 미신을 없앴다는 말이 무색해졌다. 하지만 종교에 보통을 뛰어넘는 기적이 없다면 누가 신비스럽고 경건한 마음으로 추앙하겠는가? 그리스도교인들과 성직자들은 그들이 물리치고 적으로 몰아 제국의 땅 위에서 사라지게 만든 로마의 전통 종교의 숭배 방식을 그대로 모방하고 말았다는 것을 솔직히 인정해야 했다.

○ 이처럼 그리스도교에서는 순교자들이 전통신의 지위를 얻어 치유의 능력과 초인의 힘을 발휘하게 되었을 뿐만 아니라, 점차 이교의 흉내를 내면서 단순했던 예배가 향과 초와 꽃과 도구를 사용하게 되었다. 그렇게 되자 이교도들은 거부감을 느끼지 않고 더욱 쉽게 그리스도의 품 안에 안기었다. 그렇지만 시민들은 죽을 때 흠결 없이 죽기 위해 세례를 가능한 한 마지막 순간까지 연기했다. 왜냐하면 세례의 행위는 그 전의 죄과를 모두 씻어 주었기 때문이다. 그러다가 어렸을 때 세례를 받는 것이 보편화되자, 고해가 죽기 전에 모든 죄를 씻고 정결하게 하는 수단이 되었다. 그러다 보니 언제라도 죄과를 씻을 수 있었던 까닭에 그리스도교인들도 이교도들과 마찬가지로 죄를 짓고 사는 데 거리낌이 없었다.

| 마음에 새기는 말 |

강제로 동의 없이 맺은 부정한 성관계는 죄가 되지 않는다.

_ 아우구스티누스

- 아우구스티누스는 능욕당했다고 자살한 루크레티아를 두고 자신의 저서에서 단언했다. "루크레티아는 타인의 폭력 앞에 강제로 순결이 더렵혀졌음으로 죄가 될 수 없다. 하지만 죄 없고 정결하며 폭행을 참아 낸 자신을 죽였기에 돌이킬 수 없는 살인의 죄를 저질렀다."

※ 무어인의 골육상잔(398년)

≪ "노엽게 한 형제와 화목하기가 견고한 성을 취하기보다 어려운즉 이러한 다툼은 산성 문빗장 같다."고 했다.(註. 구약성서 잠언 18장 19절) 이렇듯 형제간의 싸움은 비극으로 끝나기 마련이다. 길도가 친형 피르무스에게 활시위를 당기자 형제간의 비극이 시작되었고, 그는 동생 마스케젤에게 단죄되었다. 마스케젤이 섭리와 규칙을 짓밟았던 죄는, 그 자신이 죽음으로써 대가를 치렀다.≫

○ 길도의 집안은 아프리카 무어인의 유력한 가문이었으며, 전통에 따라 삼 형제가 모두 로마군을 지원하여 장교로 근무했다. 제일 맏이가 피르무스였고, 그다음이 길도, 막내가 마스케젤이었다. 어떤 이유인지는 모르지만 피르무스는 카르타고 총독에게 반란을 일으켰으며, 당시 황제였던 그라티아누스는 테오도시우스 1세의 아버지인 테오도시우스 장군이 지휘하는 진압군을 파견했는데 동생 길도가 진압군에 소속되어 친형에게 활시위를 당겼다. 진압은 주모자인 피르무

스가 죽음으로써 374년에 끝났으며, 그라티아누스는 반란을 진압한 공로를 인정하여 길도를 아프리카 담당 군사령관(magister militum per africae)에 임명했다.

○ 하지만 길도는 테오도시우스 장군의 아들 테오도시우스 1세가 죽자, 당시 이탈리아에 보내는 밀을 금수 조치하는 등 자신이 속해 있던 서로마에 반기를 내걸면서 정치적 욕망을 드러내기 시작했다. 이는 397년 스틸리코가 알라리크를 공격하기 위해 그리스로 군대를 돌리자, 동로마에서 자신들의 통치 지역에 스틸리코가 들어왔다는 이유로 길도를 부추겨 반란을 일으키게 한 것으로 짐작된다. 가톨릭 파와 대립하고 있던 과격한 북아프리카의 도나투스 파들이 길도를 지지하면서 세력은 더욱 커졌다. 게다가 북아프리카의 도나투스 파들에게 가톨릭은 로마 행정관, 세금 징수원 그리고 지주들의 종교일 뿐이었다. 이들은 이제껏 가톨릭 파들에게 이단으로 몰려 배척과 탄압을 받아 왔지만 길도를 통하여 북아프리카의 주도권을 잡으려고 했던 것이다.(註. 아프리카에서는 도나투스 파와 가톨릭 파 간에 반목이 심했다. 도나투스 파들은 박해 때 6년간 악취가 나는 지하 감방 생활을 견디고 고문대에서 사지를 늘리는 고문을 9번이나 받고도 신앙심을 버리지 않았던 도나투스를 존중하며 따랐다. 그들은 311년 가톨릭 파의 카이킬리아누스가 카르타고 대주교에 선출되자 강력히 항의했다. 도나투스 파의 주장에 따르면, 카이킬리아누스를 서품한 펠릭스는 디오클레티아누스 황제의 박해 때 성서를 관헌에 넘긴 배신자이며, 카이킬리아누스는 같은 박해 때 신앙을 버린 성직자들을 너무 쉽게 용서하여 성직에 재임용했다고 말했다. 따라서 이들은 마요리누스를 주교로 내세웠고, 그가 죽자 이번에는 도나투스를 종교 지도자로 섬기면서 하나의 분파를 형성했다. 도나투

스 파는 7세기 이슬람교가 아프리카를 휩쓸 때까지 살아남았다.)

○ 북아프리카의 불온한 움직임을 확인한 스틸리코는 서로마 황제 호노리우스의 도움을 받아 로마 원로원에서 길도를 공공의 적으로 결의하도록 했다. 이러한 절차는 참으로 오랜만에 되살린 로마의 전통이었다. 스틸리코가 원로원의 지지를 받을 수 있었던 데는 이런 이유가 있었다. 395년 테오도시우스 황제 사후에 스틸리코가 실권을 쥐게 되자, 한때 반역의 무리들 밑에서 일한 자들에게 관용의 시혜를 베풀었던 적이 있었다. 심마쿠스도 그라티아누스 황제를 살해한 막시무스를 지지하다가 공직에서 축출되었으나, 그때 정계로 복귀했다. 그는 스틸리코가 원로원이 북아프리카의 길도를 공공의 적으로 선포하게 만드는 데 중요한 역할을 함으로써 은혜에 보답했던 것이다. 아버지로부터 야만족의 피를 이어받은 스틸리코는 야만족이 아니라 그 옛날 명예로웠던 진정한 로마인이 되고자 했으며, 반역자를 처단하기 위해 원로원의 결의를 얻은 것도 그 이유에서였다. 그러나 알라리크의 서고트족이 이탈리아 바로 옆에서 침략을 노리고 있는 상황에서 스틸리코가 직접 아프리카로 갈 수 없었다. 알라리크는 공식적으로는 일리리쿰 담당 군사령관이었지만, 이는 야만족의 만행으로부터 피하고 보자는 동로마의 얄팍한 정책의 산물이었기에 알라리크가 이끄는 군대는 진정한 로마군이 아니었으며, 약탈과 살인을 일삼는 야만족 그대로였다. 스틸리코는 북아프리카를 토벌할 적임자를 골랐다. 그가 바로 길드의 친동생 마스케젤이었다.

○ 원래 마스케젤은 권력을 위해서는 도나투스 파와도 손잡는 것을 마다하지 않는 형 길도와는 달리 독실한 가톨릭 신자였다. 마스케젤이 도나투스 파와 손잡는 것에 반대하자, 이것이 발단이 되어 형제간의

싸움이 발생했다. 이 싸움에서 마스케젤은 패하여 형 길도에게 두 아들까지 잃고 이탈리아로 망명하고 있던 중이었다.

○ 스틸리코로부터 지원받은 토벌군은 북아프리카 길드 휘하 병사의 15분의 1밖에 되지 않는 겨우 5천 명 정도였다. 수적 열세에도 불구하고 토벌군 지휘관 마스케젤은 북아프리카에 상륙하자마자 이 전쟁이 가톨릭 파와 도나투스 파 간의 종교 전쟁이 아니냐며 길드 휘하의 병사들을 설득했다. 그의 설득으로 마침내 적들은 사기가 떨어지고 탈영자가 속출하여 완전히 붕괴되고 말았다. 길도는 도주했지만, 토벌군에게 잡혀서 동생 마스케젤이 보는 앞에서 목이 잘렸다. 길도 형제들의 죽음이 거기서 끝났다면 로마 지휘관들이 마스케젤을 진정한 동료로 보고 있었음이 틀림없을 터였다. 하지만 현실은 그렇지 못했다. 승장이 된 마스케젤이 스틸리코와 함께 카르타고로 가는 도중에 다리를 건너다 갑자기 말에서 떨어져 강물에 빠졌다. 그때 같이 가던 스틸리코의 호위병들과 수행원들이 서둘러 그를 구하려 했다. 그러나 호위병들과 수행원들은 스틸리코의 의미 있는 잔인한 웃음을 보고 멈칫하는 동안에 마스케젤이 익사하고 말았기 때문이다.

✳ 호노리우스(Honorius) 황제의 품성

≪서로마 황제 호노리우스는 놀라우리만치 나태하게 수많은 세월을 견디어 낸 통치자였다. 시민들이 도탄에 빠져도 야만족이 영토를 침탈해도, 자신의 목숨과 평안함만 유지되면 전혀 문제 삼지 않았다.

로마 제국으로서는 그가 살아 있다는 것 자체가 신에 대한 모독이었고 비극이었다. 호노리우스가 결정한 정책 중 최고의 정책은 제국을 자신의 후견인 스틸리코에게 모두 맡겼다는 것이 유일했다.≫

○ 길도의 반란을 진압한 후 호노리우스는 스틸리코의 딸 마리아와 결혼했다. 마리아의 어머니 세레나는 테오도시우스 황제의 조카딸이었지만 양녀이기도 했다. 따라서 마리아는 호노리우스의 생질녀인 셈이었다. 당시 호노리우스는 14살이기도 했지만, 원래부터 비활동적인 기질로 보아 정열도 없었고 앞으로도 기대할 수조차 없었다. 그 바람에 마리아는 10년 후 죽을 때까지 처녀였다.

○ 황제의 무기력한 성품은 지위에 따르는 의무를 짊어지기는 고사하고, 자기 나이에 누릴 법한 쾌락조차도 즐기지 못했던 것이다. 한때 말타기와 활쏘기를 즐기는 듯했으나, 곧 포기해 버리고 황궁의 뒤뜰에서 가금류를 키우는 일에나 전념했다. 그리고 제국의 통치와 지배는 후견인 스틸리코에게 모두 맡겼다.

○ 앞선 황제들은 군대에 자신의 모습을 드러내어 병사들의 용맹을 북돋았으며, 제국의 지배하에 있는 속주들을 두루 순방하여 문제점을 개선하고 그곳 주민들의 환호와 충성을 이끌어 내곤 했다. 하지만 호노리우스는 잠 속에서 평생을 보내면서, 자신의 황궁에서 포로와 같은 신세였고, 자신이 다스리는 제국에서는 이방인이나 다름없었다. 그는 서로마 제국이 야만족의 침략에 계속하여 공격당하다가 끝내는 멸망하는 과정을 참을성 있게, 그리고 거의 무관심한 태도로 수수방관하면서 28년간의 치세를 지켜 낸 황제였다.

• 파이술라이 전투(406년)

405년 가을에 동고트족 왕 라다가이수스가 이끄는 동고트족·수에비족·알란족·부르군트족의 혼성 집단 40만 명이 훈족에게 쫓겨 서로마의 라이티아로 물밀듯이 쳐들어왔다. 이는 여자와 아이까지 포함된 부족의 대이동이었다. 이들이 지나가는 길목의 도시들은 메뚜기 떼의 습격을 받은 것처럼 초토화되었다.(註. 라다가이수스가 이끄는 무리가 40만 명이라는 것은 6세기 동로마 역사가 조시무스에 따른 것이며, 당대의 사람인 히포 레기우스 주교 아우구스티누스는 10만 명이라고 했다.)

스틸리코는 이들을 토벌하기 위해 406년 초여름에서야 노예를 포함한 3만 명의 병사를 끌어모을 수 있었다. 중부 이탈리아 파이술라이(註. 현재 지명 '피에솔레')와 플로렌티아(註. 현재 지명 '피렌체') 사이의 평원에 야만족들을 끌어모아 포위하는 데 성공한 스틸리코는 뙤약볕 아래서 적의 물과 식량을 끊고 공격하여 남부 갈리아까지 달아난 10만 명을 제외한 30만 명을 죽이거나 노예로 삼았다. 또한 젊고 건장한 남자 1만 2천 명을 자신의 로마군에 편입시켰으며, 라다가이수스는 도망치다가 붙잡혀 스틸리코 앞에 끌려 나가 목이 잘렸다. 이 전투는 로마군의 완벽한 승리였다.

✻ 스틸리코(Stilicho)의 죽음(408년)

≪스틸리코는 올림피우스 일당의 폭거를 진압하려면 마땅히 검을 뽑아야 했지만, 망설이며 부질없는 관용에 희망을 걸었다. 생각해 보면

≪카이사르는 루비콘강을 건넜으며 술라도 군마를 로마로 몰았다. 이는 개인의 문제를 넘어 한 국가의 운명이 달려 있는 중대한 문제였기 때문이다.

국가의 운명을 거머쥔 사내이더라도 아내의 내조가 필요한 법이다. 스틸리코가 정적들의 올가미에 걸려들기 전에 세레나와 상의하고 협조를 구했더라면, 궁지에 몰렸던 알라리크와 서고트족이 삼위일체설을 받아들이고 종교적 신념을 바꾸었을지도 모를 일이다. 그렇다면 정적들에게 응징당하는 대신 좀 더 희망적인 결과가 나타났으리라.

스틸리코가 경솔하고 정당하지 못한 결정을 내렸다고 하더라도 세레나의 행동은 비난받아 마땅했다. 남편의 죽음 앞에 냉정했던 세레나가 적들의 모함으로부터 자유롭지 못한 것은 부부의 인연을 맺은 여인으로서 어쩌면 당연한 결말이었기 때문이다. 스틸리코라는 버팀대가 무너진 서로마 제국은 결국 약탈자의 먹잇감이 될 수밖에 없는 처지로 전락했다.≫

○ 스틸리코(Flavius Stilicho)는 항상 동로마와 긴장의 원인이 되고 있던 일리리쿰을 한때 알라리크의 서고트족 무력을 빌려 차지할 계획을 세웠다. 그러나 갈리아에 게르만족의 대규모 침입이 발생하자 계획에 차질을 빚어, 동로마와의 대결은 늦춰지고 말았다. 대신에 제국의 안전을 방위하도록 알라리크의 서고트족을 갈리아에 보내기로 마음먹고 그들에게 황금 1,310kg(4,000리브라)을 보조하기로 결정했다. 그러자 스틸리코에게 수많은 반대파가 생겨났다. 그들은 이것을 동맹 협약이 아니라 노예 협약이라고까지 표현하며 맹비난을 퍼부었다. 그런데다 서고트족은 로마 제국에서 이단으로 몰리고 있던 아리

우스 파였다. 황궁 내부에서 스틸리코를 적극 변호하고 방어해 주었던 아내 세레나도 알라리크의 서고트족을 갈리아 방위에 투입하기로 결정되자 스틸리코에게 등을 돌렸다. 세레나가 독실한 가톨릭 파 신자였다는 것이 그 이유가 되었으리라고 여겨진다.

○ 그뿐만 아니라 스틸리코와 호노리우스의 관계도 금이 가기 시작했다. 아르카디우스가 죽은 후 권신들의 위세에 둘러싸인 조카를 도와야 된다며 호노리우스 황제가 동로마에 가겠다고 하자, 스틸리코는 야만족의 침탈로 위기를 맞은 서로마의 통치에 전념해야 하므로 황제가 라벤나에 있어야 한다며 의견이 대립되었기 때문이다. 호노리우스는 갈등 끝에 스틸리코의 논리정연하고 합리적인 판단에 굴복했으나, 사람이란 냉철한 이성보다는 부당한 감성에 이끌리는 법이어서 오랜 우정이 깨지고 말았다. 그런데다 호노리우스 근처에는 언제부터인가 측근이 된 올림피우스가 속닥거리고 있었다. 올림피우스는 스틸리코가 자신의 아들 에우케리우스를 동로마 황제에 앉히려 한다고 황제에게 일러바쳤다. 이것으로 호노리우스의 마음은 결정되었다.

○ 사실 올림피우스는 스틸리코가 추천하여 제국의 고관으로 승진한 자였지만 지금은 스틸리코의 적이 되어 있었다. 이 점에서 보면 미래의 행동을 미리 간파하여 사람을 추천하기란 매우 어려운 법이다. 인간의 능력으로 어떻게 미래에 자신의 정적이 될 사람인지를 감별할 수 있겠는가? 과거를 살펴보아도 은혜를 입은 자가 베푼 자의 기대와 신의를 저버린 경우는 허다했다. 메텔루스의 은혜를 입어 정치적으로 성장한 마리우스가 그러했으며, 아분단티우스의 은혜를 입은 에우트로피우스가 그러했다. 또한 훗날 아스파르는 부하였던 레오 1세를 동로마 황제의 자리에 앉혔지만 바로 그 황제에게 살해당했던 것이다.

○ 올림피우스가 호노리우스의 의심을 부추기며 스틸리코를 파멸로 몰아갈 즈음 서로마에서는 브리타니아로부터 건너와 갈리아에서 반란을 일으키고 있는 콘스탄티누스 3세를 토벌하기 위해 티키눔(註. 현재 지명 '파비아')에서 파병을 준비하고 있었다.(註. 407년 브리타니아에 주둔한 로마군들은 반란을 일으켜 처음에는 마르쿠스란 자를 황제로 추대했으나 그를 살해하고 그라티아누스란 자를 황제로 옹립했다. 그러나 4개월 뒤에는 그라티아누스마저 죽이고 콘스탄티누스 3세를 황제로 받들었다. 콘스탄티누스 3세는 콘스탄티누스 황제와는 아무런 관계가 없는 자였다. 한낱 이름 없는 병사에 지나지 않았던 그였지만 군사적 능력과 병사들의 통솔 능력이 상당해서 브리타니아로부터 병사들을 이끌고 와 갈리아를 휘젓고 다녔다. 409년에는 호노리우스 황제조차 그를 두려워하여 콘스탄티누스 3세를 황제로 인정한다는 의미에서 자의를 보내기까지 했다. 그러나 그는 훗날, 갈라 플라키디아와 결혼하여 발렌티니아누스 3세 황제를 낳은 콘스탄티우스 3세에게 진압되었다.) 이들을 시찰하기 위해 호노리우스 황제와 올림피우스는 티키눔로 갔다. 그때 올림피우스는 정변을 일으켜 스틸리코 파에 속한 주요 장군과 관리들을 모두 살해하고 군사력을 빼앗았다.

○ 보노니아에서 고트족 동맹군과 같이 있던 스틸리코는 이 급보를 듣고 즉시 군사 회의를 열었다. 그의 주변에 있던 동맹군 병사들은 모두 라다가이수스 휘하에 있던 고트족 병사들이었다. 그들은 라다가이수스가 패한 뒤 스틸리코에 의해 로마 동맹군으로 편성되었던 것이다. 동맹군 병사들은 분노하며 정변을 일으킨 자들을 징벌하자고 소리 높여 외쳤다. 그러나 스틸리코는 올림피우스를 제거하기 위한 군사 행동을 하지 않았다. 군사 행동을 했다면 주요 지휘관이 모

두 살해되고 없는 티키눔의 군대를 쉽게 격파할 수 있었을 것이고 올림피우스 일파도 제거되었을 것이다. 하지만 그는 그렇게 하지 못했다. 올림피우스에게 검을 겨눈다면 그것은 곧 황제에게 검을 겨누는 것과 다름없었다. 그가 황제에게 검을 겨누지 못한 것은 선제인 테오도시우스와의 언약도 있었지만, 고트족을 이끌고 반란을 일으킨다면 야만족 출신이어서 그런 것이 아니겠냐며 조롱받는 처지가 될 것이라는 자존심이 함께 작용했기 때문이라고 여겨진다. 그뿐만 아니라 보노니아에 있는 동맹군 병사들은 얼마 전까지만 해도 적이었기에 그들의 충성심도 의심스러웠다.

○ 보노니아의 스틸리코 막사에서 열린 군사 회의에서 불순한 야심을 가지고 충성스런 지휘관과 관리들을 죽인 자들에게 당장 복수의 검으로 응징하자는 고함 소리가 터져 나왔을 때, 이처럼 스틸리코가 우유부단한 행동으로 망설이자 분노한 동맹군들은 결국 각각의 종족들

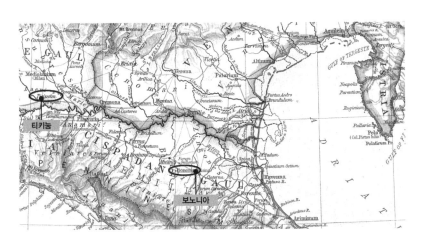

▍티키눔, 보노니아

을 이끌고 철군하고 말았다. 그들 중에서도 서고트족의 사루스는 깊은 밤에 스틸리코의 진영을 급습하여 물품을 약탈하고 훈족 호위병들을 살해한 다음 스틸리코의 막사로 향했다.(註. 스틸리코의 동맹군 진영에는 동고트족뿐 아니라 서고트족, 훈족 등 여러 종족들로 편성되어 있었다. 그중 사루스는 서고트족으로서 자신을 따르는 자들을 모아 로마의 동맹군으로 활약했다. 그는 알라리크와 정적 관계였고, 훗날 알라리크의 뒤를 이어 서고트족을 다스린 아타울프와 싸우다 전사했다. 하지만 아타울프가 죽은 후에 서고트족은 사루스의 형제인 시제리크가 다스렸다. 시제리크는 아타울프의 아내이자 호노리우스 황제의 누이인 갈라 플라키디아를 미워하여 그녀를 포로들과 함께 수십 킬로미터를 걷게 하는 등 모멸감을 주었으나 며칠 후 살해당하고 서고트의 권력은 발리아에게로 넘어갔다. 발리아 또한 갈라 플라키디아를 포로처럼 취급하며 모욕을 가했지만 식량과 맞바꾸는 조건으로 그녀를 라벤나 황궁으로 돌려보냈다.) 자신의 처지와 현 상황을 어떻게 해결할 것인가에 곰곰이 생각하느라 시름에 잠겨 잠 못 이루고 있던 스틸리코는 바깥의 소란과 낌새를 눈치채고서는 가까스로 고트족의 칼날을 피할 수 있었다.

○ 황제에 대한 믿음 때문이었는지, 아니면 절망감 때문이었는지 스틸리코는 갈등 끝에 황제를 알현하기로 결정했다. 몇 명의 호위병과 장교만을 데리고 호노리우스가 있는 라벤나로 찾아간 스틸리코는 성당에서 황제와의 면담을 요청했고 허락을 받아 냈다. 코메스인 헤라클리아누스가 새벽녘에 병사들을 데리고 성당에 와서는 황제의 명령으로 스틸리코를 데리러 왔다고 말했다. 헤라클리아누스를 따라간 스틸리코는 입궁하기 전에 모든 무장을 해제하고 혼자 황궁에 들어갔다. 이는 황제를 만날 때면 여태껏 해 온 오랜 관습이었다.

○ 무장 해제된 후 스틸리코가 만난 사람은 어처구니없게도 황제가 아니라 올림피우스였다. 올림피우스는 그에게 국가 반란죄로 황제가 내린 사형 선고를 낭독하고 동시에 기록 말살형에 처했다. 스틸리코는 재판도 없이 그날 바로 헤라클리아누스의 검에 처형되었다. 아무 죄 없던 아들 에우케리우스도 아버지의 처형 직후 참수당했다. 제정 이후의 로마 제국에서는 관용이란 좀처럼 찾아볼 수 없었으며, 아버지가 정적들에게 살해당하면 죄 없는 아들도 죽음을 면치 못했다. 티베리우스 황제의 근위대장 세야누스가 그렇게 되었고, 스틸리코가 그렇게 된 것이다. 호노리우스의 아내 마리아가 처녀인 채로 죽고 난 후, 호노리우스와 결혼한 동생 테르만티아는 언니처럼 처녀인 채로 이혼당했다. 테르만티아가 이혼당할 때까지 처녀였던 것은 호노리우스가 아내에 대해서 남편의 의무를 다하지 않았으며, 젊은이로서의 쾌락조차도 누리지 못한 황제였기 때문이다.

○ 408년 스틸리코가 죽은 후 서로마 제국을 군사적 위기에서 구할 사령관이 없게 되자, 서고트족 알라리크가 그 해에 로마를 침략했다. 그때 알라리크가 스틸리코에게 경의를 표했다는 이유로, 스틸리코의 미망인 세레나는 서고트족과 같은 편이 되어 그들과 비밀리에 연락을 취하고 있는 것이

▌ 스틸리코와 그의 아내 세레나

아닌가 하는 의혹을 샀다. 서고트족의 로마 포위로 평정심을 잃은 원로원 의원마저 이러한 소문을 믿게 되어, 세레나에게 해명조차 요구하지 않고 교수형을 선고했다. 결국 남편을 버린 세레나도 남편이 처형된 이후 '공공의 적'으로 단죄되어 사형 집행인 앞에 목을 내밀 수밖에 없었다. 훗날 서코트족에게 끌려가 아타울프와 결혼했던 갈라 플라키디아는 당시 20대 초반이었다. 그녀는 스틸리코와 세레나의 집에서 자랐지만, 세레나가 죽음에 직면했을 때 배은망덕하게도 사형에 처해야 한다는 원로원의 주장을 지지했다.(註. 세레나는 테오도시우스의 조카이면서 수양딸이었다. 따라서 갈라 플라키디아와는 사촌간이면서 자매였다.)

○ 티키눔 학살에서 살아남은 스틸리코의 친구들은 무자비한 올림피우스로부터 반역죄를 자백하도록 온갖 잔혹한 고문을 받았지만, 죽어가면서도 끝까지 침묵을 지켰다. 전제 권력은 제대로 된 재판 한번 거치지 않고 스틸리코의 생명을 빼앗고 증언 한마디 없이 오명을 씌웠지만, 후세 역사가들의 평가까지 불공정하게 하지는 못했다. 정변을 일으킨 자들은 스틸리코가 에우케리우스에게 제위를 물려주려는 야심을 가졌다고 주장했으나, 그렇다면 20세가 되도록 서기관이라는 미관말직에 아들을 둘 리가 없었다. 성직자들은 에우케리우스가 황제가 되었다면 우상을 부활시키고 그리스도교를 박해할 것이라고 말하면서, 때맞춰 기적 같은 구원이 일어났다고 열렬히 찬양을 쏟아 냈지만, 그는 한결같이 열정적으로 그리스도의 품 안에서 교육받았다. 무려 28년간의 긴 치세에서 호노리우스가 스스로 내린 유일한 결정은 충신 스틸리코의 사형 선고뿐이었다. BC 1세기 로마 시인 호라티우스가 "키 큰 나무가 사나운 비바람에 쓰러지고, 높은 봉우리가 벼

락을 맞는 법이다."고 읊은 것은 스틸리코의 죽음을 생각해 볼 때 매우 가슴에 와 닿는 말이 아닐 수 없다.

○ 다만 알라리크는 스틸리코 휘하의 야만족 동맹군들을 아우르기 위해, 본색을 감추고 자신은 스틸리코의 벗이자 동맹이라고 말했다. 이렇듯 알라리크는 그리스에서 한 번, 이탈리아에서 두 번이나 자신을 파멸로 이끌었던 로마군 사령관 스틸리코가 죽음으로써 그를 더 이상 두려워할 필요가 없게 되자, 진심에서 우러나온 찬사를 그에게 보냈다. 야만족 동맹군들은 스틸리코를 진심으로 존경했으며, 그의 죽음을 슬퍼했다. 게다가 그들은 정변을 일으켜 권력을 차지한 자들이 자신의 재산과 가족들의 생명을 약탈하고 학살하는 것을 보고 격분하여, 로마군 진영을 떠나 알라리크의 깃발 아래로 모여들었다. 알라리크 휘하에 몰려든 야만족 동맹군들과 그들의 분노는 강력한 힘으로 결집되어 다시 한 번 제국의 심장을 공격할 수 있는 무시무시한 무력을 갖추었다.

마음에 새기는 말

서로 간에 본심을 숨긴 채 겉으로만 상대하는 인간관계는 설령 문제를 수습할 수 있다 해도 반드시 응어리를 남긴다.

- 동로마의 아르카디우스가 죽자, 서로마의 호노리우스는 동로마도 자신이 통치하는 제국에 포함시키고 싶다는 본심을 숨긴 채, 어린 조카를 돕고 싶다는 이유를 내세워 동로마로 가겠다고 주장했다. 스틸리코는 자신에 반대하는 분위기가 고조된 지금, 보호해 줄 공인된 힘을 가진 호노리우스가 서로마에 있어 주기를 바라는 마음에서 "이 어려운 상황에 나라의 중심인 황제가 자리를 비운다는 것은 용납되지 않는다."고 맞섰다. 결국 호노리우스는

스틸리코의 주장에 굴복했으나 불만을 가지게 되었고, 이로 인하여 두 사람 간의 13년간 우호 관계가 깨지게 된 것에 대하여.(註. 스틸리코가 호노리우스의 동로마 행을 반대한 데는 다른 이유가 있다는 주장도 있다. 6세기의 동로마 역사가 조지무스에 따르면 스틸리코의 정적 올림피우스는 "스틸리코가 테오도시우스 2세를 제거하고, 자신의 아들 에우케리우스를 동로마 황제로 앉히려고 한다."는 말을 입에 달고 다녔다고 했다. 그러나 스틸리코가 보여준 행동과 상황으로 보면 이것은 올림피우스의 모함이 분명했다.)

※ 콘스탄티누스와 스틸리코

≪콘스탄티누스는 부모 모두가 로마인이었고 그리스도교인들으로부터 대제라는 칭호까지 받고 있으나, 전제 군주정을 확고히 하고 수도조차 콘스탄티노폴리스로 옮겼으며 화합과 건실함보다는 복종과 화려함을 내세워 실질적으로 로마를 끝장내고 로마 정신을 무너뜨림으로써, 중세 암흑기를 열 수 있는 단초를 마련한 사람으로 역사가들에게 평가되고 있다.

이에 반해 스틸리코는 북아프리카의 반란을 진압하기 위해 로마 원로원의 결의를 받아 파병하는 등 전통적인 로마 방식으로 정책을 추진했다. 이는 그가 반달족인 아버지의 피를 받았다고 사람들로부터 경멸당했지만, 후세의 역사가들로부터 '진정한 로마인'이라고 평가받게 되는 이유 중에 하나였다. 이처럼 후세 사람들이 인물을 평가할 때 형식과 요식 행위까지도 그 정신을 계승하고 있느냐 아니냐를

기본적인 평가 요소로 엄격하게 정하고 있음을 알 수 있다.≫

○ 디오클레티아누스가 정치적 목적에서 로마 제국을 원수정에서 전제 군주정으로 바꾸고 콘스탄티누스가 이 체제를 확립한 이래로, 종전에 법률은 입법 기관인 로마 원로원에서 다수결에 의한 결정으로 선포되는 것이고 황제에 의한 칙령은 임시 조치법이었던 제도가, 이제는 칙령이 곧 법률로 정착되었다. 콘스탄티누스는 황제의 권위란 원로원과 시민으로부터 나오는 것이 아니라, 신에 의해 주어지는 것이라고 하여 신의 말씀을 전하는 그리스도교 주교에게만 비위를 거스르지 않는다면 황제 지위가 안전하게 보장되도록 조치했다. 이로써 원로원의 권위와 시민들의 권리는 끝없이 추락하고 무시되었다.

○ 그러나 4세기 후반 실질적으로 로마 제국을 통치했던 스틸리코는 원로원의 역할에서 사라져 간 제도를 부활시켰다. 그것은 군사를 일으킬 때 로마 원로원의 결의를 요구하는 형태의 요식 행위였다. 북아프리카의 길도를 토벌하러 갈 때 총사령관인 황제로 하여금 로마 원로원 회의에서 연설을 하게 하고, 길도를 '공공의 적'으로 선언하는 결의안을 로마 원로원에서 만장일치로 통과시켰던 것이다. 스틸리코가 잊힌 과거의 절차를 되살렸던 것은 이견이 있을 수 있는 결정을 미리 차단하려는 데 목적이 있긴 했지만 원로원으로서는 과거의 영광이 기억되는 절차였다.

○ 스틸리코는 서고트족 알라리크를 크게 격파하고 난 후, 로마 사회에서 주도권을 쥔 원로원 의원들로부터 반발이 있을 법한 법률을 통과시킬 때, 원수정 시대와 같은 절차를 밟아 원로원에서 법안을 가결한 다음 국법으로 성립시켰다. 이러한 절차는 법안에 반대하는 의원들

을 침묵시켰을 뿐 아니라, 그 옛날 영광스러웠던 로마 원로원의 권위와 역할을 되살리는 것이었으므로 원로원은 감격하며 스틸리코의 결정에 열광했다.

▌ **마음에 새기는 말** ▌

인간은 보고 싶지 않은 현실을 자꾸만 눈앞에 들이대는 사람을 밉살스럽게 여긴다.

– 스틸리코가 갈리아를 지켜 달라는 동맹 협약의 대가로 서고트족 알라리크에게 1,310kg의 황금을 주기로 한 것을 로마 원로원도 인정할 수밖에 없었지만, 결국 로마가 이렇게 할 수밖에 없다는 현실을 깨닫게 해 준 스틸리코를 미워하게 된 것에 대하여.

※ 알라리크의 로마 포위(408년)

≪야만족의 발호를 억제할 수 있었던 유일한 로마 장군이 살해당하자, 제국은 서고트 족장 알라리크의 위세 앞에 공포로 떨었다. 이제 제국의 통치자는 사라지고 압제자와 폭군 그리고 방관자만 남았다. 그리고 로마는 창도 방패도 없이 적군의 무차별 공격 앞에 위태롭게 내팽개쳐졌다.≫

○ 스틸리코가 처형된 후 권력을 잡은 올림피우스는 스틸리코와는 정반

대의 정책을 시행했다. 그는 알라리크를 적대시하고, 스틸리코가 동맹군 병사로 받아들였던 고트족 병사들의 가족들을 무더기로 학살했을 뿐 아니라 재산도 빼앗았다. 앞서 서술한 대로 이에 격분한 야만족 동맹군 병사들은 모두 알라리크의 진영으로 가서 자신이 따르는 깃발을 바꿔 달았다. 그렇게 되자 제 세상을 만난 듯 세력을 키운 서고트의 알라리크는 막강해진 병력을 이끌고 로마를 공격했다. 그는 성벽을 포위하고 인근 지역과의 모든 통행을 차단했으며, 식량 공급 줄기인 티베리스강의 운항도 빈틈없이 막았다. 위기에 처한 로마는 점점 가중되는 물가에 시달리던 끝에 마침내 끔찍한 기근에 직면했다. 곡물 가격은 무섭게 치솟아 가난한 자들이 굶기 시작했다. 그라티아누스 황제의 미망인 라이타(註. 그라티아누스의 첫 번째 아내는 콘스탄티우스 2세의 딸 콘스탄티아였지만, 그녀는 자식 없이 일찍 죽었다.)가 자선을 베풀기는 했으나 개인으로서는 한계가 있었다.

○ 굶주림과 곤궁함은 점차 부유한 자들에게도 영향을 미쳐, 그들은 예전 같았으면 쳐다보지도 않았을 약간의 거친 식량을 얻기 위해서 금은보화를 아낌없이 내놓았다. 막다른 골목으로 몰린 일부 빈민들은 동료를 몰래 살해하여 먹었다는 소문이 나돌았고, 심지어 어머니가 자기 아이를 잡아먹었다는 믿을 수 없는 흉문이 떠돌았다. 수많은 사람들이 굶주림으로 죽어 갔으나, 공동묘지가 성 밖에 있어 매장하지 못하고 그대로 방치되었다. 시체들은 악취를 풍기며 썩어 갔고, 공기를 오염시켜 역병을 일으켰다.

○ 이러한 난국을 헤쳐 가기 위해 로마에서는 두 명의 협상 사절을 알라리크에게 보냈다. 한 사람은 히스파니아 출신 원로원 의원 바실리우스였고, 다른 한 사람은 알라리크와 친분 관계가 있는 수석 서기관

요한네스였다. 이들은 알라리크 앞에서 곤경에 처한 사람들 같지 않게 명예롭고 공정한 강화 조약을 맺을 수 있기를 청했으며, 만약 이것이 거부된다면 로마 시민들은 절망에서 나오는 무서운 용기로 서고트족에 대항할 것이라고 엄포를 놓았다. 그러자 알라리크가 답했다.

"목초는 무성할수록 베어 버리기 좋은 법."

이것이 대책 없는 로마 협상 사절을 향한 알라리크의 간결한 대답이었다. 그는 모욕적인 웃음과 경멸의 어조로 로마 성벽의 포위를 푸는 대가를 제시했다. 도시 안의 금과 은 전부, 귀중한 동산 전부, 그리고 야만족 출신임을 입증할 수 있는 노예 전부였다. 그러자 로마 협상 사절은 조심스럽게 물었다.

"알라리크! 당신의 요구가 그렇다면 우리에게 무엇을 남겨 두시겠습니까?"

"그것은 그대들의 목숨!"

○ 휴전 기간이 길어짐에 따라 알라리크의 요구는 어느 정도 누그러졌고 가혹한 조건도 많이 완화되었다. 마침내 그의 요구는 금 1,640 kg, 은 9,820kg, 비단옷 4,000벌, 자주색 옷감 3,000벌, 후추 980 kg으로 조정되었다. 국고는 바닥나고 소작료도 전쟁으로 끊긴 상태였고 탐욕스런 자들은 숨겨 둔 재산을 악착같이 지켰으므로, 도시의 유일한 자산인 성당의 헌납금을 쓸 수밖에 없었다.

○ 로마와 타결된 협상으로 엄청난 부를 갖게 된 알라리크의 깃발 아래 4만 명의 야만족 노예들이 몰려들었으며, 처남인 아타울프가 이끌고 온 고트족과 훈족의 병사들도 추가로 편입되었다. 이제 알라리크는 막대한 부와 10만에 이르는 대군을 이끌고 이탈리아를 내려다보았으며, 로마인들은 알라리크의 이름이 들릴 때마다 전율을 느끼며 몸서

리치게 되었다.

☀ 아르카디우스의 결정(408년)과 유스티누스의 거절(527년)

≪아르카디우스 황제는 제국의 관리들과 서로마의 호노리우스를 믿지 못했다. 그는 탐욕과 불충에 젖은 관리들이 어린 후계자를 농락하여 무력화시킬 수 있고, 아니면 아예 제위를 내놓으라고 윽박지를 수도 있으리라 생각했다. 그렇다고 호노리우스에게 나이 어린 아들을 의탁하자니 동생의 무능함을 걱정하지 않을 수 없었다. 결국 그는 장래에 적이 될지 모를 페르시아의 야즈데게르드에게 아들을 의탁했고, 야즈데게르드는 자신을 신뢰해 준 동로마 황제에게 신의를 지켰다. 이것은 반란과 내분이 의심스러울 때는 차라리 경쟁국에게 후계자의 후견을 부탁하는 게 지혜롭다는 것을 보여 주는 일화다.

하지만 페르시아 왕 카바드 1세가 자신의 아들이 동로마 황제의 양자로 입양되기를 원했을 때, 로마의 유스티누스는 이를 거절했다.

≪만약 카바드가 아르카디우스의 선례에 따라, 양자 입양이 아니라 호스로우의 후견인이 되어 달라고 청했다면 결과는 달라졌을 것이다. 그리했다면 유스티누스가 법적 이유를 들어 거부할 수 없었을 것이며, 국가 간의 불필요한 긴장을 완화하기 위해서도 카바드의 요구를 쉽게 받아들였으리라.≫

○ 힘이 대등한 인접 국가 간에 흔히 그러하듯 동로마와 페르시아는 줄곧 적대 관계에 있었다. 그러다가 395년 훈족이 카프카스(註. 영식으로는 '코카서스') 산맥을 넘어와 페르시아의 광대한 지역을 초토화시켰다. 그러자 동로마와 페르시아는 양국의 공통된 위험을 극복하기 위해 전례 없이 화해 분위기가 조성되고 상호방위조약까지 체결했다. 그 이후로 두 국가의 관계는 더할 수 없이 평온함을 유지했다.

○ 두 나라 간에 평온이 유지되던 중 동로마의 아르카디우스 황제가 32세의 나이와 13년의 치세 끝에 콘스탄티노폴리스 황궁에서 숨을 거두자, 이제 겨우 8살밖에 되지 않은 테오도시우스 2세가 제위를 물려받았다. 어린 황제는 관리들의 내분과 지금은 우호적인 관계에 있으나 언제 변심할지 모를 페르시아 왕 야즈데게르드의 야심과도 맞서야 했다. 이러한 상황을 근심하던 아르카디우스는 죽기 전까지 갈등하던 끝에 평범함을 뛰어넘는 어쩌면 매우 현명한 결정을 했다. 그는 어린 아들의 후견인으로 야즈데게르드를 선택한 것이다.

○ 이것은 아르카디우스가 야심으로 가득 찬 관리에게 권력을 나누어 주고 어린 황제의 뒷일을 부탁하는 대신에, 그리고 서로마의 호노리우스에게 조카를 보살펴 달라고 하는 대신에 어쩌면 적국이 될지도 모를 페르시아 왕에게 제국의 미래와 아들의 안위를 의탁한 결정이

었다. 제국의 관습이라면 아들이 14세가 될 때까지는 호노리우스 황제에게 후견인 자격이 있었지만, 그의 무능력과 동·서로마 간의 이해와 감정 관계상 완전히 분리되어 미덥지 못했다.(註. 호노리우스는 아르카디우스가 죽고 난 뒤 동로마의 통치에 야심을 품고 조카의 안위를 걱정한다는 명목으로 라벤나를 떠나 동로마에 가려고 한 적이 있었다. 그때 스틸리코는 만류했으며, 이는 스틸리코와 호노리우스의 관계가 소원해지는 원인이 되었다.) 그렇다고 불충한 세도가들에게 어린 황제를 의탁한다면, 그들은 황제를 제쳐 놓고 은밀하게 국사를 논하고 황제를 경멸하여 제국의 운명을 임의대로 좌지우지할 것이 뻔한 이치였다. 아르카디우스의 유언이나 다름없는 부탁에 야즈데게르드는 경쟁국의 황제가 신뢰를 보내 준 명예로운 서약을 충실하게 지켰다.(註. 그러나 야즈데게르드 치세의 마지막 해인 420년 한 주교가 수사의 신전을 파괴하고 마기교도들을 박해하는 일이 발생했다. 범죄를 저지른 그리스도교인들이 동로마로 탈출하자 야즈데게르드 뒤를 이어 당시 페르시아 왕이었던 야즈데게르드 아들 바흐람은 이들을 돌려 달라고 요구했으나 거절당했다. 결국 422년 테오도시우스 2세는 후견인의 아들과 전쟁을 벌였다. 이를 보면 아버지들의 우정이 아들들에게 계승되지는 않았던 것이다.)

○ 이와 견주어 유스티누스 황제의 경우는 그렇지 못했다. 6세기 초 페르시아 왕 카바드 1세는 누구보다도 자신의 셋째 아들 호스로우를 사랑하여 그에게 제위를 물려주고 싶었다. 그러나 그렇게 된다면 형들이 호스로우를 위험에 빠뜨릴 것이 분명했다. 고심하던 끝에 카바드는 동로마 황제 유스티누스에게 호스로우를 양아들로 주어 그의 신변을 보호하고 지지를 부탁하려 했다. 생각지도 못한 외교적 문제가 발생하자 유스티누스는 여러 관리와 법률가들에게 조언을 구했다.

관리와 법률가들은 로마 황제가 호스로우를 양아들로 받아들인다면, 로마법상 호스로우가 로마의 황제 자리를 요구할 수 있는 권리를 가진다는 결론이었다.

○ 현실을 반영하지 못하는 법은 개정할 수 있다는 원칙을 받아들이지 못했는지 유스티누스는 법률가의 의견에 굴복했다. 그는 페르시아의 카바드에게 호스로우를 양아들로 입양하는 것은 불가하다고 통보한 것이다. 사실 역사가 프로코피우스에 따르면, 유스티누스 황제는 나무토막을 문자 모양으로 깎은 다음 필기구를 그의 손에 쥐어 주고 서명해야 할 서류에 나무토막의 곡선을 따라 선을 그리도록 해야만 겨우 서명을 할 수 있었다고 한다. 그는 그만큼 글을 읽을 줄도 쓸 줄도 모르는 문맹이었고, 양아들 입양을 거부한 것도 배움이 없는 그가 내린 미숙한 판단의 결과였다. 그가 좀 더 현명한 결정을 했다면 테오도시우스 2세의 전례를 들어 입양은 불가하더라도 호스로우의 후견인 역할을 하겠다고 페르시아에 답신을 보냈으리라.

○ 동로마 제국으로부터 양아들 입양이 불가하다는 통보를 받자 카바드는 무례한 수모를 받았다고 생각하고 동로마 제국을 공격했다. 그나마 다행인 것은 527년 동로마와 페르시아 간에 치열한 전투가 벌어지기 전, 유스티누스가 죽고 말았다는 것이다. 다음 황제인 유스티니아누스는 페르시아의 카바드와 엎치락뒤치락하면서 전쟁을 끌어갔다. 그러다가 531년 카바드가 죽고 그의 아들 호스로우가 페르시아 왕이 되자, 국내의 정적들에 대한 진압이 다급해진 호스로우는 532년에 유스티니아누스와 강화 조약을 맺었다.

✸ 에우도키아(Eudocia)의 파란만장한 삶

≪동로마 황후 에우도키아는 한때 형제들에게 쫓기고, 결혼 후에는 남편으로부터 정결을 의심받았으며, 훗날에는 하나뿐인 딸이 야만족의 포로가 되어 머나먼 아프리카로 끌려갔다. 그녀는 남편의 의심에 항의하며 순결과 우정의 선을 넘지 않았다고 맹세했지만, 카이사르는 원로원에서 "나의 아내라면 의심조차 받아서도 안 된다."고 말하며 폼페이아와 이혼했던 적이 있었다. 진실이야 어떠했든지 간에 에우도키아의 행동이 남편의 의심을 샀던 것은 사실이다.≫

○ 테오도시우스 2세의 황후 에우도키아는 어렸을 적에 아테나이스라는 이름으로 불리었다. 그녀의 아버지 레온티우스는 동시대의 사람들로부터 높게 평가되고 있는 아테네의 철학자요 이교도였으며, 딸의 교육에도 철저해서 아테나이스를 훌륭하게 교육시켰다. 그는 유산을 두 아들에게만 나누어 주고, 아테나이스에게는 미모와 재능으로 살아갈 수 있다고 판단했는지 금화 백 닢만 남겨 주었다. 이후 형제들 간의 다툼 때문에 콘스탄티노폴리스로 피신하여 테오도시우스 2세의 누나인 풀케리아에게 의탁하고 있었다. 그때 풀케리아는 아테나이스의 미모와 지성을 알아보고 황후감으로 일찌감치 점찍었다.

○ 누나로부터 아테나이스의 얘기를 들은 테오도시우스 2세는 그녀를 훔쳐볼 수 있는 기회를 얻었고, 곧 그녀에게 빠져 사랑을 고백하고 결혼을 했다. 그리고 아테나이스는 그리스도교를 받아들여 에우도키아라는 이름으로 세례를 받았다. 에우도키아는 황궁을 찾아온 몰인정한 형제들을 용서했고, 호화로운 황궁에서도 학예 연마를 게을

리하지 않았다. 그녀가 쓴 저작들은 공정한 잣대를 들이대더라도 무
시할 만한 수준이 아니었다. 테오도시우스 2세의 의해 438년 편찬된
유명한 '테오도시우스 법전'도 황후 에우도키아의 현명한 제안에 의
한 것이라고 전해지고 있다.

○ 그러하던 에우도키아의 영광도 시누이 풀케리아와 갈등을 빚으면서
막을 내렸다. 동로마 제국 통치권을 두고 두 여자의 불화로 황궁 안
이 어지러웠으나, 최종적으로 풀케리아가 승리했다. 풀케리아는 에
우도키아의 충복인 총무장관 파울리누스를 처형했고, 행정장관 키루
스를 파면시켰다. 파울리누스는 미남이었으며, 그는 에우도키아의

▌ 에우도키아가 새겨진 주화

▌ 풀케리아가 새겨진 주화

애인이라는 소문이 나돌았는데 이것이 그의 진짜 죄목이었다. 간통죄를 저질렀다는 소문으로 황제의 마음이 영영 멀어졌음을 알자 에우도키아는 스스로 청하여 예루살렘에 은거했다.

○ 이후 16년간을 이곳 유형지에서 더 살았으나, 테오도시우스 2세의 죽음과 하나뿐인 딸이 포로가 되어 로마에서 카르타고로 끌려가는 것을 보는 불행을 겪었다.(註. 에우도키아의 딸 리키니아 에우독시아는 발렌티니아누스 3세와 결혼했으며, 반달족의 로마 침입 시에 두 딸과 함께 카르타고에 포로로 끌려갔다.) 그녀는 팔레스타인 수도사들과 교류했으며, 인생의 흥망성쇠를 다 겪고 난 뒤 67세의 일기로 예루살렘에서 생을 마감했다. 에우도키아는 임종 순간에 평생 한 번도 순결과 우정 사이의 선을 넘지 않았다고 맹세했다. 아마 이것은 파울리누스와의 관계를 의심했던 죽은 남편 테오도시우스 2세와 콘스탄티노폴리스 황궁을 향하여 한 말이었으리라.

| 마음에 새기는 말 |

순결 · 온건 · 관대 · 자비와 같은 자질들은 용기로 뒷받침되고 신중함으로 조절될 때만 진가를 발휘하는 법이다.

– 테오도시우스 2세의 신앙심과 온건함이 그의 나약함과 게으름으로 인해 시민들에게는 전혀 도움이 되지 못한 것에 대하여.

☀ 올림피우스(Olympius)의 오판

≪로마는 국가를 지킬 군대가 없거나, 병사들은 있더라도 그들을 지휘할 지휘관이 없는 제국이 되었다. 군대를 지휘해 본 경험조차 없는 환관이 총사령관이 되었으니, 막강한 알라리코의 서고트군과 겨루어 승리하리란 애초부터 불가능했다. 결과론이지만 올림피우스는 코앞에 닥칠 미래의 위험을 예견하지 못하고 스틸리코를 제거하여, 자신의 죽음을 자초한 어리석은 자였다. 왜냐하면 현명한 자라면 얼마 후 닥칠 위험을 잴 줄 알아야 하며, 일이 벌어진 후에는 바보도 영리해지는 법이기 때문이다.≫

○ 스틸리코를 제거한 올림피우스는 행정과 군대의 최고 직위를 차지하여 제국의 실권을 장악했다. 다시 말해 알라리크의 공격을 방어하고 진압할 책임자가 된 것이다. 하지만 로마를 침입하여 굴복시키고 약탈한 후 명성과 권위가 더해진 알라리크는 병력이 10만 명으로 늘어나 있어 올림피우스가 얕볼 수 있는 상대가 아니었다.

○ 제1차 로마 포위를 푸는 조건으로 알라리크는 인질 교환과 군사 동맹을 요구했지만 호노리우스가 차일피일 미루자 그는 또다시 로마를 공격했다. 409년 제2차 로마 침입을 시도하면서 알라리크가 로마에 요구서를 보내자, 로마시는 알라리크의 요구서를 들고 라벤나 황궁으로 로마 사신들을 보냈다.(註. 알라리크는 408년, 409년, 410년 이렇게 3번에 걸쳐 로마를 포위했다. 410년 3번째 포위했을 때는 로마시를 공격하여 철저히 약탈했고 호노리우스 황제의 누이 갈라 플라키디아를 포로로 납치했다.) 그 요구서에서 알라리크는 일정한 금과 곡물을 연공

으로 지급하고, 제국의 영토 4곳에 정착지를 마련해 주며, 자신을 제국의 관리로 임명해 줄 것을 요구하는 등 라벤나 황궁에 압박을 가했다. 호노리우스가 이를 거절하자 알라리크는 노리쿰에 정착지를 마련해 줄 것과 연공은 금을 제외하고 곡물로만 받되 그것도 황제가 정하는 양만큼만 받겠다며 요구의 수위를 낮추었다. 이에 사람들은 알라리크의 겸허함과 자제력에 놀라워했다. 하지만 신중하지 못하고 현실에 무감각한 호노리우스는 그조차 거부했다.

○ 사신들이 3개월간이나 황궁에서 체류하고 있는 동안, 호노리우스 황제는 알라리크의 군대가 라벤나 황궁으로 쳐들어온다는 생각으로 광란에 빠졌다. 그는 제국의 군사와 행정을 손아귀에 쥔 올림피우스가 이 위기를 헤쳐 나갈 수 있기를 기대했으나 군사적 재능과 경험이 없는 올림피우스가 마땅한 대처 방안을 내놓을 리 만무했다. 이 세상에 재능이 결여된 야망처럼 위험한 것은 없다. 결국 광분한 호노리우스의 명령으로 그는 귀가 잘리고 채찍질당한 후 곤봉에 맞아 죽고 말았다. 두려움과 위험이 난무하는 시대 상황 덕에 보잘것없는 자가 우연한 기회에 막강한 권력을 쟁취하여 평시라면 바랄 수 없는 높은 지위까지 오르는 경우가 더러 있다. 하지만 이런 자는 운명의 노리개일 뿐 바람결에 흩날리는 나뭇잎과 같아서 얼마 지나지 않아 떨어지기 마련이다. 올림피우스가 바로 그러한 자였다.

○ 올림피우스의 제거에 앞장선 사람은 훗날 갈라 플라키디아와 결혼하여 호노리우스와 공동 황제가 되었고, 발렌티니아누스 3세를 낳았던 콘스탄티우스 3세였다. 콘스탄티우스는 유명무실한 존재였다가 스틸리코의 보좌관으로 발탁된 지휘관이었다. 그는 공식 석상에서 시무룩한 표정으로 항상 언짢은 모습을 지닌 비호감적 인상이었다. 긴

목에 넓은 이마와 툭 튀어나온 눈을 가진 그는 말 위에 힘없이 앉아 힐끔힐끔 곁눈질하기에 바빴다. 그러나 연회석에서는 언제 그랬냐는 듯이 활달하게 장난치며 대단한 친근감을 보였다. 이러한 친화력이 그가 발탁될 수 있었던 이유였을 것이다. 콘스탄티우스가 올림피우스를 죽인 것은 스틸리코와 막역한 사이였던 그가 올림피우스를 증오하고 있었기 때문이다. 호노리우스 황제로서도 적과 대적하여 무찌르지 못하고, 적의 요구를 단호히 거절하자는 말만 되풀이하는 군사령관은 필요가 없었다.

❋ 야만족에 의한 황제의 옹립과 퇴위(409~410년)

≪멸망해 가는 제국은 통치자의 선출권조차 빼앗기고, 제국의 시민이 아닌 타민족의 손에 의해 즉위한 통치자를 인정할 수밖에 없었다. 그렇게 제국의 지배권을 손에 넣은 자는 수치심도 모르고 야만족의 결정에 통치자의 권리를 내맡겼다. 관리들은 기회와 상황에 따라 주인을 바꿨으며, 야만족들은 이를 보고 제국의 지도층인 그들을 경멸했다. 야만족들이 제국의 상류층을 보는 눈이 그러했거늘 평민의 경우는 논할 필요조차 없었다. 문명인이라는 로마인들의 자존심은 여지없이 무너지고 문명과 야만은 지배와 피지배를 서로 맞바꾸었다.≫

○ 409년 서고트족의 알라리크가 군사를 일으켜 노리쿰에 정착지를 마련해 주고 연공으로 곡물을 달라며 라벤나 황궁을 향해 요구서를 내

밀었으나 거부당하자, 그는 로마시를 또다시 포위 공격했다. 두 번째로 로마를 포위한 알라리크는 로마의 곡물 창고격인 오스티아 항구를 먼저 점령하고 압박했다. 그는 로마 시장 아탈루스를 황제로 옹립한 후, 로마 원로원에 이를 승인하라고 강요했고, 그만큼 막강한 위세를 떨쳤다. 전쟁과 기근의 공포 앞에서 원로원의 자존심은 완전히 굴복하여 알라리크의 요구를 승인했고, 아탈루스는 이에 대한 감사의 뜻으로 알라리크를 서로마군 총사령관에 임명했다. 알라리크의 처남 아타울프는 황제 호위대장이 되었고, 그 밖의 주요 직위는 승리의 여신상 철거에 반대했던 심마쿠스와 뜻을 같이했던 동료 원로원 의원들이 차지했으며 이들은 모두 이교도였다. 이로써 로마의 굴욕은 자신의 통치자조차도 스스로 선출할 수 없는 지경에 이르렀다.

▌ 오스티아의 로마 유적지

○ 로마의 성문은 서고트군에게 활짝 열렸으며, 아탈루스는 야만족 군대에 둘러싸여 과거의 영광이 스민 황제들의 포룸을 행진하고 원로원을 소집했다. 원로원 연설에서 그는 제국의 주권을 회복하고 속주들을 다시 통합시키겠다며 호언장담했다. 그러나 이성을 지닌 시민이라면 아탈루스의 번지르르한 연설은 전혀 실현 가능성이 없는 허구라는 것쯤은 알고서 경멸감을 느꼈다.

○ 알라리크는 자신이 옹립한 황제를 호노리우스가 있는 라벤나까지 안내했다. 알라리크가 군사를 일으켰을 때 그의 겸허한 요구조차 거부했던 라벤나 황궁에서는 두려움에 싸여 군지휘관 발렌스, 재무장관 포타미우스, 수석 서기관 율리아누스 등이 대표단을 구성하여 서고트족 진영을 방문했다. 비굴하게도 대표단은 아탈루스가 적법한 절차로 황제에 즉위했음을 인정할 수밖에 없었고, 호노리우스와 아탈루스가 이탈리아와 서로마 속주들을 분할하여 통치하자는 굴욕적인 제안까지 했다. 그들의 제안은 교만해진 아탈루스에 의해 오히려 거절당했을 뿐 아니라, 호노리우스가 즉시 퇴위한다면 어딘가의 섬에서 평화로이 여생을 마칠 수 있도록 관용을 베풀겠다는 욕된 소리를 들어야 했다.

○ 호노리우스의 상황은 너무나 절망적으로 보였다. 상황에 따라 일변하는 줏대 없는 관리는 항상 있게 마련이다. 고급 관리인 요비우스와 발렌스는 호노리우스 황제를 버리고, 아탈루스의 품에 안기는 신의 없는 행동을 했다. 그중 요비우스는 스틸리코 파에 속했으나, 올림피우스 정변 때 살아남은 자였다. 그는 올림피우스가 제거되고 나서 이탈리아 행정장관이 되어 실권을 쥐고 있었다. 호노리우스는 측근들의 배신과 자신의 처지에 놀란 나머지 언제 죽을지 모른다는 생

각에서 두려움에 떨었으며, 어린 조카인 동로마의 테오도시우스 2세의 영토로 피신할 수 있도록 몇 척의 배를 준비시키기도 했다.

○ 위기를 맞아 절망에 빠져 현명하거나 남자다운 결단은커녕 도망갈 궁리만 하고 있던 호노리우스에게 기대하지 않았던 4천 명의 충성스런 정예 부대가 동방에서 출병하여 라벤나에 도착했다. 곧이어 알라리크의 강요로 아탈루스가 아프리카를 복속시키기 위해 보냈던 군대가 아프리카 코메스인 헤라클리아누스에게 패배했다는 소식이 날아들었다. 게다가 충성스런 헤라클리아누스는 호노리우스를 위해 많은 돈을 보냈으며, 아탈루스 세력을 약화시키기 위해 로마로의 곡물과 기름 수출을 막아 버렸다. 지원군이 도착하고 상황이 바뀌자 절망했던 호노리우스는 위기를 벗어날 수 있었다.(註. 헤라클리아누스는 올림피우스와 막역한 사이였고 직접 스틸리코의 목숨을 거둔 자였다. 그는 410년 알라리크가 세 번째 로마 약탈을 감행하여 프로바의 가족들을 비롯한 로마 시민들이 아프리카로 피신했을 때, 귀족 처녀들을 시리아 상인들에게 시집보낸다는 명목으로 사실상 팔아넘기는 파렴치한 행위를 저질렀다. 그는 충성과 아첨은 할 수 있어도 자비와 선행은 베풀 줄 모르는 자였다. 나중에는 그의 충성심조차도 변질되어 반란을 일으켰으나, 당시 세력을 떨치던 콘스탄티우스 3세에게 패배해 참수되었다. 콘스탄티우스 3세는 스틸리코 살해의 주역인 올림피우스와 헤라클리아누스 2명을 모두 처형함으로써 스틸리코의 은혜를 갚았다.)

○ 아프리카 원정의 실패는 아탈루스 진영의 불만과 상호 비난으로 이어졌으며 세력 분열이 일어났다. 분열은 아탈루스의 지위를 약화시켰으며, 알라리크로서도 자신의 은혜로 황제의 지위까지 올라선 자가 고분고분하게 순종하지 않는 데 실망했다. 왜냐하면 아프리카 원

정군에 500명의 서고트군을 함께 태우자고 알라리크가 주장했으나, 아탈루스는 완강히 거절했고 그것이 패전의 원인이라고 생각했던 것이다.(註. 아탈루스는 로마의 명성 있는 귀족 가문이었고, 제국 영토 중에서 야만족의 말발굽에 짓밟히지 않은 유일한 아프리카를 야만족의 분탕질로 더럽히고 싶지 않았는지 모른다.) 더군다나 상황이 이렇듯 순식간에 달라지자 호노리우스를 배반하고 아탈루스에게 충성을 맹세했던 요비우스는 얼굴 하나 붉히지 않고, 아탈루스를 더 효과적으로 파멸시키기 위해 호노리우스를 저버린 척했다고 변명했다. 도대체 이러한 자에게 고위 관리의 지위를 주었다는 것만으로도 제국의 도덕이 땅에 떨어지고 멸망이 가까워졌다는 것을 웅변하는 것이 아니고 무엇이겠는가?

○ 결국 알라리크는 자신의 손으로 제위에 올려 주었던 아탈루스를 자신의 손으로 끌어내렸다. 제위를 빼앗긴 아탈루스는 부끄러운 줄도 모르고, 분노한 군중에 의해 목숨이 달아날까 두려워 알라리크에게 서고트족 군대를 따라다니게 해 달라고 애원했다.

○ 410년 알라리크와 라벤나 황궁 사이에 평화 협상이 다시 시도되었다. 하지만 알라리크는 호노리우스를 만나러 라벤나 근처에까지 접근했을 때 로마 동맹군으로부터 공격을 받았다. 더욱이 공격한 로마군 지휘관이 자신과 부족의 통치권을 두고 다투던 시제리크(註. 혹은 '세르게리크'라고도 한다.)의 형제 사루스인 것을 알고 알라리크는 격노했다. 사루스는 알라리크와의 경쟁에서 패한 다음 전향하여 로마군 지휘관으로 근무하고 있었는데, 알라리크에게 복수하고자 호노리우스의 허락도 없이 공격한 것이다. 화가 치민 알라리크는 병사들의 창끝을 즉시 로마시로 되돌려 포위한 후 공격을 가했다. 그가 로마에

도착했을 때 서고트족 병사들은 이미 로마 성안에 있던 사람들과 내통하고 있었으므로 어렵지 않게 살라리아 문이 열렸고 도시는 순식간에 무장한 야만족의 수중에 떨어졌다. BC 390년 갈리아족에게 약탈당한 지 800년 만에 또다시 로마는 외적의 약탈 앞에 무방비로 놓였다. 알라리크는 로마를 3일 동안 약탈했다. 도시에 쌓여 있던 엄청난 보물들은 모조리 약탈당했지만 시민들은 성당으로 피신해 목숨을 구했다. 알라리크가 신성한 장소에 피신한 자들을 해치지 못하게 했기 때문이다.

○ 한번은 약탈 중인 서고트족 병사가 성당에서 한 여인을 다그치며 금과 은을 요구하자, 그녀는 병사에게 많은 재물을 가져왔다. 그 병사가 그 규모와 아름다움에 입을 다물지 못하자 그녀는 말했다. "이는 성 베드로의 신성한 물건이다. 네가 감히 가져갈 수 있다면 가져가라!" 그 병사가 알라리크에게 그녀를 데리고 와서 고하자 그는 당장 그 물건들을 성 베드로 성당에 온전히 돌려보내고, 여인을 성당까지 호위하여 데려가도록 엄히 명령했다. 그들이 침략군이긴 해도 아리우스 파에 속하는 그리스도교인들이어서 성물을 두려워했던 것이다.

○ 알라리크가 죽은 후 후계자가 된 알라리크의 처남 아타울프는 414년 호노리우스 황제의 누이이자 포로였던 갈라 플라키디아와 결혼식을 올렸다. 그때 아탈루스는 아타울프에 의해 다시금 황제로 추대되었으나, 이름만 황제일 뿐 아타울프와 갈라 플라키디아의 결혼식 때 축가를 부르고 합창단을 지휘하라는 명령을 받는 지위로 떨어졌다. 훗날 그는 콘스탄티우스 3세와 서고트 족장 발리아 간의 합의에 따라 호노리우스 손에 넘겨진 후, 두 차례나 제위에 올랐음을 상징하기 위해 손가락 2개를 절단당한 채 리파라섬으로 추방되어 그곳에서 욕

「호노리우스 황제의 취미」, 존 윌리엄 워터하우스 作

된 생을 마감했다.(註. 갈라 플라키디아는 410년 알라리크의 로마 약탈 때 포로가 되었다. 그때 서로마 황제이자 그녀의 오빠인 호노리우스는 서고트족에게 로마가 쓰러졌다는 보고를 라벤나 황궁에서 받았다. 그는 자신이 애지중지 키우던 병아리 '로마'가 죽었다는 것으로 잘못 알고서 "바로 어제까지 내가 먹이를 주었는데!" 하면서 놀랐으나, 수도 로마시가 함락되었다는 것을 알고 마음의 안정을 되찾았다고 한다. 수도가 약탈당했다는 것도 여동생이 포로가 되었다는 소식도 호노리우스에게 분노의 힘을 주지 못했다. 그리고서도 그가 황제였다.)

| 마음에 새기는 말 |

세상에는 신의 섭리가 있어 죄 없는 자들과 어리석은 자들을 항상 지켜보고 있다.

_ 6세기 동로마 역사가 프로코피우스

※ 시네시우스(Synesius)의 안드로니쿠스(Andronicus) 총독에 대한 파문

≪사소한 일의 발단이 훗날 돌이킬 수 없는 중요한 사건으로 발전되기도 한다. 시네시우스의 정당한 조치는 훗날 막강한 종교 권력으로 발전했다.≫

○ 히파티아는 알렉산드리아의 저명한 여류 철학자이자 천문학자이며 수학자였다. 그녀의 제자인 시네시우스는 키레나이카 속주에 있는 프톨레마이스의 주교가 된 적이 있었다. 철학자이기도 한 그는 주교직에 대하여 처음에는 내키지 않은 듯했지만, 일단 맡고 나자 자신의 임무를 위엄 있고 훌륭히 수행했다. 일례로 시네시우스는 돈으로 매수한 총독이라는 직위를 이용하여 약탈과 고문을 자행하고 직권을 남용한 안드로니쿠스를 대차게 처벌했다.

○ 당초 시네시우스는 안드로니쿠스 총독과 그 부하 관리들을 종교적으로 온건하게 훈계하여 잘못을 뉘우치게 하려 했으나, 그들의 교만함으로 효과가 없자 최후의 수단인 파문을 선고했던 것이다. 그는 성직자들과 제국의 관리들 나아가서 모든 신도들에게 파문당한 자와 일체의 교류를 끊게 하고 살아 있는 동안에는 주요한 의식을, 죽어서는 장례 의식을 거절하라고 강력히 요구했으며 이는 모든 교회뿐 아니라 교묘한 방식으로 황궁에까지 강요했다. 만약 이들 불경한 자들과 교류를 한다면, 교류한 자들 또한 같은 죄로 파문할 것이라고 덧붙였다.

○ 이러한 조치의 결과로 안드로니쿠스를 비롯한 부하 관리들은 그 일가까지도 포함하여 제국 내의 모든 사람들로부터 배척당하고 혐오를

| 프톨레마이스

받았다. 이 뉘우칠 줄 모르는 잔인하고 포악한 자들은 그리스도의 이름으로 특권을 박탈당했고, 더 이상 성사에 참여할 수 없었고 죽어서 천국에 갈 수 있다는 희망을 품을 수도 없게 되었다. 공포로 겁에 질린 안드로니쿠스는 결국, 시네시우스에게 자비를 간청하며 꿇어 엎드렸다. 압제자를 굴복시킨 시네시우스 주교는 세속의 권력보다 천상의 권력이 강하다는 것을 보여 주었고, 이 선례는 성직자들에게 승리의 길을 비추어 주었다. 그 이후 마침내 로마 주교는 교황이라는 엄청난 호칭으로 불리면서 황제의 목덜미까지 짓밟게 되었던 것이다.(註. 서로마가 멸망한 후에도 동로마 황제가 교황을 지배하고 있었지만 8세기에 접어들면서 로마 교황청은 동로마 황제들이 신봉하던 단성론을 이단으로 규정하고, 동로마 황제 레오 3세의 성상 금지령에 반발하는 등 교리 문제로 황제와 맞섰다. 그러던 중 8세기 중엽 롬바르드족이 이탈리아를 침입했을 때 당시 교황 스테파누스 2세가 동로마 황제에게 도움을

요청했지만 지원을 받지 못하자 프랑크 왕 페핀에게 도움을 요청하여 물리칠 수 있었다. 754년 페핀이 롬바르드족을 물리치자 이를 계기로 교황은 더 이상 동로마 황제를 수장으로 받들지 않았다. 이후 두 세력은 11세기에 그리스 정교와 로마 가톨릭으로 완전히 분리되었다.)

※ 요한네스(Johannes)의 실패와 발렌티니아누스 3세의 즉위(425년)

≪제국의 통치권을 테오도시우스 후손이 아닌 다른 사람과는 공유할 수 없다는 것이 동로마 황궁의 판단이었다. 요한네스는 불안한 지위를 안정시키기 위해 많은 노력을 기울였으나 모두가 헛되었다. 더욱이 적장을 살려 둠으로써 연약한 충성의 기반 위에 서 있던 휘하의 지휘관과 병사들까지 모두 잃고 말았다.≫

○ 콘스탄티우스 3세는 갈리아에서 뜻밖의 뛰어난 군사적 능력으로 야만족을 평정하고 호노리우스의 이복 누이 플라키디아를 귀국시켜 자신의 바람대로 그녀와 결혼할 수 있었다. 황제의 매부가 되어 마침내 공동 황제의 지위에까지 올랐지만 얼마 후 그는 갑자기 타계하고 말았다.

○ 그의 아내 플라키디아는 아들 발렌티니아누스의 제위 계승을 위해서라도 오빠 호노리우스 황제의 애정이 필요했다. 후사가 없던 호노리우스의 후계를 발렌티니아누스가 이어받는 것은 어쩌면 자연스럽게 보였으나, 그것은 어디까지나 제국의 실력자들이 합의를 도출해 낼

때의 일이었다. 나이 어린 발렌티니아누스를 지지해 보았자 득 될 것이 없다고 생각되면 당장에라도 배반을 하거나 아니면 모진 세파와 위험한 권력 다툼의 늪에서 허우적거리는 어린아이를 못 본 체 외면해 버리는 것이 당시의 세태였다. 그도 그럴 것이 제국의 최고 권력과 최상층 지위를 차지했던 막시무스, 아르보가스테스, 에우게니우스, 에우세비우스, 스틸리코, 올림피우스, 콘스탄티누스 3세, 헤라클리아누스 등이 모두 비참하게 최후를 마쳤고, 그중 몇몇은 호노리우스 황제 앞에서 신체를 훼손당하며 곤봉에 맞아 죽었고 몇몇의 반란자는 목이 창끝에 매달려 전시되었기 때문이다. 플라키디아는 그것을 잘 이해하고 있었다. 따라서 그녀는 호노리우스의 애정을 얻기 위해 노력을 기울였지만 오히려 그러한 노력이 남매간의 성적 추문으로 소문나고 말았다.

○ 라벤나 황궁 주변의 사람들은 황제와 국정을 마음대로 주무르자면 남매가 힘을 합하는 것보다 반목하는 것이 이롭다고 생각했다. 그들은 남매 사이를 이간질했고, 갈라 플라키디아는 지혜의 힘을 발휘하지 못하고 그들의 책략에 휘말려 들어 호노리우스의 철저한 미움까지 받았다. 결국 그녀는 더 이상 견디지 못하고 422년 동로마의 콘스탄티노폴리스 황궁으로 내쫓기다시피 망명길에 올랐다. 그러다가 플라키디아가 서로마에 없던 그다음 해에 호노리우스가 갑자기 숨을 거두었다.

○ 황제 자리가 비게 되자 콘스탄티우스 3세가 생전에 제국의 고위직으로 승진시켜 놓은 자들끼리 제위 다툼이 벌어졌다. 결렬한 투쟁 끝에 카스티누스 장군과 시종장을 맡고 있었던 아이티우스를 지지 세력으로 두고 있던 공문서 보관소장 요한네스가 최종 승리하고서 스스로 서로마 황제임을 선포하기에 이르렀다.(註. 아이티우스의 아버지 가우

| 라벤나의 갈라 플라키디아 영묘

덴티우스는 갈리아 사령관을 지냈으며, 제위 찬탈을 둘러싸고 일어난 이
때의 폭동 와중에 살해되었다.)

○ 권력 다툼에서 승리한 요한네스는 황제 즉위를 승인받기 위해 동로
마에 사절을 파견했다. 그러나 동로마의 테오도시우스 2세는 서로마
사태를 매우 못마땅하게 여겼다. 황가 자손이 아닌 자가 서로마의 지
배권을 차지하겠다며 허락을 요구했으니 테오도시우스가 받아들였
을 리 만무했다. 더군다나 헤라클리아누스가 처형된 뒤 북아프리카
사령관이 된 보니파키우스가 흔들림 없이 플라키디아를 지지하고 있
었으므로 동로마 황궁은 더욱 고무되었다. 주위의 지지에 힘을 얻은
테오도시우스 2세는 서로마 황궁이 있는 라벤나에 원정군을 파병하
여 고종사촌 발렌티니아누스 3세를 제위에 앉히려고 마음먹었다. 그
는 플라키디아 모자를 서둘러 그리스의 테살로니카로 보내고, 동로

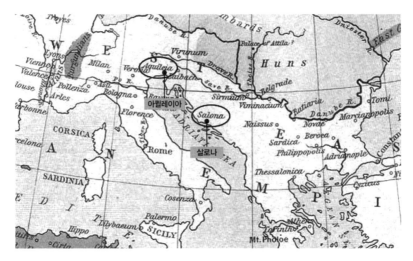

아퀼레이아와 살로나

마의 명망 있는 3명의 장군 아르다부리우스와 아스파르 그리고 칸디디아누스를 사령관으로 임명하여 병사들을 서로마에 파견했다.(註. 아르다부리우스는 아스파르의 아버지이며 당시 그들 부자는 페르시아와의 전쟁을 승리로 이끌어 기세등등했다.)

○ 빼앗긴 서로마 황제 자리를 되찾기 위한 모든 노력이 순조롭게 이루어지는 듯했으나, 아드리아해의 두 항구 도시 살로나(註. 현재 크로아티아의 '솔린')와 아퀼레이아를 점령하려는 순간 갑자기 광풍이 불어 아르다부리우스가 항로를 벗어나는 통에 서로마군에게 생포되고 말았다. 그는 라벤나로 압송되었고, 요한네스는 포로가 된 그를 이용하려고 계획했다. 하지만 오히려 아르다부리우스는 동로마의 파병 규모가 엄청나다고 꾸며 말하면서 요한네스 지지 세력을 설득하자, 그들은 주군을 배반하고 적의 편에 섰다.

○ 곧이어 아스파르의 기병대가 라벤나를 공격하자 짧은 접전 끝에 요한네스는 휘하의 부관들의 변절로 생포되었다. 그는 아퀼레이아로 압송되어 오른 손목이 잘린 후 당나귀에 태워져 구경거리가 된 다음 참수형에 처해졌다. 그 이후 발렌티니아누스 3세가 서로마 제국의 통치권자로 선포되었다. 제위에 오른 그는 불과 일곱 살이었다.

※ 아이티우스(Aetius)의 계략과 보니파키우스(Bonifacius)의 실패 (427~432년)

≪아이티우스는 계략에 능한 자였다. 계략으로 일을 추진하는 자는 쉽사리 계략을 포기하지 못하는 법이다. 그것은 그가 정공법으로 돌파하기보다는 계략을 사용하는 자신의 장점을 충분히 납득하고 있기 때문이다.≫

○ 발렌티니아누스 3세의 모후로서 서로마를 섭정하고 있는 갈라 플라키디아에게는 아이티우스와 보니파키우스라는 두 명의 훌륭한 장군이 있었다. 보니파키우스의 충직함과 우직함과는 달리 아이티우스는 영악했으며 수단을 가리지 않고 경쟁자를 쓰러뜨리려고 했다. 따라서 두 장군은 스러져 가는 제국의 기둥이 되기 위해 서로 간에 협조하고 힘을 합쳐야 했으나, 질투와 시샘으로 불화만 쌓였고, 이 둘의 불화는 나폴레옹이 말했듯이 뛰어난 두 장수가 평범한 한 장수보다도 못한 결과를 가져왔다.

○ 서로마의 호노리우스 황제가 죽은 후 요한네스가 반역을 일으켰을 때, 보니파키우스는 테오도시우스의 후손들에게 한결같은 충성을 바쳤다. 그가 아프리카에서 동원한 군대와 물품은 요한네스의 반역을 진압하는 데 결정적인 기여를 했던 것이다. 그러나 아이티우스는 오히려 요한네스의 반역을 지지했으며, 찬탈자를 돕기 위해 도나우강에서 이탈리아 국경까지 6만 명의 훈족 군대를 이끌고 오기까지 했다. 앞서 서술한 대로 이때 요한네스는 아이티우스가 전투에 나서기도 전에 패배하여 아퀼레이아에서 참수당했던 까닭에 아이티우스는 로마 황제군과의 결전을 피할 수 있었다.

○ 아이티우스는 보니파키우스에게 이기기 위해 권력을 쥔 여자의 특성을 이용하기로 마음먹었다. 그는 교묘하고 달콤한 아첨으로 충성과 우정의 가면을 쓰고 음험한 의도를 숨겼다. 의심받지 않을 정교하고 세련된 말솜씨로 플라키디아와 보니파키우스를 동시에 속였다. 플라키디아에게는 보니파키우스가 아프리카에서 반역을 준비 중에 있으니 그를 소환하라고 설득했고, 보니파키우스에게는 플라키디아의 소환 명령에 응하면 사형뿐이라고 충고했다. 그런 다음에 보니파키우스가 소환에 응하지 않자 플라키디아에게 이는 반역의 증거이자 신호라고 속삭였다.(註. 하지만 아이티우스의 주장은 사뭇 다르다. 당시 이탈리아 사령관 펠릭스는 보니파키우스와 전투를 벌이려고 계획하고 있었다. 따라서 아이티우스의 주장에 따르면, 이탈리아를 떠나 있을 때가 걱정되었는지 펠릭스는 자신이 하지도 않은 말을 한 것처럼 꾸며 모함했다는 것이다. 아이티우스는 펠릭스가 아프리카에서 보니파키우스에게 패하고 돌아오자 펠릭스뿐만 아니라 그 아내에게도 죄를 물어 부부 모두를 처형했다. 하지만 누구의 말이 진실인지는 알 수 없는 일이다. 이 내용은

뒤에서 상술했다.) 급기야 남을 의심할 줄 모르는 보니파키우스는 자신을 지키기 위해 속주를 무장시켰다. 그는 이탈리아 사령관 펠릭스가 이끄는 토벌군을 패퇴시키기는 했지만, 군기도 약하고 무질서한 아프리카 군대를 이끌고 계속되는 서로마의 정규군을 상대할 수 없음을 깨달았다. 결국 보니파키우스는 친구 한 명을 반달족의 곤데리크에게 보내 도움을 준다면 만족할 만한 정착지를 영구히 제공하겠노라고 약속함으로써 위험한 야만족을 내전에 끌어들였다.

○ 보니파키우스의 제안에 답변을 준 것은 곤데리크의 이복동생 겐세리크가 반달 부족장으로 있을 때였다. 포악하면서도 음흉하고 잔인한 겐세리크는 아프리카의 풍요로움에 구미가 당겼다. 호전적인 반달족은 박해를 받던 도나투스 파의 적극적인 지지에 힘입어 파죽지세로 아프리카의 도시들을 점령해 들어갔다. 메디올라눔 황궁에서는 보니파키우스가 충성심을 버리고 자신에게 맡겨진 속주들을 파괴하도록 야만족을 끌어들였다는 데 경악했다. 그제야 보니파키우스는 아이티우스의 계략을 알았지만, 이미 저질러진 일을 되돌릴 수 없었다. 아이티우스 계략의 전모가 드러났지만, 플라키디아와 보니파키우스는 자신들이 저지른 치명적인 실수를 탄식할 뿐 돌이킬 수 없었다.

○ 반달 부족장은 어떤 화해 조건도 받아들이지 않았으며, 속주의 완전한 굴복만을 요구했다. 반달족의 난폭한 기질은 저항하는 자를 살려두는 법이 거의 없었고, 동포들이 도시의 성벽 아래서 죽기라도 하면 그 도시 전체를 파괴하는 것으로 보복했다. 포로들에게 재물을 끌어낼 수만 있다면, 남녀노소와 지위 고하를 막론하고 부끄러운 치욕과 무시무시한 고문을 가했다. 가톨릭 파에 대한 무어인과 도나투스파

의 복수심으로 인해 가톨릭 파가 장악하고 있던 아프리카의 전쟁 참화는 더욱 끔찍한 양상을 띠었다.

○ 도움을 요청받은 반달족이 오히려 정복자의 기세로 나타나자, 보니파키우스는 정예 부대와 속주에서 서둘러 편성한 군대를 이끌고 반달족과 맞섰지만 엄청난 손실을 입고 패배했으며, 대부분의 병사들이 반달족의 손에 살해되거나 포로가 되었다. 패장이 된 보니파키우스는 서로마 황궁의 부름을 받아 발렌티니아누스 3세와 플라키디아의 처분에 목숨을 맡길 각오를 하고 불안한 마음으로 라벤나 황궁에 들어갔다. 하지만 그의 근심은 플라키디아의 미소와 포옹으로 단숨에 날려 버릴 수 있었다. 플라키디아는 보니파키우스를 따뜻하게 맞이했을 뿐 아니라, 그에게 고관의 지위와 이탈리아 사령관의 직책까지 내렸다.

○ 아이티우스가 계략으로 황실과 제국을 농락하였음이 천하에 드러난 만큼 분노한 보니파키우스와 아이티우스의 결전은 예정된 수순이었

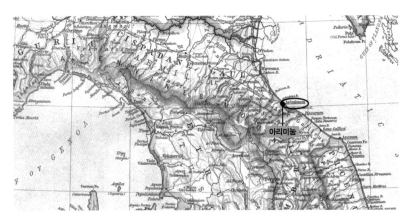

아리미눔

_____ 로마의 선택과 결정 ⑥ 제국의 몰락

다. 아리미눔(註. 현재 지명 '리미니') 근처에서 격돌한 두 사람 간의 전투에서 줄곧 보니파키우스가 우세했으나, 여기서도 아이티우스는 그의 타고난 계략을 이용했다. 불리한 전세를 뒤엎기 위해, 그리고 자존심이 강한 보니파키우스가 거절하지 못할 것임을 알고 일대일 결투를 청한 것이다. 아이티우스는 하인을 시켜 결투에 쓸 창을 은밀히 더 길게 개량했다. 양군의 병사들이 지켜보는 앞에서 벌어진 두 사람의 승패는 말을 달려 격돌하는 순간 결판났다. 보니파키우스는 충돌의 충격으로 허공을 돌며 말에서 떨어져 5일 뒤에 생을 마감했다. 의심스럽기는 하지만 그는 죽으면서 부유한 상속녀가 된 아내에게 아이티우스를 두 번째 남편으로 맞이하라는 유언을 남겼다고 한다. 아이티우스는 보니파키우스와의 대결에서 승리했으나 전투에서는 패했고, 모후 플라키디아에 의해 반역죄로 선고되어 판노니아로 후퇴해야만 했다.(註. 보니파키우스가 반달족을 아프리카로 불러들였다는 것은 6세기의 역사가 프로코피우스의 저술에 따른 것인데, 이에 대해 피터 히더는 반달족이 아프리카로 몰려 들어온 429년에 라벤나 황궁과 보니파키우스 간의 갈등은 이미 말끔히 해소된 상태였으므로 신뢰할 수 없다고 주장했다. 그의 주장이 사실이라면, 플라키디아는 보니파키우스의 힘을 빌려 한때 요한네스 편에 서서 발렌티니아누스 3세에게 대항했던 아이티우스의 죄를 처벌한 것이라고 여겨진다.)

| 마음에 새기는 말 |

본성이 열등한 자일지라도 아래를 내려다볼 수 있는 높은 지위에 오르면 아래에 있는 자들에게 훌륭하고 위엄 있게 보이기 마련이다. 그러나 그 것은 풍요 속에 있을 때뿐이다. 왜냐하면 열등한 자란 풍요 속에 있을 때

만 고결한 생각을 갖기 때문이다. 하지만 진정으로 기품 있고 한결 같은 영혼을 소유한 자는 불행과 가난 속에서도 본성을 잃지 않고 스스로 밝게 빛난다.

※ 아이티우스의 '삶에 충실하다'란 것에 대하여

≪아이티우스는 처해진 상황에 적절하게 적응하며 그때그때마다 충실했다. 그는 자신의 처지가 열악하고 위험과 어려움이 닥쳤을 때도 희망의 끈을 놓지 않았으며, 심지어 훈족의 볼모가 되었을 때조차 오히려 그들의 친구가 되었고 볼모에서 벗어나서도 우호 관계를 유지하여 위기에 닥쳤을 때 훈족의 위세와 무력을 빌렸다. 영악했던 그는 무엇이 옳은 길인가보다는 어떻게 해야 승리하고 살아남을 수 있을 것인가를 먼저 살폈으며, 역경에 한탄하지 않고 폭풍에 평정심을 잃지 않았다.≫

○ 서로마의 황제 참칭자 요한네스는 동로마군이 공격해 온다는 소식을 들었을 때 어떤 대비책을 마련해야 했다. 그는 자신의 지지자인 아이티우스가 한때 훈족에게 인질로 있던 경험이 있어 그들과 연줄이 닿는다고 판단하고서 훈족에게 도움을 요청하도록 아이티우스(Flavius Aetius)를 훈족 땅에 보냈다.

○ 로마 제국의 지휘관 아들로 태어난 아이티우스는 어린 시절을 볼모 생활로 세월을 보냈으며, 아버지 쪽으로부터 게르만계 야만족의 피

를 받았으나, 어머니는 이탈리아 태생의 로마인이었다. 처음에는 서고트 족장 알라리크에게 3년간 볼모로 보내졌고, 다음에는 게르만계 야만족까지 '야만족'이라고 불렀던 훈족 틈에서 3여 년 남짓 볼모 생활을 했다. 아이티우스는 볼모에서 해방된 후에도 오랫동안 볼모로 가 있던 그곳의 사람들과 연락을 끊지 않았다.

○ 아이티우스가 요한네스의 명령을 받아 훈족 병사들을 이끌고 왔지만, 앞서 서술한 대로 이미 요한네스는 동로마군에게 패배하여 포로 신세가 된 후였다. 패배한 군주를 따랐던 아이티우스는 변명의 여지 없이 처형되거나 정계에서 도망쳐 권력의 힘이 미치지 않는 곳 어디에 피신해야 될 처지였다. 이 난제를 아이티우스는 다른 방법으로 해결했다. 자신이 몰고 온 훈족 병사들이 무려 6만 명을 헤아리는 막강한 병력인 것에 주목한 것이다. 그는 그 병사들의 위력을 이용하여 새로이 황제가 된 발렌티니아누스 3세 측에 위협을 가하며 협상을 시도했다. 결국 서로마 제국은 막강한 훈족 병사들의 무력 앞에 굴복하고 아이티우스를 갈리아 사령관에 임명할 수밖에 없었다. 아이티우스는 자신의 신분과 목숨이 보장되자, 데려온 훈족 병사들에게 적당한 대가를 치르고 그들의 땅으로 돌려보냈다.

○ 이제 서로마에는 3명의 실세가 두각을 나타냈다. 한 명은 북아프리카 사령관 보니파키우스였고, 다른 한 명은 갈리아 사령관 아이티우스였으며, 가장 세력을 떨치는 자는 이탈리아 사령관 펠릭스였다. 하지만 펠릭스는 반역을 준비한다고 알려진 보니파키우스를 토벌하기 위해 북아프리카로 진군하여 일전을 벌였으나 패배하고, 때마침 갈리아 사령관에서 이탈리아 부사령관으로 직책이 변경되어 이탈리아에 있던 아이티우스에게 모함죄로 체포되었다. 그가 말하기를, 아

이티우스가 플라키디아 모후에게는 보니파키우스가 아프리카에서 반역을 준비 중에 있으니 그를 소환하라고 설득했고, 보니파키우스에게는 플라키디아의 소환 명령에 응하면 사형뿐이라고 충고하여 보니파키우스와 플라키디아 사이를 이간질했다고 했는데, 아이티우스의 주장에 따르면 이는 허무맹랑한 모함일 뿐이라는 것이다. 그것이 펠릭스가 무고한 아이티우스를 모함한 것인지 아니면 펠릭스의 말이 사실인지는 알 수 없는 일이었다. 여하튼 아이티우스는 펠릭스 부부가 자신을 모함했다는 이유로 체포한 다음, 두 사람을 모두 라벤나에서 처형했다.(註. 펠릭스의 아내 파두시아는 한때 호노리우스 황제와 갈라 플라키디아 사이를 이간질했다는 의심을 받고 있었다. 그러므로 모후 갈라 플라키디아가 펠릭스 부부를 좋아할 리 없었다.)

○ 그럼에도 아이티우스가 모후와 보니파키우스 간에 이간질했다는 소문은 모함 때문이라는 것이 확증되지 않았고, 그의 입지가 확고해지지도 않았다. 플라키디아 모후는 아이티우스가 갈리아에 가 있는 틈에 반달족과의 전쟁에서 패한 보니파키우스를 불러 이탈리아 사령관에 임명했다. 플라키디아로서는 한때 요한네스 편에 서 있던 아이티우스보다는 콘스탄티노폴리스 황궁으로 쫓겨난 이후에도 변함없는 호의와 지지를 보내 주었던 보니파키우스에게 신뢰와 애정이 더 갔으리라는 것은 쉽게 상상할 수 있다. 결국 이 사건은 아이티우스와 보니파키우스 간의 대결로 치달았고 창검으로 승패를 갈랐다. 보니파키우스는 전투에서 아이티우스를 이겼으나, 전쟁터에서 아이티우스와 겨룬 일대일 결투 때 입은 상처로 죽고 만 것은 앞에서 이미 서술했다.

○ 아이티우스는 보니파키우스와의 전투에서 패한 후 시골 영지에 틀어

박혀 있다가, 암살의 위기까지 겪었다. 상심한 그는 마음을 바꾸어 다시 한 번 훈족에게 도움을 청했다. 옛정을 잊지 않은 막강한 훈족 병사들은 기꺼이 아이티우스를 위해 검을 뽑아 들었다. 아이티우스와 대치한 사람은 보니파키우스의 뒤를 이어 이탈리아 사령관이 된 세바스티아누스였으며, 세바스티아누스는 보니파키우스의 사위이기도 했다. 433년 두 군대의 격돌은 아이티우스의 완승으로 끝났고, 패전한 세바스티아누스는 콘스탄티노폴리스로 피신했다. 이로써 콘스탄티우스 3세가 죽은 후 12년간의 권력 투쟁에서 아이티우스는 모함, 패전, 암살 등 모든 어려움을 딛고서 명실공히 서로마 제국에서 최고 지위를 확고하게 굳혔으며, 마침내 '파트리키우스patricius'라는 고귀하고 명예로운 칭호까지 얻어 막강한 권세를 누렸다.(註. '파트리키우스patricius'는 직역 시에는 귀족이지만 국정을 총괄하는 재상이라는 의미였다.) 그뿐만 아니라 황제의 권위와 지위를 뛰어넘어 서로마 제국의 실질적인 지배자가 되었다.

○ 막강한 권력을 가진 그였지만 결코 황제의 자리에 앉지 않았다. 서로마를 통치하려면 동로마의 호의와 지원이 반드시 필요했고, 그러한 호의와 지원을 받으려면 권력은 차지하되 황제가 되어서는 안 되었다. 그것은 그가 요한네스로부터 깊이 배우고 깨달은 점이었다. 요한네스는 스스로 제위에 앉았기에 동로마의 심기를 거슬렸고 죽음을 자초했다. 누더기처럼 영토가 야만족들에게 찢겨 나간 서로마와는 달리 동로마의 테오도시우스 2세의 힘과 통치력은 동로마의 모든 영토에 고스란히 유지되고 있었기 때문이다.

○ 아이티우스의 아버지 가우덴티우스는 발칸 반도 출신의 로마군 지휘관이었다. 그는 갈리아 사령관을 지냈고, 요한네스의 제위 찬탈을

둘러싸고 벌어진 폭동 와중에 살해되었다. 아이티우스도 아버지의 전력에 따라 군에서 명성을 쌓았고 높은 지위에까지 올랐다. 6세기 투르의 주교 그레고리우스는 아이티우스를 이렇게 평가했다. "그는 중키의 균형 잡힌 체격에 사내다운 기질을 가진 자였다. 명석한 데다 힘이 넘쳤고, 활을 잘 다루었으며 지치지 않고 창을 휘두르는 탁월한 기병이었다. 군인으로서도 유능했지만 언변과 설득의 재주로 전쟁을 그치고 평화를 이루는 데도 재능을 보였다. 그럼에도 재물욕과 여색에는 무관심했고 행동이 담대하여, 소인배들의 말에 판단이 흐리게 되는 법이 없었다. 그리고 역경을 인내로 이겨 내고 힘든 일도 마다 않고 감당하려는 의지를 지녔다. 진정으로 아이티우스는 위험을 두려워하지 않았으며, 배고픔과 목마름 그리고 수면 부족에도 굴하지 않았던 자였다."

○ 아이티우스는 살아오면서 자신이 처해진 상황에 언제나 최선을 다했다. 어려서는 볼모 생활을 겪었고, 성년이 되어서는 훈족에게 쫓겨 갈리아로 쳐들어온 게르만계 부족과 싸웠다. 훈족의 아틸라가 서로마에 침공했을 때는, 어렸을 적 볼모로 있을 때 친구가 되어 놀았던 훈족을 상대로 갈리아의 카탈라우눔(註. 현재 프랑스 상파뉴의 샬롱 부근) 들판에서 전투를 벌여 승리했다. 물론 카탈라우눔 전투의 결과는 아이티우스 측의 완벽한 승리는 아니었지만, 훈족이 계속되는 공격을 당한다면 섬멸될 수 있는 위기에 처했다. 이때 아이티우스는 오히려 동맹군에게 그들이 처한 위험을 깨닫게 하여 아틸라를 끝까지 추격하는 것을 포기하게 했다. 그는 동맹군이었던 서고트 족장 테오도리크가 전사했으니 후계자 문제부터 해결해야지, 복수에만 마음을 둔다면 제위를 노리는 동생들의 야심 때문에 후계자의 지위가 위

험해질 수 있다고 족장의 아들 토리스문트를 설득했던 것이다. 그렇게 하여 한때 자신의 친구였던 훈족이 섬멸의 위험으로부터 빠져나갈 기회를 주었다. 그 결과 그는 조국을 배반하지도 않았고, 우정을 저버리지도 않았다. 아이티우스는 게르만족을 상대로 싸워야 할 때는 게르만족과, 훈족을 상대로 싸워야 할 때는 훈족과 싸워 가며, 자신이 처해진 현실에 충실하게 살았던 것이다.

│ 마음에 새기는 말 │

대개 열정과 냉철함은 양립하지 않으나, 장거를 이루려면 열정만으로는 부족하고, 거기에 냉철함까지 갖추어야 한다.

– 서로마 아프리카 담당 사령관 보니파키우스는 반란을 일으켜 독립을 꾀한다는 의심을 받고 서로마 제국 황제의 모후 갈라 플라키디아에게 공격을 당할 위기에 처하자, 반달족의 도움을 요청했다. 보니파키우스의 도움을 요청받은 반달족의 겐세리크는 이를 기회 삼아 북아프리카로 부족의 거주지를 찾아 이동했고, 결국 보니파키우스는 폭력적인 반달족에게 북아프리카의 통치권을 빼앗겨 버린 것에 대하여.

✵ 황제에 대한 원로원 의원들의 충성(438년)

≪로마의 지성을 대표하는 원로원 의원들이 이제는 황제에 대한 굴종을 넘어 아부를 다했다. 그들은 황제란 신이 내려 주신 고귀한 분

○ 제정 후기의 로마 황제는 살아 있는 신이었고, 그에 따라 황제와 관련된 모든 물품과 대상은 신성한 것이었다. 말하자면 황제가 가지고 있는 재물뿐 아니라, 심지어 잠자리의 상대에 이르기까지 신성한 것으로 경원시되었다. 만약 살아서 신이 되고자 했던 칼리굴라 황제가 이를 알았더라면 자신이 너무 일찍 황제가 된 것을 원통해했으리라.

○ 438년 테오도시우스 2세가 법전을 새로 집대성하고, 그해 성탄절에 이 법전(註. 후세에 이를 '테오도시우스 법전'이라고 한다.)을 제국의 옛 수도가 되어 버린 로마의 원로원 회의에 상정했다. 과거에는 로마 원로원의 의결을 거쳐야 법으로 정해졌지만, 이제는 황제가 포고하는 것만으로도 법제화되어 제국의 모든 질서를 규정할 수 있었다. 따라서 황제가 로마 원로원을 존중하여 새로 만든 법전을 상정해 주는 것만으로도 원로원 의원들은 감격했다. 이날의 원로원 회의는 이탈리아 행정장관 글라브리오 파우스투스가 주재했다. 그는 원로원들이 회의장으로 모이자 회의장에 법전을 공식 제출하는 것으로 시작했다. 파우스투스가 법전을 제출하자 그에 답하여 회의 석상에 모인 의원들은 일제히 목청껏 외쳤다. "황제 중의 황제, 가장 위대한 황제이시여!", "황제는 신이 우리에게 내려 주신 분, 신의 가호를 받는 분이십니다!", "경건하고 복이 많은 로마 황제들이 이 나라를 길이길이 통치하소서!", "인간을 위하여, 원로원을 위하여, 국가를 위하여, 모

든 것을 위하여!", "황제는 우리의 희망, 우리의 구원이십니다!", "황제의 만수무강을 비옵니다!", "세상을 평화롭게 하시고 이곳에서도 큰 공적을 이루소서!" 이런 종류의 축원과 환성이 각각 수십 회씩 반복하여 회의장에 울려 퍼졌다.

○ 당시의 관행에 따르면 제국의 중요한 행사를 치를 때 원로원 의원들은 으레 수백 번씩 환호성을 질렀다. 테오도시우스 법전을 선포하는 이 행사도 환성을 지르는 데만 거의 40분은 족히 걸렸을 것이다. 이렇게 회의 시작 때부터 시작된 아부의 구호는 회의가 본론으로 들어가서

| 테오도시우스 2세

도 "황제께서 이 법전을 만드신 것에 경의를 표하나이다! 황제께서는 모호한 점을 제거하셨습니다! 황제께서는 이처럼 지혜로운 일을 행하셨습니다! 제정된 법률이 위조되지 않도록 많은 부본을 만들고 문자로 완전하게 적어 주십시오!"와 같은 수없이 많은 아부의 말들을 쉴 새 없이 계속 외쳐 댔다. 대개 한 문장의 아부에 평균 20회 이상을 반복했다.

○ 법률에 대해서는 사람마다 의견 차이도 있으련만 원로원 회의는 한 마디의 반대도 없이 지상에 임한 신의 대리인에게 모조리 찬성 일색이었다.(註. 주교들 사이에 종교에 대한 분쟁이 있을 때 그들은 황제에게 종교 분쟁을 매듭지어 달라고 했으니 그 당시 황제들은 신의 대리인이 아니고 무엇이겠는가?) 제국의 지성인이자 정신적 지주였던 로마 원

로원 의원들이 한곳에 모여 자신들의 제일인자(프린켑스princeps)에게 아부를 다하며 잇따라 환호성을 지르고 찬양하는 모습에서 그 당시의 분위기와 상황을 이해할 수는 있겠다. 그러나 그런 의식이 던지는 의미를 되새겨 보니 참으로 씁쓸한 기분이 들지 않을 수 없으며, 이런 종류의 아부란 황제의 마음과 정신을 맑고 건강하게 하는 것이 아니라 오히려 병들게 할 뿐이어서 제국의 통치에 보탬이 되기보다는 해악이 될 것이 뻔했다.(註. 테오도시우스 법전의 상당 부분이 토지주의 권리 보호에 있었고, 원로원 의원들은 거의 모두 대토지주였다.)

☀ 아지무스 주민들의 용기(447년)

≪몰락해 가는 제국은 시민들의 안위와 재산을 지켜 줄 수 없는 지경에 이르렀으며, 시민들은 스스로라도 생명과 재산을 보호해야만 했다. 야만족의 엄청난 무력 앞에 제국의 힘은 너무나 나약했다. 그러나 공포스런 훈족도 스스로 무장하고 도시를 지키려는 아지무스 주민들의 대담함에 물러설 수밖에 없었다.

페르시아를 정벌하던 중 율리아누스가 죽고 제위에 오른 요비아누스는 후퇴로를 터 달라는 조건으로 니시비스를 포함한 티그리스강 유역의 몇몇 도시들을 페르시아로 넘겼다. 도시의 주권을 페르시아에게 넘긴다는 결정에 니시비스 주민들은 울면서 제국의 도시를 적에게 넘기지 말라고 간청했다. 그들은 제국의 군대가 니시비스를 지켜 줄 수 없다면 자신들이 이미 세 번이나 페르시아의 샤푸르 2세를 격퇴시킨 경험이 있으므로 주민 스스로 페르시아를 상대하여 물리치겠으니 제국과 황제의 이름으로 도시를 넘기지 말아 달라고 읍소했다. 그러나 요비아누스는 시민들의 눈물 어린 요구를 짓밟고 사흘 안에 도시를 떠나지 않으면 모두 사형에 처하겠다고 선포했다. 결국 니시비스의 주민들은 집 없는 유랑자가 되어 타향을 떠도는 비참한 신세가 되었다.

이런 점에서 보면 무능한 국가와 통치자가 적으로부터 지켜 줄 수는 없으면서 주민들을 통치할 힘만 남아 있는 것보다는, 차라리 그마저도 없는 편이 주민들의 안전과 행복을 위해 더 나았다. 즉 로마 제국이 좀 더 힘이 남아 있었던 4세기의 니시비스 주민보다도 제국의 힘이 거의 소진되고 자기 국민조차 통제할 수 없었던 5세기의 아지무스 주민들이 오히려 더 행복했다는 결론이다. ≫

○ 아시아계 유목 민족인 훈족은 서천을 거듭하다 마침내 그 세력이 로마 제국의 영토와 맞닿았다. 그들이 야생의 포악함과 강인함을 그대로 간직한 채 거침없는 기동력으로 게르만족을 몰아내고 동로마 제국의 국경을 넘어 영토를 짓밟자, 동로마는 보조금을 지불하겠다는 조건으로 그들을 달랬다. 평화를 황금으로 산 것이다. 하지만 약속이 제대로 이행되지 않자 훈족 왕 아틸라는 콘스탄티노폴리스에 사절을 보내 보조금 연체와 훈족 도망자들을 즉각 넘겨 달라며 동로마를 압박했다.(註. 권력 투쟁에서 패한 훈족 왕족들과 권신들이 아틸라를 피해 동로마에 피신해 있었다. 아틸라는 그들을 인계하라고 동로마에 요구한 것이다. 그들은 모두 17명이라고 알려졌으며, 훗날 강화 조약 체결시에 그중 5명은 아틸라에게 인계되었다. 이들은 당시의 관습대로 말뚝

에 찔려 살해되었으리라고 추측된
다.) 그러나 동로마의 테오도시
우스 2세는 아틸라의 요구를 묵
살했다.

아틸라

○ 그렇게 되자 이에 대한 항의로
아틸라는 동로마 제국을 향해
활시위를 당겼다. 훈족 군대는
도나우강 유역을 유린하고 마르
키아노폴리스, 테살로니카, 테
르모필라이 등 수십 곳의 발칸 반도 도시들을 쑥대밭으로 만들었다.
아틸라의 훈족에게 여지없이 무력감을 드러낸 동로마는 447년 굴욕
적인 강화 조약을 맺었다. 동로마는 신기두눔(註. 현재 세르비아의 '베
오그라드')에서 트라키아 지역 노바이까지 넓고 중요한 영토를 훈족에
게 양도하고, 사실상 공물인 보조금을 연간 금 230kg(700리브라)에서
금 690kg으로 3배를 늘리고 전쟁 비용 부담으로 금 1,960kg을 즉시
지불하기로 했다. 이는 442년 아틸라의 숙부 루아가 훈족 왕이었을
때 동로마가 평화를 유지하는 대가로 훈족에게 연간 금 115kg을 주기
로 합의한 후 보조금이 계속 증가한 것이다.

○ 이 조약에는 전쟁에서 포로가 된 훈족은 대가 없이 당장 석방하며,
로마인 포로는 금화 12닢(註. 12솔리두스)으로 자유를 사야 하며, 훈
족의 병영에서 탈영한 병사들은 훈족에게 넘긴다는 조건이 붙었다.
강제로 훈족의 깃발 아래서 병사로 생활해야 했던 여러 야만족 탈영
병들은 자신들을 훈족에게 넘긴다면 비참한 죽음뿐이라며 테오도시
우스 2세에게 깊이 헤아려 달라고 간청했으나, 황제는 이들을 모두

아틸라의 병영으로 넘겼다. 동로마 황궁은 자진하여 이 조건을 받아들이는 것처럼 가장했으나, 사실은 훈족의 맹공으로 두려움에 사로잡혀 평화만 얻을 수 있다면 훨씬 가혹한 조건도 받아들일 태세였다. 아틸라는 인계받은 병사들이 자신을 배반하고 적에게 항복한 병사들이라는 이유로 잔혹하게 처벌했는데, 모두 천으로 덮은 뒤 그 위를 말을 타고 달리게 하여 말발굽으로 짓밟아 죽였다. 이제 제국은 자신들에게로 귀순한 병사들을 보호해 줄 힘조차 없다는 것을 만천하에 드러내고 말았다.

○ 마르키아노폴리스에서 테르모필라이까지 거의 모든 도시들이 훈족의 말발굽에 짓밟혀 전쟁의 참화를 입었으나, 일리리쿰 국경의 산꼭대기에 자리 잡은 트라키아의 한 소도시 아지무스의 경우는 달랐다. 난공불락인 이 도시는 지도자의 재능과 주민들의 기상으로 훈족의 대군에 맞서 자신들의 생명과 재산을 지키고 존엄성을 유지함으로써 대담한 업적을 남겼다. 아지무스 주민들은 훈족 군대의 접근을 바라보고만 있지 않았다. 그들은 수차례의 기습 공격을 시도하여 전리품과 포로들을 빼앗아 오는 성과를 거두었고, 피난민과 탈영병 중 지원자들을 병사로 받아들여 부족한 병력을 보충했다.

○ 동로마 제국과 훈족 간의 굴욕적인 강화 조약이 체결됨에 따라 아지무스 주민들도 이를 따라야 할 판이었지만, 그들은 이 조약이 황제의 이름으로 체결되긴 했지만 그 내용이 자신들을 전혀 지켜 주지 못하고 있음을 알고 무시하기로 결정한 것이다. 이에 아틸라는 만약 아지무스 주민들이 조약의 조건을 따르지 않는다면 조약은 폐기되는 것이며, 무자비한 전쟁은 계속될 것이라고 동로마 제국을 위협했다. 테오도시우스 2세의 황궁에서는 자기들 고유의 독립권을 그토록 용

감하게 주장하는 주민들을 더 이상 통제할 힘이 없다는 것을 부끄럽
지만 솔직하게 아틸라에게 밝혀야 했다.

○ 그러자 훈족 왕 아틸라는 다른 도시들과는 달리 아지무스 주민들에
게만은 동등한 포로 교환 협상에 나설 수밖에 없었다. 왜냐하면 무시
무시한 아틸라조차도 아지무스 주민들의 용기와 기개에 승복했기 때
문이다.

※ 크리사피우스(Chrysaphius)의 음모와 아틸라(Attila)의 분노(449년)

≪쇠망해 가는 제국은 경쟁국의 군주를 제거하는 데도 정당한 방법
을 버리고, 편법과 술책을 시도했다. 하지만 그 비열한 시도는 실패하
여 야만족으로부터 멸시와 질책을 받고 관용을 구하는 처지로 전락
했다. 크리사피우스에게 사주받은 에데콘으로서는 멸망해 가는 제국
의 편에 설 이유가 없었지만, 이미 위험한 계획을 듣고 나서 이를 거
부한다면 적지에서 목숨이 위험해질 수 있었기에 거짓으로 제의를 받
아들이는 척 가장했으리라.≫

○ 콘스탄티우스는 아이티우스의 추천으로 훈족 왕 아틸라의 서기로 일
하게 된 갈리아 출신 관리였다.(註. 아틸라는 고트어로 '작은 아버지'란
의미다. 아틸라의 형 블레다의 이름도 고트어였다. 그뿐만 아니라 훈족 황
궁에서는 고트어를 공용어로 사용했다. 그렇다고 아틸라와 그의 황족들이
고트족인 것은 아니다. 그렇게 된 것은 훈족의 성장 과정에 있다. 훈족은

인접 부족을 정복하면서 그들과 동맹을 맺었고, 440년대에 이르러서는 훈족 제국 내에서 훈족보다 게르만족의 수가 많았을 정도였기 때문이다. 훈족 제국 내의 모든 피지배 부족을 합하면 훈족과 피지배 부족의 인구 비례는 1 대 7 정도였다. 이를 염두에 두었는지 제2차 세계대전이 발발했을 때 연합군 측에서는 독일군을 훈족 병사들이라고 조롱했다.) 동로마에서는 아틸라의 부하인 그에게 부유한 출신의 아내를 얻게 해 주겠으니, 동로마의 이익을 위해 힘써 달라고 요구했다. 그리하여 그는 약속한 바대로 동로마 제국의 이익에 보탬이 되도록 노력했다. 테오도시우스 2세의 통치하에 있던 동로마는 약속을 이행하기 위해 코메스인 사투르니누스의 딸을 선택했으나, 그녀의 완강한 저항과 그녀 재산의 부당한 몰수에 따른 재력 약화 그리고 집안의 다툼 등으로 콘스탄티우스의 애정이 식어 버렸다. 그러자 콘스탄티우스는 훈족 왕 아틸라의 명예를 걸고 그에 걸맞는 다른 혼인 상대를 요구했다. 그뿐만 아니라 아틸라는 강화를 요구하는 국가들에게 부하들의 개인적인 이익과 관련된 약속들을 지키도록 강력히 요구했으며, 콘스탄티우스의 결혼도 중요한 일로 취급했다. 결국 콘스탄티우스는 로마의 귀부인 중 최고로 손꼽히는 아르마티우스의 미망인을 선택할 수 있었다.

○ 아틸라는 이런 종류의 성가신 일을 협의할 사절을 보내 놓고 답례를 요구했는데, 로마 측에서는 민정과 군정 양쪽에서 능력을 발휘해 온 막시미누스가 사절의 업무를 맡아 아틸라를 알현하기로 결정했다. 그러나 그것은 겉으로 드러난 핑계거리였고, 실제로 내막을 보면 로마의 사절이 맡은 임무는 다른 두 가지였다. 하나는 아틸라와의 권력 투쟁에서 패하여 로마로 피신한 도망자를 훈족에게 다시 돌려보내는 것과 관련된 것이었고, 또 다른 하나는 훈족이 차지한 도나우강 남쪽

땅의 반환과 관련된 것이었다. 만약 로마의 사절이 이 일을 잘못 처리할 경우 훈족 왕의 분노를 사서 제국이 또다시 전란에 휩싸일 판이었다. 훈족 사절인 판노니아 속주의 귀족 오레스테스와 스키리 족장 에데콘은 로마의 사절이 아틸라를 내방하겠다는 결정을 듣고 아틸라 진영으로 귀환했다.(註. 오레스테스는 판노니아의 로마 귀족이었으나, 아이티우스가 훈족의 군사 지원에 대한 보답으로 판노니아를 할양했을 때 아틸라 편에서 일하게 된 자였다. 그는 훗날 자신의 아들 로물루스 아우구스투스를 서로마 황제로 앉혔다. 아틸라 측의 또 다른 사절인 에데콘은 오도아케르의 아버지였다. 오도아케르는 서로마 마지막 황제 로물루스 아우구스투스를 476년에 폐하고, 자신은 '이탈리아 왕'으로 만족했다. 그뿐만 아니라 훗날 동고트족 테오도리크는 오도아케르를 제거하고 이탈리아 왕이 되었는데 그의 삼촌 발라메르도 아틸라의 측근이었다. 이처럼 5세기 말 이후 이탈리아를 지배한 자들은 모두 아틸라와 관련 있는 자들이었다.)

○ 아틸라 진영으로 귀환하기 전, 에데콘은 통역관 비길리우스의 소개로 동로마의 세도가인 환관 크리사피우스를 만났다. 크리사피우스는 에데콘과 잠시 대화를 나누고 서로 비밀을 지킬 것을 맹세한 후, 만약 아틸라를 암살한다면 선망하는 부와 사치를 얼마든지 제공하겠다는 대담한 제안을 내놓았다. 이 유혹적인 제안에 귀가 솔깃해진 에데콘은 그 제의를 기꺼이 받아들일 뿐 아니라, 자신은 실행할 능력도 있다고 장담했다. 이 음모는 테오도시우스 2세의 귀에 전달되었고 동의도 받았다. 그러나 에데콘이 거짓으로 크리사피우스의 음모를 받아들인 것이었는지, 아니면 훈족의 영토로 귀환하는 도중에 마음이 바뀌었는지 알 수 없지만 이 계획은 에데콘의 변절로 결국 실패했다. 실패한 이유는 에데콘이 아틸라에게 음모 사실을 스스로 밝혔

기 때문이다. 그는 스스로 음모를 밝힘으로써 오히려 전보다 더욱 두터운 아틸라의 신임을 받을 수 있었다.

○ 암살 음모에 가담했던 비길리우스는 아틸라 진영을 찾아가는 로마 사절단과 동행하면서, 이미 음모가 아틸라의 귀에 들어가 들통나 버린 것도 모른 채 이를 철저히 숨겼다.(註. 막시미누스를 단장으로 하는 로마 사절단에는 역사가 프리스쿠스가 동행하고 있어 이 내용을 상세히 기록했지만 소실되고 말았다. 하지만 그 내용 중 단편이 다른 서적에 군데군데 인용되어 전해지고 있다.) 게다가 그는 로마가 승자인 훈족 왕의 분노를 달래기 위해 사절단이 훈족 땅을 찾아간다는 것도 잊어버린 모양이었다. 콘스탄티노폴리스를 떠난 지 13일째 되던 날 마중 나온 훈족 측 사람들과 로마 사절이 연회를 가질 때, 비길리우스가 아틸라는 인간이고 테오도시우스 2세는 신이므로 동등하게 취급하는 것은 온당치 않다고 말함으로써 훈족 사람들을 격분하게 했기 때문이다.

○ 며칠 후 수키 고개를 넘어 나이수스에 이르렀을 때, 일리리쿰의 로마 사령관 아긴테우스는 훈족 도망자 17명 중 5명을 붙잡아 로마 사절 막시미누스에게 인계했다. 아긴테우스는 훈족 도망자를 붙잡아 넘기기는 했으나, 그들이 아틸라에게 가면 모두 살해될 것은 뻔한 이치였으므로 매우 친절히 대했고, 로마 사절도 착잡한 심경으로 그들을 훈족 진영으로 데리고 갔다.(註. 아틸라에게 인계된 훈족 도망자 5명의 운명은 사료에 밝혀져 있지 않아 어떻게 되었는지 알 수 없다. 다만 혹독한 심문과 모진 고문 끝에 비참한 죽음을 맞았을 것이라고 추측된다.) 막시미누스는 위험한 음모가 있다는 사실도 모른 채, 온갖 고생과 위험을 무릅쓴 끝에 훈족 진영에서 아틸라를 만나 오랜 대화를 나누었다. 아틸라는 거칠기는 하나 검소했으며, 오만하기는 하나 사절의 접대에

후했고 공손했다.

○ 로마 사절에게 공손한 태도를 보이던 아틸라는 함께 온 통역관 비길리우스를 보자, 훈족 도망자를 전원 돌려보내지 않으면 로마 사절을 더 이상 만나지 않겠다고 하지 않았냐며 심한 욕설을 퍼부었다. 그러고서는 콘스탄티노폴리스로 되돌아가서 다시 한 번 황제에게 자신의 요구 사항을 전하라고 말했다. 비길리우스가 콘스탄티노폴리스로 되돌아가고 나서 3일 동안 훈족의 영내에 머무른 막시미누스는 아틸라를 따라 북쪽에 있는 훈족 황궁으로 따라갔다. 가는 길은 보통 험난한 길이 아니어서 한번은 큰 비를 만나 하마터면 물살에 휩쓸려 떠내려갈 뻔한 것을 블레다의 부인이 도움을 주어 살아나기도 했다.(註. 블레다는 아틸라의 형이었다. 이유를 알 수 없으나 아틸라는 공동 통치자인 블레다를 죽이고 단독으로 통치했다. 그러나 형수는 살려 두었다. 당시 훈족은 정략적으로 여러 여자와 결혼을 했는데 블레다의 부인도 훈족 내에서 세력 있는 집안의 딸이었을 것으로 추정된다. 따라서 아틸라로서는 형수를 그냥 살려 두는 것이 통치에 이로웠으리라 추측된다.)

○ 우여곡절 끝에 훈족 황궁에 다다른 로마 사절은 유목 민족의 소박하며 투박한 생활을 볼 수 있었다. 훈족 고관들과 사절들은 사치품으로 치장을 하고 은접시를 사용했으나, 그들의 왕 아틸라는 사치뿐 아니라 먹는 것도 검소하기 이를 데 없었고 사용하던 잔은 나무로 만든 것이었다. 이는 아틸라의 통치 방식을 보여 주는 것으로 정적 없이 완벽한 통치력을 지닐 수 있게 하는 힘의 근원이기도 했다.(註. 이에 반해 디오클레티아누스는 화려한 복장과 사치스런 장신구로 치장함으로써 황제의 권위를 보이고자 했다. 역사서에는 황궁을 건립하고 복장을 화려하게 하는 것이 제왕의 권위를 살리려는 태도에서 비롯되었다고 주장되

곤 한다. 이 주장이 옳다면 아틸라는 틀렸고 디오클레티아누스가 옳은 것이며, 이 주장이 옳지 않다면 즉 권위란 화려함에서 나오는 것이 아니며 화려함이란 탐욕과 사치스런 정신의 반영일 뿐이라면, 역사가들이 민중을 우롱한 것이리라.) 막시미누스는 그곳에서 로마 사절로서 아틸라를 알현하여 대담을 나누고, 동로마 황제 테오도시우스 2세에게 보내는 아틸라의 편지도 받았다. 그러고서 그는 로마의 귀부인 실라를 포함한 여러 명의 포로들을 적당한 몸값을 치르고 풀어 주었고, 아틸라의 선물을 받고 콘스탄티노폴리스로 떠났다.

○ 이러한 아틸라의 행동을 살펴본다면, 비겁한 방법으로 자신의 생명을 노리는 국가의 사절을 관대하게 대접하고 돌려보낸 데 대하여 마땅히 찬사를 받을 만했다. 그런데 통역관 비길리우스는 음모가 실패하면 상황이 위험해질 수 있다는 것을 알면서도 로마 사절들이 콘스탄티노폴리스로 향해 가고 있을 때 아들까지 대동한 채 다시금 아틸라의 진영으로 돌아왔다. 그가 훈족 황궁에 도착하자마자 일단의 병사들이 덮쳐 비길리우스의 짐과 몸을 수색했다. 비길리우스의 품에는 에데콘의 요구가 있을 경우 들어주고, 아틸라의 호위대를 매수하라고 크리사피우스가 건네준 금화가 들어 있는 주머니가 있었다. 그러니까 반역 행위를 위한 자금까지 가지고 있었던 것이다. 비길리우스는 곧 체포되어 아틸라 앞에 끌려 나왔다. 그는 한동안 단호하게 결백을 주장했으나, 아들을 죽이겠다고 위협하자 모든 범죄 사실을 털어놓을 수밖에 없었다. 아틸라는 이런 파렴치한 배신자에게는 벌 줄 가치조차 없다면서, 생명에 대한 몸값으로 65kg(200리브라) 상당의 금을 요구했다. 그리고 비길리우스보다 더 높은 자, 다시 말해 동로마 황제에게 책임을 묻고 분노의 화살을 돌렸다.

○ 아틸라가 격분하게 된 이유는 자신을 암살하려는 계획 외에도 테오도시우스 2세가 또 다른 비열한 방법을 사용했기 때문이다. 사실 막시미누스가 사절의 임무를 띠고 아틸라를 만나러 갈 때, 아틸라의 측근인 오네게시우스를 포섭하여 타협안을 이끌어 낸다는 계획을 세웠다. 그러나 막시미누스가 아틸라의 진영에 도착하기 전에 오네게시우스는 아틸라의 큰아들과 어디론가 사라졌다. 그것은 아가티르시족에 대해 테오도시우스가 계획한 사건과 관련되어 있었다.

○ 테오도시우스는 아가티르시족이 여러 족장들로 부족이 나누어져 있다는 것을 알고서 그들이 아틸라와 동맹을 깨고 로마 쪽으로 돌아서도록 계책을 따로 마련했다. 그는 그들 각각의 족장들에게 선물을 준비시켜 사절을 보냈던 것이다. 하지만 사절의 실수로 가장 세력이 큰 부족장 쿠리다쿠스에게 가야 할 선물이 다른 부족장에게 전달되고 말았다. 부족의 제일인자로 인정받지 못하게 된 쿠리다쿠스는 분노했고 이것이 빌미가 되어 부족 내에서 족장끼리 전투가 벌어졌다. 그때 쿠리다쿠스가 아틸라에게 도움을 요청하자, 아틸라는 자신의 큰아들과 오네게시우스를 보내어 지원하도록 명령했다. 그러느라고 막시미누스가 아틸라 진영에 도착했을 때 오네게시우스가 없었던 것이다. 훈족 병사들은 아가티르시족을 정복하여 일부의 부족장들은 죽이고, 몇몇의 부족장들에게는 항복을 받아 냈다. 그리고 이런 일이 발생하게 된 이유를 모두 알게 되었다.(註. 아틸라는 아가티르시족을 평정하고 나서 쿠리다쿠스에게 전리품을 분배해 주겠다며 훈족 황궁으로 오라고 했다. 그러나 낌새를 눈치챈 쿠리다쿠스는 자신의 안전을 미덥지 않게 생각하고서 인간이 어떻게 신을 만나 전리품을 나누어 달라고 할 수 있겠냐며 적당히 둘러대고 소환에 응하지 않았다. 그리하여 그는 자신의

목숨과 부족을 지킬 수 있었다.) 이로써 세계의 문명국이자 신의 계시를 받아 제국을 다스린다고 자부하는 로마 황제 테오도시우스가 수치스러운 방법을 획책하여 야만인이라고 경멸한 훈족 왕을 속였다는 것이 온 세상에 알려졌다.

○ 아틸라는 에슬라우와 오레스테스를 즉각 콘스탄티노폴리스로 보냈다. 테오도시우스 2세를 만난 오레스테스는 문제의 금화 주머니를 보여 주며 옆에 선 크리사피우스에게 이것을 알겠느냐고 물었다. 정사(正使) 에슬라우는 아틸라의 권위를 가지고 동로마 황제에게 엄숙한 어조로 말했다.

"고귀한 혈통을 가지고 고명하고 존경받는 어버이를 두신 황제께서는 부왕의 명예를 잃었을 뿐 아니라, 공물을 바치는 데 동의함으로써 노예의 상태로 전락하셨습니다. 따라서 천하고 사악한 노예처럼 뒷전에서 은밀하게 주인을 해치려는 음모를 꾸밀 것이 아니라, 행운과 업적에서 우위에 있는 주인에게 존경의 뜻을 바치는 것이 운명을 따르는 마땅한 일인 줄 압니다."

○ 아첨에만 익숙해져 있는 테오도시우스 2세는 진실한 의미가 담겨 있다고 볼 수밖에 없는 당돌한 이 말에 소스라치게 놀라며, 마침내 얼굴을 붉히고 두려움과 분노로 온몸을 부르르 떨었다. 그의 자부심과 존엄 그리고 자신감은 마구 찢겨져 회복되기 어려운 상처를 남겼다. 결국 황제는 크리사피우스의 머리를 내놓으라는 훈족 사절의 요구를 들어주어야 하는 처지에 몰렸다.

○ 450년 난국을 타계하고 분노를 감추지 않고 있는 아틸라를 달래기 위해 동로마는 총사령관 아나톨리우스를 보내기로 결정했다. 아틸라가 로마 제국의 최고위급 인사만 사절로 받겠다는 말에 부응한 것이

다. 이렇듯 제국의 최고 지위에 있는 관리가 사절로 와서 잘못을 용서받으려 열성을 보이고, 후한 선물도 바치자 굳었던 아틸라의 마음도 차차 풀어졌다.

○ 아틸라는 로마 황제와 환관 그리고 통역사를 용서하고 강화 조건을 지키겠다고 약속했으며, 많은 포로들을 석방하고 도망자들과 탈영병들을 더 이상 쫓지 않겠다고 맹세했다. 또한 도나우강 남쪽의 넓은 영토를 동로마에 다시 돌려주기로 했다. 이 조약이 성립되기 위해서 제국은 전쟁을 치를 수 있을 만큼의 막대한 비용을 들였다. 동로마는 차라리 제거되어야 할 크리사피우스의 안전을 보장받기 위해 엄청난 세금을 쏟아부은 셈이었다. 그러나 아틸라가 이렇게까지 양보한 것은 동로마 사절의 호화스런 선물에 감동하여 내린 결정이 아니라, 서로마를 침공하기 위해 미리 동로마와 상호 강화 조약을 맺었던 것이다. 이는 호노리아가 아틸라에게 청혼한 것을 빌미로, 청혼받은 다음 해 서로마 제국의 갈리아를 공격했던 사실이 명백한 증거였다. 여하튼 아나톨리우스는 만족할 만한 결과를 가지고 귀국했다. 귀국하는 로마 사절단에는 신붓감을 얻기 위해 콘스탄티노폴리스로 오는 아틸라의 서기 콘스탄티우스도 끼어 있었다.

○ 그 이후 동로마 제국의 테오도시우스 2세가 낙마 사고로 죽자 권신 아스파르의 힘을 빌려 풀케리아가 실권을 잡았으며, 그녀는 마르키아누스와 결혼했다.(註. 마르키아누스와 풀케리아는 결혼했으나 신의 뜻을 따르는 부부 관계를 거부하고 형식적인 부부로 남아 있자고 약속했다.) 마르키아누스는 황제로 즉위하자마자, 크리사피우스를 일체의 재판 절차도 없이 성문 앞에서 처형했다. 그리고 그는 훈족 왕 아틸라에게 크리사피우스로 인한 배상금 지불을 거절했다.

✸ 호노리아(Honoria)의 욕망과 아틸라의 갈리아 침공(451년)

≪황실의 피를 이어받은 것은 행복이 아니었다. 호노리아는 황제의 딸로 태어나지 않았다면 겪지 않아도 될 불행을 평생 겪었기 때문이다. 훈족 왕 아틸라는 호노리아의 구애를 자신의 야심을 해결하는 빌미로 이용했다. 때때로 권력의 주변에서는 보편적인 상상을 뛰어넘는 위험한 결정이 이루어지곤 하며, 더군다나 황실의 혈통으로 태어났다는 것은 운명이어서 호노리아에게는 인간적인 면까지 참아 내는 인내력이 요구되었다.≫

○ 발렌티니아누스 3세의 누이인 유스타 그라타 호노리아(Justa Grata Honoria)는 라벤나 황궁에서 자랐다. 그녀는 여자로서 최고의 호칭인 '아우구스타(augusta)'란 칭호까지 받았으나, 16세가 되자 자신으로부터 사랑의 기쁨을 빼앗아 버린 성가신 지위에 염증이 났다. 황녀의 경우는 순수한 애정에 의한 결혼은 꿈도 꿀 수 없었고, 정략적인 결혼만이 가능했으며 적절한 정략 대상이 없다면 처녀의 몸으로 세월을 보낼 수밖에 없었기 때문이다. 아름다운 호노리아는 쓸모없고 불만스럽기만 한 허식으로 가득 찬 생활을 한탄하다가 욕정을 이기지 못하고, 시종장 에우게니우스의 품에 안겼다. 오래지 않아 금지된 장난은 임신의 징후가 나타남으로써 탄로 났고, 어머니 플라키디아는 격분하여 경솔하게도 황실의 치부를 온 세상에 공개시키고 말았다.

○ 플라키디아는 에우게니우스를 처형하고 호노리아는 감금 상태로 두었다가 콘스탄티노폴리스로 추방했다. 호노리아는 그곳에서 동로마 황제의 누이들과 원치 않은 금욕 생활을 하면서 어느덧 30대 초반의

나이가 되었다. 길고 희망 없는 금욕 생활에 넌더리가 난 호노리아는 끔찍한 시간의 무게를 이기지 못하고 절망적인 결심을 했다. 황족 신분인 그녀는 정략결혼할 적당한 상대가 없어 수녀의 몸처럼 될 처지였고, 그것을 못 견뎌 한 것이다. 그때 콘스탄티노폴리스 황궁에는 아틸라의 사절들이 끊임없이 오고 갔는데, 호노리아는 자신의 어려운 처지를 벗어나기 위해 아틸라에게 구애하기로 마음먹었다. 사랑을 갈구해서가 아니라, 이토록 비참한 생활을 강요한 황실에 복수하기 위해 황녀로서의 의무를 저버리고, 잘 알지도 못하는 언어를 사용하며 어쩌면 로마인의 기준으로서는 혐오스러운 외모와 종교와 관습을 지닌 야만인의 손에 자신을 맡기기로 한 것이다. 450년 그녀는 시중드는 환관을 몰래 아틸라에게 보내어 애정의 증표로 반지와 자신의 얼굴이 그려진 브로치를 건네주고, 자신을 비밀 약혼한 적법한 배필로 서로마 황궁에 요구해 달라는 편지를 함께 보냈다. 편지에는 자기와 결혼하면 서로마 제국의 절반을 지참금으로 얻을 수 있을 거라고 쓰여 있었다.

○ 아틸라는 아내의 숫자를 계속해서 늘려 왔으나, 호노리아의 요구에 애정보다 더 강력한 감정인 탐욕과 야심에 마음이 움직였다. 그는 서로마 제국을 향해 이제 호노리아는 자신의 아내가 되었다면서 그녀와 그녀의 상속권을 요구했으나 단호하게 거절당하고 말았다. 이를 빌미로 451년 아틸라의 훈족 군대는 본거지로 삼고 있던 도나우강 중류를 떠나 라인강으로 이동하여 갈리아를 침공했다. 훈족이 제국의 영토를 침범하자 이제껏 훈족과 친밀한 관계를 유지하고 있었던 로마군 총사령관 아이티우스는 처음으로 그들과 카탈라우눔 들판에서 결전을 벌여야 할 처지가 되었다.

○ 아틸라와의 관계가 발각되자 호노리아 공주는 그 벌로서 콘스탄티노폴리스에서 이탈리아로 추방되었다. 그녀는 겨우 목숨은 구했지만, 어느 남성과 허울뿐인 혼례를 치른 후 영원히 유폐되어 불행한 여생을 보내야 했다.

※ 카탈라우눔 전투(451년)

≪아이티우스와 아틸라의 지휘하에 있던 동맹군들은 사기와 절박함이 서로 달랐다. 아이티우스의 동맹군은 이 전투에서 패한다면 또다시 영토를 잃고 비참한 노예 상태에 빠지고 말 것이라는 절박한 생각을 가졌고, 아틸라의 동맹군들은 마지못해 참전하여 승리하더라도 겨우 전리품이나 얻고자 했다. 이는 제우스에 의해 타르타로스에서 해방된 키클롭스와 헤카톤케이르가 왜 신무기를 만들며 최선을 다해 싸웠는지, 그리고 남북 전쟁에서 해방된 흑인 노예가 왜 북군의 승리를 그토록 열망했는지 답을 주는 전투였다.≫

○ 훈족 왕 아틸라에게 보낸 호노리아의 밀서는 아틸라의 야심을 부추겨 서로마를 공략하는 계기가 되었다. 그 결과 훈족의 아틸라와 서로마의 아이티우스가 갈리아의 카탈라우눔 들판에서 맞붙었다. 훈족 측에는 훈족 기병대와 동고트족이 참전했고, 로마 측에는 로마군과 알란족 및 서고트족이 동맹군이었다. 당초 서고트 족장 테오도리크는 아이티우스로부터 로마 동맹군으로 참전해 달라는 요청을 받았

지만 참전할 뜻이 없었다. 하지만 로마 귀족 아비투스(註. 아비투스는 서고트족의 지원을 받아 455년 로마 황제에 즉위했다.)의 설득과 훈족이 승리했을 때 또다시 그들의 지배를 받으며 힘겨운 삶을 이어 가야 한다는 데까지 생각이 미치자 참전하기로 마음을 바꾸었다.

○ 중앙에 배치된 훈족 기병대는 강력했으나, 훈족 휘하의 게르만 야만족은 아이티우스가 이끄는 로마군 및 게르만 야만족만큼 투지가 없었다. 결국 유리한 고지를 적들의 손에 빼앗긴 아틸라는 불안감에 신관과 복점관을 불러 전투의 결과를 미리 예언하게 했다. 희생자들의 창자와 뼈를 긁어 확인된 점괘는 훈족의 패배를 알렸다. 훈족 사이에 불안감이 퍼져 가자 아틸라는 병사들의 용기를 북돋우기 위해 연설을 했다. 그는 병사들에게 과거의 영광, 현재의 위험 그리고 미래의 희망을 상기시켰으며 수많은 민족을 발밑에 꿇어 엎드리게 했던 행운을 기억하라고 부르짖었다. 또한 적들의 신중함과 굳은 동맹, 유리한 입지, 밀집 전투 대형은 공포심에서 나온 결과일 뿐이라고 교묘하게 말을 바꾸었다.

○ 아이티우스가 이끄는 게르만족들은 아틸라의 훈족이 게르마니아로 쳐들어와서 갈리아로 쫓겨난 경험이 있으므로, 만약 이 전투에서 패배한다면 또다시 거주지를 잃고 살 곳을 찾아 헤매야 하거나 훈족의 지배를 받는 노예가 된다는 절박감이 그들을 더욱 용맹하게 만들었다. 전투는 격렬했고, 혼전의 양상을 띠었다. 서고트족은 족장 테오도리크가 전투 중 적이 던진 창에 맞아 말에서 떨어진 후 말발굽에 짓밟혀 전사하자 패색이 짙어졌으나, 근처 고지에 있던 그의 아들 토리스문트가 병사들을 이끌고 내려와 겨우 상황을 역전시켜 혼란에 빠진 서고트족 병사들을 구하기도 했다. 이렇듯 양측 간의 세력과 피

해가 비슷하여 다음 날 날이 밝을 때까지 누가 이겼는지 알 수 없었다. 아이티우스조차도 전세가 유리한 줄 모르고 앞날을 걱정하다가 적군과 마주쳐 위기에 닥쳤으나 겨우 피할 수 있었다. 마침내 훈족 진영 주변의 마차 안으로 훈족 병사들을 몰아넣은 아이티우스가 승리했다. 테오도리크의 죽음을 알리는 슬픈 눈물도 승리의 노랫소리와 환호 속에 파묻혔다.

○ 아틸라는 자신이 패배했다고 생각되자 다짜고짜 말안장을 쌓아 올려 자신을 태울 화장터를 만들라고 외쳤다. 훈족 병사들이 마차의 진영 안으로 후퇴한 것은 작전에 의한 것이지 패배하여 적에게 몰린 것이 아니라고 부관들이 설득한 끝에 겨우 그를 말릴 수 있었다. 아무튼 아틸라는 병사들을 이끌고 훈족 땅으로 패주했으나 아이티우스는 아틸라를 추격하여 궤멸시키지 않았다. 게다가 추격을 멈추기 위해 아이티우스는 아버지의 죽음에 대한 복수를 자신의 의무로 여기는 토리스문트를 진정시켰다. 만약 오랫동안 본거지를 비워 두었다가는 족장의 지위에 어떤 위험이 닥칠지도 모른다며 짐짓 걱정해 주는 척했고, 조속히 귀환하여 제위를 노리는 동생들의 야심을 좌절시켜야 한다고 토리스문트를 설득했던 것이다.(註. 아이티우스의 예측은 사실로 드러났다. 토리스문트가 병사들을 이끌고 본거지로 귀환한 지 얼마 후 두 아우가 정권 탈취를 위해 분쟁을 일으켰기 때문이다. 아우들과의 내전에서 결국 그는 피살되었고 서고트 정권은 토리스문트의 아우 테오도리크 2세에게로 넘어갔다.) 아이티우스의 이러한 결정은 그가 어렸을 적에 훈족에게 볼모로 있으면서 그때 쌓은 친분과 우정 때문에 그러했는지, 아니면 훈족이 궤멸되면 게르만족의 발호가 심각할 것이란 예측 때문에 그런 결정을 했는지 알 수 없는 일이었다. 훗날 서구의 역

사가들은 훈족의 야만성을 뒤떨어진 문명이라고 얕잡아 보면서, 카탈라우눔 전투가 유럽의 야만화를 막은 세계 역사상 가장 중요한 전투 중의 하나라고 호들갑을 떨었다.

| 마음에 새기는 말 |

난처한 일에 대해서는 입을 꾹 다물고 있는 것이 상책이다.

- 수사학자 메로바우데스는 아이티우스의 휘하에서 승진을 거듭하여 히스파니아 사령관의 지위에까지 올랐다. 그래서인지 그는 아이티우스를 찬양하는 많은 글을 남겼다. 그러나 아이티우스가 훈족의 군사 지원을 보답하고자 판노니아 일대의 영토를 할양했다는 난감한 사실에 관하여는 언급하지 않은 것에 대하여.

※ 아틸라의 죽음(453년)

≪게르만족 대이동의 원인이 되었던 훈족의 서진은 유럽에 수많은 영향을 미친 후 안개가 사라지듯 한순간에 역사 속으로 사라졌다. 그들은 막강한 무력과 광대한 영토를 가졌으나 문자 없이 야만 상태 그대로 있다가, 부족의 걸출한 지도자가 죽자 왕의 자리를 놓고 서로 분열하여 다투었고 그 결과 구성원 모두 멸망했다. 이처럼 역사의 가르침은 화합하고 융합하는 조직에게만 미래가 있음을 알려 주고 있다.

≪길게는 2,700년 전으로부터 짧게는 1,500년 전까지 고대 로마에 대한 기억이란 때때로 몇몇 역사가의 기록에 의존할 수밖에 없다. 그들의 기록에 의해 어떤 자는 영웅으로, 또 어떤 자는 굴욕의 누더기를 뒤집어씌워 수치스럽게 표현되곤 한다. 그러한 관점과 이유를 역사가들이 다시금 정의하기도 하지만, 근원이 흔들리면 남은 것이라곤 하나도 없게 되고 만다. 아틸라는 훈족에게는 영웅이었고, 주변국에는 공포였고 재앙이었다. 이처럼 한 인물을 영웅으로 표현하기도 하고 포악한 압제자로 표현하기도 하는 것이라면, 진실을 말해야 하는 자의 서술에서 차이점은 무엇인가?≫

○ 카탈라우눔 전투(註. 이 격전으로 양측 모두 엄청난 피해를 보았으나 서고트족의 지원을 받은 로마 측이 승리했다고 본다.)에서 패배한 아틸라는 전열을 정비하여, 다시금 호노리아 공주와 그녀의 상속 재산을 요구했으나 거부당하자 서로마를 재침공했다. 아퀼레이아, 파타비움(註. 현재 지명 '파도바'), 비켄티아(註. 현재 지명 '비첸차'), 베로나, 티키눔(註. 현재 지명 '파비아') 등 수많은 도시들이 훈족의 약탈과 방화로 초토화되어 돌무더기와 잿더미로 변했다. 잔인한 훈족 군대의 말발굽이 휩쓸고 간 자리에는 풀 한 포기 자라지 않았고, 훈족 군대의 공격을 피해 아드리아해에 면한 바닷가 습지대로 피신한 피난민들에 의해 베네치아 공화국이 탄생되기도 했다.

○ 서로마의 발렌티니아누스 3세는 아틸라의 공격을 피해 라벤나에서 로마로 황급히 퇴각했다. 아이티우스도 서고트족과 같은 동맹국의 지원 없이는 군사적 능력을 발휘할 수 없었고, 게르만족들은 이탈리아를 구하기 위해 병력을 진군할 생각이 없었다. 결국 직접 적의 공

격을 방어할 수 없던 발렌티니아누스 3세는 로마 원로원과 시민들이 함께 훈족 진영에 사절을 파견해 아틸라의 노여움을 달래 보자는 결정을 내렸다. 사절로는 아비에누스, 트리게티우스와 로마 주교 레오 1세가 선정되었다.

○ 찾아온 로마 사절의 말에 귀를 기울이던 아틸라는 호노리아의 지참금 명목으로 막대한 재산을 내놓으면 이탈리아를 떠나겠다고 말했다. 이렇듯 쉽게 아틸라가 조약 체결에 동의한 데는 다른 이유가 있었다. 따뜻하고 풍족한 남쪽에서의 생활이 훈족군의 강인함과 규율을 느슨하게 만들었고, 그런데다 군대 내에 역병이 창궐하여 상당한 피해가 발생했기 때문이다. 또한 아틸라가 로마 성문으로 진격하겠다고 결의를 하자, 아틸라의 적뿐 아니라 친구까지 나서서 알라리크조차도 영원한 도시 로마를 정복하고 나서 얼마 살지 못했다고 겁을 주며 말렸다. 실제 위험 앞에서 전혀 흔들리지 않던 아틸라의 강건한 정신도 보이지 않는 가공할 공포 앞에서 무너졌다. 여기에는 성 베드로와 성 바울의 환영이 아틸라 앞에 나타나 레오 주교의 요구를 거절한다면, 그 자리에서 죽음을 맞이할 것이라고 위협했다는 이야기가 그리스도교 역사가들에 의해 전해져 내려오고 있다.

○ 아틸라는 철군하기에 앞서 자신의 신부인 호노리아 공주를 조약에 명기된 기한 안에 인도하지 않는다면, 훨씬 더 가혹하고 잔인한 보복을 하겠다고 협박했다. 그동안 그는 게르만의 부르군트 족장 누이인 일디코라는 아름다운 처녀와 결혼했다. 물론 아틸라에게는 아내가 수없이 많았지만, 그의 욕망 또는 정략적 이유로 아내는 계속 불어났다. 아틸라는 도나우강 너머 아틸라의 거처에서 호화스럽게 혼례를 치른 후, 밤늦게야 잠을 청하기 위해 술에 취한 채 신부가 기다

리고 있던 침실로 들어갔다. 시종들은 다음 날 날이 저물 때까지 신혼의 쾌락을 방해하지 않고 놔두었으나, 이상하리만치 침묵이 길어지자 아틸라를 큰 소리로 불러 보았다. 침실에서 아무 반응이 없자, 침실 문을 강제로 열어젖혀 방 안으로 들어갔다. 신부는 침대 옆에서 겁에 질려 얼굴을 베일로 가리고 있었고, 아틸라는 동맥의 한 곳이 터져 피가 폐와 위로 역류해 죽어 있었다. 이는 나이 든 아틸라가 젊은 아내를 맞이하여 일어난 불행스런 과음의 결과인지도 모른다.(註. 게르만족의 서사시에서는 가족 모두를 아틸라의 병사들에게 죽음을 당한 일디코가 아틸라를 살해한 것이라고 주장하고 있다.)

○ 기번의 표현을 빌리자면 살아서는 영광이었고, 죽어서도 무적이었으며, 부족민에게는 아버지 같고, 적에게는 재앙이었던 이 영웅은 여자들의 눈물이 아닌, 전사들의 피로 죽음을 슬퍼하는 행사를 치렀다. 아틸라의 유골은 금, 은, 철로 만든 세 겹의 관에 넣어 전리품과 함께 한밤중에 비밀리에 매장되었으며, 매장 작업을 했던 포로들은 야만족의 관습에 따라 모두 학살되었다.(註. 알라리크의 무덤을 만들었던 노예들도 모두 학살된 것으로 판단하면, 이러한 풍습은 훈족의 것이 아니라 게르만족의 것임이 분명하다.)

○ 아틸라가 죽자 그의 자식들 간에 후계자 다툼이 벌어졌다. 그들은 사분오열하여 싸움을 벌이면서 국가의 힘을 약화시켰다. 아틸라의 위력에 위협받았던 주변 야만족들이 어쩔 수 없이 훈족의 동맹군이 되어 명령에 따랐으나, 아틸라가 죽고 난 후 훈족의 지도층이 분열되자 이를 기회로 각자 독립을 꾀하여 훈족의 지배에서 하나씩 떨어져 나갔다. 아틸라의 아들 중 가장 먼저 왕의 자리를 차지한 엘라크는 게르만족과의 전투에서 죽었고, 다음으로 권력을 차지한 아들 덴기지

크는 469년 빼앗긴 세력을 만회하려고 동로마에 쳐들어갔지만 동로
마 장군 아니가스테스에게 패하여 머리가 잘린 후 콘스탄티노폴리스
거리에 전시되는 비참한 처지가 되었다. 또 다른 아들 에르나크가 집
권했을 때는 이미 국운이 기울어 부친의 영토를 버리고 멀리 도망쳐
야만 했다.

○ 이렇게 하여 아틸라의 제국은 신속하고도 극적으로 해체되었다. 한
때 라인강에서 도나우강까지 넓은 지역을 지배한 훈족이 아틸라의
죽음으로 안개처럼 사라졌다. 사마천이 『사기』에서 기록했듯이 유목
기마 민족은 곤경 속에서 패배하면 와해되어 구름처럼 흩어졌던 것
이다. 훈족은 더 이상 역사의 주체가 아니었으며 마침내 훈족과 로
마 그리고 페르시아 간의 힘의 균형이 깨뜨려졌다. 이는 아이티우스
가 가장 두려워했던 결과였으며, 그가 카탈라우눔 전투에서 아틸라
를 끝까지 추격하지 않은 이유일 수 있었다. 왜냐하면 훈족의 멸망으
로 게르만족의 발호가 시작되었고, 게르만족은 로마 제국의 영토를
숙주로 하여 자랐기 때문이다. 거대한 훈족 제국이 사라진 것은 아틸
라가 죽은 지 불과 16년째 되던 해였다.

※ 겐세리크(Genseric)의 잔인성

≪겐세리쿠는 야만족 왕답게 행동과 성격이 포악했지만, 정적들을
몰아내고 북아프리카에 침입하여 동맹자들을 포섭했으며, 서고트와
로마 제국과의 외교에도 능란하게 수완을 발휘했다. 또한 서고트족

의 왕녀에게 잔인한 행위를 한 그였지만 서로마 제국 발렌티니아누스 3세의 큰딸 에우도키아에게는 그런 짓을 하지 않는 분별력을 보였다. 새로이 서로마 황제가 된 마요리아누스가 발렌티아누스 3세와 숙적 관계가 아닐뿐더러, 겐세리오는 야만족 왕녀와 로마 제국 황녀에 대한 잣대를 달리했던 것이다. ≫

○ 반달족 왕 겐세리크(註. 혹은 '가이세리크Gaiseric'라고도 한다.)는 보니파키우스의 요청으로 10만 명에 달하는 반달족을 429년 북아프리카로 이동시켜 10년 만인 439년에 카르타고를 점령함으로써 명실공히 북아프리카 최고 실력자가 되었다.(註. 435년 맺은 로마와의 강화 조약으로 주춤했던 반달족의 공격이 재개되어 카르타고가 함락되자, 가톨릭 파인 카르타고 주교 쿠오드볼트에우스는 다음과 같이 비탄에 젖어 설교했다. "환희의 동산인 카르타고에 이 무슨 변고인가? 다른 속주들이 당한 일을 교훈 삼지 않아 카르타고가 이토록 무서운 형벌을 받은 것이다. 이제 시체를 파묻어 줄 사람도 없이 도시 전체가 끔찍한 죽음으로 변했구나. 그자들은 집 안에 있는 아녀자를 끌어내고, 임부를 살해하며, 젖먹이들을 엄마 품에서 떼어 내 길바닥에 내동댕이쳐 죽였다. 사악한 힘을 가진 야만족들은 그것도 모자라 수많은 종복의 안주인이었던 여인을 하루아침에 야만족의 비참한 노예로 만들었다. 허구한 날 들리는 것이라곤 남편을 잃은 아내와 아비를 잃은 어린아이들의 울부짖는 소리뿐이다.") 겐세리크의 북아프리카 점령이 수월하게 이루어진 것은 당시 이단으로 몰리고 있던 그리스도교의 도나투스 파와 이교도인 무어인 그리고 사막 민족인 베르베르인들이 모두 겐세리크의 반달족 측에 섰기 때문이다.(註. 반달족이 북아프리카를 침공하여 도나투스 파를 등에 업고

파죽지세로 점령지를 넓혀 나갈 때, 가톨릭 파 성직자였던 성 아우구스티누스는 히포 레기우스가 함락되기 얼마 전 숨을 거두었다. 그때가 430년이었다. 그는 노동자란 내면적인 안목을 갖지 못하고 오직 외면적인 안목만을 가졌기 때문에 사물의 원인에 대해 무지하며, 목동과 농민들은 정신의 지배를 받지 않기 때문에 어리석은 인간들이라고 낮추어 보았다. 비록 그가 성인으로 추앙받긴 해도 이렇듯 하층민들의 비참한 삶을 이해하지 못했으며, 북아프리카의 하층민들은 대부분 도나투스 파였다.) 겐세리크는 통치력이 뛰어나 동족뿐만 아니라 동맹군 민족들의 광포성을 억누르고 북아프리카를 지배했지만, 어쨌든 그는 잔인한 야만족 수령이었다.(註. 반달족이 아프리카로 건너가고자 했던 또 하나의 이유는 아프리카의 풍요함뿐 아니라 안전함에 있었다. 왜냐하면 로마군이 히스파니아를 침공한 야만족들을 섬멸하고자 했기 때문이다. 실제로 로마군은 히스파니아에 진을 치고 있던 알라니족, 반달족의 일부를 섬멸했다. 그러다가 콘스탄티우스 3세가 죽고 몇 년 뒤 호노리우스까지 숨을 거두자 서로마 황궁이 정치적 격변을 겪게 되어 야만족 토벌이 주춤해 있었다. 이러한 서로마의 정치적 불안은 433년 아이티우스가 권력 투쟁에서 최종 승리함으로써 끝났다.)

○ 한번은 겐세리크의 출생이 비천하다는 것을 문제 삼은 데 비롯되어 그의 왕위를 둘러싼 소란이 발생한 적이 있었다. 선왕 곤데리크의 미망인과 그녀의 아들인 조카들이 자신들이야말로 왕으로서 정통성이 있다고 주장한 것이다. 겐세리크는 왕권 수호를 위해 조카들을 제거했고, 암프사를 시켜 선왕의 미망인을 강에 빠뜨려 살해했다. 이 호전적인 폭군은 전쟁터에서보다 사형 집행인의 손으로 더 많은 동족의 피를 흘렸다고 전할 정도로 내분과 정치적 암투에 잔혹하고

겐세리크가 새겨진 주화

도 철저히 대응했다. 6세기의 역사가 요르다네스는 겐세리크에 대
해 이렇게 묘사했다. "그는 중키에 낙마 사고를 당한 후유증으로 다
리를 절었다. 생각이 깊고 말수가 적으며, 사치를 경멸했으나 탐욕
스러웠고, 쉽게 분노했다. 또한 부족민들을 자기편으로 끌어들이는
데 능란했고, 분란의 씨앗을 뿌려 적대감을 조장하는 데도 수완이
탁월했다."

○ 겐세리크는 지중해 너머의 서코트족과 우호 관계를 이루기 위해 서
코트 족장 토리스문트의 딸을 자신의 아들 훈네리크와 결혼시켜 며
느리로 삼았다. 토리스문트는 451년 카탈라우눔 전투에서 부친 테오
도리크 1세가 전사하자 그 지위를 계승받아 족장에 오른 자였다. 그
때 아이티우스는 아틸라를 끝까지 추격하여 부친의 죽음을 복수하려
는 토리스문트에게 야심 있는 동생들로부터 족장의 자리를 빼앗길
수 있으니 빨리 부족의 영토로 돌아가서 권력 분쟁이 일어나지 않도
록 해야 된다고 충고했고, 토리스문트는 그 충고를 받아들였다. 하
지만 아이티우스가 걱정한 대로 토리스문트는 부족장에 오른 지 3년

도 못 되어 정변이 일어나 자신의 동생 테오도리크 2세에게 살해당하고, 테오도리크 2세가 부족장이 되었다.(註. 서고트족은 395~410년 알라리크, 410~415년 아타울프, 415년 시제리크, 415~419년 발리아, 419~451년 테오도리크 1세, 451~453년 토리스문트, 453~466년 테오도리크 2세, 466~484년 에우리크로 부족장이 이어졌다.) 그렇게 되자 반달족과 서코트족은 관계가 소원해졌다. 서코트족과의 우호 관계를 유지해야 된다고 생각한 겐세리크는 며느리를 친정인 서코트족에게 돌려보냈다. 그것도 그냥 보낸 것이 아니라, 자신을 독살하려는 음모를 꾸몄다는 이유를 붙여 며느리의 코와 귀를 베어 낸 모습으로 보냈다. 서코트의 테오도리크 2세는 잔인한 모욕을 당한 채 돌아온 조카딸을 보고 만족해하며, 다시금 반달족과의 우호 관계를 개선했다.

○ 441년 아이티우스의 북아프리카 탈환 계획이 훈족의 동로마 침공으로 실패했을 때 강화를 맺으면서 발렌티니아누스 3세의 딸 小 에우도키아는 겐세리크의 큰아들 훈네리크와 결혼하기로 약조되어 있었다. 하지만 서로마 황제 페트로니우스 막시무스가 자신의 아들 팔라디우스와 小 에우도키아를 결혼시키자 격분한 겐세리크가 455년 로마로 쳐들어와서는 로마 주교 레오 1세의 중재하에 합법적으로 로마를 약탈했다. 그때 그는 발렌티니아누스 3세의 아내 에우독시아와 그녀의 두 딸 小 에우도키아와 小 플라키디아를 인질로 잡아가서, 아내를 서고트 친정으로 돌려보내고 혼자 남은 아들 훈네리크를 발렌티니아누스 3세의 큰딸 小 에우도키아와 결혼시켰다.(註. 小 에우도키아는 훈네리크와 결혼하여 반달족 왕 힐데리크를 낳았다. 그리고 성장한 힐데리크는 가톨릭교도에 대한 박해를 중지하고 동로마 황제 유스티니아누스와 조약을 체결했다.)

○ 이후 서로마 황제가 군 출신인 마요리아누스로 바뀌면서 북아프리카 반달족에 대한 정책이 강경해졌다. 마요리아누스 황제는 제멋대로 날뛰던 북아프리카의 반달족을 토벌하기로 마음먹고 히스파니아의 카르타고 노바와 서로마의 미세눔 양측에서 함선들을 건조했다. 이렇게 되자 겐세리크는 로마 황녀와 사돈임을 내세워 우호 관계를 맺고자 했으나 실패하고 말았다. 그렇지만 겐세리크는 서로마 황녀에게 신체를 훼손하여 고향으로 돌려보내는 잔혹한 짓은 하지 않았다. 이는 서고트 왕족과 로마 황족은 그 무게가 확연히 달랐기 때문이다.(註. 마요리아누스의 북아프리카 공략 계획은 군선 건조 장소인 히스파니아의 카르타고 노바가 겐세리크의 기습으로 건조된 군선이 모두 불태워져 실패했다.)

| **마음에 새기는 말** |

쇠퇴하는 국가를 힘겹게 유지해 가는 군주가 겪는 불운은 코앞의 이익을 취하거나 닥쳐오는 위험을 피하기 위해 해로운 악습을 되풀이하거나 더 악화시킬 수밖에 없다는 점이다.

– 마요리아누스 황제가 제국을 위해서 군사를 일으킬 때 유약해진 자국의 시민들로 주력 부대를 구성한 것이 아니라, 언제라도 자신에게 검을 겨눌 수 있는 야만족을 주력 부대로 사용할 수밖에 없었던 사실에 대하여.

✻ 겐세리크(Genseric)의 표적

≪포악한 야만족장의 심중에도 재물이 많은 것은 죄악이었다. 재물이 많은 것은 스스로의 노력으로 구한 것이기보다는 남의 것을 약탈했거나 속임수를 사용했거나 정복하여 빼앗은 것이 많은 것으로 간주했다는 뜻이리라. 겐세리크는 부유한 자들이란 재물을 지키는 데는 노력을 쏟아도 타인의 궁핍함을 덜어 주지는 않는다고 생각했다.≫

○ 북아프리카의 카르타고를 차지한 반달족은 조직화된 국가를 형성하지 못한 채, 북아프리카를 근거리로 하여 지중해 연안의 도시에 대해 약탈을 일삼으며 살아갔다. 그리하여 서로마 제국의 통치 지역은 점차 이탈리아로 축소되어 갔으며, 마요리아누스 황제가 죽고 난 뒤 권세가인 리키메르(註. 리키메르의 아버지는 수에비족이었고 어머니는 서고트족이었다. 그의 여동생 아들이 훗날 부르군트족 왕이 된 군도바트였다.)가 황제의 권위를 짓밟고 전권을 장악하며 실질적인 통치를 하고 있었다.

○ 반달족은 지난 30여 년 동안 부족장을 따라 라인강 동쪽에서 갈리아, 히스파니아를 거쳐 머나먼 북아프리카로 이동한 민족이었다. 그들은 정착민들에게 수많은 피해를 입혔고, 로마군과 다른 야만족으로부터 수많은 피해를 받으면서 단련되었다. 특히 416년에서 418년까지 콘스탄티우스 3세가 이끄는 로마군과 서고트족의 연합군에게 받은 반달족의 피해는 과히 치명적이었다. 그러던 끝에 제국의 가장 비옥한 토지 중 하나인 북아프리카를 손에 넣었다. 그러므로 부족민들이 이제까지의 충성에 대한 응분의 보답을 바라는 것은 당연했다. 만약 겐

세리크가 부하들의 약탈에 대한 기대를 저버렸다면 자신의 머리가 잘려 나가 카르타고 시내에서 창끝에 매달려 있었을 것이다.

○ 겐세리크는 고령에도 불구하고 약탈 원정을 갈 때에는 직접 진두지휘했다. 그의 계획은 돛을 올리는 순간까지 철저히 비밀에 부쳐졌는데, 키잡이가 어느 쪽으로 항해할 것인지를 물어보면 겐세리크는 엄숙하고 오만하게 대답하곤 했다.

"바람 부는 대로 맡겨 두어라. 바람이 정의로운 신을 분노케 한 죄 많은 해안으로 우리를 데려다줄 것이다."

겐세리크는 가장 부유한 해안을 죄 많은 해안으로 판단했다. 그리하여 히스파니아, 리구리아, 캄파니아, 베네치아, 그리스, 시킬리아 등의 죄 많은 해안은 반달족의 습격으로 전 지역이 황폐화되었고 공포로 몸서리쳤다.

✳ 발렌티니아누스 3세의 분노와 아이티우스의 죽음(454년)

≪역사가에 따라서는 제국을 훈족으로부터 구한 아이티우스야말로 마지막 로마인이었다고 규정한다. 그는 자신의 오만함과 황제의 시기심과 분노로 불행한 최후를 맞이한 재상이었다. 어쩌면 난국의 시대에 태어나 스스로의 힘으로 일어서지 못하고 동맹국의 도움이 항상 필요했던, 그리하여 기만과 술책을 능하게 사용했던 자의 필연적인 비극이었다. 아이티우스를 살해한 발렌티니아누스 3세는 제국을 통치한다는 것과 위엄을 갖춘다는 것을 혼동함으로써 스스로 위험을

자초했다.≫

○ 서로마의 발렌티니아누스 3세는 36살의 나이가 되어서도 지위에 걸 맞는 기개와 이성을 갖추지 못하고 나약하며 방종한 생활을 했다. 그 러면서도 제국의 기둥으로 널리 칭송받던 아이티우스에 대해 본능적 인 반감을 가지고 있었다. 아이티우스는 명성, 재산, 지위, 수많은 야만족 추종자들, 제국의 관직을 독점하다시피 한 막강한 부하들 그 리고 황제의 딸과 약혼한 아들 가우덴티우스에 대한 기대 등으로 일 개 관리의 위치를 뛰어넘어 있었다.(註. 발렌티니아누스 3세와 에우독 시아 사이에는 아들 없이 큰딸 小 에우도키아와 작은딸 小 플라키디아를 두었다. 큰딸은 아이티우스의 북아프리카 탈환 계획이 훈족의 동로마 침 공으로 실패로 돌아가자 반달족과 강화를 맺는 과정에서 겐세리크의 큰 아들 훈네리크와 결혼하기로 약조되었으므로 작은딸과 결혼하는 자가 차 기 서로마 황제가 될 터였다. 455년 겐세리크의 로마 약탈 때 에우독시아 와 두 딸이 납치되어 큰딸 小 에우도키아는 훈네리크와 결혼했고, 에우독 시아와 작은딸 小 플라키디아는 462년이 되어서야 반달족에게서 풀려나 이탈리아로 건너왔다. 그 이후 小 플라키디아는 나중에 서로마 황제가 된 아니키우스 올리브리우스와 결혼했다.)

○ 450년 동로마의 테오도시우스 2세가 낙마하여 며칠 후에 후유증으로 죽자, 발렌티니아누스 3세는 자신을 서로마 황제로 앉힌 장본인이자 장인인 테오도시우스 2세가 후계자를 남기지 않고 타계했으므로 자 신이 동·서로마를 총괄하는 통치자가 되어야 한다고 생각했다. 그 런데 아이티우스가 이를 반대하고 나섰다. 물론 아이티우스의 생각 은 깊은 혜안을 가진 판단이었다. 콘스탄티노폴리스 황궁에는 발렌

티니아누스의 연고도 없고 반겨 줄 사람도 없었기 때문이다. 얼마 후 테오도시우스 2세의 누이 풀케리아가 동로마의 권력을 장악하고 마르키아누스와 결혼한 후, 남편을 동로마 황제로 추대했다. 이렇게 되자 발렌티니아누스는 아이티우스의 반대로 인해 동·서로마를 모두 아우르는 황제가 될 기회를 영영 잃어버렸다고 생각하게 되었고, 그것은 상흔이 되어 가슴속에 남아 있었다.(註. 40여 년 전에 호노리우스 황제도 동로마의 아르카디우스가 죽자 동로마에 가서 섭정을 하겠다고 할 때, 스틸리코가 반대하여 두 사람 사이에 감정의 골이 깊어진 적이 있었다.)

o 이런 일들이 발생하자 환관 헤라클리우스는 황제의 무기력함을 일깨웠으며, 아이티우스의 야심을 뒷전에서 비난하여 황제의 분노와 두려움을 자극했다. 그러나 아이티우스 본인은 자신의 공로와 결백함을 확신한 나머지 거친 발언으로 황제의 비위를 거스르는 경솔한 행동을 일삼았다. 이토록 위험한 언행을 하면서도 자신에게 적대적인 감정을 가진 황제와 환관들은 남자다운 범죄를 저지르지 못할 것이라고 자신한 나머지 호위병과 무기도 없이 정적으로 둘러싸인 황궁에 나타났다. 그는 성질을 억누르지 못하고 발렌티니아누스 3세에게 격한 태도로 아들의 혼사를 재촉했다.(註. 아이티우스 아들은 황제의 작은딸 小 플라키디아와 결혼하기로 약속되어 있었다.) 그러면서 국가 재원과 관련하여 세입을 설명하자, 발렌티니아누스는 더 이상 농간에 놀아나지 않겠다며 고함을 지르고 펄펄 뛰었다. 분에 못 이긴 황제는 난생 처음으로 가지고 있던 칼을 뽑아서 환관 헤라클리우스의 도움을 받아 아이티우스 가슴에 깊이 찔러 넣었다. 이 끔찍한 살인 행위는 정의와 당위성이라는 논리로 윤색되어 황제의 이름으로 제국

의 군대와 시민과 동맹국들에게 공포되었다.

○ 아이티우스와 적대 관계에 있던 민족까지도 그가 영웅에 걸맞지 않은 죽음을 당한 데 애도의 뜻을 표했다. 발렌티니아누스 3세는 이 사건에 대해 어느 로마 시민에게 긍정적인 답을 기대하고 언급했다. 그러나 황제는 자신의 처지를 꼬집는 솔직한 대답을 들었을 뿐이다. "저는 황제께서 분개하신 원인에 대해 잘 알지를 못합니다만, 황제께서 하신 행동은 왼손으로 오른손을 자른 것이나 마찬가지라는 것뿐입니다."

○ 아이티우스의 죽음은 훈족의 파멸과도 관계있었다. 453년 아틸라가 죽자 훈족의 힘은 권력 분쟁으로 약화되었다. 그러자 훈족 세력이 몰락한 시점에서 아이티우스는 발렌티니아누스 3세에게 더 이상 필요 없는 존재이며 불편한 존재일 뿐이었다. 어쩌면 카탈라우눔 전투에서 아틸라를 끝까지 추격하지 않은 것은 그동안의 협조에 대한 우정과 보답 때문이 아니라, 훈족의 힘이 사라지면 자신도 파멸한다는 진리를 아이티우스가 이미 깨닫고 있었기 때문인지도 모른다.

※ 막시무스의 복수와 발렌티니아누스 3세의 죽음(455년)

≪제국을 운영할 역량도 의지도 모자라면서 쾌락만 추구하던 테오도시우스 가의 마지막 황제는 아내가 당한 모욕에 분노한 막시무스에게 살해당했다. 발렌티니아누스 3세는 아이티우스를 추종하는 무리들이 그의 사후에도 충성심이 변하지 않았거늘, 아이티우스의 명성과

막시무스의 명예에 먹칠을 하고서도 황제라는 허울 좋은 지위 하나로만 버티려고 했다. 차라리 훈족의 아틸라가 침공했을 당시 갈리아의 전쟁터에서 싸우다 전사했으면 테오도시우스 황제의 후손으로서 이름을 더럽히지 않았으리라.≫

○ 두 번이나 집정관을 지냈던 아니키우스 씨족의 원로원 의원 페트로니우스 막시무스(Flavius Anicius Petronius Maximus)에게는 정숙하고 아름다운 아내가 있었다. 서로마 황제 발렌티니아누스 3세가 그녀에게 반해 사랑을 고백했으나 막시무스의 아내는 완강하게 거절했다. 그녀의 거절에 발렌티니아누스의 정욕은 더욱 불타올랐으며, 계략으로든 힘으로든 자신의 욕망을 충족시키려고 마음먹었다.

○ 어느 날 황궁에 만연한 악습 가운데 하나인 도박을 황제와 막시무스가 같이하고 있었다. 황제는 운이었는지 아니면 계략이었는지 몰라도 그날따라 막시무스에게 꽤 많은 돈을 딴 뒤, 도박 빚에 대한 보증으로 막시무스의 신분 표시인 인장 반지를 빼앗았다. 그런 다음 막시무스의 아내에게 사람을 보내어 인장 반지를 내보이며, "남편 막시무스가 전하기를 '지금 당장 황후 에우독시아에게로 오라.'고 했다."라고 속였다. 막시무스의 아내는 의심 없이 마차를 타고 황궁으로 향했다. 황제가 보낸 사람들은 그녀를 구석진 조용한 침실로 안내했으며, 황제는 양심의 가책도 없이 법과 예절을 짓밟고 그녀를 능욕했다.

○ 집으로 돌아온 그녀는 깊은 상처를 받고 눈물을 흘렸으며, 남편도 공범인 줄 알고 격렬하게 비난했다. 자초지종을 알게 된 막시무스의 마음속에는 분노와 복수심이 들끓었으며, 게다가 야심이 복수심을 더

욱 자극했다. 막시무스의 병사 중에는 아이티우스의 추종자들이 여러 명 있었으며, 이들은 아이티우스가 발렌티니아누스 3세에게 부당한 죽임을 당했다고 생각하여 황제에게 적개심을 가지고 있었다. 이들 중 2명의 대담한 훈족 출신 병사가 아이티우스를 살해한 황제를 처벌함으로써 주군에 대한 의무를 다하겠다고 나섰다.

○ 두려움을 모르는 2명의 훈족 병사 옵틸라와 트라우스틸라는 황제가 마르스 광장에서 병사들의 무예를 구경하고 있을 때, 갑자기 무기를 뽑아 트라우스틸라가 환관 헤라클리우스의 목을 날렸고 옵틸라가 황제 호위병들이 제지할 틈도 없이 순식간에 황제의 심장에 무기를 찔러 넣었다. 사실 황제 호위병들 중에서도 아이티우스를 추종하는 자가 많았기에 황제의 암살을 적극적으로 제지할 자가 없었다.

○ 막시무스는 발렌티니아누스 3세의 몸에서 뿜어져 나오는 피를 발밑으로 내려다보면서, 원로원과 병사들이 만장일치로 자신을 황제로 옹립하는 소리를 들었다. 테오도시우스 가문의 마지막 황제는 이렇게 생을 마쳤다. 발렌티니아누스 3세는 자신의 기개와 능력의 부족을 메워 줄 온화함, 순수함, 소박함 등은 전혀 물려받지 못하고 나약함과 감정만을 물려받아 쾌락만을 좇다가 살해되었다. 이는 아이티우스가 죽은 지 6개월 만에 일어난 일이었다.

┃ 마음에 새기는 말 ┃

임기가 끝난 정치가는 해안에 내팽개쳐진 낡은 함선과 같다.

_ 네오클레스

- 아테네의 정치가 테미스토클레스(Themistocles, BC 5~6세기)의 아버지 네오클레스가 아들이 정치에 나가려는 것을 만류하면서.

필리피카로 유명한 아테네의 정치가 데모스테네스(Demosthenes)는 정치란 두려움·증오·비난 등 모든 해악이 득실거리는 곳이므로 처음부터 자신에게 민회로 이어지는 길과 죽음으로 이어지는 두 갈래 길이 주어졌다면 주저하지 않고 죽음으로 곧장 가는 길을 택했을 것이라고 말했다.

※ 페트로니우스 막시무스(Petronius Maximus) 황제의 회한과 죽음(455년)

≪제국의 내부에 외세를 끌어들이지 않았던 것이 과거 영광스러웠던 로마의 정신이었다. 그러나 몰락기에 접어든 제국에서는 여자의 분노만으로도 무자비한 야만족을 끌어들여 약탈과 위기로 치달았으며, 로마 시민들을 공포로 얼어붙게 했다. 그 결과 자신의 이상과 이념을 가늠하지 않고서 제국을 다스리겠다며 덤벼들었던 황제는 마침내 죽음의 문턱에 들어섰다.≫

○ 페트로니우스 막시무스는 발렌티니아누스 3세로부터 아내가 능욕을 당했다고 분노하여, 황제를 살해함으로써 복수했다. 이런 살해극은 막시무스가 좀 더 깊이 생각하지 못하고 경솔한 판단이었음이 얼마 후 증명되었다. 그는 자신의 처가 진심으로 끝까지 저항했다면 정절을 잃지 않았을 것이라는 의심을 하지 않았으며, 황제가 살해된다면 제국은 불가피하게 재앙이 닥칠 수 있다는 데 대한 심사숙고가 부

족했던 것이다. 막시무스는 고위 관리로서는 자신의 임무를 훌륭하게 해냈지만, 황제로서는 부족한 무엇이 있었으며 스스로도 황제의 자리에 오르자마자 이제는 이 위험한 자리에서 내려가고 싶을 뿐이라고 한탄했다. 하지만 황제의 자리란 쉽게 오를 수도 없거니와 쉽게 내려올 수도 없는 자리인 법이다. 그는 전후 상황을 깊이 고려하지 않고 발렌티니아누스 3세를 살해함으로써 분노와 야심만을 채울 수 있었을 뿐이다.

○ 제위에 오른 막시무스는 발렌티니아누스 3세의 아내 에우독시아에게 복수라는 미명 아래 정욕을 채움으로써 아내가 당했던 모욕을 그대로 되갚아 주었다. 이때 그의 아내는 이미 세상을 떠난 후였다. 에우독시아는 남편이 암살될 때 막시무스가 암살자들과 공모한 것으로 의심하긴 했으나 마지못해 그에게 몸을 내맡길 수밖에 없었다. 막시무스는 비난받을 행위를 했다면 침묵을 지키고 이 사실이 세상에 알려지기를 두려워해야 하거늘, 수치스런 행동이 용기 있는 복수였다고 생각했는지 공공연하게 떠벌리고 다녔다. 이런 암울한 사실이 경솔하게도 행위의 장본인인 막시무스 황제에 의해 세상에 알려지자, 고귀한 테오도시우스가(家)의 후손이라는 점을 깊이 의식하고 있던 에우독시아는 증오심에 불탔고, 이 증오심은 곧바로 막시무스를 향했다.

○ 에우독시아는 자신의 증오를 풀어 줄 사람을 찾았으나, 동로마 황제인 아버지 테오도시우스 2세와 고모 풀케리아는 이미 세상을 떠났고, 어머니 에우도키아는 예루살렘에서 스스로 은거하고 있었다. 결국 그녀는 탐욕과 잔인함으로 가득 차 있는 아프리카 반달 족장 겐세리크에게 은밀히 도움을 청했는데, 이는 반역 행위나 다름없었다.

그때 에우독시아는 페트로니우스 막시무스가 발렌티니아누스 3세를 죽이고 제위에 오른 다음 정통성을 강화하기 위해 그의 아들 팔라디 우스와 자신의 큰딸 小 에우도키아를 결혼시켰다고 겐세리크에게 알 려 주었다. 그러자 겐세리크는 격노하면서 병사들을 이끌고 로마에 왔다. 왜냐하면 小 에우도키아는 자신의 아들 훈네리크와 결혼이 약 속되어 있었기 때문이다. 서로마에서 야만족과 결혼 약속을 할 수밖 에 없었던 데는 이런 이유가 있다. 441년 아이티우스가 동·서로마 의 연합군으로 북아프리카 탈환을 계획했으나, 때마침 훈족의 침입 으로 동로마군이 콘스탄티노폴리스로 돌아가 버리는 통에 반달족이 점령하고 있던 북아프리카 수복에 실패한 적이 있었다. 그렇게 되자 서로마에서는 겐세리크의 분노를 달래기 위해 강화 조약을 맺으면서

▌「로마를 약탈하는 겐세리크」, 칼 브룔로프 作

훈네리크와 小 에우도키아의 결혼을 약속했던 것이다.

○ 막시무스는 겐세리크가 이탈리아 침략을 위해 해군 증강을 꾀한다는 사실을 미리 알고 있었지만 방어나 협상에 나서는 등의 대비책을 전혀 취하지 않았다. 반달족이 티베리스강 어귀에 상륙하여 공포에 질린 시민들의 절망적인 외침을 듣고 나서야, 깜짝 놀란 막시무스는 황제란 국가를 지키는 사령관이라는 의미에서 유래했다는 사실을 망각한 채 오로지 자신의 목숨을 구하기 위해 황급히 도망치겠다는 생각뿐이었다.(註. 황제를 의미하는 '임페라토르imperator'는 원래 승리한 총사령관에게 병사들이 외쳤던 말이었다.)

○ 그러나 막시무스가 거리로 나서자마자 분노한 시민들이 비겁하고 무책임한 막시무스에게 욕설을 퍼부었다. 막시무스가 도시를 막 벗어나려는데 누군가가 그에게 돌을 던져 관자놀이에 명중시켰다. 그러자 무수히 많은 사람들이 돌 세례를 퍼부어 막시무스 황제가 쓰러져 죽자, 폭도로 변한 시민들이 그의 시체를 난도질하여 장대에 사지를 높이 매달고 의기양양하게 시내를 행진하다 티베리스강에 내던졌다. 이는 치세 3개월 만의 일이었다. 시민들은 로마의 재앙을 초래한 장본인을 처벌했다며 기뻐했고, 에우독시아는 자신을 모욕한 데 대한 처벌이며 시민들이 자신에 대해 애정을 보인 결과라고 믿었다.(註. 선조가 왜군을 피해 한양을 버리고 떠나려 하자 백성들이 왕을 비난하며 행차를 막고 돌을 던졌다. 하지만 그들이 던진 돌은 선조의 관자놀이를 맞추지 못했고 왕은 북방으로 도망칠 수 있었다. 로마 황제들은 막시무스뿐 아니라 비텔리우스도 황궁에서 도피하려 했지만 실패했고 심지어 니카반란 때 동로마 황제 유스티니아누스는 아내에게 통렬한 질책을 받고 황궁에서 도망하기를 포기했다.)

○ 하지만 반달족의 무자비한 약탈에 에우독시아는 곧 후회했다. 그녀는 두 딸과 함께 포로가 되어 겐세리크를 따라 카르타고로 갈 수밖에 없었기 때문이다. 그곳에서 큰딸 小 에우도키아는 겐세리크의 장남인 훈네리크와 어쩔 수 없이 결혼했고, 겐세리크는 동로마 제국에 며느리 몫의 상속 재산을 요구하기에 이르렀다. 그렇게 되자 동로마의 마르키아누스 황제(註. 에우독시아의 고모부였다.)는 상당한 보상금을 지불할 수밖에 없었으며, 그리하여 에우독시아와 작은딸 小 플라키디아는 겨우 이탈리아로 귀국할 수 있었다.

| 마음에 새기는 말 |

적으로부터 가족과 재산을 지키기 위해 분연히 일어서서 목숨을 걸지 못하는 자는 신이 인간에게 부여한 가장 중요하고 활력적인 요소를 상실해 버린 것이다.

– 동로마 제국은 오스만 튀르크의 술탄 메흐메드 2세에 의해 1453년에 멸망했다. 그때 콘스탄티노폴리스에 남아 있던 자들은 가족의 목숨과 재산을 지키기 위해 모든 희생과 노력을 다해야 했지만 전투에 나선 자가 매우 적었던 것을 비난하면서. 동로마의 마지막 황제 콘스탄티누스 11세 드라가세스 팔라이올로구스 황제는 오스만 튀르크의 정예 병사들이 무너진 성벽으로 물밀듯이 쳐들어오자 황제의 자의를 벗어 던지고 얼마 안 되는 병사들과 함께 적과 싸우다가 장렬히 전사했다.

❋ 주교에 의한 황제 즉위식(457년)과 아스파르(Aspar)의 오판

≪아스파르는 자신의 노력으로 레오를 즉위시켰기에 마음먹은 대로 황제의 위엄을 이용할 수 있다고 생각했다. 그러나 레오의 생각은 사뭇 달랐다. 그의 생각은 제위에 오를 때는 아스파르의 도움을 받았지만 그로 인해 황제로서의 본분과 위엄을 잃어서는 안 된다는 것이었다. 만약 아스파르가 황제 옹립과 살해를 반복했던 서로마의 실권자 리키메르의 기질을 닮았더라면 레오의 목숨은 지켜질 수 없었겠지만, 레오는 폭거를 자제할 줄 아는 자를 만난 것이 행운이었다.≫

○ 마르키아누스가 죽고 난 후, 동로마의 패권은 군부 세력가 아스파르에게 넘어갔다. 아스파르는 아버지, 그 자신 그리고 아들까지 3대에 걸쳐 동로마의 군대를 지휘했고, 그가 지휘하는 군대는 황궁과 수도를 위압할 만큼 막강했다. 또한 막대한 재물을 이용하여 많은 자선과 선심을 베풀었으므로 권력만큼 인기도 좋았다. 아스파르는 삼위일체설을 인정하는 니케아 공의회의 결정 사항을 따르기만 했어도 스스로 황제가 될 수도 있었겠지만, 그는 삼위일체를 믿지 않는 아리우스파였다.

○ 결국 아스파르는 사령관이자 집안의 수석 집사인 트라키아 출신의 레오라는 인물을 황제로 추천했다. 레오의 즉위는 콘스탄티노폴리스 원로원에서 만장일치로 승인되었다. 레오는 이례적인 의식을 통해 신의 동의까지 받았는데, 그것은 주교가 왕관을 씌워 주는 방식으로 이행했다. 그 이후 로마 황제는 시민과 원로원의 동의뿐 아니라, 요식적으로나 실질적으로나 신의 승인까지 필요하게 되었다.

○ 아스파르는 자신이 추천하여 황제의 지위에 올려 주었다면 은혜를 입은 자는 당연히 자신의 뜻에 거스를 수 있는 결정을 해서는 안 된다고 생각했다. 그러나 레오는 아스파르의 압력에 온건하면서도 확고하게 저항하여 황제로서의 책무를 위반하지 않았다. 아스파르는 자신의 추천과 힘으로써 황제를 옹립했지만, 이제 자신의 영향력으로서는 고급 관리 한 명도 임명할 수 없음을 알고 자신의 처지에 놀라며 격분했다. 아스파르는 한때는 자기 집의 하인 정도의 지위였지만 이제는 제국의 황제가 된 레오를 감히 꾸짖고, 황제의 옷자락을 잡아당기며 "이 옷을 입은 자가 은인을 무시하고 거짓말을 하는 것은 옳지 않습니다."라고 따졌다. 이에 레오는 "황제가 일개 시민의 뜻에 따라 판단하여 전체 시민의 이익을 저버리도록 강요받는 일 또한 옳지 않습니다."라고 맞받았다.

○ 레오 1세는 이사우리아(註. 아나톨리아의 중남부 산악 지역) 출신의 타라시코디사를 장녀 아리아드네와 결혼시키고 군사령관에 임명했다. 타라시코디사는 나중에 제노라는 그리스식 이름으로 개명했다.(註. 다만 '제노'는 라틴식 발음이며, 그리스식으로는 '제논'이다.) 468년 레오는 서로마의 안테미우스와 연맹하여 아프리카의 반달족을 토벌하려고 했으나 실패했다. 그렇게 되자 레오의 입지는 약화되었고, 그때 놓치지 않고 아스파르는 영향력을 발휘하여 레오의 차녀와 자신의 아들 파트리키우스를 결혼시키면서 파트리키우스를 카이사르로 선포했다. 이렇듯 아스파르의 전횡이 갈수록 심해지자 레오와 제노는 중대한 결단을 내리지 않을 수 없었다. 그들은 아스파르와 그의 아들들을 황궁에 초대한 후 환관들에게 살해하도록 지시했다. 471년 황궁에서 벌어진 살육의 잔치에서 파트리키우스는 부상을 입은

후 겨우 목숨을 건졌으나, 아버지 아스파르와 동생은 살해되고 말았
다.(註. 레오 1세는 제노가 장녀 아리아드네에게서 낳은 외손자 레오 2세
를 후계자로 삼았다. 그런 후 얼마 안 있어 레오 1세가 죽고, 레오 2세는
자신의 아버지 제노와 공동 황제가 되었다. 그러나 레오 2세는 474년 자
신의 외할아버지 레오 1세가 죽은 그해를 넘기지 못하고 죽었다. 이로써
제노가 동로마의 유일한 황제가 되었다.)

❋ 마요리아누스(Majorianus) 황제의 산아 정책

≪마요리아누스는 시민의 수를 늘리기 위해 황제의 권위로 무리한
정책을 시행했다. 하지만 신의 섭리와 인간의 규범을 무시한 결정이란
쉽게 이루어질 수 없는 법이다.≫

○ 페트로니우스 막시무스가 죽고 서고트족의 옹립으로 아비투스가 즉
위했지만, 얼마 후 군부 세력인 부르군트족의 리키메르에게 폐위되
고, 서로마의 제위는 원로원의 추천과 리키메르의 동의로 마요리아
누스가 차지했다. 반달족의 발호를 저지하고 아프리카를 수복하기
위해 많은 노력을 기울였던 서로마 황제 마요리아누스는 정책에 있
어서도 긍정적인 변화를 추구했다. 그는 부당하게 징발되던 세금을
덜어 주고 빈번히 행해지던 특별세를 억제했으며, 고발자들이 함부
로 활동하지 못하게 하여 시민들의 생활에 안전을 도모했다. 그리고
시민의 수를 늘리기 위해 결혼의 신성함을 지키는 것에 관심을 기울

였다. 이 건전한 목적을 달성하기 위한 마요리아누스의 방법에는 약간 과격하고 시민들이 쉽게 찬성할 수 없는 부분이 있었다.

○ 그리스도에게 처녀성을 바치고자 하는 신앙심이 깊은 여성의 경우에도 40세 이전에는 수녀가 될 수 없었다. 40세 전에 과부가 된 사람은 5년 이내에 재혼하도록 강요했고, 그렇지 않는다면 재산의 반을 가까운 친척이나 국가에 몰수당했다. 신분 차이가 나는 남녀 간의 결혼은 문제 삼아 비난받도록 했고, 심지어 무효화시키기도 했다. 간통죄를 저지른 사람은 재산을 몰수당하고 추방되었으며, 만약 추방된 자가 허락 없이 이탈리아로 돌아온 것이 발각되면, 특별 포고령에 의거 그를 죽여도 아무런 벌을 받지 않았다. 이렇듯 그는 양심과 엄격함으로 나라를 다스렸으며 법을 악용한 징세를 막고 주민들을 억압으로부터 보호하려고 애썼으나, 국익과 도덕성을 강조한 나머지 인간성이 무시된 법령들은 제국의 시민들에게 호응을 전혀 얻지 못했다.

⁂ 수도사들의 권력

≪때에 따라서는 권력이란 하찮은 것에서부터 시작하여 움직일 수 없는 큰 힘으로 자라나기도 한다. 순수하게 시작했던 종교적 열정이 혜택에 눈뜨게 된 자들에 의하여 변질되고 인간의 심성을 타락시켰다.≫

○ 그리스도교는 직업이나 이익의 추구, 욕망의 만족 등과 적절하게 양립하는 세속적인 그리스도교와 복음의 엄격한 계율에 복종하는 금욕적인 그리스도교로 나뉘었다. 금욕주의자들은 세속적인 업무나 쾌락을 거부하고, 술과 고기와 인연을 끊었으며 육체를 학대하고 감정을 억제하면서 고난의 삶을 기꺼이 받아들임으로써 영원한 행복을 얻고자 했다. 결혼조차도 이들에게는 용납될 수 없는 저열한 생활 방식이라며 거부되었다. 이들에게서 육체는 감옥이며, 생애란 영혼의 진정한 고향으로부터 추방된 상태일 뿐이었다. 사람들은 이들을 은둔자, 수도사, 은수자로 불렀다. 수도사들은 재산이나 고통 또는 죽음까지도 무시한다는 점에서 스토아학파와 어깨를 나란히 했고, 규율에 복종하고 고행하는 생활에서는 피타고라스학파의 침묵(註. 피타고라스의 제자가 되려면 외모로 성격과 자질을 먼저 심사받은 후, 통과되면 5년 동안 침묵하도록 요구받았다고 전해진다.)과 순종을 엿볼 수 있으며, 세속 세계에서 존재하는 일체의 형식과 예절을 단호하게 경멸했다는 점에서는 견유학파와 유사했다.

○ 수도사들은 사회생활과 격리되면서 미신의 어둡고도 거부할 수 없는 매력에 이끌렸다. 수도원의 정문에 들어서는 개종자들은 영원한 행복을 향한 험난한 가시밭길로 접어들었다고 굳게 믿었다. 이러한 종교적 동기가 각자의 기질이나 처한 환경에 따라 각각 다른 형태로 나타났지만, 누구보다도 허약한 정신을 소유하고 있는 여자와 아이들에게 가장 큰 영향력을 발휘했다. 결국 자연스럽게 구원이라는 과제를 완수하기 위해 세상과 담을 쌓은 경건하고 겸허한 수도사들이 그리스도교를 영적으로 감독하는 임무에 가장 적합하다고 사람들은 생각하게 되었다.

○ 이리하여 수도사들은 처음에는 내키지 않은 일이지만 어쩔 수 없이 신도들의 환호 속에 주교의 자리에 앉게 되는 경우가 있었으나, 성직 사회에서 유명해진 몇몇 수도사들은 이를 통하여 부와 명예를 얻고 자 했다. 그들은 자기와 같은 수도사들을 늘이는 데 온 힘을 기울였 다. 돈 많은 귀족 집안에 빌붙어서 온갖 아첨과 유혹의 기술을 동원 하여 자신들의 권력을 옹호할 하급 수도사들을 확보했다. 하나밖에 없는 아들을 수도원에 빼앗기고 분노하며 울부짖는 아버지도 있었을 것이고, 순박한 처녀가 허영심 때문에 자연의 섭리를 거스르는 경우 도 있었으며, 유부녀가 가정을 뛰쳐나와 상상 속의 인간 완성을 열망 한 경우도 있었다.

○ 원래 수도사의 생활은 자발적인 헌신의 형태를 띠었다. 이집트에서 수도원이 시작되어 수도사들의 모범적이고 깊은 신앙심이 많은 사람 들에게 감명을 주어 급속도로 퍼져 나갔다. 수도사 중에는 소박한 생 활과 존경받을 행동으로 널리 명성을 떨친 자도 있었으나 극히 소수 였다. 애초에 수도원의 문은 개방적이었고 드나드는 데 자유로웠다. 신앙을 지키지 못한 아들이 참회하기 위해 되돌아오면 수도원의 문 은 여전히 활짝 열려 있었고, 종교보다는 이성의 열정이 강해진 수도 사들은 자유롭게 속세로 돌아갈 수 있었으며, 수녀들마저 그리스도 와 헤어져 속세에 있던 연인의 포옹을 받아들이는 데 아무런 지장이 없었다.

○ 따라서 신앙 사회에서는 좀 더 강력한 규제의 필요성이 생겨 수도원 의 수련자에게 엄숙하고 영원한 서약으로 신앙의 맹세를 요구했고, 그리스도교와 국법에 따라 맹세를 확인했다. 이렇게 하여 자유 의지 로 참여했던 수도원 생활은 잔인한 국가 권력의 비호 아래 막강한 통

제 수단을 갖게 되었다. 수도원에서 도망친 자는 추적되어 체포되고 감옥에 보내졌으며, 아주 사소한 위반에도 치욕과 감금, 가혹한 금식과 끔찍한 처벌이 뒤따랐다. 수도원장의 명령이 아무리 부조리하고 심지어 죄를 짓는 것이라 할지라도 무조건 복종하는 것이 원칙이요 최고의 덕성이었다. 그들의 인내심은 종종 가혹하기 이를 데 없는 시련으로 시험받았다. 엄청나게 큰 바위를 옮기라든가, 땅에 나무 지팡이를 꽂은 후 물을 주어 3년 후에는 잎이 나고 꽃을 피게 하라는 명령을 받았으며, 심지어 활활 타오르는 용광로 안으로 걸어 들어가거나 자신의 자녀를 깊은 우물에 던지라는 명령까지 받았다.

○ 몇몇 사람들이 이러한 무자비한 명령들을 두려움이나 주저 없이 복종했다 하여 수도원 역사에 거룩하게 기록되기도 했다. 합리적인 사고의 뿌리가 되어야 할 자유로운 정신은 무조건 믿고 복종하는 습성으로 파괴되었다. 동방의 그리스도교는 이제껏 유지되었던 평화가 두려움도 이성도 없고 인간성마저 상실한 무리에 의해 무너졌고, 제국의 군대조차 이들을 상대하느니 차라리 흉포한 야만족과 싸우는 편이 훨씬 낫다고 공언할 지경이었다.

○ 수도원 생활을 하려는 자들은 재산을 수도원에 기증하도록 권유받았는데 때로는 이 기증으로 어마어마한 빚을 지기도 했다. 수도사들은 그에 대한 답례로 인심 후한 부자를 위해 기도와 참회 의식을 베풀 따름이었다. 세력이 확장 일로에 있는 유명한 수도원의 재산은 시간이 지날수록 계속 증가되었고, 줄어드는 일은 좀처럼 없었다. 초창기의 수도사들은 자선의 심부름꾼이라는 임무를 충실히 지켜 왔으나, 수도원이 번성하면서 규율이 무너지고 부자가 되었다는 자만심에 젖어 마침내 사치와 소비를 탐닉하게 되었다. 여기에 이를 상징하

는 베네딕투스 수도원장의 솔직한 고백이 있다. "나의 가난에 대한 서약은 내게 엄청난 부를 가져다주었고, 나의 복종에 대한 서약은 나를 군주의 지위까지 올려놓았다."

○ 수도사들은 외부인과의 접촉을 근본적으로 기피했으며, 어쩔 수 없는 경우에도 고참들의 입회 없이는 친척이나 친구의 방문을 받을 수 없었다. 누나나 나이 든 부모가 찾아와도 말 한마디 건네지 않고 눈길조차 주지 않아 그들을 가슴 아프게 해야 매우 큰 칭찬을 받았다. 이러한 예로서 이집트 수도사 피오르가 찾아온 여동생이 자신을 보는 것은 허락했지만, 스스로는 여동생의 방문이 끝날 때까지 내내 눈을 감고 있었다는 이야기가 전해 온다. 결국 수도사들의 집단은 서로 개인적인 친분을 맺는 일이 없었고, 우연히 같은 감옥에 갇힌 무리에 지나지 않았다.

○ 새롭게 명예를 얻은 유명한 수도사들은 12사도와 순교자들이 기존에 누렸던 명성을 잠식해 들어갔고, 수도사들의 유골에 더해진 기적들이 그 수나 지속 기간에서 생전의 영적 위업을 능가했다. 그들은 글자 그대로 살아서도 영광, 죽어서도 영광을 누렸다. 유명한 수도사들은 계시를 전하는 것만으로도 오래된 질병을 고치고 사람들에게 들러붙은 마귀를 쫓아냈다. 그뿐만 아니라 사자나 뱀에게 친숙한 말을 건네거나 명령을 내렸으며, 수액이 말라 버린 나무에 생명을 불어넣고, 물 위에 쇠를 뜨게 하며, 악어 등에 올라타고 나일강을 건넜으며, 불타오르는 용광로에서 살아 나왔다. 이런 가당찮은 이야기들이 허무맹랑하게 조작되어 신도들의 정신을 저하시키고 타락시켰으며 역사적 증거마저 왜곡시킴으로서 그리스도교의 이성 · 신앙 · 도덕에 막대한 악영향을 미쳤다. 주교들은 수도사들이 자신들의 힘과 권한

을 벗어나 그리스도교의 공식 제도 바깥에서 세력이 커지자, 그리스
도교의 통일에 위협을 받지 않을까 두려워했다. 따라서 451년 칼케
돈 공의회에서 주교의 허락이 없다면 교구 안에서 수도원 설립을 금
지했으며, 수도사가 수도원을 떠날 때도 주교의 허락을 받도록 결정
했다.

○ 수도사들은 폭력과 살인 등 무법한 행동도 서슴지 않았다는 비판을
받았다. 415년 알렉산드리아 주교 키릴루스가 관할구의 수도사들을
사병처럼 부려 알렉산드리아의 저명한 여류 철학자이자 천문학자이
며 수학자인 히파티아를 잔인하게 살해했기 때문이다. 키릴루스는
당시 대단한 명성을 누리고 있던 히파티아에 비해 초라하기 짝이 없
던 자신의 권력과 명성을 강화하기 위해 그녀를 제거하고자 했다. 성

「아테네 학당」, 라파엘로 作 (원 안에 있는 여성이 히파티아다.)

직자라기보다는 정치가에 가까웠던 키릴루스의 사주를 받은 수도사들은 강의를 마치고 돌아가던 히파티아를 마차에서 끌어내려 그녀의 옷을 모두 찢어 버리고 거리를 따라 도시의 구석구석으로 그녀를 질질 끌고 다닌 후, 잔인하게도 성모 마리아 상 바로 아래에서 아직도 목숨이 붙어 있는 그녀의 피부를 벗겨 냈다. 그것도 모자라 그들은 그녀의 살을 발라내어 일부는 거리에 뿌렸고 일부는 불태웠다.

○ 그녀는 천문학과 수학에 대한 학문을 자신만의 방식으로 기호화했는데 당시의 그리스도교인들이 이것을 이교 신앙의 주문과 같은 것으로 간주하여 탄압했던 것이다. 마하트마 간디가 지적했듯이 이처럼 인류의 역사에 기록된 가장 잔인한 행위는 성스러운 종교의 미명 아래 무자비하게 행해졌다. 물론 히파티아는 이교도였지만 신앙을 교육의 기준으로 삼지 않았던 그녀였기에 제자 중에는 그리스도교인들이 많았으며, 훗날 북아프리카 키레나이카 속주의 프톨레마이스 주교 시네시우스도 그녀의 제자였다. 시네시우스는 히파티아를 두고 베누스의 몸과 플라톤의 머리를 가진 여인이라고 격찬했다. 히파티아의 죽음 이후 많은 학자들이 알렉산드리아를 떠났고 도시는 학문의 중심지라는 오랜 지위를 잃고 말았다. 그리고 키릴루스는 그렇게도 바라던 막강한 권력을 마침내 누렸다.

│ **마음에 새기는 말** │

동정심과 분별력을 동시에 행사하는 것은 어렵다.

_ 히에로니무스, 4~5세기 교부

– 스파르타 왕 아게실라오스는 친구들의 이익이 걸린 문제라면 발 벗고 도와주었다. 그러나 전쟁터에서 혼란과 위기 속에 철군할

때, 병색이 짙은 친구를 버리고 떠났다. 병든 친구가 울부짖으며 그의 행동을 탓했으나 아게실라오스 왕은 친구를 돌보지 않고 떠난 것에 대하여.

☀ 시도니우스(Sidonius)의 아부(475년)

≪서로마 제국 황제의 사위로서 마지막까지 자존심을 지키려고 했던 시도니우스는 결국 백기를 들었을 뿐 아니라, 서고트 왕의 위세 앞에 뼛속까지 압도당했다. 희망이 사라진 제국에 구애를 한 결과는 비참했을 뿐이다. 새로운 이념과 논리를 가진 세력은 무자비하긴 했으나 국가 통치를 위해서 로마 기성세력들의 도움과 지혜가 필요했으므로 온정을 베풀 준비가 되어 있었다. 따라서 시도니우스와 많은 로마 지식인들은 아첨과 굴복으로 승자의 분노를 누그러뜨리고 용서를 받은 후 정복자의 통치에 충성스런 협조자로 바뀌었다.≫

○ 서로마 제국이 야만족들의 먹잇감으로 갈기갈기 찢겨 갈 때였다. 서고트족의 에우리크는 자신의 형 테오도리크 2세를 살해하고 왕위에 올랐다. 테오도리크가 서로마의 권위를 중시하여 로마 세계의 울타리 안에서 왕국의 안전과 발전을 도모했지만, 에우리크는 달랐다. 그는 로마 제국의 그늘에서 벗어나 온전한 독립 왕국으로서의 면모를 갖추려고 했다. 한때 서로마 황제 안테미우스의 위력에 눌려 독립 정책을 지속시키지 못하고 움츠러들었으나, 468년 안테미우스가 북

아프리카 반달족의 공략에 실패하자 이제는 거칠 것 없이 자신의 뜻을 이어 갔다. 그리하여 471년 그는 안테미우스 황제의 아들 안테미올루스가 이끄는 로마군과 맞붙어 안테미올루스를 전사시키고 승리했다. 이로써 안테미우스는 한 가닥 남은 자신의 군사력마저 완전히 잃어버리고 허울뿐인 황제가 되어 위험 속에 내몰렸다.

○ 그럼에도 갈리아 지역의 상류층인 토지주들 중에는 야만족 편으로 기울기보다 저물어 가는 로마 제국의 석양을 따라 좇는 자들이 있었다. 클레르몽−페랑의 주교이자 아비투스의 사위인 시도니우스 아폴리나리스(Sidonius Apollinaris)도 그런 부류의 사람이었다. 시도니우스는 장인이 서로마 황제였을 때 서고트 왕 테오도리크 2세와 적극 협력했으나, 서고트 왕이 에우리크로 바뀌자 에우리크의 공격으로부터 제국을 지키기 위해 투쟁할 각오를 다졌다.(註. 아비투스는 서고트 왕 테오도리크 2세의 지원으로 서로마 황제에 즉위했다.) 그는 자신의 영지인 클레르몽−페랑을 서고트족 침입으로부터 수호하기 위해 호주머니를 털어 군대를 조직하고 모든 노력을 기울였다. 그러나 475년 클레르몽−페랑은 에우리크에게 함락되었고 시도니우스는 유배되었다가 보르도의 한곳에 감금되었다.

○ 그 시대에는 시도니우스와 반대되는 생각을 가진 자들도 많았다. 갈리아 행정장관 아르반투스는 갈리아의 행정 책임자라는 직책도 잊은 채 에우리크에게 아부하다가 고발되었으며, 히스파니아의 로마군 사령관 빈켄티우스는 등을 돌리고 서고트족의 지휘관이 되었으며, 심지어 갈리아 부행정장관 세로나투스는 에우리크가 갈리아를 점령하도록 도움을 주어 그 죄로 고발돼 반역죄로 처형되기도 했다. 이러한 현실을 반영하듯 비극은 이 정도에서 끝나지 않았다. 시도니우스 지

지자인 에우케리우스는 사비를 털어 서고트족의 공격에 도시를 지켰고, 그의 아들은 서고트족 편이 되어 그들과 함께 아버지가 지키고 있는 도시를 포위 공격했다. 시도니우스 아들도 아버지의 뜻을 거슬러 서고트족의 열렬한 지지자가 되어 에우리크 아들 휘하의 서고트군 지휘관이 되었다. 이렇듯 한 집안에서도 아버지와 아들이 서로 적이 되어 검을 겨누었다.

○ 클레르몽-페랑이 에우리크의 서고트족에 함락되었을 때, 시도니우스는 자신이 승자에게 저지른 죄과를 알고 있었기에 감히 에우리크의 호의와 관용을 기대할 처지가 아니었다. 그러다가 에우리크의 수석 고문관으로 일하는 친구 레오에게 자신의 처지를 한탄하는 편지를 쓰게 되었다. 그러자 레오와 또 다른 친구 람프리디우스가 에우리크에게 시도니우스의 회한과 어려움을 적극 아뢰었고, 그 결과 그는 유폐에서 풀려났을 뿐 아니라 빼앗겼던 클레르몽-페랑 영지도 온전히 돌려받을 수 있었다.

○ 시도니우스는 자신의 죄를 용서받자 종전의 충정을 헌신짝처럼 버리고 에우리크를 향해 '용비어천가'를 지어 바쳤다.

"우리의 왕이시며 지도자이신 에우리크여! 정복된 곳들의 청원을 받느라 쉴 틈이 없구나. 보르도에서 푸른 눈의 색슨족이 기다리고, 패전의 표시로 뒷머리를 빡빡 밀어 버린 수감브리족도 대왕 앞에 무릎 꿇고 기다리네. 헤룰리족도, 거구의 부르군트족도 에우리크 왕의 구원을 바라고 탄원하고 있음이라. 제국의 권위조차 구원이 필요하니, 모두가 바라는 것이란 우리의 지도자 에우리크 폐하의 용맹한 군대뿐!"

○ 시도니우스는 이 시를 친구 람프리디우스에게 먼저 보여 주었고, 람

프리디우스는 이를 에우리크에게 바쳤다. 에우리크는 숱한 정복을 경험한 자답게 시도니우스가 문학 작품으로 보낸 항복의 표상을 흔쾌히 받아들였다.

⁂ 서로마 제국의 멸망(476년)

≪제국의 시민들이 알지 못하는 사이에 서로마는 조용히 숨을 거두었다. 더 정확하게 표현하자면 후세의 역사가들이 더 이상 서로마의 황제가 옹립되지 않은 시점을 멸망한 것으로 보았을 뿐이다. 왜냐하면 로마의 멸망이 사실이냐 아니냐의 문제는 이미 제국의 시민들에게 관심거리조차 아니었기 때문이다.≫

○ 마요리아누스 황제는 북아프리카의 반달족을 공략하기 위해 카르타

고 노바에서 함선을 건조했으나 겐세리크의 계략으로 모두 불타고 반란까지 이어지자 폐위된 후 곧 숨을 거두었다. 군부 세력인 부르군 트족 출신의 리키메르는 리비우스 세베루스를 옹립했지만 그도 4년 만에 죽음을 맞았다. 그때 동로마의 레오 1세는 리키메르와 협상한 끝에 안테미우스를 서로마 황제로 앉힐 수 있었다. 안테미우스는 반 달족이 차지하고 있는 북아프리카의 실지를 회복하기 위해 468년 동 로마의 레오 1세와 연합하여 반달족을 공격했으나 실패했다.

○ 동·서로마가 연합하여 일으킨 북아프리카 토벌이 실패하자 동로마 는 더 이상 서로마에 관심을 갖지 않았고, 서로마의 안테미우스 황 제는 리키메르와 교전을 벌이다 전사했다. 그 이후 리키메르는 자신 과 안테미우스와의 중재를 위해 동로마에서 파견되었던 올리브리우 스를 황제로 추대했으나 얼마 살지 못하고 그다음 해 사망했다. 이후 리키메르의 권력을 이어받은 생질 군도바트가 글리케리우스를 서로 마 황제로 옹립했지만 권력 분쟁과 혼란으로 서로마의 참상은 그치 지 않고 이어졌다. 동로마는 더 이상 방치할 수 없어서 달마티아 군 사령관인 율리우스 네포스를 황제로 임명했다. 그러나 네포스는 황 제로서의 지위를 확고히 할 자신이 없어 망설이다가 군도바트가 부 르군트족을 통치하기 위해 이탈리아를 떠나자, 마침내 외삼촌으로부 터 물려받은 일리리쿰 병사들을 이끌고 이탈리아에 와서는 글리케리 우스를 황제 자리에서 밀어내고 스스로 서로마 황제임을 선포했다.

○ 네포스가 이런 식으로 황제에 오르자 서로마 세력 중 동로마 반대파 들은 세력을 결집하여 기세를 올렸다. 그중 한 사람인 오레스테스가 네포스를 내쫓고 자신의 16세 된 어린 아들 로물루스 아우구스투스 (註. '어린 아우구스투스'란 의미로 흔히 '아우구스툴루스'로 불린다. 우연

의 일치로 로마를 건국한 로물루스와 제정을 일으킨 아우구스투스가 로마 제국의 종지부를 찍은 마지막 황제에서 결합되었다.)를 제위에 앉혔다. 그 이후 오도아케르를 주축으로 한 북이탈리아의 야만족 출신 장군들이 자신들한테도 살 수 있는 땅을 달라고 세차게 요구했다. 오레스테스가 이들의 요구를 거절하자, 결국 내전으로 이어져 오레스테스는 살해되었다.

○ 내전에서 승리한 오도아케르는 스키리 족장 에데콘의 아들이었다.(註. 에데콘은 훈족 왕 아틸라의 부하였으며, 사절로 콘스탄티노폴리스에 갔을 때 환관 크리사피우스의 말에 유혹되어 아틸라의 목숨을 노린 적이 있었다. 하지만 에데콘이 사주하는 크리사피우스를 속였는지 몰라도 스스로 음모를 밝힘으로써 용서를 받았고, 높은 지위는 계속 유지되었다. 아틸라가 죽자 훈족 아래서 동맹으로 뭉쳐졌던 부족들이 분열하여 뿔뿔이 흩어졌고, 스키리족은 강력한 동고트족과 힘겨운 전투를 치렀다. 스키리족은 첫 전투에서 승리하여 동고트 족장 발라메르를 살해했지만, 동고트족의 복수전에서 부족이 말살되는 비참한 패배를 겪었다. 12년간에 이 같은 두 번의 피비린내 나는 전투로 스키리족은 완패했고 부족장 에데콘도 전사했다.) 에데콘은 형 오노울프와 동생 오도아케르 두 아들을 남겼다. 부족이 경쟁 관계에 있던 동고트족에게 패배한 이후 두 형제는 역경을 헤쳐 나가며 어려운 유랑 생활을 했고, 때로는 약탈하기도 하고 때로는 일시적인 공직에 봉사하며 추종자들을 먹여 살렸다. 어려운 생활 중에 형 오노울프는 암살에 관련되어 명예를 더럽히고 말았으나, 동생 오도아케르는 강한 모험 정신과 운명을 믿고 노리쿰의 야만족들 사이에서 유랑 생활을 계속할 수 있었다. 마침내 훈족 제국이 사라지자 오도아케르는 노리쿰의 명망 높은 현자 세베리누스를

찾아가 조언을 듣고 서로마 제국에 입대했다. 그는 그곳에서 능력을 인정받았으며 그에 대한 보상으로 높은 지위를 얻은 후 오레스테스와의 경쟁에서 승리했던 것이다.

○ 오도아케르는 허울뿐인 서로마 황제를 계속 남겨 둘 생각이 없었다. 그렇다고 야만족(스키리족) 출신인 자신이 황제에 즉위할 수도 없는 노릇이었다. 그는 측근들과 회의를 거듭한 끝에 동로마 제노 황제에게 사절을 보내 '파트리키우스patricius'로 자신을 임명해 달라고 요구했다. 파트리키우스란 직역 시에는 귀족이란 의미지만 재상으로 의역이 되는 직함이었다. 오도아케르가 동로마의 제노에게 사절을 보냈을 때, 마침 네포스의 사절도 동로마에 와 있었다. 두 사절을 동시에 맞이한 제노는 다시금 서로마 황제의 자리에 앉고 싶어 하는 네포스에게는 호의적인 말투로 편지를 보냈고, 오도아케르 사절에게는 네포스가 이미 서로마 황제의 지위를 부여받은 사람이니 파트리키우스 임명은 그의 의견을 받아들이라고 권하면서 오도아케르에게 파트리키우스라고 깍듯한 존칭으로 답장을 보냈다. 언뜻 생각하기에는 제노가 네포스에게 파트리키우스 임명을 맡기면서도 오도아케르에게 파트리키우스라고 호칭한 것을 보면 줏대 없는 행동을 한 것 같지만, 실상은 어조와 답장의 강도에 네포스를 도울 생각이 없다는 뜻이 담겨 있었다. 오도아케르는 제노의 의중을 헤아렸다.

○ 오도아케르는 아우구스툴루스를 폐위시키고는 비워 있는 제위에 아무도 앉히지 않았다. 그러고서는 황제만이 입도록 되어 있는 망토와 제관 등 서로마 제국 황제의 물품 일체를 동로마의 제노 황제에게 보냈다. 오도아케르는 이탈리아에 더 이상 황제가 필요 없고 콘스탄티노폴리스에 계신 황제 한 분의 위엄으로도 제국의 동쪽 끝에서 서쪽

끝까지 다스리기에 충분하니 로마시에 있는 제국의 모든 권위가 콘스탄티노폴리스로 옮겨 가야 한다고 주장했다. 그럼에도 군주정에서는 보기 드물게 소년 황제에 대한 그의 처리가 너그러웠다. 그가 비록 아우구스툴루스를 퇴위시켰으나, 6천 솔리두스를 연금으로 주고 네아폴리스 근교의 루쿨라눔성에서 일생을 마치도록 했기 때문이다. 이로써 서로마 제국은 공식적으로 멸망했다. 로마시가 영토 안에 포함되지 않은 동로마는 진실한 의미에서 로마 제국이 아닌 것으로 본다면, 로마는 BC 753년에 건국하여 1229년 만인 476년에 사라진 제국이었다.

⁂ 오도아케르의 실패(493년)

≪오도아케르가 로마의 흉내를 내려 했다면 공생 관계가 아니라 동화되어야 했다. 동화야말로 테오도리쿄가 침공했을 때, 로마인들을 방관자적인 태도에서 자신의 공동체를 지켜야겠다는 적극적인 행동으로 나서게 할 수 있었기 때문이다. 그렇게 되면 자연히 군사력이 강화되고, 동맹군도 늘어나 자신을 지킬 수 있는 법이다. 그러나 군사에 관해서는 게르만족이 전적으로 분담함으로써 적이 다가왔을 때 로마인들은 방관자일 뿐이었다.

국가 또는 정치 세력 간의 강화란 신뢰만으로 하는 것이 아니다. 그것은 이해관계가 우선이므로 적들이 내미는 손을 맞잡기 전에 깊고 세심하게 숙고해야 함에도 오도아케르는 이를 무시하고 테오도리쿄

와의 강화에 신중을 기하지 않았다. 이 모든 결과로써 그는 파멸하고 목숨까지 잃었다.≫

○ 서로마를 멸망시키고 스스로 이탈리아의 왕을 자칭한 오도아케르는 로마인들과 공생 관계를 형성했다. 로마인을 특징짓는 동화는 거부했으나, 오도아케르가 이끄는 야만족이 군사를 담당하고, 로마인들이 행정과 농업·상업을 담당하는 체제를 만든 것이다. 그는 로마인들이 재산의 3분의 1을 야만족에게 할애하는 정책을 실시했으나, 이것도 토지의 경우 할애한 토지의 대부분을 로마인들이 임차하는 형태가 되었기 때문에 결국 로마인들은 종전과 같이 농장 전체를 계속 경영할 수 있었다.

○ 로마인들은 고통스럽고 위험한 일을 꺼려 병사로 징집되지 않게 된 것에 대부분 찬성하는 분위기였으며, 오도아케르의 게르만족도 지배당하는 민족에게 군대를 준다는 것은 위험하다고 생각했기에 오도아케르의 정책은 양측의 입맛에 딱 맞아떨어졌다. 그야말로 야만족에 의한 평화가 이룩된 것이다.

○ 얼마 후 오도아케르는 입지를 넓히려는 동고트족 테오도리크의 침공을 받았다. 테오도리크는 오도아케르의 성장에 위협을 느끼고 그를 제거하려는 동로마 황제 제노의 사주를 받고 있었다. 오도아케르는 자국

| 테오도리크 영묘

내에서 싸우게 되는 이점에도 불구하고 패배를 거듭하여 결국 라벤나 황궁으로 쫓겨 들어갔다. 공성전의 불리함과 어려움을 알고 있던 테오도리크는 강화하자며 오도아케르를 속여 라벤나 황궁으로 들어갔다. 그리고서는 화합의 잔치를 벌이는 축제 기간에 오도아케르와 그의 가족 그리고 추종 세력 모두를 학살했다. 오도아케르는 스키리족이었고, 테오도리크는 동고트족(註. '아말고트족'이라고도 한다.)이었다. 따라서 이것은 부족 간 악연의 반복이었다. 453년 아틸라가 죽자 두 부족 간에 벌어진 치열한 경쟁 끝에 전투에서 패배한 스키리족이 말살되었던 과거가 있었다. 그때 오도아케르는 살아남은 부족민을 이끌고 이탈리아로 들어와서 이탈리아 왕이 되었지만 또다시 동고트족에게 패배하여 '이탈리아 왕'의 자리를 빼앗기고 말았기 때문이다.

○ 오도아케르가 다스렸던 이탈리아는 여전히 로마 제국의 일부였고 그는 동로마 황제 제노의 승인을 받은 제국의 신하였지만 테오도리크는 라벤나를 접수한 다음 동고트족 국가를 건국했다. 결국 이민족 출신으로서 제국을 위해 싸운 오도아케르를 배신한 제노는 제국의 도덕성에 커다란 흠집을 남겼고, 그 결과 서로마 제국은 갈가리 찢겨 야만족의 영토로 변해갔다.

☀ 프랑크 왕국을 창건한 클로비스(Clovis)(481~511년)

《갈리아에서는 프랑크족의 영웅 클로비스가 동족들을 규합하여 나라를 건국했다. 그가 건국한 프랑크 왕국은 게르만법에 따라 야만적인 요소를 지녀 피와 공포를 동시에 불러왔다. 이 야만적인 왕국이 오늘날 서구 유럽의 모태였다.≫

○ 프랑크 왕국을 건국한 클로비스는 힐데리크의 아들이었다. 힐데리크는 메로비스의 아들이며 게르마니아에서 망명 생활을 했는데, 튀링기아 왕과 왕비의 총애를 받았다. 그러나 힐데리크에 대한 왕비의 애정은 신하와 왕비 간에 있을 법한 격식에 찬 예절을 뛰어넘어 연인이 되어 있었음에 틀림없다. 왜냐하면 힐데리크가 왕위에 복귀했을 때, 튀링기아 왕비 바시나는 남편을 버리고 힐데리크의 품에 안겼기 때문이다. 바시나는 힐데리크보다 더 현명하고 더 강하며 더 잘생긴 남자가 있다면 나와 보라는 태도였다. 그녀는 만약 그런 자가 있다면 그를 선택했을 것이라고 거리낌 없이 말했다.(註. 힐데리크는 군에서 로마의 혼란한 정치적 상황을 이용하다가 갈리아에 남아 있던 로마의 힘이 모두 소진되자, 로마가 남긴 막강한 부대를 하나 차지한 다음 그곳에서 군사 지휘관으로 성공적인 자리매김을 했으리라 추측되고 있다.)

○ 이렇듯 클로비스는 부모의 자유 결혼으로 태어났고, 아버지가 죽자 불과 15살의 나이에 살리아족(註. '잘리어족'이라고도 한다.)의 통치권을 이어받았다. 이 당시 그의 전사들의 수는 불과 5천 명이 넘지 않았으나, 점차로 주변의 다른 프랑크족으로부터 탁월한 능력을 인정받아 프랑크 동맹군 총지휘관의 지위에 올랐다. 그가 처음 출정했을 때는 금고에 금은보화도 없었고, 창고에는 식량도 포도주도 없을 만큼 빈약했다. 그러나 전투에서 승리를 거둘 때마다 전리품이 산더미

처럼 쌓였고, 각각의 병사들은 적절하게 분배받았으며 여러 부족들을 통솔하기 위한 법률도 정비되어 갔다.

| 가론강 ___ 출처 : 두피디아

○ 클로비스가 적용한 법은 냉혹하여 부주의하거나 불복종하는 병사는 즉각 사형으로 처벌했다. 그는 국가 간의 교섭에서는 국익과 감정 그리고 여론의 무게를 저울질하여 결단을 내렸지만, 대부분은 피를 즐기는 게르만족의 풍습에 따라 결정되었다.(註. 클로비스는 잔혹하여 적왕을 죽일 때 도끼로 머리통을 갈라놓았다고 한다.) 클로비스는 사아그리우스를 굴복시켜 처형함으로써 통치 지역을 동쪽으로 넓게 확장시켰으며, 알레만니족을 패퇴시켜 그들의 왕을 죽이고 알레만니족이 차지하고 있던 영토를 빼앗았다. 그는 496년 알레만니족의 땅을 정복하던 중 가톨릭으로 개종했다. 그는 승리의 가도를 한참 달리던 45세의 나이로 생을 마쳤지만, 30년 동안의 치세를 통해서 프랑크 왕국을 건설했으며, 이는 통치 지역이 갈리아의 남서쪽 가론강에서 영국 해협에 이르는 대단한 위업이었다.(註. 클로비스가 세운 프랑크족의 메로빙거 왕조는 그의 할아버지인 메로비스의 이름에서 유래했다.)

✳ 니카(nika) 반란과 테오도라(Theodora)의 간언(532년)

≪민란은 처음부터 계획된 것이기보다는 점차 세력을 얻어 가면서 반
국가적인 반란의 형태를 띠게 되는 법이다. 그리고 반란자들은 국가
를 위해 위험한 궐기에 참여했다고 주장하기 마련이다.

사람이란 언젠가 한 번은 죽어야 되는 법, 반란이 터지자 테오도라
는 도피하려는 황제의 앞을 가로막고 비참하고 비굴하게 살기보다는
차라리 황포를 입고 맞서다가 죽는 것이 황제로서 영광이요, 떳떳한
것임을 일깨웠다.

폼페이우스와 히파티우스는 반란에 가담하지도 않았고, 황제에게
반기를 든 것도 아니었지만 반란자들에 의해 다시금 위험을 일으키는
구심점이 될 수 있다는 이유만으로 처형당했다. 왜냐하면 격변하는
현장의 한가운데서는 원치 않는 위험에 빠질 수 있기 때문이다.≫

○ 유스티니아누스가 동로마 황제로 있을 때 전차 경기의 패거리로는
청색파와 녹색파가 주도권을 잡고 있었다. 그들은 정치에도 영향력
을 발휘하여 추종 세력과 조직력이 대단했다. 따라서 아나스타시우
스 황제는 자신이 신봉한 단성론파(註. 5세기에 들어오면서 삼위일체
는 더 이상 논쟁의 대상이 아니었다. 이제는 그리스도의 본질을 정의하며
그 안에 신과 인간이 결합되었는지에 대해 관심이 쏠렸다. 427년 콘스탄
티노폴리스의 주교 네스토리우스가 그리스도는 두 개의 분리된 본성 즉
인성과 신성을 갖고 있으며, 이 두 본성은 그리스도에서 발견되지만 서로
분리되어 혼합되지 않는다는 양성론을 주장했다. 그러자 알렉산드리아의
주교 키릴루스는 그리스도는 인성과 신성 모두 남아 있지만 서로 나뉠 수

없을 만큼 결합되었다고 주장했다. 이에 대해 콘스탄티노폴리스의 수도 원장 에우티케스는 그리스도는 신성만 지녔으며, 신성이 인성을 흡수했다는 단성론 주장을 폈다. 이러한 논쟁은 431년 에페수스 공의회와 451년 칼케돈 공의회에서 그리스도는 신성과 인성 두 본성을 모두 가지되 서로 분리되지는 않는다는 기릴루스의 주장이 바른 교리로 채택됨으로써 종결되었다. 즉 네스토리우스의 양성론과 에우티케스의 단성론 모두 이단으로 규정한 것이다.)의 견해를 지지한 녹색파를 보호했고, 유스티누스와 유스티니아누스는 청색파를 지지하여 그들에게 관직을 주고 자금을 지원했으며 무질서와 범죄를 저지르더라도 처벌받지 않도록 감싸 주었다.

○ 그러나 유스티니아누스는 권력을 손안에 넣고 난 뒤 두 파벌의 무질서한 범죄 행위를 중단시키려고 마음먹었다. 그는 죄를 저지른 청색파와 녹색파의 주요 인물을 각각 1명씩 잡아 사형을 언도했으나, 어설픈 재판 때문에 그들은 목숨을 부지했을 뿐 아니라 오히려 서로 간에 협력하기로 밀약하는 것을 방치하는 결과를 낳았다. 그러면서 그들은 폭동을 일으킬 때의 구호로 '이겨라', '승리하라'는 의미의 그리스어 '니카(νικα)'를 채택했으며, 이것이 이 반란의 명칭이었다.(註. 전차 경기는 적색, 백색, 청색, 녹색파로 나누어져 있었으나, 2세기부터는 백색파와 녹색파가 같은 마사 소속이 되었고, 적색파와 청색파가 같은 마사 소속이 되었다.)

○ 청색파와 녹색파의 폭도들은 힘을 합쳐 도시를 불태우며 혼란 속으로 몰아넣었고, 여기에는 공공건물과 아름다운 하기아 소피아 성당도 예외가 될 수 없었다.(註. 하기아 소피아 성당은 콘스탄티우스 2세가 건립한 이후 몇 번의 소실과 재건을 거쳤으며, 또다시 니카 반란 때 소실

하기아 소피아 성당

된 것을 유스티니아누스가 막대한 자금을 들여 재건했다. 538년 유스티니아누스는 이 성당을 재건한 후 경내에 첫발을 내딛으며 예루살렘 성전을 건립한 솔로몬을 염두에 두고 말했다. "놀라운 작품을 완성할 수 있도록 내게 허락해 주신 하나님, 영광을 받으소서. 솔로몬, 나는 드디어 당신을 이겼노라!" 하기아 소피아Αγια Σοφια는 '신성한 지혜'란 의미의 그리스어.) 폭동은 확대되어 처음 반란을 일으킨 무리에다 유스티니아누스의 경제 정책으로 피해를 입어 무거운 세금을 견디지 못하고 콘스탄티노폴리스에 이주하여 부랑자 신세가 된 수많은 사람들이 가세했다. 유스티니아누스의 독재 정책에 불만을 품었던 유력한 원로원 의원이 그들을 부추기자, 폭도들은 시장 에우다이몬, 재무장관 트리보니아누스, 호위대장 요한의 파직을 요구했다.

○ 유스티니아누스가 폭도들의 요구를 수용했지만 댕겨진 불길이 쉽게 꺼지지 않듯 반란의 기세는 수그러들 줄 몰랐다. 그들은 이제 황제의

폐위까지 요구하고 나섰다. 그러면서 아나스타시우스 황제의 조카들 중 어느 한 명을 황제로 옹립하려 들었다. 조카들 중 프로부스는 폭도들에게 이리저리 끌려다니며 이용당하는 것이 싫어 콘스탄티노폴리스를 떠나 피신했고, 폼페이우스와 히파티우스는 황궁에서 유스티니아누스의 편에 서 있었다.

○ 유스티니아누스는 민란이 반란으로 변질되었음을 알고 무력을 동원하여 진압하기로 결심했다. 그러나 황궁의 호위대는 황제를 위해 모든 위험을 무릅써야 하거늘, 황제의 명령을 거부하고 방관자의 자세로 있었다. 유스티니아누스는 호위대의 불충으로 위험에 처해졌지만 때마침 페르시아 전선에서 소환되어 온 벨리사리우스와 도나우강에서 근무하던 문두스(註. 문두스는 아틸라의 후손이었다.)로 하여금 폭도들을 진압하도록 명령을 내릴 수 있었다. 진압군의 혈투는 2일간이나 진행되었지만 폭도들을 진압하지 못하고 성과가 없었다.

○ 사태가 더욱더 심각해지자 유스티니아누스는 측근들의 청에 따라 황궁 내의 모든 사람들을 내보냈고, 심지어 폭도들의 무책임하고 위험한 결정이 두려웠는지 한사코 떠나지 않겠다는 폼페이우스와 히파티우스까지 억지로 황궁에서 내보냈다. 그러고서 폭도들 앞에 나서서 대사면을 단행하고 제도를 개혁하겠다며 엄숙히 맹세했지만, 폭도들은 황제의 맹세를 무시하고 황궁에서 쫓겨나다시피 한 히파티우스를 억지로 황제에 옹립했다. 이렇듯 일이 걷잡을 수 없이 진행되자 유스티니아누스는 측근들의 말을 듣고 도망치기로 결정했다.

○ 황제가 자신의 자리를 버리고 황궁을 떠나려 할 때, 황후 테오도라가 남편 앞에 나서서 결연하게 간언했다. "폐하! 인간은 죽음을 전제로 태어납니다. 지금 폐하께서 목숨을 부지하기 원하신다면 어려울 것

은 전혀 없습니다. 폐하께서는 돈도 있고, 눈앞에는 바다와 배가 있습니다. 그러나 깊이 고려해 주십시오. 나라를 다스리는 자가 황궁을 버린 후 권위와 통치권을 잃고 도망가는 것은 견딜 수 없는 수치입니다. 그렇게까지 해서 살아남는다면 과연 '죽는 것보다 낫다.'고 말할 수 있는지요? 소첩은 '황제의 옷은 가장 훌륭한 수의(壽衣)다.'란 옛말이 옳다고 여기옵니다." 이 말을 듣자 유스티니아누스는 얼굴이 붉어지며 자신이 얼마나 부끄러운 행동을 할 뻔했나를 깨닫고 용기를 되찾았다.

○ 유스티니아누스가 충직한 환관 나르세스를 불러 폭도들이 히파티우스를 황제로 옹립하여 환호하고 있는 전차 경기장(註. '히포드로모스 hippodromos'라 한다.)에 금을 가지고 가게 했다. 그곳에서 나르세스는 가지고 온 금을 청색파 사람들에게 뇌물로 주면서 아나스타시우

▌ 콘스탄티노폴리스(이스탄불)의 히포드로모스 광장

스 황제가 과거에 녹색파를 편애했음을 상기시키며 녹색파와 청색파 간에 불화의 씨를 뿌렸다.(註. 아나스타시우스는 유스티누스 바로 전의 동로마 황제이며, 유스티누스는 유스티니아누스 바로 전의 동로마 황제였다.) 그러자 청색파들은 자신들에게 자비롭고 관대했던 황제를 파멸시키기 위해 적인 녹색파와 손을 잡았다는 사실을 그제야 깨닫고 깜짝 놀랐다. 이제 경기장 안에는 녹색파만 남게 되었다. 그러는 사이에 벨리사리우스와 문두스의 강력한 병사들이 경기장의 출입구를 막고서는 떼 지어 밖으로 달아나려는 녹색파 폭도들을 무자비하게 살육했다.(註. 니카 반란으로 모두 3만 명 이상의 폭도들이 희생되었다고 한다.) 또한 유스티니아누스는 히파티우스와 폼페이우스가 반란의 세력이 모이는 구심점이 되지 못하도록 모두 처형했고, 반란에 동조한 18명의 원로원 의원들은 재산을 몰수한 후에 추방시켰다.

○ 그 이후로 유스티니아누스는 자신의 의지대로 제국의 국정을 주도했으며 절망적인 순간에 보여 준 아내의 용기 있고 현명한 처신이 자신의 권좌를 지켜 주었음을 깊이 깨달았다. 그가 16년 뒤 아내를 잃었을 때, 진실로 깊은 슬픔에 잠겼다는 것은 충분히 납득할 만한 것이었다.

❀ 유스티니아누스(Justinianus)의 실패

≪로마에 의한 평화가 이루어질 수 있었던 것은 구호나 영토의 확장에 있는 것이 아니라 그 정신에서 헤아릴 수 있다. 동화와 관용, 낮

은 세율, 지속적인 안전 보장, 법률에 따른 예측 가능한 행정 체제 등이 피지배자를 아우를 수 있는 요체였지만, 유스티니아누스 황제는 이러한 평화의 본질을 제대로 이해하지 못했다. ≫

○ 갈가리 찢긴 제국의 영토를 모두 되찾겠다는 의지를 보인 동로마 황제 유스티니아누스는 533년 북아프리카의 탈환을 선두로 지브롤터 해협의 양편, 사르디니아섬, 동지중해의 제해권 등을 탈환하는 데 성공했다. 문제는 탈환 이후의 통치였다. 유스티니아누스는 통치를 위해 환관들을 보냈는데 파견된 환관들은 주민을 위한 통치를 하는 것이 아니라, 주인인 콘스탄티노폴리스 황궁의 눈치를 살피며 사복을 채우는 데 여념이 없었다.

○ 동로마 장군 벨리사리우스가 떠난 후 아프리카의 통치자로 파견된 환관들로 인한 재난은 유스티니아누스의 무능함을 보여 주는 일례였다. 냉정하고 이기적인 관리들의 행동과 말은 피지배층의 모멸감을 불러왔다. 아리우스 파와 도나투스 파의 성직자들과 신도들은 새로운 통치자에게 종교적 탄압을 당하고 의식을 금지당했다. 분노한 자들은 벨리사리우스 대신에 아프리카 통치를 위해 파견된 환관 솔로몬의 목숨을 노렸다. 그들의 암살은 두려움과 가책 때문에 단검을 품속에서 꺼내지 못했지만 폭동은 걷잡을 수 없이 번져 갔고 10여 년간이나 북아프리카를 황폐화시켰다. 반란과 소요의 혼란 속에서 수많은 사람들이 목숨을 빼앗겼고, 정복지의 안정과 통치에 실패한 유스티니아누스 황제는 자신의 잘못을 뼈저리게 느꼈다. 들불처럼 타오르던 반란의 기세는 반란군 우두머리 스토자를 전사시킨 후에야 겨우 진정되었다.

○ 아프리카의 혼란이 여기까지 이르자 반달족의 억압과 고통으로부터 해방시키기 위해 이 전쟁을 벌인다고 주장했던 벨리사리우스 장군의 연설이 무색해졌다. 수복된 지역의 로마인들은 야만족이 지배했던 시절보다 전혀 나아지지 않았으며, 피폐가 개선되기는커녕 오히려 더욱 힘든 나날이 되었다. 결국 유스티니아누스가 로마 제국의 영토를 모두 수복하겠다는 의지는 한낱 거품에 지나지 않았다.

| 알아두기 |

• 연대 표기의 방법

로마에서 연대를 표기하는 방법은 매년 집정관을 새로 선출하던 관례에 따라 누구와 누구가 집정관이던 해로 표기했다. 하지만 집정관의 권한과 역할이 점차 미약해지고 유명무실해지면서 급기야 유스티니아누스 치세 13년째 되던 해에 집정관 제도는 폐지되었다.

그러자 세상이 그리스도가 태어나기 5,508년 전에 만들어졌다는 70인역 성서의 천지창조 기원설에 따라 연대를 표기해 오다가, 6세기에 현재의 그리스도 탄생을 기초로 한 연대 표기법이 만들어지고 8세기에 널리 보급되어 오늘에 이르렀다.(註. 70인역 성서는 BC 3세기 중엽 이집트 왕 프톨레마이오스 필라델포스가 유대의 12지파에서 6명씩 모두 72명의 번역가들을 초빙하여 히브리어에서 그리스어로 번역을 시작한 후, BC 2세기 말엽에 완성되었다. 그때 그들의 진실성을 시험하기 위해 각각 다른 방에서 번역 작업을 시켰는데, 그 결과는 마치 한 사람이 번역한 것처럼 단어의 배열 순서까지도 모두 똑같았다고 전해진다.)

☀ 승리한 사령관에 대한 의심(540년)

≪공화정 시절의 사령관은 전쟁에서 거의 모든 것을 결정할 수 있었지만, 제정 시대에서 그것도 전제 군주정 시대의 로마에서는 최선의 승리조차 황제의 윤허를 받아야 했다. 그것을 위반하면 건방진 모반이요 반역이었다.

테오도시우스 황제의 아버지인 테오도시우스 장군의 경우, 브리타니아와 도나우강 상류 지역에서 야만족들을 물리치고 아프리카에서 피르무스 반란을 진압하는 등 커다란 전공을 세웠으나, 명성과 위업이 황제의 지위를 넘본다는 이유로 반란죄가 씌워져 376년 카르타고에서 참수되었다. 이 비난받을 판결은 발렌티니아누스 황제가 이미 죽고 경험 없는 그의 아들 그라티아누스 황제를 관리들이 우롱한 결과이긴 해도, 불변의 모순은 사령관의 승리가 도리어 처벌의 구실을 만든다는 점이다.

코르불로의 경우도 무훈이 오히려 자신의 목숨을 앗아갔다. 그가 게르마니아에서뿐 아니라 동방에서도 혁혁한 전공을 세우자 네로의 시샘을 샀던 것이다. 코르불로는 뛰어난 장군이었으며, 병사들로부터도 존경을 받았으나 성품이 온화하지 못하고 엄격했다. 그는 이러한 성격과 고집 때문에 부하 지휘관들로부터 불만을 샀고, 코르불로 휘하에 있던 바루스가 네로와의 비밀 대담에서 그를 비난한 것이 의심의 도화선에 불을 댕겼다. 결국 네로는 코르불로의 사위인 비니키아누스가 모반을 일으키자 코르불로를 로마로 소환하여 자살을 명했던 것이다.

아우구스투스 때 에티오피아를 원정했던 코르넬리우스 갈루스는 자신의 조각상을 세우고 피라미드에 업적을 과장하여 기록했다는 이유로 황제의 노여움을 사고 원로원에 의해 반역죄를 선고받았다. 그러자 그는 절망하여 자살했다. 이 경우도 무훈에 대해 황제의 시샘을 샀기 때문에 목숨을 잃은 것이다.

충무공이 선조의 명령을 고분고분하게 따르지 않았기 때문에 그런 것이겠지만, 많은 학자들은 선조가 충무공의 무훈과 백성들의 추앙이 두려워 시련을 겪게 했으리라고 의심한다. 승리한 사령관에 대하여 최고 권력자가 가지는 의심은 이렇듯 역사적인 진실이며, 사령관에게는 치명적이었다. 엄밀하게 말하면 군사적 명성을 쌓는 것은 황제나 왕과 같은 최고 권력자만이 가질 수 있는 미덕이며, 이를 추구하는 것은 최고 권력자에 대한 오만불손한 도전이었다.≫

○ 동로마 장군 벨리사리우스는 서로마 제국의 영토를 수복하라는 유스티니아누스 황제의 명령을 받들어 이탈리아 반도에서 전쟁을 치르고 있었다. 그는 비티기스가 이끄는 동고트족이 북이탈리아의 메디올라눔을 초토화시킨 다음 라벤나를 사수하기 위해 틀어박혀 있자 그들을 공격했다. 적은 병력이었지만 그나마 다행이었던 것은 유스티니아누스 황제가 539년 파견한 또 한 명의 장군인 환관 나르세스가 소환되었으므로 분할되었던 병력을 집중시켜 전투 효과를 최대한 올릴 수 있었다는 점이다.(註. 하지만 552년 나르세스는 이탈리아에 다시 파견되어 동고트족을 섬멸하는 등 상당한 군사적 재능을 보였다.)

○ 당시 전쟁으로 인해 북이탈리아가 초토화되어 동고트족 진영은 병사들뿐만 아니라 라벤나 시민들까지도 식량난에 허덕이고 있었다.

비티기스는 도나우강 너머에 있는 롬바르드족에게 같은 게르만 동족인 자신들을 도와 달라고 했지만 성과를 거두지 못하자, 페르시아왕 호스로우에게 사절을 보내 동방에서 다시 전쟁을 일으킨다면 로마가 이탈리아와 동방 양쪽에서 전쟁을 하게 되는 것이므로 페르시아가 쉽게 승리를 잡을 수 있을 거라며 부추겼다.(註. 당시에 동로마의 유스티니아누스 황제와 페르시아의 호스로우 왕은 선제들의 적대적 감정에서 비롯된 전쟁을 멈추고 532년에 영구적인 강화 조약을 맺었다. 그러나 비티기스의 부추김으로 호스로우는 540년에 로마에 대해 전쟁을 일으켰고 545년 일시적인 평화가 있었으나 이 전쟁은 22년간이나 지속되었다.)

○ 이 책략을 알게 된 유스티니아누스는 두 개의 전선에서 동시에 전쟁이 벌어진다면 로마가 위험해지리라 생각하고 비티기스에게 관대한 조건을 제시했다. 그는 비티기스가 가지고 있는 보물의 절반을 로마에 주고, 포강 이남의 이탈리아 지역을 로마에 넘겨줄 것을 요구했던 것이다. 그리하면 비티기스가 다스리는 동고트족이 포강과 알프스 산맥 중간 지대에 정착하는 것을 허락하고 계속하여 이탈리아 왕으로서 인정하겠다는 조건이었다.(註. 비티기스가 동고트의 왕이 된 과정은 이러했다. 이탈리아를 통치하던 동고트족은 테오도리크에 이어 10살 난 외손자 아탈라리크가 왕이 되었으나, 왕이 어린 관계로 테오도리크의 딸이자 모후인 아말라순타가 섭정을 했다. 하지만 아탈라리크가 모후의 보호와 통제 속에서 받아들여야 하는 엄격한 로마식 교육에 반발하자, 동고트족의 권신들이 아탈라리크를 학문과 기예가 아닌 영웅적인 고트족의 전통 방식으로 거칠게 키워야 한다며 왕을 아말라순타의 품에서 빼앗아 갔다. 체질이 강건하지 못했던 아탈라리크는 전통적인 교육에 적응하

지 못했고, 그렇게 되자 스스로 절제하지 못하고 술과 여자에 빠져 16세의 나이에 요절하고 말았다. 그 이후 테오도리크의 생질 테오다하드가 아말라순타의 추천으로 왕이 되었으나, 그는 왕이 된 후 자신을 천거해 준 아말라순타와 갈등을 빚어 그녀를 살해했다. 테오다하드는 플라톤에 관한 논문을 쓸 만큼 좋은 교육을 받은 철학자이긴 했으나 군사적 능력의 부족과 심약한 마음을 가지고 있어 부족민으로부터 버림받고 왕위를 비티기스에게 빼앗겼다.) 절망적인 위기 상황에서 잃을 것이 없었던 비티기스가 선뜻 수락했으나, 벨리사리우스 장군은 이러한 조약이 그가 5년 동안이나 힘겹게 치러 온 전쟁을 무효화시키는 것으로 생각되었으므로 조약에 서명하기를 거부했다.

○ 전쟁 상황이 교착 상태에 빠지자 벨리사리우스는 계략을 썼다. 아니, 어쩌면 동고트족의 위험한 제안을 벨리사리우스가 이용했다. 동고트족은 벨리사리우스가 황제가 되려고 한다면 자신들이 적극 도우겠다고 제안한 것이다. 벨리사리우스는 그들의 제안을 수락하는 것처럼 가장하면서 병사들과 함께 제위 찬탈의 협약을 위해 라벤나 성안으로 들어갔다. 벨리사리우스와 그의 병사들은 성안에 들어서는 순간, 삽시간에 비티기스와 그의 아내 등 동고트족의 지도층을 생포했다. 결국 동고트의 비티기스 왕은 목숨을 보장받는다는 조건으로 항복했고 라벤나는 벨리사리우스의 병사들에게 함락되었다.

○ 전쟁에서 최종 승리를 하자마자, 유스티니아누스는 "동방에서 수많은 페르시아군의 공세에 맞서야 하는 위급한 상황이 발생했지만, 이를 수행할 수 있는 장군은 벨리사리우스뿐이오. 그러니 고트족과의 나머지 전쟁은 벨리사리우스를 필요할 정도가 아니니 사소한 뒤처리는 다른 사람에게 맡기고 즉시 귀국하시오."라는 내용의 편지를 벨리

사리우스에게 보냈다.(註. 패망했던 동고트족은 이때 벨리사리우스가 페르시아 전선으로 파견되자 토틸라가 부족의 힘을 다시 뭉쳐 이탈리아에서 세력을 키웠고, 훗날 유스티니아누스는 벨리사리우스를 또다시 이탈리아에 파견해야 했다.) 유스티니아누스가 이렇듯 귀국을 독촉하는 배경에는, 라벤나를 함락시킬 때 동고트족이 벨리사리우스에게 서로마 황제가 되기를 권유했다는 사실이 유스티니아누스 황제 귀에 들어갔는지도 모른다. 황제는 변덕스러운 대중이 충성심을 걷어차고 마음 가는 인물을 따른다면, 그리고 승리에 도취한 벨리사리우스가 복수심과 자신의 위대함을 떨치고 싶은 야심에 유혹을 받는다면, 사령관의 승리와 덕망은 머지않아 가장 위험한 반란으로 바뀔 수 있다고 생각했던 것이다. 하지만 명석한 벨리사리우스는 야만족의 조건은 수시로 변덕을 부릴 수 있음을 깨닫고 있었고, 그의 야심은 로마 장군으로서 명성을 쌓는 것임이 분명했다.

○ 대개 훌륭한 덕목은 그가 예종 상태에 있을 때는 빛을 발할 수 없는 법이다. 그럼에도 유스티니아누스의 독재가 벨리사리우스의 덕성과 탁월한 천재성을 완벽히 짓누를 수는 없었다. 벨리사리우스는 귀국 명령에 대해 한마디의 항의도 하지 않았으며, 콘스탄티노폴리스로 귀국하는 배에서 측근인 프로코피우스에게조차 황제의 소환 명령에 대해 일체 언급하지 않았다. 유스티니아누스는 벨리사리우스가 라벤나를 함락시켰지만, 이는 조약을 맺으라는 자신의 명령을 듣지 않고 저지른 것이기에 기뻐하지 않았다. 따라서 승리한 장군이 가져야 할 영광스런 권리인 개선식도 불허했다. 벨리사리우스의 측근이자 역사가인 프로코피우스에 따르면 유스티니아누스 황제는 부정직하고 거짓되며 위선적이고 이중인격자이며 잔인할 뿐만 아니라, 귀가 너무

얇아 고발자들의 말을 조사도 하지 않고 죄 없는 자를 처벌했다고 기록했다. 이를 보면 역사가의 주장을 액면 그대로 받아들일 수는 없겠지만 적어도 유스티니아누스가 정적이 많고 편집증을 보인 군주였음에 틀림없다.

○ 훗날 트라키아 여행에서 돌아온 유스티니아누스가 허약해져 병이 들자, 황제가 곧 죽을 것이란 소문이 파다했다. 시민들은 동요를 일으키고 당파들은 다시금 분쟁을 일삼았다. 그러던 중 마르켈리누스와 세르기니우스가 황제 암살의 음모를 품고 옷 속에 단검을 숨긴 채 황궁의 연회에 참석했다. 하지만 부주의로 인해 음모는 사전에 발각되고 음모자들은 모진 고문을 받았다. 고문을 받던 자 중 벨리사리우스

「벨리사리우스」, 쟈크 루이 다비드 作

가 제국에서 높은 신망을 받고 있음을 생각하고 구명을 바라는 마음에서인지 벨리사리우스의 휘하 부관들이 황제 암살 음모에 가담했다고 진술했다.

○ 벨리사리우스는 분개했다. 원로원에 직접 출석하여 자신의 결백을 주장했지만 유스티니아누스 황제는 이미 마음속으로 유죄를 판결하고 있었다. 황제는 벨리사리우스의 목숨을 거두지는 않았으나 재산을 몰수하고 저택에 감금시켰다. 얼마 후 벨리사리우스는 무죄가 인정되었지만 분노와 슬픔으로 생명이 단축되어 죽음에 이르렀다. 다만 그가 유스티니아누스의 분노로 두 눈을 뽑히고 걸인이 되어 구걸하며 다녔다는 후세의 이야기는 누군가가 지어낸 이야기일 뿐이다.(註. 에드워드 기번에 따르면 12세기 수도사 체체스가 벨리사리우스의 실명과 구걸에 대해 기록했지만, 그는 자신의 다른 저서에서는 이를 믿지 않는다고 서술했음을 주장했다.)

※ 테오도라(Teodora)의 동병상련(同病相憐)

≪테오도라 황후가 과연 비천한 신분 출신인지, 과거에 매춘을 했는지 이러한 것들에 의문과 관심을 가지고 파고드는 것은 중요한 것을 놓치게 할 뿐이며, 다만 무게 있는 사실은 그녀가 유스티니아누스 황제의 아내로서 국가의 안위와 황제의 권위를 지킬 의무와 책임을 다했다는 것이다. 더욱 살펴보아야 할 것은 그녀가 제국의 안주인으로서 약하고 가엾은 생명에 관심을 가지고 보호하여 그들이 생

≪활을 이어 갈 수 있는 희망을 주었다는 데 있다.≫

○ 동로마 황제 유스티니아누스의 황후 테오도라는 이지적이고 적극적이어서 황후라기보다는 거의 여제(女帝)라고 하는 편이 적절했다. 그녀는 황후가 아니라 남편과 공동으로 제국을 통치한 공동 황제라고 하는 편이 훨씬 더 정당했으며, 유스티니아누스도 황후를 국정의 공동 통치자로 여겼다. 테오도라는 자신의 명령을 받들 부하들을 거느렸고, 앞서 니카 반란에서 서술했듯이 때에 따라서는 황제의 결정을 제지할 만큼 대범했다. 따라서 역사가들은 테오도라의 야멸찬 태도와 바람에 날리는 먼지처럼 수시로 뒤바뀌는 유스티니아누스의 우유부단함을 싸잡아 비난했다.

○ 그녀의 미천한 출신은 귀족들의 증오와 시기를 일으켰으며, 강렬하며 복수심 강한 성격은 수많은 관리들을 파멸로 몰아넣기도 했다. 역사가 프로코피우스에 의하면 테오도라는 서커스단 곰 사육사 아카키우스의 셋째 딸로 아버지가 병으로 일찍 죽고 계부까지 실직하자 생계를 위해 어려서는 언니를 따라다니며 아역 배우로 생활하다가, 커서는 콘스탄티노폴리스의 극장에서 노예 복장을 하고 익살을 부리는 광대 짓을 했으며 부끄럼 없이 나체의 모습으로 극장 관객 앞에 나서기도 한 방탕한 여배우였다고 한다. 그러면서 그녀는 남자와의 관계 시에 임신의 위험을 아주 적절하게 피했지만 실수로 단 한 번 어머니가 되었다고 했다. 태어난 갓난아이는 아버지가 키웠으며, 아버지는 테오도라가 황후가 된 후에도 아이에게 비밀로 했으나, 임종을 맞아 아들에게 과거의 진실을 밝혔다. 진실을 알게 된 아들은 아버지가 죽고 혼자가 되자 희망과 기대에 부풀어 어머니이자 이제는 황후가 된

테오도라를 찾아갔으나, 가련한 15세 소년은 그 이후 아무도 다시 볼 수 없었다. 테오도라는 자신에게 치명적인 약점이 될 수 있는 비밀을 아주 없애기 위해 불행한 아들의 목숨을 빼앗았다는 비난을 받았다.

○ 귀족들이 테오도라를 여배우였다며 욕한 데는 이런 이유가 있다. 대중들은 무언극을 좋아했는데 이는 다른 장르와 달리 무언극에서는 여배우가 무대에 올랐으며, 연극 내용이 사창가 담벼락의 난잡한 그림을 연상할 만큼 선정적이었기 때문이다. 따라서 무언극 여배우들이 무대 위에서 관객들의 욕망을 자극하는 데 그치지 않고 매춘을 했다는 것은 쉽게 짐작되는 데다 극장 주변은 붐비는 사람들로 인해 매춘부에게 큰돈을 벌 수 있는 장소였다. 키케로의 친구인 플란키우스가 친구들과 함께 무언극 여배우를 집단 강간했다고 기소되었을 때, 플란키우스의 변호사는 여배우를 강간하는 것은 남자들의 오래된 권리라고 주장할 만큼 여배우의 순결은 아예 사회적으로 보호되지 않았다. 이런 사회적 인식에 근거하여 귀족들은 테오도라가 비천한 출신이라며 비난한 것이다.

○ 그녀가 매춘을 했다는 것은 테오도라에 대한 당시 귀족 사회의 증오

▌ 유스티니아누스

▌ 테오도라

섞인 견해를 반영한 것일 뿐 확인된 것은 아니다. 다만 서커스단 곰 사육사의 아버지를 두었다는 것은 가능성이 충분했다. 왜냐하면 선제 유스티누스의 아내 에우페미아가 테오도라의 비천한 신분을 이유로 들어 조카며느리로 받아들이는 데 완강히 반대한 탓에 에우페미아가 죽기를 기다린 후 결혼했기 때문이다.(註. 유스티니아누스는 유스티누스의 조카였다.) 이를 위해 유스티니아누스는 테오도라와 결혼할 즈음, 천한 신분의 여자라도 회개하면 합법적으로 결혼할 수 있는 법안을 공동 황제의 권력으로 통과시켰다. 이로써 귀족이 여배우와 결혼하지 못하도록 유스티누스가 제정한 법률은 폐기되었다. 그들이 결혼한 지 며칠 후 유스티누스가 사망함으로써 마침내 동로마 최고 권력은 유스티니아누스와 테오도라의 손안에 떨어졌다.(註. 유스티누스뿐 아니라 BC 18년에 아우구스투스가 제정한 '계층 간의 혼인에 관한 율리우스 법Lex Julia de maritandis ordinibus'에 의하면 자유민은 여배우로 활동하거나 활동한 적이 있는 여자와 결혼할 수 없도록 규정했다. 원로원 의원일 경우 더욱 엄격하여 의원 본인, 아들, 손자, 증손자까지 여자나 여자의 부모가 배우로 활동하거나 활동한 적이 있으면 정식 결혼을 할 수 없었고, 만약 배우인지 모르고 결혼했다면 무효였다. 이는 원로원의 딸이 결혼할 경우에도 마찬가지였다.)

○ 최고 권력자가 자신의 결혼을 위해 법령을 개정한 것은 이번만이 아니었다. 이미 클라우디우스가 조카 아그리피나와 결혼하기 위해 법을 개정했던 적이 있었기 때문이다. 또한 페르시아 왕 캄비세스는 편리한 대로 법을 해석하여 자신의 누이와 결혼했다. 당시 누이와 결혼하는 것은 페르시아의 관습이 아니었다. 따라서 캄비세스는 자신이 누이와 결혼하는 것이 법에 위배되지 않는지 왕실의 재판관들에게

문의했다. 그때 그들은 오누이 간의 결혼을 인정하는 페르시아 법은 없지만, 페르시아 왕은 원하는 것이라면 무엇이든 할 수 있는 법이 있다고 답함으로써 캄비세스의 욕망에 아부하고 왕의 노여움을 비켜 갔다.(註. 캄비세스 2세는 리디아 왕 크로이소스의 무릎을 꿇렸던 키루스 2세의 아들이다. 키루스는 성군이었지만 그의 아들 캄비세스는 폭군이고 술주정뱅이였다. 한번은 프렉사스페스라는 친구가 캄비세스에게 왕이 술에 취해 있는 것은 수치스러우니 술을 줄여야 하지 않겠느냐고 충고했다. 그러자 캄비세스는 자신이 술을 마셔도 직무를 수행하는 데 어려움이 없다는 걸 증명해 보이겠다며 그 자리에서 술을 진탕 마셨다. 그러고는 그 친구의 아들에게 머리에 손을 얹고 앞에 서 있으라고 한 후, 활을 쏘아 아들의 가슴을 꿰뚫었다. 그다음 그는 가슴을 갈라 화살이 심장을 관통한 것을 보여 주면서, 이 정도면 술을 마셔도 나의 손이 전혀 흔들림이 없지 않느냐고 친구에게 물었다. 화살을 맞은 아들의 심장이 아직도 펄떡거리는 순간에 그 친구는 구경꾼들도 고개를 돌리는 잔혹한 장면을 눈빛 하나 흔들리지 않고 바라보며 아폴로 신도 왕의 활 솜씨를 따라갈 수 없을 것이라고 답했다. 이는 권력자, 그것도 폭군에게 충고하기란 이처럼 위험한 것임을 알려 주는 일화다.)

○ 황후가 된 테오도라는 매춘 생활을 하는 불행하고 가난한 어린 소녀들에게 온정을 베풀었다. 그녀는 여성들을 학대에서 보호하고 더 나은 생활을 주려고 많은 노력을 기울였다. 어린 소녀들과의 성매매를 금지시키는 법안을 통과시켰고, 심지어 사비를 털어 인신매매된 소녀들을 자유의 몸이 되게 해 주었다. 또한 소녀들에게 피난과 재활의 장소를 마련해 주기 위해 보스포루스 해협 건너의 황실 처소를 넓은 수녀원으로 개조하여 소녀들의 안식처를 만들기도 했다.(註. 이를

두고 당대의 역사가 프로코피우스는 5백 명이 넘는 창녀들을 수녀원에 가둬 놓고 갱생을 명령하자, 원치 않는 일부 창녀들이 자유를 찾아 난간에서 몸을 던졌다며 비난의 화살을 쏘아 댔다. 테오도라가 귀족들을 공격하고 위협을 가한 것은 사실일지 모르겠으나 가난하고 병든 몸과 지친 영혼을 도닥거리는 일에 깊은 관심과 애정을 가졌음에 틀림없다.) 그리고 남편들이 아내를 버릴 속셈으로 아내에게 간통죄를 꾸며 내던 가혹한 관행으로부터 여성들을 보호했다. 테오도라는 극장의 배우였던 시절에 함께 어울렸던 친구 셋을 말동무 삼아 황궁으로 데려온 뒤 부유한 남자와 가약을 맺어 주기도 했다.

○ 불행한 처지에 있는 여성들을 적극 보호하고 도와준 테오도라의 행동을 보고 질시와 증오심에 가득 찬 당시의 귀족들은 그녀가 비천한 신분의 출신일 뿐 아니라, 매춘부였다며 사실을 왜곡시켰다. 더하여 테오도라에게 악담을 퍼붓는 귀족들은 그녀가 가난한 어린 매춘 소녀를 구하는 데 관심이 있는 이유가 자신의 어린 시절이 생각나서였다며 잔인한 소문을 퍼뜨리고 다녔다.

☼ 약자에 대한 구속(546년)

≪약자에게 전쟁이란 자신의 생명조차 스스로 결정할 수 없는 참혹한 비극이다. 전쟁이 터졌을 때 시민들은 신속히 피난할 수 있었겠지만 그때는 도시의 방어를 위해 피난이 규제되었고, 도시가 포위되어 고립되자 식량을 축낸다며 무자비하게 추방당했다. 이는 전쟁 중에만

일어나는 잔혹한 비극이 아니라, 인간사에서 흔히 겪는 일이다. 쓸모 있을 때는 행동을 통제받다가, 거추장스러워질 때는 가차 없이 버림 당하는 것이 약자의 불행이기 때문이다.

BC 52년 알레시아 전투에서 베르킨게토릭스는 카이사르에 의해 성이 포위되고 식량이 부족해지자 여자, 아이, 노인 등 전투 능력이 없는 자들을 모두 성 밖으로 보내 스스로 살길을 찾도록 했다. 하지만 성에서 쫓겨난 자들이 포위망을 뚫고 안전지대로 벗어나는 것을 카이사르가 막자, 이 불쌍한 자들은 로마군과 갈리아군들 사이에서 오도 가도 못하고 비참하게 굶어 죽었다. 카이사르가 부대의 혼란을 막고 갈리아 병사들의 사기를 저하시키기 위해 그런 짓을 저질렀겠지만, 이처럼 전쟁이란 인간사에서 참혹한 것이며 약한 자들에게는 더욱 그러했다.≫

○ 벨리사리우스에게 패하여 비티기스 왕까지 포로로 잡혀간 동고트족은 벨리사리우스가 유스티니아누스 황제에게 불려 가서 페르시아 전선을 맡은 틈에 토틸라를 중심으로 다시 뭉쳐 완전히 재기했다. 토틸라는 테오도리크 왕이 주도한 로마인과 동고트족 간의 공생 노선을 다시 답습할 것이라고 약속하면서 라벤나와 로마 사이에 띠 모양의 지대만 남겨 놓고 모든 이탈리아 반도를 세력권 안에 두었다.(註. 테오도리크는 로마인들에게 소유지의 1/3에 해당하는 임대료를 받았다.) 이렇듯 유스티니아누스의 실지 수복 정책으로 이탈리아에서 동고트족과 전쟁을 벌인 이후 이탈리아 내의 주도권이 한 번은 동고트족에게 또 한 번은 동로마에게 그리고 또다시 동코트족에게로 혼란스럽게 왔다 갔다 했다. 이탈리아에서 토틸라가 이끄는 동고트족의 그늘

이 넓게 드리우자 이를 타개하기 위해 유스티니아누스 황제는 동방의 페르시아 전선에 보냈던 벨리사리우스를 불러 또다시 이탈리아로 보냈다.

○ 이탈리아 현장을 시찰한 벨리사리우스는 황제에게 자신의 병사 7천 명을 비롯하여 물자와 군수 자금을 요청했다. 하지만 유스티니아누스는 병사 7천 명을 이탈리아에 보낸 것 외에는 벨리사리우스의 요구를 들어주지 않았다.

○ 게다가 이탈리아의 로마인들은 동고트족에게 마음이 기울어 있었고, 로마 수비군은 전쟁보다는 사리사욕에만 눈이 어두운 데다 사기는 땅에 떨어져 있었다. 이러한 상황에서 로마는 동고트족에게 포위되었다. 벨리사리우스가 이를 돌파하려고 물자와 병력을 싣고 티베리스강을 거슬러 올라갔으나, 로마 시내에 주둔하고 있던 3천 명에 달하는 로마 수비군의 적극적인 호응이 없자, 그대로 있다간 포위될 위험이 있다고 판단하여 후퇴하는 일이 벌어지기도 했다.

○ 로마를 포위한 동고트족은 공격을 자주 펼치지는 않았다. 물자가 로마 시내로 진입하는 것을 막아 도시를 고사시키는 것이 목적이었기 때문이다. 동고트족의 책략은 효과가 있어 로마 시민들은 배고픔과 질병으로 죽어 갔으며, 수비군들은 주식인 밀을 모아 두었다가 비싼 값에 시민들에게 되파는 일에만 열중하여 민심은 더욱 이반되어 갔다.

○ 견디다 못한 로마 수비 대장은 537년 동고트족 비티기스와 싸울 때 벨리사리우스가 써먹었던 방식대로 시민의 수를 줄이기로 결정하고, 전투력이 없는 시민들을 로마 시내에서 나가도록 명령했다. 그러나 벨리사리우스가 입을 줄이기 위해 시민들을 로마에서 내보낼 때와는

사정이 달랐다. 그때는 로마시 전체가 포위되지 않았으므로 피난민의 안전이 보장되었고 물자도 풍부했지만, 9년이 지난 이번에는 굶주림에 지친 시민들이 피난길을 제대로 걸을 수 없는 상태로 방기되어 피난 도중에 쓰러져 죽음을 맞았으며, 살아남았던 시민들도 동고트족의 창끝에 비참하게 생을 마감했다.

┊┊┊┊┊┊   마음에 새기는 말   ┊┊

국가의 유익을 위해 획일적인 복종을 요구하는 난폭한 독재자와 높은 목표를 위해 체계적인 효율성을 추구하는 양심적인 행정가의 차이는 그리 크지 않다.

－ 유스티니아누스 황제가 국익을 위해 강력한 독재 정치를 한 것은 선량하고 유능한 행정가가 추구하는 목표와 동일한 결과가 있었다는 것에 대하여.

※ 레오비길트(Leovigilt)의 불행(577~584년)

《가정불화는 대체로 노년에 비극의 그림자를 드리운다. 서고트 족장 레오비길트는 종교적 갈등으로 사랑했던 아들을 죽이고 마음에 병이 들어 말년에 인고의 세월을 보냈다. 하기야 예수는 종교적 갈등을 예견하고 이렇게 설파하지 않았던가? "내가 세상에 화평을 주러 온 줄로 생각하지 말라. 화평이 아니라 검을 주러 왔노라. 내가 온 것은 사람이 그 아비와 딸이 어미와 며느리가 시어미와 불화하게 하려 함이니, 사람의 원수가 자기 집안 식구리라."(註. 마태복음 11장 34~36절)

자식의 죽음에 대하여 성서는 다윗을 통해 그 고통을 말했다. 인생의 깊이를 알기에는 아직 어린 나이였던 다윗의 아들 압살롬이 누이를 능욕한 형 암논을 살해하고 아버지 다윗 왕에게 반역했다. 마침내 그가 요압에게 살해되고 반역이 진압되었을 때, 다윗은 반역자의 죽음을 기뻐한 것이 아니었다. 다윗은 울부짖었다. "내 아들 압살롬아 내 아들 내 아들 압살롬아 내가 너를 대신하여 죽었더라면, 압살롬 내 아들아 내 아들아."(註. 사무엘 하권 18장 33절)≫

○ 서고트 왕 레오비길트는 장남 헤르메네길트를 프랑크족 지게베르크 왕의 공주 인군디스와 결혼시켰다. 프랑크족은 메로빙거 왕조였고 가톨릭 국가였다. 결혼 당시 겨우 13살이었던 인군디스는 친정의 영향으로 가톨릭 파였지만, 아리우스 파가 지배하던 서고트족의 톨레도 왕궁에서 종교적 신념을 초월하여 사랑받았다. 하지만 인군디스가 받은 사랑은 오래가지 못하고 왕후 고이스빈타와 종교 갈등을 일으키며 박해에 시달렸다. 종교적 신념이 다르다면 온화함을 유지하며 시어머니에게 여쭈어야 했으나, 며느리가 나이 어린 탓인지 그러한 분별력을 가지지 못했다. 고이스빈타가 인군디스에게 가톨릭 파에서 아리우스 파로 개종할 것을 타일렀을 때, 인군디스가 무례하게 반항했던 것이다. 이에 격노한 고이스빈타는 인군디스의 긴 머리채를 휘어잡고 무자비하게 땅바닥에 내동댕이치고는 온몸이 피로 물들 때까지 짓밟고, 그것도 모자라 발가벗겨 웅덩이에 처넣으라고 명령했다.

| 톨레도

○ 헤르메네길트는 자신의 아내가 이런 모욕적인 처분을 받는 것에 분개
했다. 아내를 무척이나 사랑한 헤르메네길트는 아내가 조용하게 말하
는 종교적 신념을 듣고 히스팔리스(註. 현재 에스파냐의 '세비아'. '세빌
리아'라고도 부른다.)의 대주교 레안데르가 설득하자, 마침내 가톨릭
으로 개종할 것을 결심했다. 가톨릭으로 개종한 헤르메네길트는 자식
의 도리를 저버리고 아리우스 파인 아버지에게 맞섰다. 그는 가톨릭
을 믿는 수에비족과 프랑크족을 내전에 불러들이고, 아프리카와 히스
파니아 해안 일부에 통치력이 미치고 있던 로마 제국에도 도움을 요
청했다. 그러나 히스파니아의 군사력과 경제력을 지배하고 있던 아버
지 레오비길트의 기민한 대응으로 아들의 반란은 분쇄되었고, 헤르메
네길트는 도망칠 기회도 잃은 채 격분한 아버지의 포로가 되었다.

○ 아들을 끔찍이 사랑한 레오비길트는 비록 아들에게 왕자의 권리를 박탈했지만, 유배지에서 왕의 아들로서 품위를 잃지 않으면서 가톨릭 신자로서의 신앙생활을 계속할 수 있도록 배려했다. 그러나 아버지의 관용은 아들의 격정을 잠재우지 못했고, 감사의 마음을 일으키지도 못했다. 이를 보면 신이 사랑하는 자는 불운에 맞서 싸우며 인생을 단련시킬 운명을 타고났다는 말이 틀리지 않았다. 헤르메네길트가 유배지에서도 계속하여 반역을 시도하자, 마침내 레오비길트는 진노하여 홧김에 아들에게 사형을 선고했고, 사형 집행은 히스팔리스의 탑에서 비밀리에 실행되었다. 가톨릭을 향한 헤르메네길트의 꺾이지 않는 종교적 신념으로 그는 성 헤르메네길트란 칭호를 부여받았으나, 아내와 어린 아들은 억류되어 치욕스런 포로 생활을 하다 아프리카로 겨우 몸을 숨겼다.

○ 이러한 가정불화로 레오비길트는 말년에 쓰라린 고통 속에서 인고의 세월을 보냈다. 그가 죽자 또 다른 아들 레카레드가 왕위를 물려받았고 그때부터 서고트족은 아리우스의 신념을 버리고 가톨릭 국가로 바뀌었다. 만약 레오비길트가 세간사의 흐름에 따라 어차피 서고트족의 신앙이 가톨릭으로 바뀌고 말 것이란 걸 깨쳤다면, 아꼈던 장남 헤르메네길트와의 갈등 없이 스스로 개종하고 가정의 불행을 겪지 않아도 되었으리라.

| 마음에 새기는 말 |

행복한 가정은 모두 엇비슷하지만, 불행한 가정은 그 불행의 모양이 저마다 다르다.

_ 톨스토이의 『안나 카레니나』에서

- 행복은 요건을 모두 갖추어야 행복해지지만, 불행은 그것 중 하나만 빠져도 불행해지므로 그 이유와 모양새가 각각 다르다. 레오비길트는 권력·부·명성·가족에 대한 애정 등 모두를 가지고 있었지만 아들과의 종교적 신념이 달랐다는 이유 하나로 노년에 회복할 수 없는 고통 속에 빠졌다.

✳ 하층민이 된 로마인

≪유럽 문명을 마련한 로마인들은 그들의 나약함으로 야만족들에게 패배했다. 그 결과 한때 그들이 패전한 민족을 노예로 만들어 가축처럼 부린 것과 같이, 이제는 야만족들이 로마 시민들을 노예처럼 취급했다. 이처럼 문명이나 문화의 우위란 창검의 힘이 뒷받침되지 않으면 아무 소용이 없다.≫

○ 로마인들은 호전적 기질과 우월적 사고에 젖어 야만족들에 대해 생명의 가치를 낮게 평가했고 심지어 죽이는 일까지도 가볍게 여겼다. 따라서 잡아 온 야만족 포로들을 원형 경기장에 가두어 놓고 검투사 경기나 구경거리로 처형하는 등 온갖 비인간적인 행위를 일삼았다. 야만족들이 살해되는 광경은 로마인들의 일상적인 오락이었으며, 콜로세움에서만 20만 명이 죽어 간 것으로 알려졌다. 그리스도교를 공인한 콘스탄티누스 황제도 라인강 국경 지역을 평정한 기념으로 포로로 잡혀 온 2명의 프랑크 족장 아스카리쿠스와 메로가이수스를 트

레베로룸(註. 현재 독일의 '트리어')의 원형 경기장에서 야수와 싸우게 하여 먹이가 되게 했다.

○ 4세기 말 로마 시장을 지낸 로마의 지성인 심마쿠스는 현대의 기준으로는 참으로 잔혹한 말을 했다. 그는 사로잡힌 사르마티아족 병사들이 경기장에서 검투사에게 살육당하는 장면을 열광하는 로마 군중과 함께 지켜본 후 발렌티니아누스 2세에게 서신을 올렸다.

"소문대로 폐하께서는 눈부신 승리를 거두었습니다. 저희는 방금 놀라운 승리의 현장을 눈으로 확인했습니다. 쇠사슬에 줄줄이 묶인 적들이 예전의 흉포함은 어디로 갔는지 하얗게 질려 끌려 나왔습니다. 한때 우리를 공포에 떨게 했던 명성은 희롱의 대상이 되었고, 무서운 무기를 휘두르던 손은 움츠러들어 검투사의 무기에 희생되었습니다. 원컨대 폐하께서는 승리의 영광을 자주 누리시어 용맹한 로마 병사들이 야만족들을 사로잡아 도시의 경기장에서 그들을 해치워 승리를 모름지기 눈으로 확인할 수 있도록 해 주십시오."

자신의 국가와 부족을 위해 목숨을 다해 싸우다 포로가 된 적에게 눈곱만큼의 연민이나 동정을 찾아볼 수 없는 내용이다. 인간의 지성은 선으로 연결되지 않는다는 아우구스티누스의 날카로운 지적을 증명이라도 하듯 이것이 당대 최고의 지성인이었다는 퀸투스 아우렐리우스 심마쿠스(Quintus Aurelius Symmachus)가 쓴 서신이었다.

○ 그러나 서로마가 사라진 5세기 말이 되자 상황이 변하기 시작했다. 이제껏 로마인들이 야만족이라고 폄하했던 종족들이 로마 세계의 주도권을 잡게 되었다. 그중 프랑크족이 가장 두드러졌다. 프랑크족은 고트족과는 달리 세력을 펴지 못하다가 5세기 말에 살리아족의 클로비스에 의해 통일을 이루면서 세력을 크게 떨쳤다. 당초 프랑크족은

살리아족과 리푸아리족이라는 두 갈래로 크게 나뉘었다. 인구가 더 많았던 살리아족은 살리카 법률을 제정하여 카르보나리아 숲(註. 에스코강과 뫼즈강 사이에 있는 아르덴 산림의 일부)에서 루아르강까지 적용했고, 리푸아리족의 법률은 카르보나리아 숲에서 라인강까지 적용했다.

○ 프랑크족의 법률은 민족 간의 차등을 두었는데, 리푸아리 법률에 따르면 성직자가 가장 높고, 그다음이 프랑크족이었으며, 그리고 부르군트족과 알레만니족이며, 마지막으로 로마인이 위치했으며 로마인끼리는 차등을 두지 않았다. 이렇듯 프랑크족은 형사 재판에서 민족 간의 차별을 둠으로써 정복자의 권력을 결정적으로 행사했다. 정복자의 지배층은 자신들의 특권을 보장하는 방향으로 법을 강화하고, 다수의 로마인들이 아니라 소수의 점령 세력이 유리하도록 법을 뜯어고쳤다.(註. 그럼에도 불구하고 5세기 말 갈리아 태생의 로마 귀족이자 시인인 시도니우스는 게르만족에 대해 불평한 적이 있었다. 그는 게르만족의 일파인 부르군트족이 쳐들어왔을 때 카툴리누스라는 원로원 의원의 요청으로 그들에게 자신의 저택을 내준 적이 있었다. 그때 그는 카툴리누스에게 불평을 늘어놓았다. "의원님 어찌하여 제게 장발의 무리에 섞여 게르만어를 듣는 고역을 치르게 하고, 악취 나는 기름을 머리에 처바른 채 걸신들린 듯이 먹어 대는 부르군트족이 내뿜는 마늘과 양파 썩는 냄새를 맡게 하십니까?" 이를 보면 요즘 게르만족들이 냄새난다고 눈살을 찌푸리는 마늘을 그 당시의 게르만족들은 아주 즐겨 먹었던 모양이다.)

○ 프랑크족은 법령을 선포하는 냉정한 순간에, 로마인의 생명은 야만족의 생명보다 값어치가 없다고 선언했다. 프랑크족 중에서도 출신이 좋거나 지위가 높은 사람들을 일컫는 안트루스티온 계급의 생명

은 금화 600닢, 귀족들은 금화 300닢, 프랑크족 평민들은 금화 200닢, 미천한 로마인은 금화 100닢 아니면 50닢만으로도 충분하다고 간주되어 해당 액수의 돈만 있으면 합법적으로 살해할 수 있었으며, 모욕도 줄 수 있었다.

○ 서고트족과 부르군트족은 자신들의 법에 기초하여 로마인들과 게르만인들 간에 차별을 둠으로써, 로마인들이 세베루스 왕조의 카라칼라 황제가 선포한 안토니누스 칙령의 거대한 진보를 거꾸로 되돌려놓았다. 그러면서 서고트족은 로마인들과의 통혼까지 금했다. 이것은 과거 수 세기 간에 걸쳐 로마인들이 발전시켜 온 카눌레이우스의 정신과 사회적 제도를 다시금 후퇴시키는 결과를 초래했고, 현재까지도 남아 있는 게르만족 우월주의의 모태였다.(註. BC 445년 호민관 카눌레이우스가 제출한 법안이 통과되어 귀족과 평민 간의 결혼이 가능해졌다.)

○ 야만족 입법자들은 주민들의 목숨을 정의와 신의 목소리에 귀를 기울여 만들지 않았고, 정책이라는 저울로 가늠했다. 무례하고 탐욕스런 야만족 병사들의 목숨은 무거운 벌금으로 보호받았지만, 방어 능력이 없는 일반인의 목숨은 제대로 보호받지 못했고, 패배자인 로마인의 목숨은 거의 가축과 같은 대우를 받았다.

○ 이 상황에서도 로마인 상류층은 재산과 영토를 온전히 보유한 채 살아가는 자가 많았다. 왜냐하면 야만족들도 정복지를 통치하자면 정복당한 자들의 지도층을 회유하는 것이 관용과 포용으로 윤색될 수 있다는 것쯤은 이미 알고 있었으므로 로마 상류층을 회유해 흡수함으로써 거친 저항을 방지하고자 했기 때문이다. 그 결과 로마 상류층에서는 야만족 왕국 내 귀족으로서의 새로운 삶을 적극 향유하는 자도 생겨났다. 이들은 새로운 통치자에게 거리낌 없이 경의를 표했고

심지어 야만족의 생활 방식을 모방하기도 했다. 이는 과거 대한 제국이 일본에 병합되면서 수많은 왕족과 상류층 양반들이 일본 귀족층에 편입된 것과 같은 모양새였다.

☀ 야만족들의 재판

≪야만족들에게 문명인과 같은 형식과 판단을 구할 수는 없다. 그들은 그들만의 간단하고 설득력 있는 방법을 제시했으며, 그것이 잔인하고 혹독한 야만적인 방법일지라도 그들 세계에서 가장 정당한 방법이었으므로 굳건히 이를 지켰다.≫

○ 행정과 군사가 서로 분리된 로마 제국과는 달리 게르만족들은 행정·군사·사법이 모두 한 사람이 행사할 수 있도록 통합되었다. 하지만 사납고 무식한 야만족 관리들은 재판관으로서의 의무를 제대로 수행하지 못했다. 재판관이란 직무는 경험과 연구를 통해 난해한 상황을 판단하는 뛰어난 능력을 필요로 했기 때문이다. 그 결과 그들은 판결의 명분을 확인시켜 줄 수 있는 간단하고 눈에 보이는 방편들을 채택했다.

○ 그러한 방법으로서 재판관은 피고에게 죄가 없다고 엄숙하게 선언해 주는 자를 재판정에 많이 불러냄으로써 무죄를 입증하게 했다. 죄질이 나쁠수록 사회적 지위가 높을수록 무죄임을 확인시켜 주어야 할 증인도 늘었다. 방화범이나 암살자가 면책받기 위해서는 72명의 증

인이 필요했고, 프랑크 왕비가 정절을 의심받았을 때는 기사도 정신으로 무장한 300명의 귀족이 법정에 나와 갓 태어난 왕자가 돌아가신 왕의 적자임에 틀림없다고 증인으로서 확인해야 했다.

○ 그러나 명백하고 반복되는 위증이 계속되자 재판관들은 인간적인 증거의 한계를 물과 불의 실험으로 극복하고자 했다. 즉 '죄 없는 사람은 불에 타지 않는다'와 '순수한 물은 죄인이 몸을 담그는 것을 허락하지 않는다'란 믿음에 근거한 재판이었다. 이 재판은 너무나 변덕스러워서 어떤 경우에 유죄이고 어떤 경우에 무죄인지 기적이 개입하지 않으면 도저히 입증할 수 없었다.(註. 구약성서 다니엘서에 따르면 바벨론 왕 느부갓네살이 금신상에 절하지 않는 사드락, 메삭, 아벳느고를 불 가운데로 던졌으나 신앙심이 두터운 이들은 불 가운데서 걸어 다녔으며 몸은 물론 머리털조차 그슬리지 않았다. 이러한 믿음은 15세기 말까지도 이어져 이탈리아의 종교 개혁가 지롤라모 사보나롤라는 불의 실험을 받았으나 기적은 이루어지지 않았고 불에 타 죽었다.) 기적은 사기와 미신에 의해 간단히 제공되었고, 복잡한 소송을 확실하고 간단한 방법으로 해결했다. 야만족들은 재판관의 어리숙한 판결은 경멸했을지언정 현대인의 눈과 이성에 불합리할 뿐인 이와 같은 신의 심판에는 순순히 복종했다.

○ 호전적인 민족에게는 결투를 통한 심판이 서서히 탁월한 신뢰와 권위를 획득했다. 그들은 용감한 자는 당하지 않으며, 비겁한 자는 살아남을 수 없다고 굳게 믿었다. 피고나 원고 심지어 증인까지도 목숨을 건 결투를 요구받았으며, 이런 경우 주장을 포기하여 불명예를 감수하거나 결투의 현장에서 승리함으로써 명예를 공개적으로 입증하는 수밖에 없었다. 창검에 의한 결정은 신과 재판관과 대중의 암묵적

승인으로 허가되었다.

○ 형사 사건 원고의 경우는 결투를 신청하여 정의와 복수를 시도할 수 있었지만, 민사 사건의 경우에는 원고에게 결투의 권리가 없었다. 민사 사건은 원고가 증인을 세울 때는 피고가 결투를 신청할 권리가 있었다. 왜냐하면 증인이 위증으로 피고의 권리를 빼앗으려 한다는 죄를 정의와 복수의 가늠자로 겨누었기 때문이다. 대리 결투도 행해졌는데, 그것은 당사자가 여성일 경우와 남성이지만 60세 이상의 고령자일 경우에 허용되었다. 이 야만스런 제도에서 패배한다면 결과는 죽음이었다.

○ 이러한 법률은 부르군트족이 갈리아에 도입했는데, 아비투스가 피비린내 나는 판결의 방법이 적절하지 못하다고 불만을 피력하자 족장 군도바트는 말했다. "민족 간의 전쟁이나 개인적인 결투가 모두 신의 심판을 받는 것은 진리가 아닙니까? 또한 좀 더 정당한 명분을 가진 쪽에 승리를 가져다주는 것이 바로 신의 섭리가 아닌지요?"(註. 하기야 로마인 역사가 리비우스도 승리란 신의 의지가 개입하여 정당한 쪽이 승리자가 된다고 서술했다.) 이런 견해가 널리 퍼지면서 당초 게르마니아 몇몇 부족의 풍습이었던 결투 재판이 시칠리아에서 발트해에 이르기까지 유럽 전체로 퍼져 나갔다.

※ 아더(Arthur) 왕의 출현(6세기)

≪제국의 힘이 닿지 않게 되자 브리타니아에는 격동과 혼란의 시대

가 도래했고, 잇따르는 주민들의 궁핍과 처참함은 영웅의 출현을 기대하게 했다. 그리하여 시인들은 아더 왕이란 걸출한 영웅을 이 세상에 내놓았다.≫

○ 410년 호노리우스 황제가 도움을 청하는 브리타니아에 "브리타니아는 자력으로 꾸려 가라."는 칙령을 보낸 다음, 더 이상 브리타니아는 로마 문명의 세계에서 기억되지 못하고 역사의 기록에서 사라졌다. 약 40년 후 로마 제국의 정부가 해체된 자리에 보르티게른이라는 사람이 브리타니아를 지배하고 있었다. 보르티게른은 도전해 오는 경쟁자들을 방어하기 위해 게르만족의 일파인 색슨족에게 도움을 요청했다.

○ 색슨족을 이끌고 있던 헨기스트는 부족을 이끌고 브리타니아로 건너와서 칼레도니아의 침략으로부터 브리타니아를 구해 주었지만, 색슨족과 브리튼족은 점차 서로 반목하기 시작했다. 색슨족은 자신들의 노고에 감사할 줄 모른다고 브리튼족을 미워했고, 브리튼족은 오만하고 탐욕스런 색슨족 병사들은 아무리 많은 보상을 해 주어도 만족할 줄 모른다고 증오했다. 미움과 증오는 점점 커져 도움을 요청한 쪽과 도움을 제공한 쪽이 서로에게 검을 겨누었다. 전쟁과 평화에 대한 국가 간의 협상은 상호 신뢰를 저버린 상태에서는 이루어질 수 없는 법이다. 헨기스트는 이런 기회를 놓치지 않고 브리타니아 정복을 꿈꾸었으며, 브리타니아의 정복에는 게르만에서 온 주트족, 색슨족, 앵글족 등이 헨기스트의 깃발 아래 모여들었다.

○ 색슨족이 이렇게 변한 것은 처음에는 용병으로서 계약을 잘 따랐지만 점차로 브리타니아의 현지 상황에 밝아지자 야심이 커졌기 때문

| 아더 왕

이다. 게다가 410년 이후 브리타니아가 로마의 군사 방어 체제에서 떨어져 나가 있어 색슨족이 다수의 병력을 거느리고 대규모 침략을 감행할 수 있었다. 이 침략 전쟁은 색슨족 이외의 부족들까지 합세하자 부족의 이주 정책으로 변모했고, 브리타니아가 앵글족과 색슨족의 땅이 되어 잉글랜드로 바뀌기 시작했다.

○ 그 결과 브리타니아는 혼란 속에 휩싸여 역사의 시대가 저물고 또다시 흐릿한 안갯속에서 전설의 시대가 찾아왔으며, 그 와중에 브리튼족의 신비로운 영웅 아더 왕이 탄생했다. 아더는 남 웨일스 실루리아족 왕자였으며 민족의 왕이자 장군이었다. 그는 12차례의 연이은 전투에서 북쪽의 앵글족과 서쪽의 색슨족을 물리쳤다. 많은 세월이 흐르면서 아더 왕의 전설은 웨일스와 아르모리카(註. 현재 프랑스의 '브

르타뉴') 지방의 시인들에 의해 보존되고 과장되기 시작했다. 이 브리타니아 영웅의 무용과 전설, 연회와 마상 시합, 원탁 기사 등은 생경한 것이 아닌 모두 그 시대를 지배했던 무인들의 풍습이었다.

부 록

황 제 연 대 표

막시미아누스(서방) / 286~305
디오클레티아누스에 의해 서방 황제로 등극. 디오클레티아누스의 제안으로 스스로 퇴위. 막센티우스에 의해 재기했으나 갈등으로 물러나고, 사위인 콘스탄티누스의 제위를 빼앗으려다가 실패하여 살해되었거나 자살.

디오클레티아누스(동방) / 284~305
(전제 군주정 확립)
누메리아누스가 죽자, 근위대장인 아페르를 처단하고 제위에 오름. 누메리아누스의 형인 공동 황제 카리누스는 제위를 놓고 디오클레티아누스와 다툴 때 내분으로 살해됨. 305년 스스로 퇴위. 자연사.

콘스탄티우스 클로루스(서방) / 305~306
디오클레티아누스에 의해 서방 부황제로 등극. 이후 막시미아누스의 퇴위로 황제에 등극. 병사함.

갈레리우스(동방) / 305~311
디오클레티아누스에 의해 동방 부황제로 등극. 이후 디오클레티아누스의 퇴위로 황제에 등극. 병사함.

세베루스(서방) / 306~307
갈레리우스에 의해 서방 황제로 등극. 막센티우스에 의해 제거됨.

막센티우스(서방) / 306~312
세베루스에 대항하여 로마에서 스스로 등극. 밀비우스 다리 전투에서 콘스탄티누스에게 패전하여 전사.

리키니우스(동방) / 311~324
308년 갈레리우스에 의해 서방 황제로 천거되었다가, 갈레리우스가 죽고 나서 동방 황제로 등극. 324년 콘스탄티누스에게 항복한 후 은거 생활을 했으나 반란을 꾀했다는 이유로 325년 처형됨.

콘스탄티누스 1세 / 312~337
아버지 콘스탄티우스가 브리타니아 원정 중 사망하자 군단에서 황제로 옹립했으나 갈레리우스에 의해 306년 부황제로 인정됨. 이후 312년 막센티우스를 제거함으로써 서방 황제로 등극. 324년 로마 제국 전체 병합, 자연사.

콘스탄티누스 2세 / 337~340, 콘스탄스 1세 / 337~350
콘스탄티우스 2세 / 337~361
콘스탄티누스에 의해 제위를 물려받음. 제국을 함께 물려받았던 사촌 달마티우스와 한니발리아누스를 제거 하고 삼 형제가 모두 차지함. 콘스탄티누스 2세는 사촌들이 제거된 후, 제국 분할에 불만을 품고 이탈리아를 침공하다가 콘스탄스 휘하의 장군에게 전사. 콘스탄스는 마그넨티우스의 반란으로 살해됨. 콘스탄티우스 2세는 자연사.

율리아누스 / 360~363

콘스탄티우스가 갈리아 군단의 정예 부대를 동방으로 보내라는 명령에 거부한 갈리아 군단에 의해 옹립됨. 이후 콘스탄티우스 2세와 격돌 직전 콘스탄티우스 2세가 사망함으로써 유언에 의해 로마 제국 전체를 통치함. 페르시아 샤푸르 2세와의 전쟁에서 교전 중 전사했는데, 율리아누스가 로마전통 신들을 추종했던 것에 불만을 품은 그리스도교인 병사에 의해 살해된 것으로 추정.

요비아누스 / 363~364

율리아누스가 후계자 지명 없이 죽고, 살루스티우스가 제위에 오르기를 거절하자 병사들이 호위대장 요비아누스를 옹립함. 다다스타나에서 과식 후 수면 중에 사망.

발렌티니아누스 1세(서부) / 364~375

제국의 관료 회의에서 살루스티우스를 만장일치로 천거했으나 또다시 거절하자, 발렌티니아누스를 황제로 옹립. 콰디족 사절을 만난 자리에서 분노로 뇌출혈을 일으켜 사망.

발렌스(동부) / 364~378

발렌티니아누스 1세의 동생으로서 형의 추천에 의해 동료 황제가 됨. 제국 내에 들어온 고트족과 싸우다 전사. ※사망 후 제위 공백 기간 있음.

그라티아누스(서부) / 375~383

부친인 발렌티니아누스 1세가 사망하고, 제위를 물려받음. 브리타니아에서 발생한 마그누스 막시무스의 반란으로 살해당함.

마그누스 막시무스(서부) / 383~388

브리타니아에서 군단병이 옹립. 그라티아누스를 죽이고 그의 통치 지역을 차지했으나 테오도시우스 1세에게 패배하여 처형됨.

발렌티니아누스 2세(서부) / 375~392

그라티아누스의 이복동생이며, 멜로바우데스와 에퀴티우스가 옹립. 그라티아누스는 내전을 막기 위해 발렌티니아누스 2세에게 이탈리아 등을 통치하도록 양보함. 부하 장군인 아르보가스테스와의 권력 투쟁에서 패배해 살해됨.

테오도시우스1세(동부) / 379~395

그라티아누스의 추천으로 발렌스의 뒤를 이어 동부 로마의 황제로 즉위. 에우게니우스와의 전투 이후에 병사.

에우게니우스(서부) / 392~394

발렌티니아누스 2세를 제거한 사령관 아르보가스테스가 옹립. 테오도시우스 1세와의 내전에서 패배하여 처형됨.

호노리우스(서로마) / 395~423 (공동 황제 : 콘스탄티우스 3세 / 420~421) 부친인 테오도시우스로부터 제위를 물려받음. 병사함.	**아르카디우스(동로마) / 395~408** ※비잔틴 제국 성립 부친인 테오도시우스로부터 제위를 물려받음. 자연사.
요한네스(서로마) / 423~425 호노리우스 사후 제위 쟁탈전에 승리하여 스스로 등극함. 그러나 동로마의 테오도시우스 2세로부터 인정을 받지 못하고 동로마군에게 사로잡혀 처형됨.	
발렌티니아누스 3세(서로마) / 425~455 호노리우스의 공동 황제인 콘스탄티우스 3세의 아들이며, 테오도시우스 2세가 요한네스를 제거하고 등극시킴. 발렌티니아누스에게 아내의 정절을 더럽힌 데 복수하기 위해 페트로니우스 막시무스가 아이티우스 부하들의 분노를 이용하여 살해함.	**테오도시우스 2세(동로마) / 408~450** 부친인 아르카디우스로부터 제위를 물려받음. 사냥하던 중 낙마하여 며칠 후 사망.
페트로니우스 막시무스(서로마) / 455 발렌티니아누스 3세를 아이티우스 부하가 살해하도록 사주한 다음 제위에 오름. 아프리카에서 겐세리크가 이끄는 반달족이 로마로 침공했을 때 방어하지 않고 피신하려다가 시민들의 폭행으로 사망.	**마르키아누스(동로마) / 450~457** 한때 마르키아누스는 아스파르의 부하였으며, 테오도시우스 2세의 누이인 풀케리아와 형식적인 결혼에 의해 즉위. 병사함.
아비투스(서로마) / 455~457 갈리아에서 서고트족의 동의와 후원을 받아 비어 있는 제위에 오름. 리키메르에 의해 폐위되고 플라켄티아(註. 현재 지명 '피아첸차')의 주교로 임명되었으나, 로마 원로원의 사형 선고를 받아 도망자 신세가 되었다가 사망.	
마요리아누스(서로마) / 457~461 원로원 의원들의 요구에 리키메르가 동의함으로써 황제에 옹립됨. 아프리카를 수복하기 위해 히스파니아의 카르타고 노바에서 군선을 건조했으나, 겐세리크의 기습으로 불타워지고 병사들의 반란으로 폐위됨. 폐위된 지 5일 만에 이질로 사망했다고 공표되었으나, 리키메르에 의해 살해된 것으로 추정.	

리비우스 세베루스(서로마) / 461~465

리키메르의 추천과 원로원의 승인으로 즉위. 자연사이거나 리키메르에게 살해된 것으로 추정.
※사망 후 제위 공백 기간 있음.

안테미우스(서로마) / 467~472

동로마 마르키아누스 황제의 사위로서 레오 1세가 추천하여 등극. 리키메르와의 전투에서 패하여 살해됨.

올리브리우스(서로마) / 472~473

발렌티니아누스 3세의 사위이며 리키메르와 안테미우스의 중재자로 동로마 황제 레오가 파견했으나 리키메르의 추천에 의해 즉위. 자연사.

글리케리우스(서로마) / 473~474

리키메르의 생질 군도바트에 의해 제위에 오름. 네포스에게 양위하고 살로나 주교로 살다가 자연사.

율리우스 네포스(서로마) / 474~475

동로마 황후 베리나의 추천과 설득으로 즉위. 오레스테스에게 내쫓긴 후 부하들에게 암살됨.

로물루스 아우구스투스(서로마) / 475~476

아우구스툴루스라고도 칭함. 부친인 오레스테스가 네포스를 쫓아내고 등극시킴. 오도아케르에 의해 퇴위된 후 네아폴리스 근교에서 일생을 마침.

레오 1세(동로마) / 457~474

아스파르의 부하였으며, 아스파르의 추천에 의해 등극. 황제가 된 후에는 아스파르와 대치함. 자연사.

레오 2세(동로마) / 474

제노의 아들이며, 레오 1세의 외손자로서 레오 1세의 사후 제위를 계승. 즉위하던 그 해에 아버지 제노를 공동 황제로 임명한 후 사망.

제노(동로마) / 474~491

아들인 레오 2세에 의해 공동 황제에 임명된 뒤, 아들이 죽고 단독 황제가 됨. 간질로 병사. 제노는 레오 1세의 처남 바실리스쿠스의 반란으로 475년 1월~476년 8월까지 제위를 찬탈당하기도 함.

연대표

AD 285	디오클레티아누스가 카리누스를 격파하고 디오클레스에서 디오클레티아누스로 개명.
AD 289	카라우시우스가 막시미아누스를 격파.
AD 293	디오클레티아누스의 4두 정치 성립. 카라우시우스가 알렉투스에게 살해되고 알렉투스가 브리타니아를 차지함.
AD 296	콘스탄티우스 클로로스가 알렉투스에게 승리하고 브리타니아를 되찾음.
AD 301	디오클레티아누스 목욕장 착공(AD 305년 완공). 디오클레티아누스 최고 가격령 공포.
AD 303	디오클레티아누스의 그리스도교 대탄압.
AD 305	디오클레티아누스와 막시미아누스 퇴위. 콘스탄티누스가 갈레리우스를 떠나 아버지 곁으로 감.
AD 306	막센티우스가 로마에서 황제 즉위 선언. 콘스탄티누스가 서방 부황제에 오름.
AD 307	콘스탄티누스가 막시미아누스의 딸 파우스타와 결혼. 세베루스가 막센티우스에게 패배. 갈레리우스의 막센티우스 타도 실패.
AD 308	디오클레티아누스, 막시미아누스, 갈레리우스가 카르눈툼에서 회담을 열고, 리키니우스를 황제로 선포함.
AD 310	막시미아누스 죽음.
AD 311	갈레리우스가 그리스도교를 승인하는 칙령 선포. 갈레리우스 죽음.
AD 312	밀비우스 다리 전투에서 콘스탄티누스가 막센티우스에게 승리. 콘스탄티누스에 의해 근위대 및 로마 경찰대 폐지.
AD 313	메디올라눔 칙령으로 그리스도교 공인. 디오클레티아누스의 딸 발레리아와 아내 프리스카가 막시미누스 다이아에 의해 추방형 받음. 리키니우스에게 패배한 막시미누스 다이아가 타르수스에서 죽음.
AD 316	디오클레티아누스 죽음.
AD 324	콘스탄티누스와 리키니우스 간의 전쟁에서 패배한 리키니우스가 테살로니카로 은퇴.
AD 325	리키니우스가 반란 혐의로 처형됨. 니케아 공의회 열림.

AD 326	크리스푸스가 폴라 감옥에서 처형됨.
AD 330	AD 324년부터 시작된 콘스탄티노폴리스의 공사가 완료되고 수도로 정해짐.
AD 337	콘스탄티누스가 죽고, 콘스탄티우스 2세에 의한 친족 살해. 콘스탄티누스의 아들 3명이 제국을 분할 통치.
AD 350	마그넨티우스 반란 발생.
AD 351	갈루스에게 동방 통치를 맡기고 부황제에게 봉함. 무르사 전투에서 콘스탄티우스가 마그넨티우스를 무찌름.
AD 354	갈루스 부황제 처형됨.
AD 355	콘스탄티우스 2세가 율리아누스를 메디올라눔으로 호출. 실바누스 반란 평정. 율리아누스가 헬레나와 결혼 후 갈리아에서 부황제로서 통치를 시작함.
AD 357	율리아누스가 알레만니 족장 크노도마르를 생포. 콘스탄티우스 2세가 로마에서 개선식 거행.
AD 360	율리아누스가 병사들로부터 황제로 옹립됨.
AD 361	콘스탄티우스 2세가 율리아누스를 후계자로 지명.
AD 363	율리아누스가 안티오키아에서 미소포곤 집필. 율리아누스 황제가 페르시아 공략에 실패하고 철수하는 도중에 죽음. 요비아누스가 페르시아와 강화를 맺음.
AD 367	테오도시우스 장군(註. 테오도시우스 황제의 부친)이 브리타니아 평정.
AD 374	북아프리카의 피르무스 반란이 테오도시우스 장군에 의해 진압됨.
AD 376	서고트족이 도나우강을 건너 로마 제국으로 넘어옴. 테오도시우스 장군 처형됨.
AD 378	발렌스 황제가 하드리아노폴리스 전투에서 패하여 죽음.
AD 379	안티오키아에서 폭동 발생. 테오도시우스 세례받음.
AD 383	브리타니아에서 막시무스의 반란이 발생하고 그라티아누스 살해됨.
AD 384	심마쿠스와 암브로시우스 간에 '승리의 여신상' 철거와 관련하여 논쟁.
AD 387	마그누스 막시무스가 발렌티니아누스 2세를 축출.
AD 388	마그누스 막시무스가 테오도시우스에게 패하여 전사. 발렌티니아누스 2세가 이탈리아로 귀환하여 복위됨.

AD 390	테살로니카에서 폭동 발생. 테오도시우스 암브로시우스에게 굴복하여 사죄함.
AD 392	아르보가스테스의 반란으로 발렌티니아누스 2세 살해됨.
AD 394	아르보가스테스와 에우게니우스 죽음.
AD 395	아르카디우스의 결혼. 루피누스 죽음. 테오도시우스가 죽고 아르카디우스는 제국의 동부, 호노리우스는 제국의 서부를 각각 통치.
AD 397	알라리크가 그리스에서 스틸리코에게 패배. 알라리크가 일리리쿰 총사령관에 임명됨. 암브로시우스 주교 죽음. 아우구스티누스가 히포 레기우스의 주교로 선출.
AD 398	북아프리카에서 발생한 길도의 반란 진압됨.
AD 402	심마쿠스 죽음.
AD 404	서로마 제국의 수도를 메디올라눔에서 라벤나로 천도.
AD 405	라다가이수스가 이끄는 동고트족 침입.
AD 406	라다가이수스의 동고트족 항복.
AD 408	알라리크와 동맹 협약. 스틸리코의 맏딸인 호노리우스의 아내가 죽자, 둘째 딸을 호노리우스에게 시집보냄. 스틸리코가 살해되고 알라리크가 로마시를 포위.
AD 410	알라리크가 이끄는 서고트족이 로마 함락 후 약탈. 갈라 플라키디아가 서고트족의 포로가 됨. 알라리크 죽음.
AD 414	아타울프와 갈라 플라키디아의 결혼.
AD 415	서고트 족장 아타울프가 죽자, 그와 결혼했던 갈라 플라키디아 이탈리아로 귀환.
AD 427	갈라 플라키디아가 보니파키우스를 소환했으나 불응.
AD 429	반달족이 아프리카 침공.
AD 430	히포 레기우스의 주교 아우구스티누스 죽음.
AD 432	보니파키우스가 아이티우스와의 전투에서 죽음.
AD 438	테오도시우스 2세의 법전 완성.
AD 439	반달족이 카르타고 함락함.
AD 441	훈족이 동로마 침공.

AD 450	호노리아가 아틸라에게 청혼.
AD 451	아이티우스와 훈족 간에 카탈라우눔 전투 발발. 칼케돈 공의회 개최.
AD 453	아틸라 죽음.
AD 454	발렌티니아누스 3세가 아이티우스를 살해.
AD 455	반달 족장 겐세리크가 로마를 약딜.
AD 468	동로마 황제 레오 1세와 서로마 황제 안테미우스가 동·서로마 제국이 연합된 로마군을 구성하고, 레오 1세의 처남 바실리스쿠스를 총사령관으로 임명하여 북아프리카 반달족을 공격했으나 패배.
AD 476	로물루스 아우구스툴루스의 폐위. 오도아케르가 이탈리아 왕으로 즉위. 서로마 제국 멸망.

○ 글을 쓰자면 어휘의 선택에 신중을 기하고 문체와 표현 그리고 운율과 기교에 아름다움과 이해가 필요한 법이지만, 끝내고 나니 가벼운 마음으로 읽기에는 너무 무겁고 깊이 있게 읽자니 혼란스럽게 되었다. 그럼에도 역사를 쓰는 자가 전해져 오는 이야기에서 건진 단편들을 묶어 중요한 변화와 의미를 지적하고 전달했다면 임무를 마친 것이라고 했다. 역사란 인간의 행적에 대한 승자의 기록이다. 그리고 자신의 생각을 말하는 것과 진실을 말하는 것은 서로 다르다. 역사를 기록하는 자는 오직 진실만을 기록할 것이 요구되고 그 자신도 진실을 기록한다고 주장하지만 시간이 흘러 시야가 흐려지고 장막 뒤에서 이루어진 일들을 완전무결하게 아는 자가 누가 있을까? 대부분은 진실을 알고 있다고 생각하는 것을 그리고 몇몇은 사람들의 마음을 얻고자 진실을 희생시키며 고의로 자신의 주장을 기록하곤 한다. 하지만 허승일의 말에 따르면 역사란 진실뿐 아니라 상상력까지 발휘하여 미래의 유익함을 얻는 것이라고 했다.

○ 역사에서 아무리 승자의 위광이 사람의 눈을 가린다고 해도 비판의 눈까지 흐리게 하지 못한다. 또한 그것이 약간 윤색되어 선과 악, 그리고 필연과 우연이 구별될 수는 있겠지만 허구일 수는 없다. 그 점에서 고대에 대제국을 이룬 로마의 국가 체제가 타 국가를 압도했음을 부정할 수 없다. 그렇게 만든 것은 무엇보다도 그 구성원들의 정신에 있었다. 패배자들과의 동맹과 동화, 화합과 공존의 방향, 희망과 자국민에 대한 대우, 죽음도 서슴지 않았던 명예에 대한 열망 그

리고 뒤떨어지고 부족하여 남으로부터 배울 점이 있다면 즉각적인 개선과 모방이 그것이었다. 폴리비오스의 정확한 관찰에 의하면 로마의 힘은 패자를 아우르는 힘, 다시 말해 통합력에 있었다.

○ 로마의 정신이란 한니발이 이탈리아 본토를 16년간이나 점령하고 있었던 절체절명의 시대에 로마 지도층의 결연한 의지와 행동을 보면 알 수 있다. 당시 전쟁터에서 25명의 집정관이 전선에 나가 싸워 그중 무려 8명이 전사했다. 로마 지휘관들은 병사들이 1년마다 교체될 때 최전선에서 목숨을 가벼이 여기며 전선을 지켰던 자들이었다. 이들은 명예를 얻기 위해 가치 있는 수많은 것들을 포기하고 값비싼 대가를 치렀으며 고통을 인내하고 욕망을 억제했다. 권위주의적이고 귀족 중심의 로마 사회였지만, 시민들은 명예를 중시하여 목숨까지 내던지는 확고한 의지를 지닌 지도자들에게 복종할 수밖에 없었다. 전사한 사령관과 병사의 놀라운 비율을 보고서 로마의 지도층에게 어찌 경의를 표하지 않을 수 있겠는가?

○ 출생지나 혈통에만 근거하여 그 국가의 진정한 시민이라고 불릴 수는 없다. 당시 최대 문명국 로마의 생각과 문화에 순응한다면 그것이 야말로 혈통만 로마인이고 생각과 행동은 중세인이거나 야만인인 경우보다도 훨씬 더 진정한 로마 시민이었다. 이 점에서 스틸리코와 아이티우스도 마찬가지였다. 그 둘은 모두 아버지로부터 게르만족의 피를 이어받았지만 후세의 역사가들은 그들을 진정한 로마인이라고 평가했기 때문이다.

○ 커다란 제국을 이루었지만 쉽게 멸망하고 마는 것은 여러 이유가 있겠지만 그중 국가 구성원들 간에 차별이 심화되고 계급 간의 이동이 경직화되는 것을 빼놓을 수 없다. 무릇 소외된 채 어렵게 살아가고 있는 사람들에게 국가에 대한 충성심을 기대하기란 어려운 법이다. 이는 국가 체제를 약화시키고 결국에는 무너뜨려 외세로부터의 위협을 극복하지 못하고 멸망하게 만든다. 공화국 때 로마는 평민도 기회가 닿으면 선거를 거쳐 호민관·재무관·집정관 등의 주요 관직을 가질 수 있었으며, 더 나아가 노예조차도 자유를 얻어 시민권을 획득할 만큼 개방적인 사회였다. 해방된 노예의 자녀들은 시민권자가 가지는 모든 권리를 누릴 수 있었으며, 이는 지중해 주변 국가들이 해방 노예의 자녀들에게 영주권을 가진 외국인 지위만 부여했을 뿐이라는 점과 비교하면 뚜렷이 다른 점이었다. 또한 승자가 패자의 모든 것을 약탈해 버리는 시절이었지만 로마는 패자를 동화시키는 정책을 유지하여 동맹국으로 만들었다. 19세기 서구 열강들은 세계 곳곳에 식민지를 세워 본국에서 이를 지배했고, BC 1세기 이후의 로마는 본국과 속주를 일체화시켜 운명의 배를 함께 탔다. 그 결과 전자의 체제는 1세기 동안조차도 체제를 제대로 유지할 수 없었으며, 후자의 체제는 5세기 동안이나 번성했던 것이다.

○ 포에니 전쟁 이후 로마는 그 세력이 지중해 전역에 걸친 대제국이 형성되어, 공화정 체제로서는 로마를 이끌 수 없는 것이므로 이를 간파한 카이사르가 1인 지도 체제의 제정을 고집한 것은 당연한 귀결이라고 주장되기도 한다. 생각해 보면 로마의 세력 범위는 폰투스 왕 미트라다테스와 치른 전쟁뿐만 아니라 한니발과 치른 전쟁 시에도 오

늘날 수십 개의 국가와 민족을 합친 것만큼이나 넓었다. 그럼에도 공화정 로마는 나라의 운명을 이끌 영웅과 인재가 마르지 않았다. 그러나 제정하에서는 황제의 자질과 역량으로 국가의 위기 또는 번영이 결정되었다. 국가의 영토가 넓어지고 조직이 비대해져서 공화정은 불합리하고 1인 지배 체제인 제정이 효율적이라고 말하는 것은 인간의 행동과 속성을 너무 모르거나 과대평가한 것이 아닌가 한다. 왜냐하면 1인 황제 체제의 치명적인 단점은 황제의 역량이 부족하거나 자질에 문제가 있을 경우, 국가는 큰 위기에 봉착할 수 있으며 권력 계승에서도 계승자의 역량과 자질보다는 선황의 혈통에 따라 계승되므로 지도 체제의 약점을 극대화할 수 있기 때문이다. 이에 대해서는 로마 시대의 5현제가 선황의 친아들이 아니라, 선택된 양아들이란 점에 주목할 필요가 있다. 콤모두스나 호노리우스처럼 무능하고 자질 없는 친자식이 권력을 계승하는 것과 5현제와 같이 양아들로 선택된 자가 권력을 계승하는 것 그리고 고티쿠스 · 아우렐리아누스 · 테오도시우스처럼 지명된 자가 제국을 양도받는 경우가 어떤 결과를 낳았는지 살펴보아야 한다. 대개 사람들은 5현제를 보고 양자 승계에 열광하지만 디오클레티아누스의 4두 체제가 실패한 것을 보면 제위의 승계는 친자냐 양자냐의 문제가 아니라, 역량과 자질의 문제임을 인정하지 않을 수 없다.

○ 권력의 속성이란 로마를 시민 공동체(res publica)에서 시민 제일인자(priceps)가 지도하는 나라로 바꾸는 데만 만족하는 것이 아니라 종국에는 절대 군주국(regnum)을 추구하는 바, 로마의 경우에도 3세기 말 디오클레티아누스 황제가 절대 군주정을 실현했다. 이로써 로마의

권력은 프린켑스(princeps)에게 위임된 것이 아니라, 시민들의 생명과 재산조차 황제의 지배하에 놓였고, 국토는 황제 개인의 영지가 되었다. 그리하여 시민은 더 이상 황제의 국가를 지키려고 피 흘릴 의무를 느끼지 않았으며, 더 강한 자가 나타나면 그자에게 복종하면 된다는 근성이 팽배했다. 로마의 영토가 확장되던 시절, 로마에게 정복당한 종족과 국가들의 정신이 이제는 로마 시민의 정신이 되어 버린 것이다.

○ 혹자는 말하기를 476년에 로마가 멸망한 이유를 말하려면 왜 동로마가 1453년까지 생존할 수 있었는가에 대해 먼저 답할 수 있어야 한다고 했다. 모세포에서 자세포가 떨어져 나가듯 동로마는 서로마에서 떨어져 나왔다. 따라서 이는 아버지가 죽었는데 왜 아들은 아직 살아 있느냐고 묻는 것과 같다. 동로마는 서로마에서 분리될 때부터 건국 이념과 토대가 로물루스와 스키피오의 로마와는 달랐던 것이다. 학자에 따라서는 로마가 멸망한 것이 아니라 변화한 것이라고 주장하지만, 그 변화란 로마의 멸망이 거름이 되어 새로이 자란 것이므로 무리한 주장일 뿐이다. 국가가 멸망한다는 것은 한낱 군주가 바뀌거나 국호가 변경되는 것을 기준으로 잡을 수 없다. 로마나 이탈리아에서 태어나지 않은 자가 제위를 차지한 것으로 멸망의 기준을 삼는다면 로마는 트라야누스 황제 때 멸망한 것으로 보아야 할 것이며, 국호가 바뀌는 것을 멸망의 기준으로 한다면 아우구스툴루스 이후에도 로마는 멸망하지 않았다고 보아야 할 것이다. 아니, 지금도 로마라는 도시가 존재하므로 멸망하지 않았다고 당치 않는 주장을 할 수 있어야 한다. 이것은 육체의 죽음을 숨이 멈춘 상태로 보느냐 아니면,

뇌가 정지한 상태로 보느냐의 차이와 다름없다. 국가의 멸망은 물리적 정신적 쇠락을 반복하여 국가 정신을 지키기 위한 응집력이 구성원 간에 더 이상 결속되지 못하고 와해된 시점으로 정하는 것이 마땅하다. 로마의 멸망이 언제였는지 안다는 것은 로마의 정신이 사라지고 귀족과 시민 모두가 국가라는 공동체, 다시 말해 '레스 푸블리카(res publica)'를 유지하기 위해 몸과 마음 그리고 재산까지도 가벼이 내던진 과거의 열망이 언제 끝나 버렸는지를 아는 것이다. 국가란 어중이떠중이들이 모인 군중이 아니라 그야말로 법에 대한 합의와 공유를 통해 공통된 인식과 공동의 이해관계가 연합된 결사체이기 때문이다.

○ 로마가 야만족의 침략에 시달려 국력이 쇠약해지고 마침내 멸망했다고 간단히 말한다면 원인을 제대로 살펴보지 못한 빈약한 논리다. 왜냐하면 한니발이 무려 16년간이나 이탈리아 반도를 점령하고도 로마의 무릎을 꿇리지 못했기 때문이다. 로마 제국의 멸망을 두고서 어떤 자는 열등한 인종과의 혼합에 기인한 것이라고 하며, 어떤 자는 상수도관과 식기류의 납중독을 의심하고, 또 다른 자는 토양과 기후 변화 그리고 사회적 신분 투쟁을 이유로 든다. 심지어 야만족이 로마군에 편입됨으로써 유발된 군대의 저질화와 로마 제국이 멸망하고 천상의 나라가 지상에 펼쳐질 것을 간절히 바랐던 그리스도교의 번성을 들기도 한다. 좀 더 복합적으로 고려하는 학자는 군사적 방어를 위한 지리적인 문제점과 기술적 발전을 저해한 경제적 구조와 부패한 정치 문화를 들고 있다. 이처럼 국가가 멸망하자면 수많은 원인들이 복합적으로 작용하는 것이 사실이다. 하지만 암세포는 하루에도 수천

개가 몸에서 만들어지지만 사람이 암에 걸리지 않는 것은 그것을 이길 수 있는 면역력이 있기 때문이다. 그 면역력이 소멸되는 순간 치명적인 독소가 온몸에 번져 죽음에 이르게 되는 법이다.

○ 사회는 소수의 지도층이 이끌어 가는 법이며, 로마 제국 후기에 볼 수 있는 지도층의 나약하고 게으른 정신을 간과해서는 안 된다. 인간의 본성이란 무릇 위험보다는 안락함을 추구하기 마련이고, 로마 제국 후기의 지도층은 험난한 위기를 겪고 투쟁과 시련 속에 살아남은 자들이 아니라, 광대한 토지를 소유하고 수많은 노예를 거느리며 막대한 재산으로 평안함을 추구한 자들이었다. 그들은 명예를 위해 경쟁하기보다는 위험과 시련을 떨쳐 버리고 집중된 권력에 복종하며 현실에 만족하고, 그러면서도 비참한 나락에 떨어진 국민들을 외면했다. 사회 지도층이 명예와 공동체의 이익을 돌보지 않고 사적인 이익을 더욱 중요시 여긴다면 사실상 그 공동체는 수명을 다한 것이다. 역사란 그 문화와 시대 상황에 대한 폭 넓은 이해가 필요한 법이지만 이 글을 숙독했다면 이렇게 말하는 것이 도리와 정의에 어긋났다며 부정할 수는 없으리라. 국가가 쇠퇴하고 멸망하는 것은 항상 지도층의 어리석음에 근거한다. 그 어리석음이란 권력의 분배를 없애고 1인에게 집중시켜 아부를 다하도록 유도함으로써 파멸적인 행위를 그치게 하지 못하고 구성원의 자유를 속박하며, 부의 분배를 말살하여 소수가 국가의 부를 독식하게 함으로써 민중으로 하여금 소유의 혜택과 희망을 포기하게 하고 미래를 기대할 수 없도록 몰아세워 절망에 이르게 하는 것을 말한다.

다른 자들의 지혜를 위해 여백을 남긴다

Ad sapientias aliarum marginem relinquo

참고문헌

○ Edward Gibbon 저, 김희용 외 2 역, 『The History Of The Decline And Fall Of The Roman Empire』(로마 제국 쇠망사), 민음사, 2008~2010

○ Publius Cornelius Tacitus 저, 박광순 역, 『Annales』(연대기), 종합출판 범우㈜, 2005

○ Publius Cornelius Tacitus 저, 김경현 외 1 역, 『Historiae』(타키투스의 역사) 한길사, 2011

○ Theodor Mommsen 저, 김남우 외 2 역, 『Römische Geschichte』(몸젠의 로마사) 푸른역사, 2013~2015

○ Plutarchos 저, 이다희 역, 『Bioi Paralleloi』(플루타르코스 영웅전), Human & Books, 2010~2015

○ Gaius Julius Caesar 저, 김한영 역, 『Commentarii De Bello Civil』(내전기) 사이, 2005

○ Gaius Julius Caesar 저, 김한영 역, 『Commentarii De Bello Gallico』(갈리아 전쟁기), 사이, 2005

○ Fritz M. Heichelheim, Cedric A. Yeo 공저, 김덕수 역, 『A History Of The Roman People』(로마사) 현대지성사, 1999

○ Donald R. Dudley 저, 김덕수 역 『The Civilization Of Rome』(로마 문명사), 현대지성사, 1997

○ 시오노 나나미 저, 김석희 역, 『Res Gestae Populi Romani』(로마인 이

야기), 한길사, 1995~2007

○ Niccolo Machiavelli 저, 권혁 역, 『Il Principe』(군주론), 돋을새김, 2005

○ Niccolo Machiavelli 저, 강정인 외 1 역, 『Discorsi sopra la prima deca di Tito Livio』(로마사 논고), 한길사, 2003

○ Peter Hcather 저, 이순호 역, 『The Fall of the Roman Empire : a new history of Roman and the Barbarians』(로마 제국 최후의 100년), 뿌리와이파리, 2008

○ Philip Matyszak 저, 박기영 역, 『Chronicle of the Roman Republic』(로마 공화정), 갑인공방, 2004

○ Alberto Angela 저, 주효숙 역, 『Una Giornata Nell'antica Roma』(고대 로마인의 24시간) 까치, 2011

○ Chris Scarre 저, 윤미경 역, 『Chronicle of the Roman Emperors』(로마 황제), 갑인공방, 2004

○ Jérôme Carcopino 저, 류재화 역, 『Rome à l'apogée de I'Empire : la vie quotidienne』(제국의 전성기 고대 로마의 일상생활), 우물이있는집, 2003

○ Alberto Angela 저, 김효정 역, 『Amore e sesso nell'antica Roma』(고대 로마인의 성과 사랑) 까치, 2014

○ Marcus Tullius Cicero 저, 허승일 역, 『De Officiis』(의무론), 서광사, 2006

○ Marcus Tullius Cicero 저, 김창성 역, 『De Re Publica』(국가론), 한길사, 2007

○ Marcus Tullius Cicero 저, 김남우 역, 『Tusculanae Disputationes』(투스쿨룸 대화), 아카넷, 2014

○ Anthony Everitt 저, 조윤정 역, 『The First emreror』(아우구스투스 : 로마 최초의 황제), 다른세상, 2008

○ Gaius Suetonius Tranquillus 저, Robert von Ranke Graves 영역, 조윤정 역, 『De Vita Caesarum』(열두 명의 카이사르), 다른세상, 2009

○ Frank McLynn 저, 조윤정 역, 『Marcus Aurelius』(철인황제 마르쿠스 아우렐리우스), 다른세상, 2011

○ Marcus Tullius Cicero 저, 천병희 역 『Cato maior de senectute』(노년에 관하여), 숲, 2011

○ Marcus Tullius Cicero 저, 천병희 역, 『Laelius de amicitia』(우정에 관하여), 숲, 2011

○ Publius Vergilius Maro 저, 천병희 역 『Aeneis』(아이네이스), 숲, 2004

○ Publius Ovidius Naso 저, 천병희 역 『Fasti』(로마의 축제일), 한길사, 2005

○ Herodotos 저, 천병희 역, 『Histories Apodexis』(역사), 숲, 2009

○ Thucydides 저, 천병희 역, 『Ho Polemos Ton Peloponnesion Kai Athenaion』(펠로폰네소스 전쟁사), 숲, 2011

○ Publius Cornelius Tacitus 저, 천병희 역, 『De origine et situ Germaniorum』(게르마니아), 숲, 2012

○ Publius Vergilius Maro 저, 김남우 역 『Aeneis』(아이네이스), 열린책들, 2013

○ Adrian Goldsworthy 저, 백석윤 역, 『Caesar』(가이우스 율리우스 카이사르), 루비박스, 2007

○ Adrian Goldsworthy 저, 하연희 역, 『The Fall of the West』(로마 멸망사), 루비박스, 2012

○ Adrian Goldsworthy 저, 강유리 역, 『In the Name of Rome: The Men Who Won the Roman Empire』(로마전쟁영웅사), 말글빛냄, 2005

○ Ronald Syme 저, 허승일 외 1 역, 『Roman Revolution』(로마 혁명사), 한길사, 2006

○ Charles de Montesquieu 저, 김미선 역, 『Considérations sur les causes de la grandeur des Romains et de leur décadence』(로마의 성공, 로마 제국의 실패), 사이, 2013

○ Aurelius Augustinus 저, 추인해 역, 『De civitate dei』(신국론), 동서문화사, 2013

○ Ray Laurence 저, 최기철 역, 『Roman Passion』(로마 제국 쾌락의 역사), 미래의 창, 2011

○ Gaius Sallustius Crispus 저, 『Bellum Jugurthinum』(유구르타 전쟁기)

○ Cassius Dio Cocceanus 저, 『Historia Romana』(로마사)

○ Titus Livius Patavinus 저, 『Ab Urbe Condita Libri』(로마사)

○ Augustus 저, 『Res Gestae Divi Augusti』(업적록)

○ Gaius Sallstius Crispus 저, 『Bellum Catilinae』(카틸리나 전쟁기)

○ Homeros 저, 천병희 역, 『Ilias』(일리아스), 숲, 2012

○ Homeros 저, 천병희 역, 『Odysseia』(오딧세이아), 숲, 2006

○ Platon 저, 천병희 역, 『Πολιτεια』(국가), 숲, 2013

○ Menandros 저, 천병희 역, 『메난드로스 희극(심술쟁이, 중재판정, 사모스의 여인, 삭발당한 여인)』, 숲, 2014

○ Euripides 저, 천병희 역, 『에우리피데스 비극 전집(안드로마케)』, 숲, 2009

○ Lucius Annaeus Seneca 저, 천병희 역, 『Dialogorum Libri Duodecim : De brevitate vitae(인생의 짧음에 관하여), De tranquillitate animi(마음의 평정에 관하여), De providentia(섭리에 관하여), De vita beata(행복한 삶에 관하여)』(인생이 왜 짧은가 : 세네카의 행복론), 숲, 2005

○ Lucius Annaeus Seneca 저, 김혁 외 3 역, 『De Beneficiis』(베풂의 즐거움), 눌민, 2015

○ Platon 저, 박종현 역, 『Pratonis Opera : Κριτων, Φαιδων』(플라톤의 대화 편 : 크리톤, 파이돈), 서광사, 2003

○ Ramsay MacMullen 저, 김창성 역, 『Roman Government's Response to Crisis』(로마 제국의 위기:235~337년 로마 정부의 대응), 한길사, 2012

○ Flavius Josephus 저, 박정수 외 1 역 『Historia Ioudaikou Polemou Pros Romaious』(유대 전쟁사), ㈜나남, 2008

○ B.H. Liddell Hart 저, 박성식 역, 『Scipio Africanus : Great than Napoleon』(스키피오 아프리카누스), 사이, 2010

○ Tom Holland 저, 김병화 역, 『Rubicon』(루비콘 : 공화정에서 제정으로, 로마 공화국 최후의 날들), 책과함께, 2017

○ Tom Holland 저, 이순호 역, 『Dynasty(다이너스티 : 카이사르 가문의 영광과 몰락), 책과함께, 2017

○ Philipp Vandenberg 저, 최상안 역, 『Nero』(네로 : 광기와 고독의 황제), 한길사, 2003

○ Gaius Petronius Arbiter 저, 강미경 역, 『satyricon』(사티리콘), 공존, 2008

○ Lucius Apuleius 저, 송병선 역, 『Metamorphoses』(황금 당나귀), 매직

하우스, 2007

○ Barry Strauss 저, 최파일 역, 『Spartacus War』(스파르타쿠스 전쟁), 글
항아리, 2011

○ Jean Yves Boriaud 저, 박명숙 역, 『Histoire de Rome』(로마의 역사),
궁리, 2007

○ Reinhart Raffalt 저, 김이섭 역, 『Grosse Kaiser Roms』(로마 황제들의
눈물), 찬섬, 1997

○ Pamela Marin 저, 추미란 역, 『Blood in the forum』(피의 광장 : 로마
공화정을 위한 투쟁), 책우리, 2009

○ K.R. Bradley 저, 차전환 역, 『Slaves and Masters in Roman Empire :
A Study in Social Control』(로마 제국의 노예와 주인 : 사회적 통제에 대
한 연구), 신서원, 2001

○ Jean-Marie Engel 저, 김차규 역, 『L'Empire romain』(로마 제국사),
한길사, 1999

○ Karl Wilhelm Weeber 저, 윤진희 역, 『Nachtleben im alten Rom』(고
대 로마의 밤문화), 들녘, 2006

○ 장진쿠이 저, 남은숙 역, 『흉노제국 이야기』, 아이필드, 2010

○ 시부사와 다츠히코 저, 『세계 악녀 이야기』, 삼양미디어, 2009

○ Robert Knapp 저, 김민수 역, 『Invisible Romans』(99%의 로마인은 어
떻게 살았을까), 이론과실천, 2012

○ Tomas R. Martin 저, 이종인 역, 『Ancient Rome : From Romulus to
Justinian』(고대 로마사), 책과함께, 2015

○ Carl Richard 저, 이광일 역, 『Why We're All Romans : The Roman
Contribution to the Western World』(왜 우리는 로마인의 후예인가? :

고대 로마와 로마인의 입문서), 이론과실천, 2014

○ Simon Baker 저, 김병화 역, 『Ancient Rome』(처음 읽는 로마의 역사), 웅진지식하우스, 2008

○ Stephen Dado Collins 저, 조윤정 역, 『Caesar's legion』(로마의 전설을 만든 카이사르 군단), 다른세상, 2010

○ Indro Montanelli 저, 김정하 역, 『Storia di Roma』(로마 제국사), 까치, 1998

○ Ivar Lissner 저, 김지영·안미라 역, 『So Lebten Die Roemischen Kaiser』(로마 황제의 발견 : 천의 얼굴을 가진 사람들의 이야기), ㈜살림출판사, 2007

○ Procopius 저, 곽동훈 역, 『Αποκρυφη Ιστορια』(프로코피우스의 비잔틴제국 비사), 들메나무, 2015

○ Titus Lucretius Carus 저, 강대진 역, 『De Rerum Natura』(사물의 본성에 관하여), 아카넷, 2011

○ Christopher Kelly 저, 이지은 역, 『The Roman Empire : A Very Short Introduction』(로마 제국), 교유서가, 2015

○ 김덕수 저, 『아우구스투스의 원수정』, 길, 2013

○ 김진경 외 저, 『서양고대사강의』, 한울, 2011

○ 배은숙 저, 『강대국의 비밀』, 글항아리, 2008

○ 배은숙 저 『로마 검투사의 일생』, 글항아리, 2013

○ 임웅 저, 『로마의 하층민』, 한울, 2004

○ 정태남 저, 『로마 역사의 길을 걷다.』 마로니에북스, 2009

○ 차전환 저, 『고대 노예제 사회 : 로마 사회경제사』, 한울, 2015

○ 한국서양고대역사문화학회 엮음, 『아우구스투스 연구』, 책과함께,

2016

○ 허승일 저, 『로마 공화정 연구』, 서울대학교출판부, 1985

○ 허승일 외 저, 『로마 제정사 연구』, 서울대학교출판부, 2000

○ 최정동 저, 『로마제국을 가다』, 한길사, 2007

○ Bernard Haisch 저, 석기용 역, 『The God Theory』(신 이론), 책세상, 2010

○ Victor J. Stenger 저, 김미선 역, 『God The Failed Hypothesis』(신 없는 우주), 바다출판사, 2013

○ 미치오 카쿠 저, 박병철 역, 『Parallel Worlds』(평행 우주), 김영사, 2006

○ Martin Bojowald 저, 곽영직 역, 『Once Before Time』(빅뱅 이전), 김영사, 2011

○ Stephen Hawking 저, 김동방 역 『The illustrated a brief history of time』(그림으로 보는 시간의 역사) 까치글방 1998

○ Brian Greene 저, 박병철 역, 『The Hidden Reality』(멀티 유니버스), 김영사, 2012

○ 이지유 저 『처음 읽는 우주의 역사』 ㈜휴머니스트 2012

○ 강성길, "티베리우스 그라쿠스 농지법의 수혜 대상"『경북사학』 12(1989), pp.139~173

○ 강성길, "로마 공화정 후기와 제정 초기 선거 민회의 '입후보 신고 (professio)"『대구사학』72(2003), pp.277~310

○ 강성길, "로마 공화정 후기 트리부스 선거민회의 투표 결과 공표를 위한 절차와 '집단 투표의 공정성'"『서양고대사연구』14(2004), pp.117~151

○ 강성길, "로마 동맹국 전쟁과 내전 시기(기원전 91~82년) 신시민의 투표권"『서양고대사연구』17(2005), pp.91~129

○ 강준창, "아우구스티누스와 국가권력 : 농민반란을 중심으로"『역사와담론』15(1987), pp.121~140

○ 김경현, "129년 : Gracchani에 의한 Equites 정책의 맹아기? : 공마반환법(plebiscitum equorum reddendorum) 및 극장법(lex theatralis)과 관련하여(上)"『사총』27(1979), pp.49~75

○ 김경현, "기원전 2세기 로마의 정치와 스토아 사상 : 티베리우스 그라쿠스의 개혁의 이념적 배경과 관련하여"『서양사론』27(1986), pp.1~42

○ 김경현, "공화정 후기에서 제정 전기 사이 로마 상류층에서 '여성 해방'의 실제"『서양고전학연구』11(1997), pp.325~357

○ 김경현, "제정기 로마시의 주택사정"『에피스테메』창간호(2007), pp.104~146

○ 김경현, "공화정기 도시 로마의 수로 건설 배경에 관한 연구"『중앙사론』30(2009), pp.79~108

○ 김경현, "율리우스 카이사르의 신격화 : 그리스 · 로마 전통의 종합"『서양고대사연구』26(2010), pp.251~280

○ 김경현, "고대 로마의 페티알리스(fetialis)와 정당한 전쟁"『역사학보』216(2012), pp.137~163

○ 김경현, "로마 제국의 흥망"『서양고대사연구』33(2012), pp.33~96

○ 김경현, "팍스 로마나 시대, 로마 제국의 지배 원리 : 식민지 엘리트의 시선"『역사학보』217(2013), pp.3~36

○ 김경희, "로마의 지참금 제도에 관한 연구"『서양고대사연구』6(1998), pp.71~103

○ 김덕수, "프린키파투스의 위기와 아우구스투스의 원로원 재편(23-18 B.C)"『서양사연구』15(1994), pp.1~43

○ 김덕수, "아우구스투스의 혼인법들과 프린켑스"『서양고전학연구』11(1997), pp.295~324

○ 김덕수, "옥타비아누스와 레피두스의 권력 분쟁"『서양사연구』21(1997), pp.1~31

○ 김덕수, "아우구스투스 시기 켄투리아 민회에서의 정무관 선출권"『서양고전학연구』14(1999), pp.163~183

○ 김덕수, "로마 공화정에서 프린키파투스 체제로의 이행과 기사 신분(equester ordo)"『역사교육』105(2008), pp.165~184

○ 김덕수, "아우구스투스와 기사 신분 : 기능과 역할에 대하여"『서양고대사연구』25(2009), pp.147~174

○ 김덕수, "'로마 공화정의 교사' 리비우스와 역사의 모범 사례(exemplum) : 브루투스와 아우구스투스를 중심으로"『역사교육』123(2012), pp.217~242

○ 김병용, "서기 476년 중세의 시작? : 로마 제국과 게르만족의 관계를 중심으로"『독일연구』9(2005), pp.133~156

○ 김상수, "로마 공화정의 붕괴 원인에 관한 일고"『서양사론』9(1969), pp.94~100

○ 김상엽, "로마 공화정기의 곡물 문제와 정치"『서호사학』38(2004),

pp.213~246

○ 김상엽, "로마 제정 초기 황제들의 곡물 정책"『서양고대사연구』
15(2004), pp.79~102

○ 김상엽, "고대 로마의 저출산 현상과 아우구스투스의 결혼 법령 :
한국의 저출산 현상에 대한 대책과의 비교를 중심으로"『호서사학』
44(2006), pp.121~141

○ 김상엽, "서기 2세기 로마 제국의 알리멘타(alimenta) 프로그램"『역사
와담론』54(2009), pp.185~203

○ 김상엽, "로마 공화정 말기와 제정 초기 곡물 배급과 정치적 소통의
관계"『서양고대사연구』35(2013), pp.175~218

○ 김선정, "원시 기독교의 사회적 정황 : 로마 황제 제의를 중심으로"
『신약논단』12:1(2005), pp.197~217

○ 김영목, "로마 공화정 말기 정치와 사적 관계"『서양고대사연구』
8(2000), pp.39~62

○ 김창성, "로마 공화정기 사적소유농지에 대한 과세와 그 귀결
: 기원전 111년 농지법 19~20행 분석"『서양사연구』17(1995),
pp.137~162

○ 김창성, "로마 공화정 후기 마리우스의 '군제개혁'과 국가재정"『역사
학보』62(1997), pp.95~122

○ 김창성, "로마 공화정기 이탈리아 동맹국의 사회구조와 토지보
유 관계 : 통일의 사회·경제적 지평 "『역사학보』165(2000),
pp.177~210

○ 김창성, "로마 동맹국 전쟁 이후 이탈리아 자치도시의 구조와 중앙의
통제"『역사학보』184(2004), pp.247~280

○ 김창성, "폴리비오스의 발전관과 혼합정체 국가들 : 이탈리아 동맹의 관점에서 다시 읽기"『서양고대사연구』26(2010), pp.225~250

○ 김창성, "로마 최초 식민시 오스티아 건설의 목적"『서양고대사연구』28(2011), pp.207~235

○ 김창성, "로마의 속주 지배와 징세 청부 : 공화정 후기를 중심으로"『서양고대사연구』35(2013), pp.141~173

○ 김칠성, "프린키파투스 체제 성립기의 급수 제도"『서양고대사연구』31(2012), pp.103~142

○ 김학철, "마태복음서와 로마의 통치 : 로마 제국과의 관계 설정의 문제를 중심으로"『성서학술세미나』5(2008), pp.1~21

○ 김혜진, "망각된 얼굴들 : 제정기 로마 미술에서 기록 말살형에 드러난 정치적 금기의 (역)효과"『미술사학보』42(2014), pp.7~28

○ 남성현, "로마법과 기독교 : 간통 및 이혼에 관한 로마법 전통과 4~6세기 기독교 시대의 칙법 전통"『서양고대사연구』29(2011), pp.195~260

○ 류호성, "자색 옷에 관한 역사적 고찰(눅 16:19-31)"『신약논단』19:1(2012), pp.1~36

○ 박창식, "삭개오의 회개와 로마의 조세제도"『로고스경영연구』7:1(2009), pp.159~176

○ 배은숙, "전쟁을 통해 본 로마의 역사"『계명사학』22(2011), pp.93~137

○ 배은숙, "왕정기에서 3세기까지 로마 군대의 규모"『서양고대사연구』31(2012), pp.143~182

○ 배은숙, "율리아 추방의 정치적 의미"『대구사학』60(2000),

pp.251~277

○ 서동진, "초기 기독교 공동체의 사회구조 변화"『서양고대사연구』
5(1997), pp.53~69

○ 송유례, "역사속의 철인왕 : 율리아누스 황제의 인간애"『철학사상』
34(2009), pp.143~178

○ 신명주, "로마 가족 내에서의 부모–자녀 관계"『서양고대사연구』
7(1999), pp.43~67

○ 신미숙, "기원전 2세기 로마의 동방 정책과 '그리스인의 자유'"『서양
고대사연구』창간호(1993), pp.87~116

○ 신미숙, "제2차 마케도니아 전쟁의 원인"『서양사론』51(1996),
pp.31~68

○ 신상화, "셉티미우스 세베루스의 군대개혁"『서양고전학연구』
3(1989), pp.73~123

○ 안희돈, "로마 황제 베스파시아누스의 임페리움에 관한 법(A.D.
69)"『역사교육』54(1993), pp.113~152

○ 안희돈, "율리우스–클라우디우스 황실기 로마시의 곡물 문제"『서양
사론』64(2000), pp.5~26

○ 안희돈, "네로 황제와 황금 궁전"『서양고대사연구』19(2006),
pp.201~229

○ 안희돈, "로마제정 초기 왕조지배 정치선전의 구체적 양상"『서양고
대사연구』25(2009), pp.193~216

○ 안희돈, "고대 로마 교육에서 학생 체벌의 문제"『역사교육』
115(2010), pp.199~220

○ 안희돈, "로마 공화정 후기 교육 환경의 성숙 : 도서관 건립과 그리

스 지식인의 활동을 중심으로"『역사교육』126(2013), pp.277~301

○ 안희돈, "로마 공화정 중기 문학과 정치 : 리비우스 안드로니쿠스의 활동을 중심으로"『서양고대사연구』35(2013), pp.112~140

○ 안재원, "고대 로마의 이상적 연설가(orator perfectus)론"『서양고전학 연구』20(2003), pp.119~140

○ 염창선, "초기 기독교와 로마 제국의 정치적 갈등과 대응"『서양고전 학연구』51(2013), pp.107~144

○ 오만규, "콘스탄티누스 체제의 등장과 그리스도교 군복무관의 체제 화"『서양사론』35(1990), pp.31~67

○ 오흥식, "로마의 튀케(τυχη)에 대한 폴리비오스의 견해"『서양사론』 60(1999), pp.1~19

○ 이광·박영태, "로마 제국 시대에서 납의 생산 및 사용과 납중독"『환경과학논집』4:1(1999), pp.343~364

○ 이송란, "폼페이 출토 유리용기와 로마인의 화장 문화"『인문과학연 구논총』35:1(2014), pp.305~336

○ 이승문, "로마 공동체의 경제적 갈등과 공존 : 로마서 14:1-15:13, 15:25-16:2을 중심으로"『신약논단』18:2(2011), pp.557~598

○ 이은혜, "암브로시우스는 콘스탄티누스주의적 감독(Constantinian Bishop)인가? : 대립과 결탁(감독 암브로시우스와 3명의 황제들)"『장신 논단』45:4(2013), pp.117~140

○ 이지은, "로마 제정 초기의 황제 숭배"『서양고대사연구』25(2009), pp.217~250

○ 임웅, "고대 로마의 기아와 빵 그리고 정치 : 공화정 후기와 원수정 기를 중심으로"『서호사학』38(2004), pp.247~285

○ 정기문, "디오클레티아누스 황제의 최고 가격령"『서양사론』 63(1999), pp.5~30

○ 정기문, "디오클레티아누스 황제의 세정 개혁 : 예산 개념의 도입과 형평성 제고를 중심으로"『역사교육』72(1999), pp.79~99

○ 정기문, "후기 로마 제국은 쇠퇴와 몰락의 시기였는가?"『서양고전학 연구』13(1999), pp.277~300

○ 정기문, "로마 제정의 조세제도 정비와 그 한계"『서양고전학연구』 14(1999), pp.217~240

○ 정기문, "서로마 제국의 멸망"『서양사연구』25(2000), pp.139~162

○ 정기문, "로마의 후마니타스와 인본주의"『서양고대사연구』 30(2012), pp.103~130

○ 정기환, "콘스탄티누스의 종교 정책(Ⅰ)"『종교와문화』4(1998), pp.179~195

○ 정기환, "콘스탄티누스의 종교 정책(Ⅱ)"『종교와문화』5(1999), pp.99~117

○ 정기환, "데키우스의 기독교 정책"『한국교회사학회지』9(2000), pp.165~212

○ 조남진, "스토아 사상과 로마법"『서양고대사연구』2(1994), pp.23~78

○ 조영식, "원수정기 로마 황제와 군대" 고려대 박사 학위 논문, 2005

○ 조영식, "임페라토르(imperator)로서의 로마 황제"『서양고대사연구』 17(2005), pp.171~195

○ 조영식, "3세기 로마의 제국방어 군사전략"『서양사연구』35(2006), pp.3~28

○ 조은정, "방문객의 시선 : 로마 저택의 실제와 허상"『서양미술사학회』30(2009), pp.163~190

○ 조인형, "대박해(303~312)와 유세비우스의 서술"『사총』34(1988), pp.103~154

○ 조인형, "유세비우스와 콘스탄티누스 대제에 관한 연구 : Vita Constantini를 중심으로"『강원사학』5(1989), pp.119~187

○ 조인형, "콘스탄티누스 대제의 황태자 처형의 배경과 그 여파"『서양고대사연구』2(1994), pp.79~110

○ 지동식, "초기 로마 연구에 있어서의 제문제"『사총』11(1966), pp.1~12

○ 지동식, "Etrusci의 동방기원 서설 : R.S.Conway와 R.Blosh의 연구를 중심으로"『사총』12(1968), pp.35~58

○ 차영길, "로마 노예의 특유 재산(peculium)에 관한 연구 : 공화정 말~제정초의 노예제에 미친 영향을 중심으로"『사총』28(1984), pp.99~130

○ 차영길, "로마 노예 해방과 경제적 배경 : 기원 1,2세기 이탈리아의 농업 노예를 중심으로"『사총』30(1986), pp.347~368

○ 차영길, "로마 가족사 연구(Ⅰ) : '파밀리아'(familia)의 상층구조"『서양고대사연구』3(1995), pp.77~102

○ 차영길, "로마 노예 공급원과 '쓰렙토스(θρεπτος)'"『부산사학』28(1995), pp.237~257

○ 차영길, "로마 경제의 '노예 대리인'(Ⅰ) : 빌리쿠스(vilicus)"『부산사학』29(1995), pp.139~153

○ 차영길, "로마 상업에서 '노예 대리인(actor)의 역할과 존재 형태"『부

산사학』32(1997), pp.157~177

○ 차영길, "기원 1세기 로마 가족의 특징과 존재 형태"『역사와경계』 49(2003), pp.61~86

○ 차영길, "로마 해상무역에서 노예대리인(mercator)의 역할"『중앙사 론』32(2010), pp.307~335

○ 차영길, "고대 로마의 임산과 피임에 대한 이론과 실제"『역사와경계』 76(2010), pp.233~258

○ 차전환, "기원전 2세기 전반 로마의 농장 경영 : 카토의 농업서를 중 심으로"『역사학보』116(1987), pp.61~98

○ 차전환, "로마 공화정 말 제정 초기의 노예 가족"『호서사학』 27(1999), pp.163~185

○ 차전환, "로마 제정 초기 북아프리카 황제령의 경영"『서양사론』 76(2003), pp.5~32

○ 차전환, "기원전 4세기 로마인들은 어떻게, 무엇을 위해 전투했는 가?"『서양고대사연구』25(2009), pp.119~145

○ 차전환, "로마 제정 초기 타키투스의 역사 서술"『서양사론』 110(2011), pp.352~377

○ 차전환, "포에니 전쟁 : 카르타고 문명의 몰락"『서양고대사연구』 35(2013), pp.77~110

○ 최온, "원수정기 로마 지배 하의 아테네 : 헤로데스 아티코스(Herodes Attikos)와 그의 가문"『서양고대사연구』20(2007), pp.147~200

○ 최주연, "기원전 1세기 도시 로마의 곡물 문제와 정치 : 클로디우스 곡물법을 중심으로"『서양고대사연구』30(2012), pp.67~102

○ 최화선, "로마 공화정 말기의 '종교religio'와 '미신superstitio' 개념"

『서양고전학연구』17(2001), pp.133~154

○ 최혜영, "율리아누스 황제의 이교주의"『대구사학』41(1991),
pp.185~233

○ 최혜영, "크로노스의 황금 시대"『대구사학』56(1998), pp.141~163

○ 최혜영, "로마 황제 숭배와 기독교"『서양고대사연구』19(2006),
pp.87~115

○ 최혜영, "고대 로마의 지식인"『서양사연구』34(2006), pp.5~35

○ 한도령, "건강한 신체에 건건한 정신이 깃든다 : 플라톤과 아리스토
텔레스를 중심으로"『한국웰니스학회지』9:2(2014), pp.1~11

○ 허승일, "Tiberius Gracchus의 농지 정책 : 로마 혁명의 발단과 연관
하여"『서양사학』7(1967), pp.105~109

○ 허승일, "티베리우스 그라쿠스의 로마시 곡물수급계획"『역사학보』
142(1994), pp.273~330

○ 허승일, "그라쿠스 형제 개혁 시대의 도시 로마의 경제 위기"『서양
고전학연구』19(2012), pp.51~79

○ 허중권, "세계사에서의 무기 발달과 전술 전략의 변화"『국방과기술』
259(2000), pp.64~67

○ Heinz Bellen, 조인학 역, "로마 황제 이념의 기독교화에 대하여 :
콘스탄티누스 황제에서 테오도시우스 황제까지"『서양고대사연구』
2(1994), pp.129~152

○ Internet Britanica 백과사전

○ Internet 한국어 Wikipedia 등 그 외